深圳海关年鉴

2022

《深圳海关年鉴（2022）》编纂委员会——编著

中国海关出版社有限公司
·北京·

图书在版编目（CIP）数据

深圳海关年鉴.2022/《深圳海关年鉴（2022）》编纂委员会编著.—北京：中国海关出版社有限公司，2023.3
（中国海关史料丛书）
ISBN 978－7－5175－0650－8

Ⅰ.①深… Ⅱ.①深… Ⅲ.①海关—深圳—2022—年鉴 Ⅳ.①F752.55-54

中国国家版本馆CIP数据核字（2023）第039592号

深圳海关年鉴（2022）
SHENZHEN HAIGUAN NIANJIAN（2022）

作　　者：《深圳海关年鉴（2022）》编纂委员会	
责任编辑：文珍妮	
助理编辑：窦廷尧	
出版发行：中国海关出版社有限公司	
社　　址：北京市朝阳区东四环南路甲1号	邮政编码：100023
编 辑 部：01065194242-7533（电话）	
发 行 部：01065194221/4238/4246/5127（电话）	
社办书店：01065195616（电话）	
https://weidian.com/?userid=319526934（网址）	
印　　刷：北京新华印刷有限公司	经　　销：新华书店
开　　本：889mm×1194mm　1/16	
印　　张：25.75	字　　数：460千字
版　　次：2023年3月第1版	
印　　次：2023年3月第1次印刷	
书　　号：ISBN 978－7－5175－0650－8	
定　　价：260.00元	

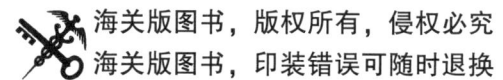

图书在版编目（CIP）数据

深圳海关年鉴.2022/《深圳海关年鉴（2022）》编纂委员会编著.—北京：中国海关出版社有限公司，2023.3

（中国海关史料丛书）

ISBN 978-7-5175-0650-8

Ⅰ.①深… Ⅱ.①深… Ⅲ.①海关—深圳—2022—年鉴 Ⅳ.①F752.55-54

中国国家版本馆CIP数据核字（2023）第039592号

深圳海关年鉴（2022）
SHENZHEN HAIGUAN NIANJIAN（2022）

作　　者：	《深圳海关年鉴（2022）》编纂委员会
责任编辑：	文珍妮
助理编辑：	窦廷尧
出版发行：	中国海关出版社有限公司
社　　址：	北京市朝阳区东四环南路甲1号　　邮政编码：100023
编 辑 部：	01065194242-7533（电话）
发 行 部：	01065194221/4238/4246/5127（电话）
社办书店：	01065195616（电话）
	https：//weidian.com/？userid=319526934（网址）
印　　刷：	北京新华印刷有限公司　　经　　销：新华书店
开　　本：	889mm×1194mm　1/16
印　　张：	25.75　　字　　数：460千字
版　　次：	2023年3月第1版
印　　次：	2023年3月第1次印刷
书　　号：	ISBN 978-7-5175-0650-8
定　　价：	260.00元

海关版图书，版权所有，侵权必究
海关版图书，印装错误可随时退换

深圳海关年鉴

2022

《深圳海关年鉴（2022）》编纂委员会——编著

中国海关出版社有限公司
·北京·

《深圳海关年鉴（2022）》编纂委员会

主 任 委 员	陈小颖

副主任委员	徐建华	王晶洗	贝景波	栗晋斌	王味冰
	涂　琳	钟文新	叶卫翔	谭　华	张晓略
	夏新生				

编纂委员会委员	钟跃宇	沈红宇	殷允伟	朱光达	李玉璇
	郑冬阳	罗凌云	屈　娟	李振宇	钟　勇
	李健军	何　健	詹　萍	柯火娟	闫铁恒
	陈卫东	罗嘉瑛	李　杰	林　彦	胡劲松
	卢伟玲	邹映红	钟晓宇	张鑫华	何　锐

《深圳海关年鉴（2022）》编辑部

总　　　　编　　徐建华　涂　琳

副　总　　编　　钟跃宇　钟晓宇

执　行　主　编　　田自安

执 行 副 主 编　　凌　敏　郑　琨　李秋云

编 辑 部 成 员　　严文全　叶青青　邓佳嬿　朱文婷　侯宁军

编辑说明

一、《深圳海关年鉴》由深圳海关编纂，是全面、客观、系统记载深圳海关发展历程的编年史料，是集权威性、综合性、史料性、实用性为一体的资料性工具书，每年出版一卷，本卷为首卷。

二、《深圳海关年鉴（2022）》以习近平新时代中国特色社会主义思想为指导，载录2021年度深圳海关工作的基本情况，包括深圳海关改革发展的重要举措、重大事件以及成绩和经验，以资政育人，凝心聚力，为建设社会主义现代化海关提供精神动力和史实支撑。

三、《深圳海关年鉴（2022）》记述时限为2021年1月1日至12月31日。鉴于本卷是首次编纂，综合反映深圳海关发展的综述、概况、专记等，内容适当上溯。

四、《深圳海关年鉴（2022）》记述范围为深圳海关及所属职能部门、隶属海关、事业单位和社会团体管辖事务。

五、《深圳海关年鉴（2022）》采用分类编辑法，设类目、分目、条目3个层级，有特载、专记、党的建设、业务建设、综合保障、隶属海关、事业单位和社会团体、荣誉榜、大事记、海关统计资料10个类目，部分设次分目，以条目为基本记述单元。卷首设专题图片。撰稿人按姓氏笔画排序。

六、《深圳海关年鉴（2022）》统计数据和单位名称以及标点符号均按国家有关规定执行，计量单位采用国家法定计量单位和国际单位，技术规范、专业名词从规范要求。

目 录

写在前面的话 …………………………… 1
海关专题图片 …………………………… 1

第一篇 特 载

深圳海关概况、主要职能、组织架构 …… 3
在深圳海关2021年关区工作会议上的
　讲话 …………………………………… 5
在深圳海关2021年全面从严治党工作
　会议上的讲话 ………………………… 17

第二篇 专 记

庆祝中国共产党成立100周年系列活动和
　党史学习教育 ………………………… 29
学习宣传贯彻党的十九届六中全会
　精神 …………………………………… 35
全力以赴做好口岸新冠肺炎疫情防控 …… 38
优化口岸营商环境　促进外贸稳增长 …… 43
推进"双区"建设　促进地方高水平
　对外开放 ……………………………… 47
践行"三智"理念　深化"三智"合作
　促进贸易安全与便利 ………………… 51
打击走私重点专项工作 …………………… 55

开展国门生物安全行动严防外来物种
　入侵 …………………………………… 58
定点帮扶与乡村振兴 …………………… 61

第三篇 党的建设

党建工作 …………………………………… 67
　概况 …………………………………… 67
　宣传思想文化 ………………………… 67
　　理论武装工作 ……………………… 67
　　思想政治工作 ……………………… 68
　　"学史·铸魂"红色讲坛 …………… 68
　　"5个100"系列活动 ………………… 68
　　平安建设 …………………………… 68
　　精神文明建设 ……………………… 68
　　"青年文明号"创建 ………………… 69
　　党群服务中心 ……………………… 69
　　党群书吧 …………………………… 69
　　"舒心驿站"示范点 ………………… 69
　基层组织建设 ………………………… 70
　　模范机关创建 ……………………… 70
　　"强基提质工程" …………………… 70
　　党建品牌创建 ……………………… 70
　　"书记项目"试点 …………………… 71
　　疫情防控一线党建引领 …………… 71
　群团工作 ……………………………… 71

001

目录项	页码
工会	71
团委	71
妇委	72
党风廉政建设	72
全面从严治党主体责任落实	72
加强"一把手"和领导班子监督	73
廉政风险防控	73
廉洁文化建设和警示教育	73
行风政风建设	73
准军事化纪律部队建设	74
概况	74
纪律作风养成	74
内务管理	74
纪律督察	74
准军管理跟班学习	74
升国旗仪式	74
酒驾醉驾防控	74
精准防控	74
监督提醒	74
岗位练兵和技能比武	75
组织保障	75
练兵比武情况	75
巡视巡察	76
概况	76
配合总署党委2021年常规巡视	76
准备工作	76
保障配合	76
巡视整改	76
建章立制	76
深化整改	77
巡察工作	77
巡视巡察上下联动	77
巡察全覆盖	77
推动巡察工作高质量发展	77
加强巡察信息化建设	78
巡察干部队伍建设	78
纪检监察	79
概况	79
监督检查	79
习近平总书记重要指示批示精神和党中央重大决策部署督促落实	79
新冠肺炎疫情防控监督	79
推动落实全面从严治党主体责任	79
"现场监管与外勤执法权力寻租"专项整治	80
执纪办案	80
违纪违法案件查办	80
"四种形态"运用	80
协作配合机制	80
以案促改警示教育	81
改革创新	81
"智慧纪检"项目	81
派驻监督	81
交流宣传	81
干部队伍建设	82
概况	82
机构编制管理和人力资源调配	82
行政机构编制人员配置优化	82
疫情防控人力资源调配	82
事业单位机构编制管理	82

事业单位岗位设置管理 ………… 82
干部"育选管用" ………… 83
　　干部选拔任用 ………… 83
　　干部管理监督 ………… 83
　　公务员队伍管理 ………… 83
　　事业单位人员管理 ………… 83
人才队伍建设 ………… 84
　　基础人才队伍建设 ………… 84
　　骨干人才队伍建设 ………… 84
　　专家人才队伍建设 ………… 84
　　"一人一档"线上台账系统 ……… 84
干部教育培训 ………… 85
　　习近平新时代中国特色社会主义
　　　思想学习教育 ………… 85
　　专业人才队伍培育 ………… 85
　　岗位练兵和技能比武 ………… 85
　　专业化能力培训 ………… 85
　　初任培训 ………… 86
　　教育培训实训基地 ………… 86

第四篇　业务建设

法治建设 ………… 89
　概况 ………… 89
　法规管理 ………… 89
　　参与法律法规修订 ………… 89
　　制度体系建设 ………… 89
　　重点法规解读 ………… 89
　行政复议应诉 ………… 90
　　案件办理 ………… 90
　　以案说法反哺监管 ………… 90
　　公职律师管理 ………… 90
　　新时代"枫桥经验" ………… 90
　法制协调和法治宣传教育 ………… 90
　　深化"放管服"改革 ………… 90
　　法治宣传 ………… 90
　　法治教育 ………… 91

综合业务 ………… 92
　概况 ………… 92
　业务改革协调 ………… 92
　　落地综合授权改革试点项目 …… 92
　　关检业务全面融合改革 ………… 92
　　业务问题"清零"机制 ………… 93
　　关地合作 ………… 93
　通关运行管理 ………… 93
　　"两步申报"通关改革 ………… 93
　　全面切换新一代通关管理系统 … 93
　　通关时效提升 ………… 93
　　进出口重点物资通关保障 ……… 93
　　通关作业规范性提升 ………… 94
　贸易管制 ………… 94
　　禁限管控制度建设 ………… 94
　技术性贸易措施管理 ………… 94
　　国外技术性贸易措施交涉应对 … 94
　　技术性贸易措施研究评议基地
　　　建设 ………… 94
　知识产权海关保护 ………… 95
　　知识产权海关保护执法 ………… 95
　　知识产权海关保护实训基地 …… 95
　　知识产权普法宣传 ………… 95

自贸区和特殊区域管理 …………… 97
　概况 ………………………………… 97
　自贸试验区制度创新 ……………… 97
　　自贸创新举措备案 ……………… 97
　　自贸创新经验复制推广 ………… 97
　　妈湾智慧港 ……………………… 98
　特殊监管区域管理 ………………… 98
　　特殊监管区域监管概况 ………… 98
　　特殊监管区域转型升级 ………… 98
　　综合保税区高质量发展 ………… 98
　加工贸易监管 ……………………… 98
　　企业集团加工贸易监管改革 …… 98
　　促进加工贸易货物内销便利化 … 99
　　加工贸易残次品管理改革
　　　试点 …………………………… 100
　　加工贸易企业对接 ERP 系统监管
　　　模式创新 ……………………… 100
　保税物流 …………………………… 100
　　保税燃料油加注 ………………… 100
　　跨境电商网购保税进口业务 …… 100
　　珠宝玉石保税监管模式改革 …… 101
　　服务华南地区首家黄金专用型
　　　保税仓库发展 ………………… 101
　　对接仓储企业 WMS 系统联网
　　　监控模式创新 ………………… 101
风险管理 …………………………… 102
　概况 ………………………………… 102
　风险信息及大数据应用 …………… 102
　　风险信息监测 …………………… 102
　　风险情报工作站 ………………… 102
　　"情报+大数据"精准防控 ……… 102

　重点领域风险防控 ………………… 102
　　固体废物专项风险防控 ………… 102
　　濒危及野生动物专项风险
　　　防控 …………………………… 103
　　毒品风险防控 …………………… 103
　　"水客"风险防控 ……………… 103
　风险防控机制 ……………………… 103
　　口岸联防联控机制 ……………… 103
　　"风险+情报+现场"联合研判
　　　机制 …………………………… 103
　　"口岸—属地"业务风险协同
　　　防控机制 ……………………… 104
　风险业务改革 ……………………… 104
　　海运进境空箱融合布控 ………… 104
　　出口检验检疫监管新模式 ……… 104
税收征管 …………………………… 105
　概况 ………………………………… 105
　税则税政 …………………………… 105
　　税政调研 ………………………… 105
　　创新工作室 ……………………… 105
　　归类技术服务 …………………… 106
　　归类国际事务 …………………… 106
　估价管理 …………………………… 106
　　"双特"价格台账管理 ………… 106
　　"预裁定+关税"技术支持 …… 106
　　进口水果差别化管理 …………… 106
　　估价国际事务 …………………… 106
　税收征管 …………………………… 106
　　属地纳税人管理 ………………… 106
　　关税保证保险"共保"模式 …… 107
　　税收风险协同防控体系建设 …… 107

原产地管理 ······ 107
RCEP 原产地规则和关税减让实施准备 ······ 107
原产地管理系统建设和优化 ······ 107
金伯利毛坯钻石进出口业务管理 ······ 107

减免税管理 ······ 108
减免税政策研究 ······ 108
减免税管理系统建设和优化 ······ 108

非贸征管 ······ 108
非贸征管工作机制 ······ 108
非贸征管效能 ······ 108

卫生检疫 ······ 109
概况 ······ 109
检疫管理 ······ 109
全球传染病疫情监测 ······ 109
传染病检疫 ······ 109
安全防护 ······ 110
国际旅行卫生保健中心能力建设 ······ 110

生物安全管理 ······ 110
生物安全宣传 ······ 110
特殊物品卫生检疫 ······ 111

卫生处理监督 ······ 111
入境交通工具新冠病毒终末消毒监督 ······ 111
进口非冷链物品疫情防控 ······ 112

卫生监督 ······ 112
口岸公共卫生核心能力建设 ······ 112
口岸病媒生物监测 ······ 112
国境口岸卫生监督 ······ 112
国境口岸卫生许可"证照分离"改革 ······ 112

动植物检疫 ······ 114
概况 ······ 114
动植物疫情疫病防控 ······ 114
植物及其产品口岸检疫 ······ 114
动物及其产品口岸检疫 ······ 115
进出口农产品疫情防控 ······ 115

外来入侵物种防控 ······ 115
外来入侵物种监测 ······ 115
"国门绿盾2021"行动 ······ 115

服务促进农产品进出口 ······ 116
落实种业振兴行动 ······ 116
促进农产品供港澳 ······ 116

动植物检疫国际合作 ······ 116
动物疫情区域化合作 ······ 116
参与 IPPC 组织活动 ······ 116

动植物检疫制度建设 ······ 116
授权动植物检疫审批 ······ 116
国门生物安全宣传 ······ 117

进出口食品安全监管 ······ 118
概况 ······ 118
进口食品安全监管 ······ 118
进口食品"国门守护"行动 ······ 118
进口冷链食品疫情防控 ······ 118
民生食品进口保障 ······ 119

出口食品安全监管 ······ 119
出口食品一体化监管模式 ······ 119
供港蔬菜安全监管 ······ 119
市场采购出口预包装食品试点 ······ 119

进出口食品安全宣教 …… 119
食品安全宣传周 …… 119
出口食品企业技术辅导 …… 119
进出口食品安全信息化建设 …… 120
进口食品追溯与预警平台 …… 120
供港蔬菜监管系统 …… 120

商品检验 …… 121
概况 …… 121
进出口危险品及其包装检验监管 …… 121
进出口危险品及其包装检验监管措施 …… 121
进出口危险品伪瞒报打击 …… 122
进出口危险品及其包装检验监管队伍建设 …… 122
进口固体废物监管 …… 122
进口固体废物属性鉴别 …… 122
固体废物初筛 …… 122
进口大宗资源商品检验监管 …… 122
进口原油检验监管 …… 122
进口天然气检验监管 …… 122
进口煤炭及其他矿产品检验监管 …… 123
高风险非冷链工业品新冠病毒采样监测与预防性消毒监督 …… 123
进出口商品检验模式改革 …… 123
进口金属材料检验监管模式优化 …… 123
进口航材目的地检验模式改革 …… 123
支持港澳"药械通"落地粤港澳大湾区 …… 123
创新实施"合格保证+符合性验证"监管模式 …… 124
进口成套设备"一企一策" …… 124
进出口商品质量安全风险管理 …… 124
风险监测 …… 124
风险评估 …… 124
风险预警和处置 …… 125
打击进出口假冒伪劣商品 …… 125
中国制造海外形象维护"清风"行动 …… 125
推动建立打假长效机制 …… 125
智慧商检 …… 125
"蓝盾知库"系统 …… 125
进出口危险化学品和危险货物检验监管电子地图 …… 125
危险化学品辅助检验智能机器人 …… 126

口岸货运监管 …… 127
概况 …… 127
完善监管机制 …… 127
机动查验 …… 127
人工检查实训中心 …… 127
固体废物初筛嵌入查验流程探索 …… 128
物流模式改革 …… 128
"粤港澳大湾区组合港"模式 …… 128
"湾区海铁通" …… 128
海运卡口智能化改革 …… 128
进口货物"船边直提"、出口货物"抵港直装" …… 129
口岸安全生产 …… 129

关区安全生产机制建设 ………… 129
　　核生化有害因子监测 …………… 129
口岸物流监管 ………………………… 129
　　进出境运输工具监管 …………… 129
货物监管 ……………………………… 129
　　货物口岸检查 …………………… 129
　　口岸货物新冠病毒防控 ………… 130
　　集中封闭管理 …………………… 130
场所（场地）监管 …………………… 130
　　场所（场地）监管 ……………… 130
特殊监管方式 ………………………… 130
　　市场采购贸易监管 ……………… 130

行李邮递物品监管 ……………………… 132
概况 …………………………………… 132
行李物品监管 ………………………… 132
　　进出境旅客口岸现场检疫
　　　监管 …………………………… 132
　　打击治理"水客"走私 ………… 133
　　行邮渠道实训基地建设 ………… 133
快件邮件及跨境电商监管 …………… 133
　　寄递渠道疫情防控 ……………… 133
　　审单集约化改革 ………………… 134
　　跨境电商业务发展 ……………… 134
　　联合研判工作站 ………………… 134
　　跨境电商进口走私"断链刨根"
　　　专项整治行动 ………………… 135
智能化改革 …………………………… 135
　　5G远程智能检疫设备研发
　　　推广 …………………………… 135
　　5G智能单兵深化应用 …………… 135
　　CT智能审图 ……………………… 136

政策研究与统计 ………………………… 137
概况 …………………………………… 137
政策研究 ……………………………… 137
　　课题研究 ………………………… 137
统计调查 ……………………………… 138
　　中国外贸出口先导指数 ………… 138
　　跨境电商统计调查 ……………… 138
　　进口货物使用去向统计调查 …… 138
贸易统计 ……………………………… 138
　　统计数据审核 …………………… 138
　　"智慧统计"项目应用研究 …… 138
　　统计数据质量监督 ……………… 138
业务统计 ……………………………… 139
　　统计指标完善 …………………… 139
　　数据质量管控 …………………… 139
　　业务运行监测 …………………… 139
　　业务分析深化 …………………… 139
统计数据运用和管理 ………………… 139
　　数据安全管理 …………………… 139
　　报关单申报项目调整 …………… 139
　　服务外贸发展 …………………… 140

企业管理和稽查 ………………………… 141
概况 …………………………………… 141
资质管理 ……………………………… 141
　　报关企业"许可"改"备案" … 141
　　报关单位全面纳入"多证
　　　合一" ………………………… 141
　　取消部分进口收货人备案 ……… 141
　　报关单位注销管理 ……………… 141
　　做好报关单位备案管理新规实施
　　　准备 …………………………… 142

信用管理 …… 142
AEO 国际互认 …… 142
海关企业信用管理制度改革 …… 142
"暖企计划" …… 142
深圳海关 AEO 高级认证实训基地 …… 142

服务企业 …… 143
帮扶措施 …… 143
协调解决企业诉求 …… 143
政策宣讲与关企合作 …… 143

稽查业务 …… 143
稽查业务改革 …… 143
重大专项稽查 …… 144
"互联网+网上稽核查" …… 144
稽查实训基地 …… 144

核查业务 …… 144
核查标准化建设 …… 144
核查分类改革 …… 144
重点领域核查 …… 144
联合执法 …… 145

审核监督 …… 145
"审核标准化"改革 …… 145
稽查部门直接办理"简快案件" …… 145
防控业务廉政风险制度建设 …… 145
全过程执法监督体系 …… 145

属地查检 …… 146
属地查检改革 …… 146
属地查检运行规范体系建设 …… 146
属地查检智能化建设 …… 146
属地外勤作业疫情防护 …… 146

查缉走私 …… 147
概况 …… 147
打击涉税走私违法犯罪 …… 147
打击"水客"及"水客货"走私 …… 147
打击重点涉税商品走私 …… 147
打击跨境电商渠道走私 …… 147
打击非涉税走私违法犯罪 …… 148
打击"洋垃圾"走私 …… 148
打击象牙等濒危物种及其制品走私 …… 148
打击文物走私 …… 148
刑事科学技术 …… 148
实验室综合信息管理新系统研发 …… 148
刑事科学技术能力建设 …… 149
智慧缉私 …… 149
海陆空一体化缉私作战模式 …… 149
"互联网+"行政案件智能办理系统 …… 149
打击走私国际（地区）执法合作 …… 149
跨境控制下交付"深圳模式" …… 149
缉私法制建设 …… 150
缉私执法规范化建设 …… 150
稳步推进"两统一"工作机制试点工作 …… 150
刑事、行政执法绩效考评管理 …… 150

综合治理 …… 151

推动完善地方打私责任体系 ……… 151
　　推动多领域合成作战 …………… 151
　　推动重点部位及行业整治 ……… 151
科技发展 ………………………………… 152
　概况 …………………………………… 152
　信息化建设 …………………………… 152
　　新冠肺炎疫情防控信息化
　　　支撑 …………………………… 152
　　科技兴关"样板间" …………… 152
　　智能审图 ………………………… 153
　　海关大数据应用 ………………… 153
　　"互联网+网上稽核查" ………… 153
　　智慧云卡口 ……………………… 153
　　重点项目建设和推广 …………… 153
　信息系统管理 ………………………… 153
　　信息系统整合 …………………… 153
　　信息系统安全管理 ……………… 154
　　信息系统运行管理 ……………… 154
　　信息化应用项目管理 …………… 154
　　信息化基础资源管理 …………… 154
　实验室技术能力建设与管理 ……… 154
　　实验室新冠病毒检测能力
　　　建设 …………………………… 154
　　实验室建设 ……………………… 155
　　实验室安全管理 ………………… 155
　科研管理与科技创新制度机制 …… 155
　　"科创+海关"合作模式 ………… 155
　　四位一体科技创新模式 ………… 155
　　业务科技一体化 ………………… 155
　　"揭榜挂帅"科研项目 …………… 156
　海关科技队伍建设 …………………… 156

　　科技部门及人员状况 …………… 156
　　科技人员跟班作业活动 ………… 156
　　海关科技成果评定 ……………… 156
　科普与宣传 …………………………… 156

第五篇　综合保障

政务管理 ………………………………… 161
　概况 …………………………………… 161
　督查督办 ……………………………… 161
　　"第一议题"督办 ………………… 161
　　综合性督查检查考核 …………… 161
　　作风整治 ………………………… 161
　公文处理 ……………………………… 162
　　收文办理 ………………………… 162
　　公文质量提升 …………………… 162
　　精简文件 ………………………… 162
　会议管理 ……………………………… 162
　　会议管理制度修订 ……………… 162
　　会议室规范化建设 ……………… 162
　　精简会议 ………………………… 162
　信息工作 ……………………………… 162
　　政务信息编报 …………………… 162
　　互联网信息编报 ………………… 163
　　完善信息工作机制 ……………… 163
　　信息工作能力提升 ……………… 163
　新闻宣传 ……………………………… 163
　　主流媒体宣传报道 ……………… 163
　　专题宣传 ………………………… 163

应急值守	163	**疫情内部防控**	167
值班工作规范化和信息化建设	163	疫情内部防控体系建设	167
值班检查	164	疫情内部防控动态调整机制	167
应急演练	164	科技赋能抗疫	167
值班信息报送	164	**财务管理**	168
保密管理	164	**概况**	168
保密制度建设	164	**税费财务管理**	168
保密检查	164	关税和进口环节税	168
涉密岗位和人员管理	164	"财关库银"横向联网	168
保密教育	164	**预算管理**	168
档案管理	165	部门预算编制	168
归档工作	165	部门预算批复及公开	168
红色档案利用	165	预算绩效管理	168
国际档案日活动	165	建立"过紧日子"长效机制	168
政务公开	165	部门预算执行	169
政务公开管理	165	缉私部门财务保障	169
政府信息公开	165	**部门决算管理**	169
12360 海关热线	165	部门决算编报	169
门户网站管理	165	部门决算批复及公开	169
信访工作	166	**国库集中支付管理**	169
信访制度建设	166	零余额银行账户管理	169
信访办理	166	资金支付动态监管	169
口岸协调	166	**涉案财物管理**	170
口岸建设	166	走私冻品移交处置工作机制	170
"单一窗口"推广应用	166	陆生野生动植物制品移交工作机制	170
国际及港澳台地区交流合作	166	规范涉案财物管理	170
"三智"建设	166	**企事业财务管理**	170
中欧陆海快线沿线国家(地区)通关协调	167	海关系统全民所有制企业改制	170
国际交流	167	国有企业经济效益月报	170
外事管理	167		

国有企业财务会计决算编报 …… 170		政治建设 …………………………… 176
基建管理 ………………………… 170		党史学习教育 …………………… 176
艰苦地区边关生活设施保障 …… 170		**服务与管理** ……………………… 177
政府采购 ………………………… 170		待遇落实 ………………………… 177
海关系统政府采购 ……………… 170		精准服务 ………………………… 177
固定资产管理 …………………… 171		网格管理 ………………………… 177
国有资产报告编报 ……………… 171		**教育与宣传** ……………………… 177
督察内审 …………………………… 172		老年大学 ………………………… 177
概况 ……………………………… 172		信息宣传 ………………………… 178

督察内审

概况 ……………………………… 172
配合国家审计 …………………… 172
　完善工作机制 …………………… 172
　配合年度审计 …………………… 172
督察监督 ………………………… 172
　重大决策部署督察监督 ………… 172
　督察整改 ………………………… 173
　督察项目清单 …………………… 173
审计监督 ………………………… 173
　经济责任审计 …………………… 173
　专项审计 ………………………… 173
　审计整改 ………………………… 173
　非执法领域风险防控 …………… 174
内控建设 ………………………… 174
　内控机制建设 …………………… 174
　HLS2017 内控平台应用 ………… 174
　内控培训指导 …………………… 174
执法评估 ………………………… 174
　年度执法评估成效 ……………… 174
　"云擎"平台应用 ……………… 175

离退休干部工作

概况 ……………………………… 176
离退休干部党建工作 …………… 176

第六篇　隶属海关

皇岗海关 ………………………… 181
　概况 ……………………………… 181
　政治建设 ………………………… 181
　业务建设 ………………………… 181
　队伍建设 ………………………… 182
　综合保障 ………………………… 182
　口岸新冠肺炎疫情防控 ………… 182
　口岸检验检疫 …………………… 183
　优化口岸营商环境 ……………… 183
　推进皇岗口岸重建 ……………… 183
深圳宝安机场海关 ……………… 184
　概况 ……………………………… 184
　政治建设 ………………………… 184
　业务建设 ………………………… 184
　队伍建设 ………………………… 185
　综合保障 ………………………… 185
　口岸疫情防控 …………………… 185

通关便利措施	185	业务建设	196
支持新业态发展	186	队伍建设	197

深圳湾海关 ……187

- 概况 ……187
- 政治建设 ……187
- 业务建设 ……187
- 队伍建设 ……187
- 综合保障 ……188
- 口岸疫情防控 ……188
- 智慧海关建设 ……188
- 打击侵权货物 ……188

罗湖海关 ……189

- 概况 ……189
- 政治建设 ……189
- 业务建设 ……189
- 队伍建设 ……190
- 综合保障 ……190
- 新冠肺炎疫情防控 ……190
- 监管打私 ……191
- 旅检实训基地建设 ……191

文锦渡海关 ……193

- 概况 ……193
- 政治建设 ……193
- 业务建设 ……193
- 队伍建设 ……194
- 综合保障 ……194
- 启动通关服务中心 ……194
- 创新普法执法工作 ……195

沙头角海关 ……196

- 概况 ……196
- 政治建设 ……196
- 业务建设 ……196
- 队伍建设 ……197
- 综合保障 ……197
- 中英街综合治理 ……197
- 打私工作 ……198
- 新冠肺炎疫情防控 ……198

蛇口海关 ……199

- 概况 ……199
- 政治建设 ……199
- 业务建设 ……199
- 队伍建设 ……200
- 综合保障 ……200
- 口岸疫情防控 ……200
- 优化营商环境 ……200
- 园区新业态发展 ……200
- 打击走私 ……201

大鹏海关 ……202

- 概况 ……202
- 政治建设 ……202
- 业务建设 ……202
- 队伍建设 ……203
- 综合保障 ……203
- 口岸疫情防控 ……203
- 提升监管打私效能 ……203
- 筑牢国门安全防线 ……204
- 支持新业态发展与产业集聚 ……204

莲塘海关 ……205

- 概况 ……205
- 政治建设 ……205
- 业务建设 ……205
- 队伍建设 ……206

| 综合保障 …………………… 206
大铲湾海关 …………………… 207
 概况 …………………… 207
 政治建设 …………………… 207
 业务建设 …………………… 208
 队伍建设 …………………… 208
 综合保障 …………………… 208
 口岸疫情防控 …………………… 209
 医疗废弃物移运中遗撒专题
  演练 …………………… 209
三门岛海关 …………………… 210
 概况 …………………… 210
 政治建设 …………………… 210
 业务建设 …………………… 210
 队伍建设 …………………… 211
 综合保障 …………………… 211
 红色资源保护运用 …………………… 211
西九龙站海关 …………………… 212
 概况 …………………… 212
 政治建设 …………………… 212
 业务建设 …………………… 212
 队伍建设 …………………… 213
 综合保障 …………………… 213
 联合共建动植物初筛实训
  基地 …………………… 213
深圳邮局海关 …………………… 214
 概况 …………………… 214
 政治建设 …………………… 214
 业务建设 …………………… 214
 队伍建设 …………………… 215
 综合保障 …………………… 215
 联合研判工作站建设 …………………… 215
 全球跨境快邮集散中心 …………………… 216
梅林海关 …………………… 217
 概况 …………………… 217
 政治建设 …………………… 217
 业务建设 …………………… 218
 队伍建设 …………………… 218
 综合保障 …………………… 218
 智能审图 …………………… 219
 机检查验实训中心应用 …………………… 219
 进口商品"物防"专项监控 …………………… 219
福强海关 …………………… 220
 概况 …………………… 220
 政治建设 …………………… 220
 业务建设 …………………… 220
 队伍建设 …………………… 221
 综合保障 …………………… 221
 税收风险防控 …………………… 221
 科创产业扶持 …………………… 221
沙湾海关 …………………… 223
 概况 …………………… 223
 政治建设 …………………… 223
 业务建设 …………………… 223
 队伍建设 …………………… 224
 综合保障 …………………… 224
 疫情防控监控检查 …………………… 224
南头海关 …………………… 225
 概况 …………………… 225
 政治建设 …………………… 225
 业务建设 …………………… 225
 队伍建设 …………………… 226

综合保障 …………………… 226
　　严打走私 …………………… 226
　　服务企业 …………………… 227
福中海关 ……………………… 228
　　概况 ………………………… 228
　　政治建设 …………………… 228
　　业务建设 …………………… 229
　　队伍建设 …………………… 229
　　综合保障 …………………… 229
　　维护国门安全 ……………… 229
　　深化"放管服"改革 ………… 229
前海海关 ……………………… 231
　　概况 ………………………… 231
　　政治建设 …………………… 231
　　业务建设 …………………… 231
　　队伍建设 …………………… 232
　　综合保障 …………………… 232
　　技术性贸易工作 …………… 232
　　企业认证培育 ……………… 232
同乐海关 ……………………… 234
　　概况 ………………………… 234
　　政治建设 …………………… 234
　　业务建设 …………………… 234
　　队伍建设 …………………… 235
　　综合保障 …………………… 235
　　服务外贸发展 ……………… 235
　　打击走私 …………………… 236
布吉海关 ……………………… 237
　　概况 ………………………… 237
　　政治建设 …………………… 237
　　业务建设 …………………… 237
　　队伍建设 …………………… 238
　　综合保障 …………………… 238
　　促外贸稳增长 ……………… 238
　　后续监管效能提升 ………… 238
　　筑牢安全防线 ……………… 239
　　市场采购新业态落地 ……… 239
　　粤港澳大湾区"菜篮子"
　　　"果篮子"建设 …………… 239
笋岗海关 ……………………… 240
　　概况 ………………………… 240
　　政治建设 …………………… 240
　　业务建设 …………………… 240
　　队伍建设 …………………… 241
　　综合保障 …………………… 241
　　服务"湾区号"国际班列 …… 241
　　创新监管模式 ……………… 241
　　提升监管效能 ……………… 242
　　筑牢供港活畜安全防线 …… 242
福田海关 ……………………… 243
　　概况 ………………………… 243
　　政治建设 …………………… 243
　　业务建设 …………………… 243
　　队伍建设 …………………… 244
　　综合保障 …………………… 244
　　特殊监管区域打击走私 …… 244
　　落实惠企政策 ……………… 244
　　助力科创合作区发展 ……… 244
梅沙海关 ……………………… 246
　　概况 ………………………… 246
　　政治建设 …………………… 246
　　业务建设 …………………… 246

队伍建设 …………………… 247
　　综合保障 …………………… 247
　　推动"MCC盐田"落地………… 247
　　推动特殊区域"互联网+保税"
　　　无账册试点 ………………… 247

观澜海关 ………………………… 248
　　概况 ………………………… 248
　　政治建设 …………………… 248
　　业务建设 …………………… 248
　　队伍建设 …………………… 249
　　综合保障 …………………… 249
　　打私工作 …………………… 249
　　关地合作 …………………… 249

西沥海关 ………………………… 250
　　概况 ………………………… 250
　　政治建设 …………………… 250
　　业务建设 …………………… 250
　　队伍建设 …………………… 251
　　综合保障 …………………… 251
　　服务光明科学城发展 ………… 251

龙岗海关 ………………………… 253
　　概况 ………………………… 253
　　政治建设 …………………… 253
　　业务建设 …………………… 253
　　队伍建设 …………………… 254
　　综合保障 …………………… 254
　　AEO高级认证实训基地 ……… 254
　　促进外贸新业态发展 ………… 254

坪山海关 ………………………… 256
　　概况 ………………………… 256
　　政治建设 …………………… 256

　　业务建设 …………………… 256
　　队伍建设 …………………… 257
　　综合保障 …………………… 257
　　支持坪山综合保税区建设 …… 257
　　服务科研设备进口通关 ……… 257
　　优化营商环境 ………………… 257
　　赋能新能源汽车出口 ………… 257

惠州海关 ………………………… 259
　　概况 ………………………… 259
　　政治建设 …………………… 259
　　业务建设 …………………… 260
　　队伍建设 …………………… 260
　　综合保障 …………………… 260
　　新冠肺炎疫情防控 …………… 260
　　"国门利剑2021" …………… 260
　　关地合作暖企惠民 …………… 261
　　惠州海关后勤管理中心 ……… 261
　　惠州海关综合技术中心 ……… 261

惠州港海关 ……………………… 263
　　概况 ………………………… 263
　　政治建设 …………………… 263
　　业务建设 …………………… 263
　　队伍建设 …………………… 264
　　综合保障 …………………… 264
　　"暖企行动" ………………… 264
　　支持"包船出海"通关业务 …… 264
　　优化登临检疫模式 …………… 264
　　惠州港海关综合技术服务
　　　中心 ………………………… 265

惠东海关 ………………………… 266
　　概况 ………………………… 266

政治建设 …………………… 266
业务建设 …………………… 266
队伍建设 …………………… 267
综合保障 …………………… 267

第七篇　事业单位和社会团体

深圳海关后勤管理中心 ………………… 271
　　概况 ……………………… 271
　　政治建设 ………………… 271
　　内部疫情防控 …………… 272
　　民生实事 ………………… 272
　　安全生产工作 …………… 272
　　涉案财物管理 …………… 273
　　采购管理 ………………… 273
　　经济实体管理 …………… 273
　　落实"过紧日子"措施 …… 273
深圳海关信息中心 ……………………… 275
　　概况 ……………………… 275
　　政治建设 ………………… 275
　　业务建设 ………………… 275
　　队伍建设 ………………… 275
　　综合保障 ………………… 276
　　科技抗疫 ………………… 276
　　国门安全科技防线 ……… 277
　　科研成果 ………………… 277
深圳海关食品检验检疫技术中心 ……… 278
　　概况 ……………………… 278
　　政治建设 ………………… 278

法定检测保障 …………… 278
市场开拓 ………………… 279
科研成果转化 …………… 279
深圳海关动植物检验检疫技术中心 …… 281
　　概况 ……………………… 281
　　政治建设 ………………… 281
　　新冠病毒核酸检测 ……… 282
　　维护国门生物安全 ……… 282
　　配合打击濒危野生动植物及其
　　　制品走私 ……………… 282
　　科研制标成果 …………… 283
深圳海关工业品检测技术中心 ………… 284
　　概况 ……………………… 284
　　政治建设 ………………… 284
　　科技发展 ………………… 284
　　固体废物属性鉴定 ……… 284
　　配合打击走私 …………… 285
　　液化天然气检验计量 …… 285
深圳国际旅行卫生保健中心（深圳海关
　口岸门诊部）………………………… 286
　　概况 ……………………… 286
　　政治建设 ………………… 286
　　新冠肺炎疫情防控 ……… 286
　　传染病监测体检 ………… 287
　　预防接种与医学咨询 …… 287
　　口岸其他传染病检测 …… 287
　　实验室建设 ……………… 287
中国电子口岸数据中心深圳分中心 …… 289
　　概况 ……………………… 289
　　政治建设 ………………… 289
　　科技赋能改革创新 ……… 290

赋能企业成长 …………………… 290
现场运维保障 …………………… 291
筑牢网络安全防线 ……………… 291
深圳海关学会 ……………………… 292
概况 ……………………………… 292
"飞龙杯"文化品牌 …………… 292
修志专项工作 …………………… 292

第八篇 荣誉榜

2021 年深圳海关获评省部级及以上
荣誉名单 …………………………… 295
2021 年深圳海关疫情防控工作先进
基层党组织和优秀共产党员名单 …… 297

第九篇 大事记

2021 年深圳海关大事记 …………… 301

第十篇 海关统计资料

2021 年深圳海关报关进出口月度
总值表 ……………………………… 315

2021 年深圳海关报关进出口国别（地区）
前 30 位总值表 …………………… 316
2021 年深圳海关报关进出口分贸易方式
总值表 ……………………………… 318
2021 年深圳海关报关进出口分企业性质
总值表 ……………………………… 319
2021 年深圳海关报关进出口分收发货人
所在地总值表 ……………………… 320
2021 年深圳海关报关进出口分关别
总值表 ……………………………… 322
2021 年深圳海关报关进出口分运输方式
总值表 ……………………………… 324
2021 年深圳海关报关进出口分商品类章
总值表 ……………………………… 325

缩略语

缩略语 ………………………………… 333

附录

庆祝中国共产党成立 100 周年系列活动和
党史学习教育"5 个 100"项目 …… 339
深圳海关重要公告通告 …………… 349

后　记

后　记 …………………………………… 363

"中国海关史料丛书" 编委会

"中国海关史料丛书" 编委会 ……… 365

写在前面的话

深圳海关前身为"九龙关",至今已有百余年的历史。从被帝国主义把持的半殖民性质海关到独立自主的人民海关,深圳海关的兴衰变化始终和国家命运紧紧联系在一起。1949年,中华人民共和国成立,人民政权接管"九龙关",次年,更名为"中华人民共和国九龙海关",以此彰显国家的主权和独立。1978年以后,随着改革开放的深化,深圳进出口贸易和外向型经济快速发展,九龙海关业务队伍日益壮大,1981年升格为厅局级直属海关,并陆续在各对外开放口岸设立隶属海关。1997年,香港回归祖国,"九龙海关"更名为"深圳海关",成为"一国两制"伟大实践的亲历者和见证者。中华人民共和国成立的70余年,是国家走向富强、民族走向复兴的奋斗征程,也是深圳海关在中国海关事业蓬勃发展背景下兴关强国的重要历程。一代又一代深圳海关人,始终秉承敢闯敢试、敢为人先的改革精神,锐意进取、踔厉奋发,为新时期海关发展贡献了许多宝贵经验,为经济特区建设贡献了海关人的智慧和力量。

党的十九大以来,面对新形势、新机遇、新挑战,深圳海关坚持以习近平新时代中国特色社会主义思想为指导,坚决贯彻落实党中央、国务院决策部署,在海关总署党委的坚强领导下,全面履行把关服务职责,全力维护国家主权和利益,促进对外经济贸易发展和科技文化交往,服务社会主义现代化建设,带领全关树先锋意识、走强关之路、展时代风采,开创新时代深圳海关工作新局面。

——面对党和人民赋予的使命任务,深圳海关始终牢记政治机关的本质属性,坚持以习近平新时代中国特色社会主义思想为指导,不折不扣贯彻落实习近平总书记重要讲话和重要指示批示精神。全关同志深刻领悟"两个确立"的决定性意义,增强"四个意识"、坚定"四个自信"、做到"两个维护",政治判断力、政治领悟力、政治执行力显著增强。

不忘初心,方得始终;牢记使命,方显本色。深圳海关坚持以党的创新理论武装头脑、指导实践、推动工作，将习近平总书记的重要讲话和重要指示批示精神铸入灵魂、化为行动。锲而不舍、一以贯之严厉打击"洋垃圾"、象牙等濒危动植物及其制品走私，建成全国海关首家濒危物种司法鉴定实验室，组织开展"蓝天""国门利剑""国门之盾"等大规模打击走私专项行动，有力遏制走私势头。屡次在重点国家敏感商品中检出有害生物，有效防治外来物种侵害。成功承办世界海关组织"雷电"暨"大地女神"第五期国际联合行动总结会，充分彰显中国海关维护生态文明的态度和决心。全渠道打击"水客"走私、粤港澳海上跨境走私、海南离岛免税"套代购"走私，"破大案、打团伙、摧网络"，取得丰硕战果。全链条强化知识产权海关保护，建成全国海关首个知识产权边境保护实训基地，连续三年查获侵权货物数量居全国海关首位。推动"三智"合作由理念到实践取得突破，首任"三智"专联组秘书处工作得到海关总署高度认可，"5G智能单兵"被列入中国海关第一批"三智"国际合作示范项目，积极推动"湾区号"中欧班列成为链接"一带一路"新纽带。"数据+研究"硕果累累，发挥外贸预警预判功能，有力辅助上级领导决策，在服务发展的大局中，彰显海关担当和作为。全力以赴决战决胜脱贫攻坚，坚持驻镇帮镇扶村，"输血""造血"双落地，帮扶对象全部脱贫摘帽，有效衔接乡村振兴取得积极成效。

——面对席卷全球的世纪疫情，深圳海关始终坚持"外防输入、内防反弹"总策略和"动态清零"总方针不动摇，全关同志以对党的绝对忠诚、对人民的赤子之心、对海关事业的高度负责，挺身而出、逆流而上、同舟共济、舍家卫国，筑起抗击疫情的钢铁长城，在国门书写了伟大的抗疫精神，诠释了国门卫士的责任与担当。

庚子之春，新冠肺炎疫情突如其来。习近平总书记发出号令，深圳海关闻令而动、精锐尽出，想尽一切办法、调动一切资源、穷尽一切手段、不惜一切代价，坚决筑牢口岸检疫防线。全关同志不畏艰险，善作善成，取得"10个率先"（率先在全部旅检口岸部署防控措施；率先实施二次测温；率先查验重点旅客海外行程卡信息；率先将智能流行病学调查系统应用于口岸排查；率先对有海外旅居史人员实施100%新冠病毒核酸检测；率先使用自主研发的驾驶员智慧验放设备对跨境司机实施检疫；率先应用远程5G智能检疫设备实现无接触式测温、申报与流行病学调查；率先实施入境人员信息一体集成无接触式审核；率先应用自身平台实现对新冠病毒精准测序；率先启动口岸环境监测，开展"人、物、环境同防"）、"4个全国首宗"（全国首宗防疫物资出口"污名化"案件、全国首宗涉嫌逃避商检罪案件、全国首宗耳温枪侵权案件、全国首次利用智能审图查发伪报出口防疫物资案件）的突出成绩。成功处置一次性检疫人员最多的"歌诗达·威尼斯号"邮轮入境事件，为全球邮轮疫情防控应急处置再添范例。验放了占全国五分之一的进出口防疫物资，使深圳口岸成为抗击疫情的"供血大动脉"。世界卫生组织考察深圳机场口岸疫情防控工作时称赞："中国海关为全球公共卫生安全做出了突出贡献。"

两年间，新冠肺炎疫情反复延宕，深圳海关慎终如始坚守阵地，因时因势精准施策，全流程闭环管理不断紧固，精准检疫、科学检疫两大能力同步提升，境外、口岸、境内三道防线持续筑牢，平战结合、分级检疫、联防联控、防护监督四项机制不断完善。同志们万众一心，并肩作战，无论外防输入，还是内防感染，无不倾注了大量心血，做出了巨大牺牲，涌现了一个又一个的感人事迹。上千名同志义无反顾，接续投身集中封闭管理，在最艰苦、最危险的抗疫前沿冲锋陷阵；广大党员干部职工披星戴月、加班加点、任劳任怨，用实际行动践行了国门卫士的铮铮誓言。大战大考之下，深圳海关全员防疫意识显著增强，口岸防疫基础更加牢固，国门公共卫生安全防控体系基本建成，红旗漫卷，淬火成钢。

——面对风高浪急的风险挑战，深圳海关始终牢记自身职责使命，坚持统筹发展和安全，坚决贯彻落实总体国家安全观，以"时时放心不下"的责任感，时刻瞪大眼睛，牢牢守住不发生重大、系统性风险底线红线，开放监管能力稳步提升，打私战术战法全面升级，维护国门安全更加有力有效。

坚定维护政治安全，圆满完成庆祝中华人民共和国成立70周年、中国共产党成立100周年等重大活动政治保卫任务；全力支持香港止暴制乱、恢复秩序，为维护"一国两制"、香港长期繁荣稳定做出贡献。监管机制推陈出新，建立"风险+情报+现场"联合防控机制，联合研判工作站实体化运作，查获一大批典型案件；在全国海关率先落地"多查合一"，后续监管集约高效；建立"打私+网格"管理新模式，反走私社会综合治理体系持续筑牢。监管手段不断创新升级，智能风控、智能审图、智慧旅检、智慧检疫、智能审单、智慧缉私、"互联网+网上稽核查"等一批智能化项目相继落地，实验室检测能力和技术水平稳步提升，初步形成协同高效、精准制导、快速反应的智慧监管体系。监管能力和监管效能不断提高，综合治税量质双升，稽核查绩效屡创新高，技术性贸易"筑篱破壁"作用持续强化，进口食品安全、进出口商品质量安全、国门生物安全全方位筑牢，国门安全准入各项指标始终处于全国海关前列。打私工作国际影响力逐步提升，国际执法合作持续深化，推出跨境控制下交付"深圳模式"，为全球打击治理跨境走私贡献中国海关方案。

——面对经济发展需求收缩、供给冲击、预期转弱三重压力，深圳海关始终坚持稳字当头、稳中求进，认真落实党中央"六稳""六保"部署，主动融入国家重大区域发展战略，完整准确全面贯彻新发展理念，服务构建新发展格局，推动高质量发展，"双区"建设取得积极成效，口岸营商环境稳居全国前列，深圳外贸量质齐飞实现历史性跨越。

深圳海关始终牢记习近平总书记对广东、深圳工作的殷殷嘱托，着眼"湾区所向"

"深圳所需"，贡献"海关所能"。推动粤港澳大湾区、中国特色社会主义先行示范区建设步入新轨道，创造性推出"1331"赋能工程，支持前海、河套、光明科学城同步建设，服务高精尖产业、高端制造业和新业态集聚发展，综合授权改革试点涉及海关事项全数落地，关地合作"朋友圈"不断扩大。助力形成口岸经济带一体联动新格局，全国首个高铁口岸西九龙站、深港陆路新口岸莲塘口岸顺利开关，深圳湾货检24小时通关，皇岗口岸加速重建，妈湾智慧港如期开港，罗湖、沙头角、文锦渡口岸改造同步推进，口岸布局更科学、功能更完善。全力打造海、陆、空、铁、邮立体化的物流新体系，"大湾区组合港""湾区海铁通""东西部港区一体化""海空港畅流计划"先后实施，深圳港集装箱吞吐量屡创新高，核心引擎功能显著增强。优化口岸营商环境呈现新风貌，大刀阔斧简政放权、减税降费、提速增效，口岸通关时间不断压减，企业获得感显著增强，助力深圳获评跨境贸易便利化标杆城市。促进高水平开放打开新局面，前海、盐田、坪山三个综合保税区验收升级，离港空运服务中心、MCC国际分拨集拼中心等一大批自贸创新项目集聚效应凸显，特殊监管区域协同规划、错位发展、优势互补的布局更加合理。服务高质量发展迈上新台阶，压茬推出162项硬举措，滚动实施"优企""暖企""强企"计划，税政、技术性贸易、AEO培育多点发力，市场采购、跨境电商蓬勃发展，2021年深圳外贸进出口总值历史性跨过3.5万亿元大关，出口规模连续29年居内地外贸城市首位。

——面对新海关履职更高要求、管理更大挑战、企业更强期盼，深圳海关坚持全面深化改革不停步，发挥特区"闯、创、干"精神，以改革破难、用创新提质，改革系统性、整体性、协同性持续增强，关区治理效能持续提升。

深圳海关坚决落实海关机构改革部署，全关同志讲政治、顾大局、守纪律、讲风格，按照"五统一"要求，以最快速度保障业务平稳过渡，率先完成队伍混编、现场"联合查验"、后续"联合处置"、监管作业场所整合，全面推动海关与原出入境检验检疫业务融合、队伍融合、能力融合、情感融合，高效完成机构改革任务，充分展现新时代新海关新形象。

立足新起点，激发新活力，多项改革取得突破性进展。《海关全面深化业务改革2020框架方案》中的"五个两"在深圳海关率先试点、率先落地、率先见效。企业集团加工贸易监管、珠宝玉石保税监管、"口岸属地风险联动协同监管"、进境水果"分层查验"等监管创新模式接续落地，原产地"信用签证"、快件"审单快放"、进口成套设备随到随检、"保税物流+保税维修"业务联动等一批微改革取得积极成效，以小切口解决了大问题。武警海关执勤兵力撤收工作平稳开展，缉私管理体制调整有序推进，关检业务全面融合不断向纵深发展，34项改革全面落地、10项措施在全国海关复制推广。关区强化监管与优化服务的措施手段更加丰富，维护安全与促进便利结合更加紧密，防范风险与提升企业获得感成效更加突出，机构改革红利充分释放。

——面对长期严峻复杂的廉政形势，深圳海关始终坚持全面从严治党，贯彻新时代党的建设总要求，以思想铸魂、以党建强基、以正气清源、以自我革命推动事业行稳致远，严的基调持续筑牢，风清气正的政治生态持续巩固，监督制约体系持续完善，清廉海关建设成果持续深化，管党治党、队伍建设呈现新的气象。

全面加强党的领导，坚决落实海关党的领导体制改革，两级党委主体责任压得更实，"四责"协同的体制机制科学有效。全面加强党的思想建设，"不忘初心、牢记使命"主题教育、党史学习教育取得扎实成效，全关上下宗旨意识、使命担当进一步增强。全面提升基层组织力，坚持"人无我有、人有我优"，以融合式党建为抓手深入推进模范机关创建、文明创建，"强基提质工程"扎实推进，基层党建品牌数量位居全国海关第一，11个集体、7名个人获得国家级荣誉，成功创建28个文明单位，蛇口海关作为海关系统唯一代表，在全国精神文明建设表彰大会上受到习近平总书记亲切接见。全面加强干部队伍建设，涵养风清气正的政治生态，首创激励类、保障类、导向类职级晋升机制，实施年轻干部队伍建设"苗圃""启航""英才""领军""薪火"五项工程，大力推进执法一线科长队伍建设，选人用人导向更加牢固鲜明，教育培训更加管用实用，关心关爱更加精准务实，人才第一资源作用进一步凸显。驰而不息纠"四风"树新风，违反中央八项规定精神、形式主义官僚主义等突出问题得到有效遏制，精文简会、基层减负深入人心。全面加强政治监督，统筹推进中央、总署巡视整改，实现巡察全覆盖，连续三年巡察工作考核满分；派驻纪检组和事业单位纪委监督力量配齐配强，监督保障执行、促进完善发展作用发挥明显。全面推进清廉海关建设，坚持"三不腐"一体推进、"惩治防"协同发力，"现场监管与外勤执法权力寻租"专项整治扎实到位，"智慧纪检"有效运用，"制度+科技"动中抓廉的机制不断健全，全面打赢反腐败斗争攻坚战、持久战取得阶段性胜利。

——面对业务体量大、人员数量多、作业分布广等客观现实，深圳海关坚持夯基固本，着力推进制度化、标准化、规范化建设，法治保障、科技应用、政务服务、后勤保障等综合"软实力"显著增强，为厚植优势、持续稳定、领先发展奠定了坚实基础。

法治政府建设取得实效，"立改废释"、法治保障全面及时，行政诉讼实现"零败诉"，全关上下学法守法普法意识显著增强，严格规范公正文明的执法标准和实践更加统一，法治固根本、稳预期、利长远的保障作用进一步彰显。科技创新不断突破，构建"海关+地方+高校+企业"四位一体科技创新模式，建立深圳海关智慧海关创新实验室，科技兴关"样板间"孵化项目和应用效果走在全国海关前列，科技引领和支撑作用明显。

政务服务"一站式"办理、掌上办理全面铺开，12360热线社会公众满意度保持100%，2020年深圳海关获评全国"互联网+政务服务"先进单位。内部督查审计扎实有效，内控绩效考核连续三年保持满分。严格落实"过紧日子"要求，预算管理更加科学，财物管理更加规范，统筹保障能力持续增强。用心用情办实事、解难题，集中力量推动实施了老有颐养、学有优教、幼有善育、住有宜居等一大批民生项目，离退休老干部工作、工青妇工作更有温度，广大干部职工幸福感、归属感显著增强。

以史为鉴，开创未来。总结过去，是为了更好地把握历史规律，找准海关工作发展定位，增强开拓前进的力量和勇气。回顾党的十九大以来深圳海关发展历程，成绩来之不易，需要加倍珍惜，我们也更加深刻地认识到：一是必须深刻领悟"两个确立"的决定性意义，坚决做到"两个维护"，始终在思想上政治上行动上同以习近平同志为核心的党中央保持高度一致，确保始终沿着正确的政治方向前进；二是必须牢固树立总体国家安全观，增强底线思维和开放监管能力，严格依法把关，牢牢守住安全底线；三是必须主动融入大局，完整、准确、全面贯彻新发展理念，服务构建新发展格局，立足海关职能观大势、谋大局，以历史眼光、全局视角、系统思维推动深圳海关事业高质量发展；四是必须坚持改革创新，主动适应形势变化，在各项重大改革部署中勇当尖兵、走在前列，以系统集成和协同高效推动高水平制度型开放，不断彰显深圳海关改革先锋的亮色；五是必须锻造高素质海关队伍，弘扬准军事化纪律部队优良作风，坚持严管厚爱，推动形成崇尚求实、扎实、朴实的海关文化氛围，持续提振队伍精气神；六是必须坚持党对海关工作的全面领导，全面从严治党、从严治关，强化基层组织建设，推进融合式党建，以强有力的党建为队伍铸魂、为改革破题、为发展铺路，保障关区各项工作行稳致远。

新征程上，党的二十大已经擘画了宏伟蓝图、指明了前进方向、吹响了奋进号角，深圳海关将更加紧密团结在以习近平同志为核心的党中央周围，在总署党委的坚强领导下，踔厉奋发，勇毅前行，奋力推进社会主义现代化海关建设，为以中国式现代化全面推进中华民族伟大复兴贡献智慧力量，用实际行动和优异成绩向党和人民交出一份满意答卷。

海关专题图片

学思篇

▲2021年3月19日,深圳海关召开党委理论学习中心组(扩大)会议,深入学习贯彻习近平总书记在党史学习教育动员大会上的重要讲话精神,党委书记、关长陈小颖(中),党委委员贝景波(右三)、粟晋斌(左三)、王味冰(右二)、涂琳(左二)、谭华(右一)、夏新生(左一)参加

▲2021年9月24日,深圳海关举办党委理论学习中心组(扩大)学习暨学习贯彻习近平总书记"七一"重要讲话精神专题读书班,党委书记、关长陈小颖(中),党委副书记徐建华(右三),党委委员王晶洗(左三)、贝景波(右二)、王味冰(左二)、谭华(右一)、夏新生(左一)参加

笃行篇

2021年1月6日，党委书记、关长陈小颖（左一）到文锦渡海关调研 ▶

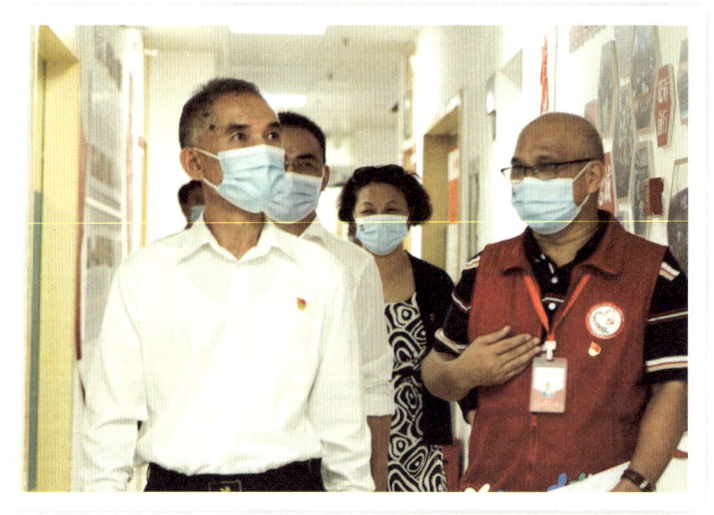

◀ 2021年8月27日，党委书记、关长陈小颖（前排左一）以深圳市党代表身份到南山区蛇口街道湾厦社区开展"进社区联系服务党员群众"活动

2021年9月8日，党委书记、关长陈小颖（中）到欣旺达惠州新能源有限公司调研 ▶

2021年5月12日，党委副书记、副关长徐建华（右四）到深圳国瓷永丰源股份有限公司调研

2021年7月30日，党委委员、副关长兼政治部主任王晶洗（中）到人事处党支部讲专题党课

2021年12月3日,党委委员、副关长贝景波(左二)到深圳海关法制宣传教育基地为深圳市法治宣传教育四星级基地揭牌

◀2021年5月12日,党委委员、纪检组组长栗晋斌(前排右一)到惠州海关开展"现场监管与外勤执法权力寻租"专项整治工作调研

2021年3月2日,党委委员、皇岗海关关长王味冰(右二)到皇岗口岸货运进口现场调研"陆路通"小程序使用情况

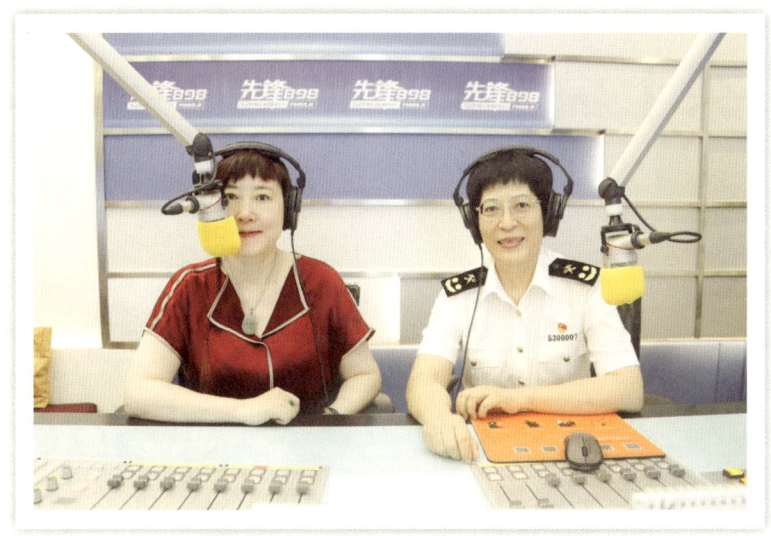

◀2021年7月6日,党委委员、副关长涂琳(右一)参加深圳广播电台"民心桥"栏目直播,倾听企业和群众诉求,现场解答问题

2021年12月1日,党委委员、副关长谭华(右二)到莲塘海关检查指导旅检工作 ▶

◀2021年11月18日,党委委员、副关长夏新生(前排右二)到粤港澳大湾区(广东·惠州)绿色农产品生产供应基地调研

实干篇

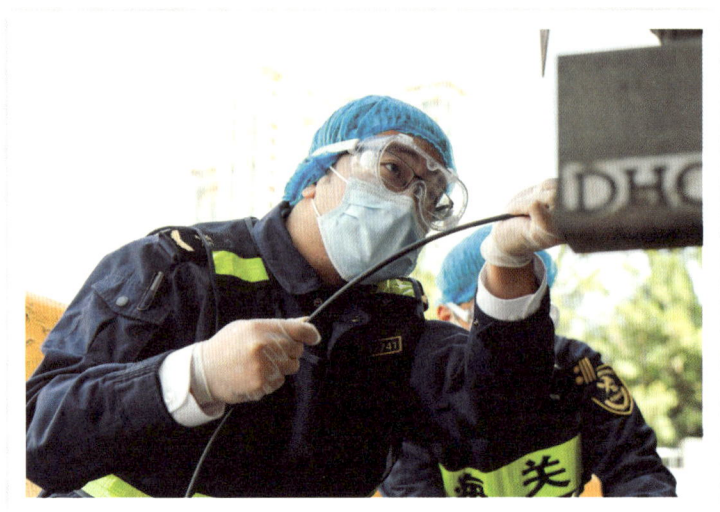

2021年1月25日,深圳海关所属文锦渡海关关员查验进境车辆

◂2021年1月26日,深圳海关所属惠州海关关员开展禽流感疫情巡查

2021年3月1日,深圳海关所属蛇口海关关员对进口高粱进行取样

2021年3月3日,深圳海关所属西九龙站海关关员对入境列车进行登临检疫

◀2021年3月10日,深圳海关所属同乐海关关员检疫出境宠物

2021年4月16日,深圳海关所属大鹏海关关员奔赴登临检疫

2021年5月7日,深圳海关所属邮局海关关员在跨境电商监管现场进行查验

◀2021年5月21日,深圳海关所属深圳宝安机场海关关员训练海关监管工作犬

2021年5月25日,深圳海关所属惠州港海关关员登临检疫入境船舶

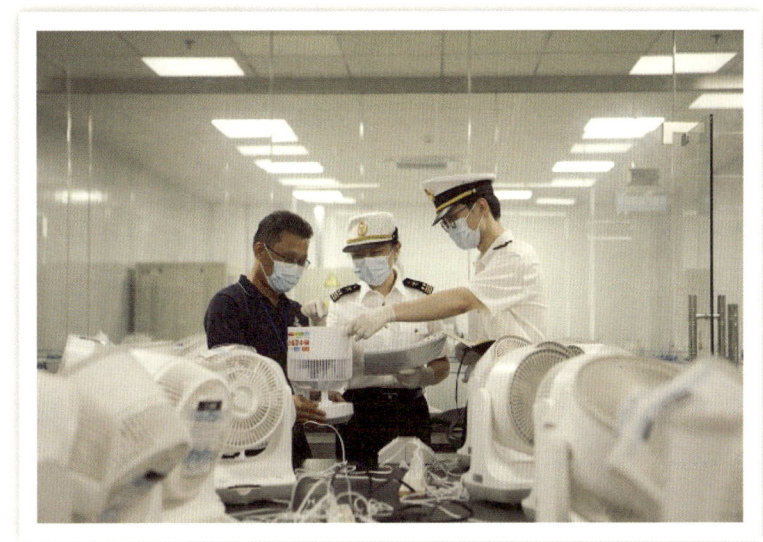

2021年8月2日,深圳海关所属布吉海关关员到企业开展稽查

2021年8月16日,深圳海关所属蛇口海关助力粤港澳大湾区组合港项目启动

2021年8月18日,深圳海关所属笋岗海关服务中欧班列开行一周年

2021年9月2日,深圳海关所属大鹏海关关员现场监管进境集装箱

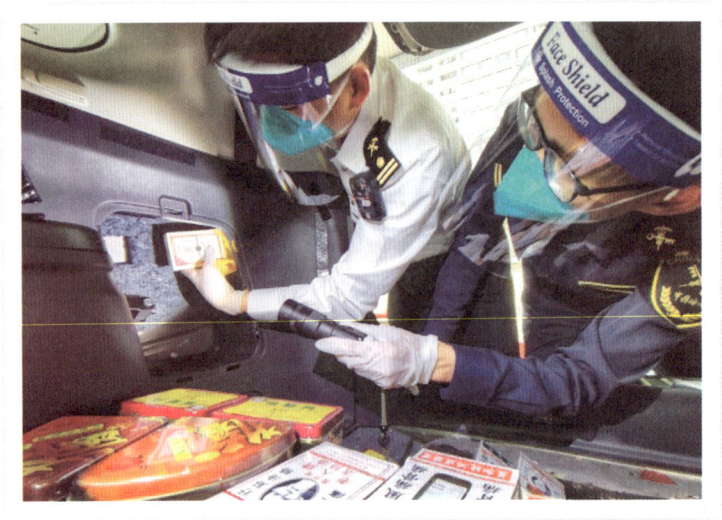

◀ 2021年10月28日,深圳海关所属沙头角海关关员运用"5G智能单兵"查发车辆暗格藏匿药品入境案

2021年11月17日,深圳海关所属大铲湾海关关员对出境集装箱进行监管

2021年11月25日,深圳海关动植物检验检疫技术中心工作人员对进口原粮进行杂草检测

2021年12月17日,深圳海关所属惠东海关关员对供港腐竹进行质量安全管理检查

2021年12月30日,深圳海关所属深圳宝安机场海关关员查验出口保税电子元器件

2021年1月18日,深圳海关所属坪山海关关员深入出口整车生产线开展技贸调研

2021年1月21日,深圳海关所属同乐海关关员开展年花出口政策咨询服务

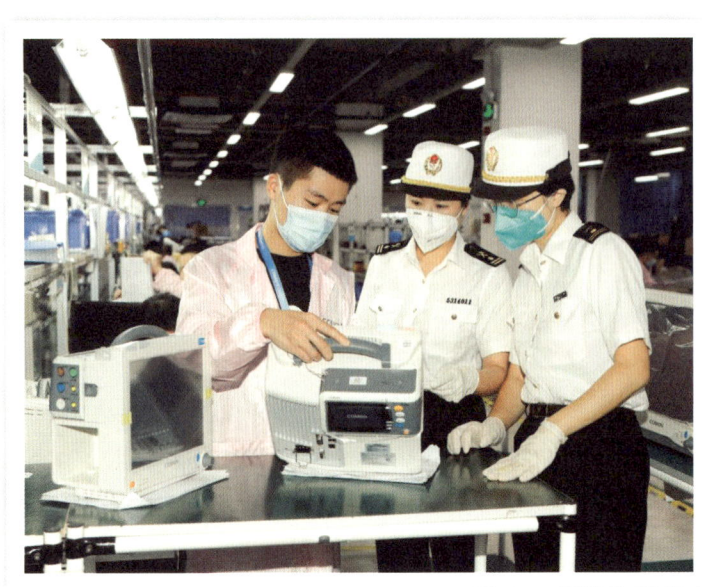

2021年10月21日,深圳海关所属西沥海关关员对医疗器械出口进行政策指导

2021年12月1日,深圳海关所属皇岗海关关员开展"国家宪法日"普法活动

2021年12月9日,深圳海关所属同乐海关关员对顺丰航空开展"合格保证"放行模式检验监管

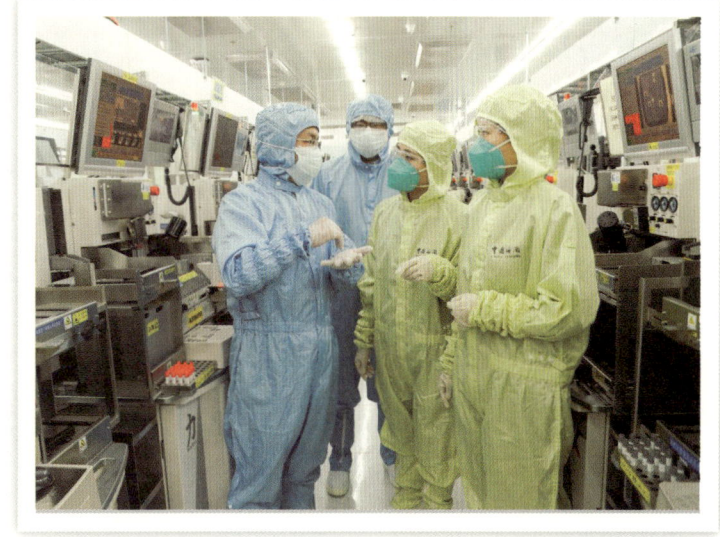

2021年12月10日,深圳海关所属福田海关关员对半导体封测龙头企业进行合规性指导

活力篇

◀ 2021年4月26日,深圳海关举办"活力海关·迈步新征程"庆"五一"机关广播体操比赛

2021年5月6日,深圳海关所属福田海关举行庆"五一"升旗仪式 ▶

◀ 2021年5月12日,深圳海关幼儿园开展"小足球、大梦想"活动

2021年6月26日,深圳海关所属三门岛海关开展"学习党史话初心"主题党日活动 ▶

2021年9月15日，深圳海关妇委会在阳光驿站开展疫情期间心理疏导活动

2021年10月18日，深圳海关合唱团参加深圳市首届职工音乐节暨2021年深圳职工合唱大赛总决赛

2021年12月22日，皇岗海关物流监控一处查验三科为退休干部举行荣退仪式

第一篇

特載

深圳海关概况、主要职能、组织架构

概况

中华人民共和国深圳海关的前身为"九龙关",于1887年在香港设立。1949年10月,中华人民共和国成立后,"九龙关"总部撤回深圳,并于1950年更名为"中华人民共和国九龙海关"。1997年7月1日,随着香港回归祖国,"中华人民共和国九龙海关"更名为"中华人民共和国深圳海关"。

深圳海关是受总署直接领导,负责指定口岸及相关区域范围内海关工作运行管理、监督监控的正厅级直属海关,领导隶属海关。深圳海关管辖范围为广东省深圳市、惠州市。截至2021年12月31日,深圳海关有内设机构21个、隶属海关单位32个、所属事业单位10个、总署委托管理事业单位1个;在职干部职工7,277人,其中公务员6,331人、事业单位工作人员696人。深圳口岸业务量大,海、陆、空、铁、邮监管门类齐全,各项业务规模均居全国海关前列。

进入新时代,深圳海关以习近平新时代中国特色社会主义思想为指引,锲而不舍、一以贯之、强化监管、优化服务,全面推进政治建关、改革强关、依法把关、科技兴关、从严治关,奋力建设社会主义现代化海关。

主要职能

深圳海关的主要职能是:

(一)负责关区贯彻落实党中央、国务院关于海关工作的方针政策和决策部署,在履行职责过程中坚持和加强党对海关工作的集中统一领导,履行全面从严治党责任。

(二)负责贯彻执行与海关管理相关的法律、法规、规章、规范性文件和相关技术规范,负责关区征税、监管、缉私、出入境检验检疫、统计等工作。

(三)监控研判关区各类执法风险、管理风险和廉政风险并组织防范和化解,负责关区基层党组织建设、队伍建设和日常管理工作。

(四)完成总署交办的其他工作。

组织架构

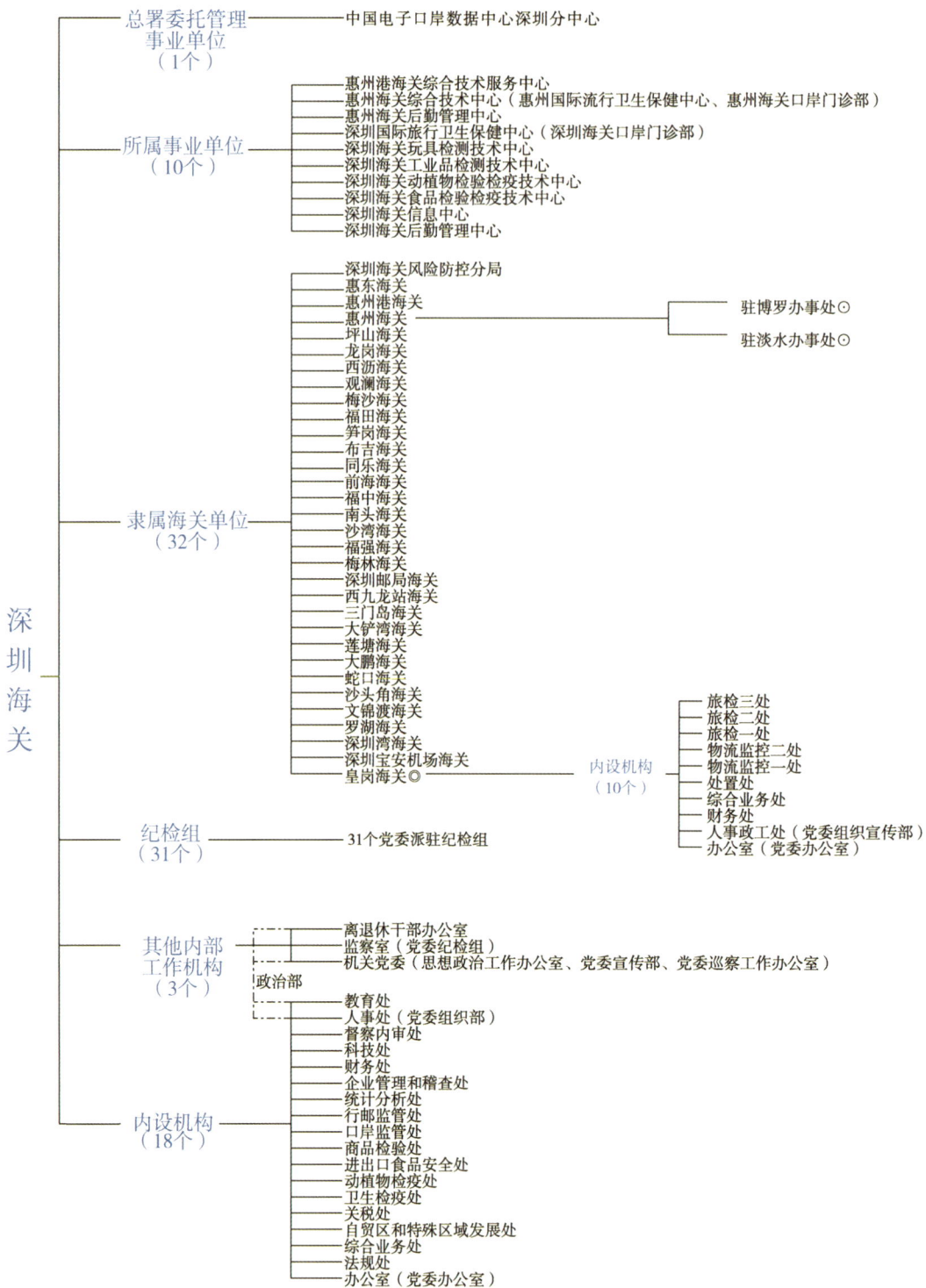

在深圳海关 2021 年关区工作会议上的讲话

深圳海关关长、党委书记　陈小颖

（2021 年 2 月 2 日）

这次会议的主要任务是：以习近平新时代中国特色社会主义思想为指导，深入贯彻党的十九大和十九届二中、三中、四中、五中全会精神，认真落实中央经济工作会议部署，全面落实全国海关工作会议、全国海关全面从严治党工作会议要求，总结我关 2020 年工作，分析形势，明确 2021 年任务。

一、迅速传达学习、坚决贯彻落实全国海关工作会议、全面从严治党工作会议精神

在全国海关工作会议上，倪岳峰署长作报告讲话，总结回顾 2020 年海关工作取得的新的成绩，总结"十三五"时期海关工作取得的长足进步，分析当前海关工作面临的形势，提出"十四五"时期海关的发展目标，明确今年工作的总体要求，对 2021 年重点工作作了具体部署。会议要求，全国海关要持续深入学习贯彻习近平新时代中国特色社会主义思想，增强"四个意识"、坚定"四个自信"、做到"两个维护"，坚定不移加强政治建设，毫不放松抓好常态化口岸疫情防控，切实提升监管效能，大力支持外贸创新发展，深入推进改革创新，不断提高综合保障水平，全面推进党建高质量发展，着力建设高素质专业化干部队伍，扎实推进党风廉政建设和反腐败斗争，马上就办、真抓实干，锲而不舍、一以贯之，高质量做好 2021 年工作。

在全国海关全面从严治党工作会议上，倪岳峰署长传达习近平总书记在十九届中央纪委五次全会上的重要讲话精神，总结 2020 年海关全面从严治党、党风廉政建设和反腐败工作，对 2021 年工作任务作出全面部署。陶治国组长传达赵乐际同志在十九届中央纪委五次全会上的工作报

告，并就学习贯彻落实全会精神提出要求。会议确定了2021年海关全面从严治党工作总体要求，强调全国海关要坚决贯彻落实党中央决策部署，全面强化政治建关，全力保障"十四五"规划顺利实施；坚持系统观念，一体推进不敢腐、不能腐、不想腐；深化整治形式主义、官僚主义，驰而不息转作风树新风；坚持高标准严要求，锻造全面过硬的准军事化纪律部队；全面贯彻巡视工作方针，切实提高巡视巡察监督质量；增强风险意识和底线思维，提升权力运行制约监督效果；强化压力有效传导，确保管党治党政治责任落到实处。

胡伟副署长就贯彻落实总署会议精神和做好春节前工作提出要求，强调要认真传达学习会议精神，不折不扣抓好贯彻落实，扎实做好岁末年初各项工作。始终绷紧安全这根弦，做好节日期间值班应急。认真贯彻落实就地过年有关工作部署，做好节日期间口岸疫情防控和通关服务保障，关心关爱干部职工。严格做好内部疫情防控，严格落实中央八项规定及其实施细则精神，自觉遵守各项廉政纪律。

29日上午总署还召开了全国海关纪检监察工作会议。会议精神由晋斌同志在下午全面从严治党工作会议上传达，并提出我关贯彻落实意见。

会议的材料总署已经下发，各部门单位要迅速组织传达学习，将会议精神原原本本传达到每一名干部职工。要不等不靠，结合实际认真研究细化落实措施，不折不扣落实总署党委部署要求。

二、2020年是极不平凡的一年，也是值得总结和铭记的一年

这一年，我们深入学习贯彻习近平新时代中国特色社会主义思想，以党的创新理论武装头脑、指导实践、推动工作，坚持将学习贯彻习近平总书记重要指示批示精神作为每月例会第一议题，完善抓落实机制，确保不折不扣落实到位，全关同志增强"四个意识"、坚定"四个自信"、做到"两个维护"更加坚定坚决。

这一年，我们在总署党委的坚强领导下，直面新冠肺炎疫情，以对党的绝对忠诚、对人民的赤子之心、对海关事业的高度负责，挺身而出、逆流而上，上万名干部职工舍小家、顾大家，齐心筑起抗击疫情的钢铁长城，践行了"一个不漏"的庄严承诺。风雨来时有我在，深圳海关人的担当充分彰显。

这一年，面对严峻复杂的形势和各种风险考验，面对一系列大事、急事、难事，我们保持政治定力，坚持稳中求进，强化监管优化服务，坚定不移地树先锋意识、走强关之路、展时代风采。主要业务指标保持全国前列。改革创新好评不断，各级媒体广泛报道，社会各界充分肯定。成绩是干出来的，深圳海关人的作为充分彰显。

这一年，我们坚决落实海关党的领导

体制改革和海关缉私管理体制调整重大决策，落实准军建设"十六字"要求，弘扬伟大抗疫精神，在大考中红旗漫卷、淬火成钢。23个集体、38名个人荣获省部级以上奖励，28个单位新创、复核文明单位，全关三分之一的干部职工获得表彰。在全国精神文明表彰大会上，我关单位作为海关系统唯一代表，得到习近平总书记的亲切接见。这是深圳海关全体同志的无上光荣，我们一定要把这份荣誉转化为感恩奋进的强大动力，倍加珍惜、加倍努力，把深圳海关的金字招牌擦得更亮。

一年来，正是锲而不舍、一以贯之，坚决做到"两个维护"，按照总署党委的正确部署，做好各项工作，关区各项改革建设才取得了新的长足进步。

——我们坚决贯彻落实习近平总书记重要指示批示精神，闻令而动、遵令而行，统筹口岸疫情防控和促进外贸稳增长取得显著成效。

全关上下克服战线长、人力不足、防疫物资紧缺等种种困难，外严防输入、内严防感染，坚决筑牢口岸检疫防线。各级领导干部深入一线，靠前指挥，始终与一线同志们干在一起、站在一起；广大党员同志和干部职工舍生忘死、挺身而出，在最艰苦、最危险的抗疫最前沿冲锋陷阵，涌现了一个又一个的感人故事。我们用坚守，践行了忠诚国门卫士的铮铮誓言，取得"9个率先""4个全国首宗"的突出成绩。我们自主研发建成全国首套驾驶员智慧验放系统、首套进口冷链食品追溯系统；成功拦截深圳首例入境无症状感染者；成功处置一次性检疫人员最多的"歌诗达·威尼斯号"邮轮入境事件。验放了占全国五分之一的进出口防疫物资，使深圳口岸成为抗击疫情的"供血大动脉"。世界卫生组织考察深圳机场口岸疫情防控工作时称赞，"中国海关为全球公共卫生安全做出了突出贡献"。面对经贸摩擦、外贸下行等压力挑战，我们落实"六稳""六保"部署，在全国海关最早出台支持企业复工复产措施，精准施策、滚动出台促进外贸稳增长举措90多条，大企业帮扶、大项目支持、新业态培育、产业链赋能四项行动协调推进。2020年，深圳外贸进出口增长2.4%，出口实现28连冠，为全国全省稳外贸稳增长做出了应有贡献。

——我们坚决贯彻落实习近平总书记关于统筹发展和安全两件大事的重要论述，落实总体国家安全观，强化监管打击走私，维护国门安全更加有力有效。

我们坚决贯彻落实习近平总书记重要指示批示精神，打响全国海关"蓝天2020"专项行动第一枪，查办"洋垃圾"走私罪案增长1.3倍。严厉打击象牙等濒危动植物及其制品走私，动态研判、专项打击"水客"走私，坚决遏制疫情下风险漂移态势。政治保卫任务有效落实。风险防控合力进一步增强。"风险+情报+现场"联合防控机制不断深化，精准制导、靶向打击能力明显增强，"联合研判工作站"

取得"首个全国零突破,三个深圳首宗"的实战佳绩。口岸监管效能稳步提升。智能审图识别准确率进一步提高,复查复验实现货运全覆盖,机动查验尖刀作用进一步凸显。"龙腾行动""清风行动"查获侵权商品、假冒伪劣商品的数量及案值均居全国第一。口岸检疫工作不断强化。坚持"人物同防、多病共防",严密防范登革热、寨卡、疟疾等重点传染病,以及非洲猪瘟等重大动植物疫情疫病。严把进出口食品、消费品安全关。助力深圳荣膺省内唯一"食品安全示范城市",保障供港活畜、生鲜安全稳定供应。建成全国直属海关首个质量安全风险评估中心。后续监管成效明显。稽查、核查完成率实现两个"100%",移交刑事立案数创历史新高。税收征管量质并举。首创汇总征税"一保两用"模式,汇总征税比例居全国首位,税政调研被采纳建议数量创历史新高。技贸"筑篱破壁"作用持续强化。研提特别贸易关注议题数量排名全国第一,成功应对欧盟、加拿大、沙特等国重大技贸措施。打击走私战果不断。"智慧缉私"深入推进,首创"无人机"打私作战模式进入实战应用,专业打私能力进一步提升。

——我们坚决贯彻落实习近平总书记出席深圳经济特区建立40周年庆祝大会重要讲话精神,立足海关职能,主动担当作为,推进"双区"建设实现新突破。

以"1331"赋能工程为抓手,关地合作全面快速铺开,形成两级共同推动、服务区域发展的全新布局。围绕深圳实施综合授权改革,加强上下衔接,接连推出一批重点改革,皇岗重建、莲塘开关、深圳湾货检24小时通关顺利实施。大湾区组合港、东西部港区一体化、海空港联动项目成效显著,东西双向互济的全新物流体系初步构建,深圳港集装箱吞吐量创历史新高,深圳空港国际货运业务逆势增长。倡导并推动中欧班列"湾区号"正式启运,支持国际中转集拼放量发展,推进海关特殊区域转型升级。深圳作为"一带一路"重要节点,作用更加凸显,对"一带一路"沿线国家和地区进出口值创历史新高。服务企业更加积极主动。培育新增AEO高级认证企业53家,为历年之最。跨境电商监管实现全业态运行,关区进出口货值增长2.7倍,居全国第一。"数据+研究"硕果累累,在服务发展的大局中,深圳海关的担当和作为更加凸显。

——我们坚决贯彻落实习近平总书记关于全面深化改革系列重要讲话精神,改革破难、创新提质,把强化监管优化服务贯穿改革全过程,关区治理效能实现新提升。

营商环境改革深入推进,跨境贸易便利化专项行动取得显著成效,进口、出口整体通关时间较2017年分别压缩80.06%、91.47%。国际贸易"单一窗口"主要申报业务应用率保持100%。全面落实减税降费,为企业减负超300亿元。持续深化"放管服",纵深推进"证照分离"，精简12项行政审批，清理84项证明事项。深化"互联网+海关"，上线"i深关"，实现海关120项服务事项向"掌上延伸""指尖办理"。持续推动海关业务改革2020框架方案落地，承担全部"五个两"先行先试任务，"两步申报"报关单量居全国第一，"两段准入""两类通关""两轮驱动"改革试点率先落地。主动深化关检业务全面融合改革，34项改革措施全部实质性推进，受到各方广泛好评。重点改革取得积极进展，"口岸属地风险联动协同监管"机制初步建立，分层查验试点范围进一步拓展，"互联网+稽核查"延伸至检验检疫领域，集成电路、珠宝玉石行业保税监管模式改革试点成功启动，原产地"信用签证"、快件"审单快放"、进口成套设备随到随检、"保税物流+保税维修"业务联动、查验作业共享内勤等一批改革取得积极实效，以小切口解决了大问题。

——我们坚决贯彻落实习近平总书记关于党的建设重要论述，贯彻新时代党的建设总要求，管党治党、队伍建设呈现新气象。

政治机关建设扎实推进。深入开展政治机关意识教育，两级党委严格落实党内各项法规制度，重大事项及时请示报告。加强党的创新理论学习，理论中心组学习机制进一步优化，青年理论学习研究氛围更加浓厚，政治能力提升计划扎实推进。我们把不忘初心、牢记使命作为永恒课题，细化实施20项措施，主题教育成果进一步巩固深化。制定落实意识形态责任制清单，把意识形态责任落实在日常。深入整治形式主义、官僚主义，精文减会、统筹督查检查考核等机制进一步完善。巡视整改高标准落实，5轮巡察压茬推进，巡视巡察上下联动，有力推动问题清零见底。

党的建设质量持续提升。以融合式党建为抓手，大力创建模范机关，深化强基提质，在解决"两张皮"的过程中推进党的建设高质量发展。出台"1+6+6"系列措施，建立党建工作清单和指引。以激励鼓舞人，持续挖热源、聚热力，大力表彰在疫情防控等工作中表现突出的党员干部，健全三级党建品牌创建体系，"合格支部"全面升级，基层党建品牌数量居全国海关第一。全关同志以高度的政治责任感，参与脱贫攻坚，强化结对帮扶，产业扶贫项目、民生工程接续落地，定点帮扶对象全部脱贫摘帽。干部队伍建设稳步推进。坚持好干部标准，围绕干部工作五大体系，实施年轻干部队伍建设五项工程，大力推进执法一线科长队伍建设，在防疫大考中识别干部、锤炼干部，分批组织1,600多人次支援抗疫一线，形成人力动态调配、集中力量办大事的新机制，选用在疫情防控中表现突出的处科级领导干部，队伍结构进一步优化。教育培训工作不断创新，各类培训考核全员达标，在全国海关岗位练兵和技能比武中，所有参赛岗位全部获奖。"两项法规"得到严格落实。

清廉海关建设持续加强。突出政治监督，党中央重大决策部署到哪里，监督检查就跟进到哪里，"两个责任"同向发力。坚持关口前移，在动态中同步防控三大风险，一体推进"三不"更加深入。落实垂直管理单位纪检监察体制改革，健全"四责协同"常态化、长效性机制，压实两级党委管党治党责任。创新"推磨式"考核，派驻纪检监督作用有效发挥。"智慧纪检"应用进一步深化，探索创新"三位一体"研判机制，打私与还原监管执法运行同步开展，通过智慧研判，精准锁定问题线索，智慧反腐初见成效。"走读式"谈话室成为海关系统"样板间"。深化运用监督执纪"四种形态"，在全国海关率先制定运用第一种形态实施细则，抓早抓小效果进一步显现。

与此同时，很多工作取得新的进展、新的突破。关区制度体系进一步完善，创建"深关说法"普法品牌。实验室检能和技术水平稳步提升，6个科研项目获省、市科技奖励。"四位一体"运行管控机制得到强化，运行管控覆盖面进一步拓展。创新区域督察协作机制，审计全覆盖稳步推进。12360热线联动办理模式服务质量进一步提升。以落实护网行动、业务数据安全专项行动为抓手，深入清理新形势下安全隐患，安全生产进一步强化，危化品规范监管取得积极进展。

去年，大家厉行节约，落实"过紧日子"要求，综合保障水平实现新的提升。关区一般性支出进一步压减，预算管理、涉案财物管理等工作效能进一步提升。后勤保障水平再上新台阶，工青妇工作取得新进展，事业单位工作不断取得新成绩。老干部工作扎实开展，养老服务体系初步构建。民生实事落细落实，完善重大疾病救助办法，实现全员纳入深圳养老保险体系，移动超市、惠民团购等一系列暖心服务，将组织关心关爱传递到干部职工心坎里。

过去一年的历程充满艰辛，成果弥足珍贵。通过一年的奋斗，我们更加深刻感受到，必须牢记政治机关属性，不断提升政治能力，自觉做到"两个维护"，始终保持正确方向；必须强化垂直管理意识，弘扬准军作风，全力创造条件，协调各方力量，不折不扣落实总署部署，确保各项规定动作严格落实到位；必须以系统观念统筹应对复杂局面，增强工作的前瞻性、敏感性，把工作做在前面、做在日常，有力有序推进各项工作；必须守住守好监管底线，主动、全面地融入区域发展，始终与时代同行，彰显应有作为；必须始终把干部职工冷暖挂在心头，再苦再难也要把关心关爱落到实处，持续增强队伍凝聚力和战斗力。成绩来之不易、成之惟艰。这是以习近平同志为核心的党中央举旗定向、领航把舵的结果，是总署党委正确领导和关心关怀的结果，是全关干部职工攻坚克难、奋勇拼搏的结果。在此，我代表关党委向全体干部职工，向老领导、老同志，以及所有支持和关心我关工作的同志们，致以衷心的感谢和崇高的敬意！

三、准确把握新发展阶段任务要求，昂扬奋进新征程

2021年是"十四五"规划的开局之年，是我国现代化建设进程中具有特殊重要性的一年，我们将迎来党的百年华诞。党的十九届五中全会全面擘画了建设社会主义现代化国家的宏伟蓝图，中央经济工作会议对当前形势进行了深入分析，提出了明确要求。总署党委从全局和战略的高度，系统分析了新发展阶段海关面临的形势，明确提出了开启社会主义现代化海关建设新征程的任务要求。我们必须坚决贯彻落实，深刻把握一年和五年的关系，坚持系统观念，强化监管优化服务，在新征程中迈好第一步、见到新气象。

2021年开好局、起好步非常重要，经关党委研究，关区今年工作的总体要求是：以习近平新时代中国特色社会主义思想为指导，深入贯彻党的十九大和十九届二中、三中、四中、五中全会精神，认真落实中央经济工作会议部署，全面加强党的领导，增强"四个意识"，坚定"四个自信"，做到"两个维护"，坚持稳中求进总基调，立足新发展阶段，贯彻新发展理念，构建新发展格局，以推动高质量发展为主题，以深化供给侧结构性改革为主线，以改革创新为根本动力，以满足人民日益增长的美好生活需要为根本目的，坚持系统观念，落实"六稳""六保"部署，更好统筹发展和安全，全面落实全国海关工作会议、全国海关全面从严治党工作会议要求，强化监管优化服务，巩固拓展口岸疫情防控和促进外贸稳增长成效，推进政治建关、改革强关、依法把关、科技兴关、从严治关，提升制度创新和治理能力建设水平，加快现代化强关建设，忠诚履职新征程，担当实干再出发，奋力在建设社会主义现代化海关中走在最前列，以优异成绩庆祝建党100周年。

四、围绕开好局、起好步，科学系统推进2021年工作

（一）坚持党的全面领导，着力在推动党的建设高质量发展上开创新局面。

深入学习贯彻习近平新时代中国特色社会主义思想。把学习贯彻党的十九届五中全会精神作为重要政治任务，实施政治能力提升工程，着力提升政治判断力、政治领悟力和政治执行力。紧盯"第一议题"，建立督办清单，加强跟踪问效，完善上下贯通、执行有力的抓落实工作机制。

锲而不舍、一以贯之贯彻落实习近平总书记重要指示批示精神。落实全面禁止进口固体废物部署，正面监管和后续稽查持续发力，严厉打击"洋垃圾"走私。严厉打击象牙等濒危动植物及其制品走私，

开展专项打击治理。紧盯态势变化，深入开展打击走私专项行动，严防口岸渠道漂移以及口岸复通后"水客"回潮。落实安全生产专项整治三年行动，深入开展安全生产风险隐患排查整改，形成长效机制。突出"快、广、深"，多维度开展外贸跟踪监测，持续推出高质量研究产品。落实知识产权全链条保护要求，深入开展"龙腾"等专项行动，积极融入知识产权保护共治格局。总结定点扶贫工作经验，巩固扶贫成果，促进乡村振兴。

深化政治建关。以庆祝建党100周年为契机，抓好党的优良传统和作风教育，组织"献礼100周年"系列活动，开展"3个100评选"，增强荣誉感使命感。全力建设让党中央放心、让人民群众满意的模范机关，加强政治机关意识教育，巩固深化"不忘初心、牢记使命"主题教育成果，整治"灯下黑"问题，走好"两个维护"第一方阵。按照"四个融入"要求，推进巡视整改常态化，健全巡视巡察上下联动监督网，高质量推进巡察全覆盖。强化基层党的建设。严格落实两级党委全面从严治党主体责任清单，健全检查考核机制，紧固责任落实链条。抓实关区党建工作高质量发展"1+6+6"系列措施，不断充实完善工作内容。深化"强基提质工程"，紧扣规范化标准化建设要求，抓好"四强"支部建设和党建品牌创建，健全党支部建设动态管理机制，推动支部强在科上常态化、长效化。出台关区深化融合式党建工作实施意见，培树典型样板。

（二）贯彻总体国家安全观，着力在全面筑牢国家安全屏障上开创新局面。

加强常态化疫情防控。坚决克服麻痹思想、厌战情绪、侥幸心理、松劲心态，不断巩固优化疫情防控经验做法，建立疫情智慧预警多点触发机制，提升疫情防控指挥中心实体运作效能。坚持"人物同防"，进一步严格入境人员、进境交通工具检疫，严格落实物流环节防控措施，规范进口冷链食品、货物及包装抽采样和消毒处理。紧密与卫健、疾控、市场监管等部门的防疫合作，强化联防联控。开展传染病输入指数研究，实现疫情输入风险的量化评估。加强口岸卫生控制，严格做好个人防护，确保"打胜仗、零感染"。

增强风险精准防控能力。推进风险情报联合研判中心实体化运作，推广联合研判工作站模式，构建与实际监管全链条紧密衔接的一体化风险防控机制。落实总署情报工作站试点任务，进一步加强风险情报信息收集，深化境内外、跨部门情报合作。强化云擎等大数据工具应用，开发监管风险智能甄别模型，增强风险布控精准靶向能力。

筑牢安全准入防线。严防埃博拉、拉沙热、鼠疫等重大传染病传入，持续做好非洲猪瘟、高致病性禽流感等动植物疫情疫病防控，完善外来入侵物种口岸防控机制，优化农产品监控监测体系，严防疫情叠加风险。落实食品安全"四个最严"，开展进口食品"国门守护"行动,实施产品分级、企业分类、风险分层一体化监管,推广应用食品安全追溯预警平台。优化商品检验监管模式,实施商品风险分类分级检验,建立关区进出口危险化学品监管电子地图,规范重点敏感商品检验监管。

强化实际监管合力。加强跨隶属关机动查验力量统筹使用,提升机动查验效能。整合现场初筛资源,探索将现场"初筛"嵌入查验作业流程。推进行邮监管智能化、规范化,推动跨部门旅客联合分析研判平台建设,扩大"先期机检""一次过检"范围,深化寄递渠道集约审单及非侵入式查验建设。严格落实进出口贸易管控措施,加强口岸反恐维稳。推进指定监管场地建设和规范管理。规范属地涉检业务,提升属地实际监管能力,继续开展"攻坚"系列专项稽查,强化企情动态监控,推动更精准画像。

提升税收工作效能。坚持依法征管、科学征管。加强税收风险分析,严防跑冒滴漏,创新关税保证保险"共保"机制,建立出险索赔规范。深化属地纳税人管理,探索"互联网+智慧征管",实行"双特"台账管理,进一步提高企业纳税遵从度。优化升级预裁定制度。推广减免税对接ERP直报模式。建设"关税技术实训中心",提升税收队伍专业化水平。

强化协同打私能力。全力开展"国门利剑2021"等专项行动,主动研究疫情防控常态化等新形势下的走私动态,加强情报搜集经营,综合运用各种打击手段,强化对监管区和非设关地的掌控。密切关注全国通关一体化下各类走私活动,加强监管现场风险动态分析研判,建立经营、查控、打击"三位一体"联动打私模式,深化战区关区联动、协同开展联合经营、顺向整体打击跨关区走私活动,推进从通关地、结关地到市场的全过程贯通式打击。强化缉私、监管、稽查力量协调联动,密切业务衔接,进一步理顺案件及线索移交、处置工作机制,提升全员打私效能。推动地方政府落实反走私主体责任,联合开展专项行动,多部门合成作战,强化"打防管控"。

(三)贯彻新发展理念,着力在推动高质量发展高水平开放上开创新局面。

认真贯彻落实习近平总书记出席深圳经济特区建立40周年庆祝大会和视察广东、深圳重要讲话重要指示精神,围绕服务构建以国内大循环为主体、国内国际双循环相互促进的新发展格局,以推进"双区"建设为抓手,发挥海关职能作用,服务区域发展战略。

全力服务科技创新。积极参与深圳综合改革试点,全面落实我关支持先行示范区建设措施清单,谋划新一轮支持综合授权改革措施。研究推进深港科技创新合作区建设一揽子配套监管措施,优化科研资源跨境流动监管,推进探索合作区货检新模式。支持光明科学城创新发展,实施科研物资集约化监管服务。拓展关地合作，围绕高新技术、生物医药、智能显示、新能源等重点支柱产业，打好惠企政策组合拳。

全力服务扩大开放。落实落细综合保税区"21+6"措施，推动前海、盐田综保区发挥临港优势，做强保税物流分拨产业，推动坪山综保区发挥高新产业集聚优势，打造保税维修研发中心。推进坪山综保区"智慧园区"建设试点。支持深圳空港综保区申建。深化前海蛇口自贸创新，支持开展内外贸兼营邮轮业务，支持建设深圳机场前海离港货站，推动全球中心仓向保税、非保税双向兼营升级。实施深圳国际会展中心驻场监管，推行"免担保""一站式"等便利措施。支持中欧班列做大做强，完善平湖南海关监管作业场所软硬件建设，支持开通特色班列，促进提升"湾区号"运能。积极参与深圳口岸经济带建设，以皇岗口岸重建为牵引，加快沙头角、罗湖、文锦渡等口岸改造步伐，有序做好深圳湾口岸24小时通关工作，推动深圳口岸整体布局和基础设施建设优化升级。

全力服务外贸高质量发展。优化跨境电商出口退货、B2B出口监管，扩大9610直购进口试点，支持惠州跨境电子商务综合试验区放量发展。推进华南城市场采购试点落地。加强高新技术产业技贸措施应对，推进无人机、医疗器械、石化产品等研究评议基地建设。支持建设深圳出口农产品示范基地和惠州绿色农产品生产供应基地。积极做好RCEP协议实施前各项准备工作。

全力服务优化营商环境。深化"放管服"改革，拓展"多证合一"改革、"双随机、一公开"监管，进一步简化注册备案手续、优化报关单位退出机制。对标对表开展新一轮促进跨境贸易便利化专项行动，进一步推动降低进出口环节合规成本，压缩整体通关时间。实施暖企计划，大力培育AEO企业，发挥示范引领效应，强化行业合规管理，支持企业高质量发展。

（四）全面深化改革，着力在推进海关治理能力现代化上开创新局面。

不折不扣、全面落实总署改革部署。深入推进"五项创新"各项任务落地见效，着力提高改革系统集成水平。大力推广"两步申报"改革，提升应用率。扩大"两段准入"试点，拓展业务场景。聚焦短板弱项，着力提升海运空运提前申报率。建设好"ERP联网辅助管理"项目，以"互联网+稽核查"为切口，扩大对接企业ERP应用范围。深入推进关检业务全面融合改革，去重去繁去低效，着力释放改革红利。

加快推进重要开放平台监管制度和监管模式创新。拓展"湾区组合港"覆盖范围，实现江海港口群协同发展。建设关区物流一体化平台，拓展东西部港区一体化效能。稳步推进关区海、陆、空、铁、邮和特殊监管区域的信息联通、整体监管。积极支持智慧港建设。推进关区海运卡口陆路化改革。推广企业集团加工贸易监管模式，探索高端制造业全产业链保税模式。升级对外咨询服务体系。深入应用"互联网+海关"、国际贸易"单一窗口"，整合网上办事大厅和"i深关"。推出监管服务小程序，推广"不见面办""掌上办"等特色服务。

加强科技创新应用。以科技兴关"样板间"成果转化为支撑，推进业务科技融合发展。在口岸监管领域，进一步推进"5G智能单兵""VR智能指挥"实战化应用。在检疫监管领域，深化"科技抗疫"设备和系统应用，加大动植物疫情疫病快速精准检测技术研究、标准研制、装备研发。推进医学媒介生物智能鉴定系统建设。在缉私领域，打造"智慧缉私"升级版，扩大对重点人员情报风险一体化管控覆盖面。推进移动警务应用项目和司法鉴定中心建设，提升办案效率和司法鉴定能力。在后续监管领域，运用区块链技术、视频等科技手段辅助规范管理。在海关科研领域，积极参与海关首次科技成果评定，加强实验室检能建设，申建署级中心实验室和风险验证评价实验室，争取国家重点研发计划课题。

（五）坚持严的主基调，着力在推进准军事化纪律部队建设上开创新局面。

强化队伍培养。按照"政治坚定、业务精通、令行禁止、担当奉献"要求，扎实开展职业荣誉感、使命感教育，确保队伍政治本色。持续加强隶属海关关长、执法一线科长队伍建设，健全年轻干部"选育管用"全链条机制。用好职务与职级并行政策，落实好海关专业技术类公务员分类管理实施工作。针对不同干部群体，实施各有侧重的人才建设工程。落实机构改革"回头看"。完善事业单位岗位设置配套制度。制定业务能手周期性培养计划，统筹用好实训基地资源，培育适应新发展阶段要求的高素质专业化队伍。

强化纪律作风。严格落实中央八项规定及其实施细则精神，毫不松懈纠治"四风"，深化整治顽瘴痼疾，健全基层减负机制，深化"好差评"系统应用。持续加大纪律作风纠察力度，强化一线执法工作作风建设，优化内务规范"红旗榜"评选机制，提升准军"样板间"创建质量。长效纠治酒驾醉驾等切口问题，持之以恒加强风纪养成。

强化全面从严执纪。严明纪律规矩，深化政治生态建设，确保党中央决策部署和战略方针政策落实见效。精准运用监督执纪"四种形态"特别是"第一种形态"，紧盯关键事、关键时、关键人，在"治未病"上出硬招、实招，监督于问题未发之时。加强事业单位纪检机构建设，实现行使公权力人员监督全覆盖。深度运用"智慧纪检"，精准高效识别廉政风险。坚持零容忍惩治腐败，打造特色廉政教育基地，常态化开展警示教育，一体推进不敢腐不能腐不想腐，进一步发挥监督保障执行、促进完善发展作用。

要持续夯基固本，不断提升综合保障水平。进一步加强法治建设。编制关区权责清单。加强支持"双区"建设的制度创新法律论证。深入开展普法宣传。发挥复议应诉反哺实际监管作用，健全"案例讲评进科室"机制。进一步加强内控监督。推进督察项目清单式管理，深化关区督察协作机制，强化督察审计成果运用。巩固内控机制建设成效，完善执法评估体系。进一步夯实管理基础。持续优化运行管控体系，拓展管控覆盖面，打造海关运行管控样板。做好政务公开、值班应急、机要保密、档案管理、数据和网络安全等工作，扎实办好人大建议和政协提案。推动群众性理论研究成果转化，高质量做好《深圳海关志》编纂工作。办好深圳海关陈列馆。进一步加强后勤保障。严格落实"过紧日子"要求，强化预算管理硬约束，优化支出结构，增强统筹保障能力。加强公务用车、政府采购、涉案财物管理。坚决制止餐饮浪费行为。做好工青妇、后勤管理、离退休人员保障等工作。用心用情解决干部职工实际问题，竭力办好民生实事，努力增强全体员工的幸福感和获得感。

新蓝图鼓舞人心，新征程催人奋进！新的一年，让我们紧密团结在以习近平同志为核心的党中央周围，以习近平新时代中国特色社会主义思想为指导，在总署党委的坚强领导下，马上就办、真抓实干，锲而不舍、一以贯之，忠诚履职新征程，担当实干再出发，奋力在建设社会主义现代化海关中走在最前列，为"十四五"开好局、起好步做出应有贡献，以优异成绩庆祝建党100周年。

在深圳海关 2021 年全面从严治党工作会议上的讲话

深圳海关党委书记、关长　陈小颖

（2021 年 2 月 2 日）

这次会议的主要任务是，深入学习贯彻习近平总书记在十九届中央纪委五次全会上的重要讲话精神，认真落实全国海关全面从严治党工作会议部署，总结回顾我关 2020 年全面从严治党工作，分析形势，明确任务，研究部署 2021 年主要工作。

前期，我关两级党委已认真组织学习习近平总书记在十九届中央纪委五次全会上的重要讲话精神。今天上午，我们又一起学习了全国海关全面从严治党工作会议精神。全关上下要坚决把思想和行动统一到党中央决策部署上来，紧密围绕总署党委的部署和要求，旗帜鲜明讲政治，坚定不移抓落实。下面，我代表关党委，就关区全面从严治党工作，讲 3 点意见。

一、总结回顾 2020 年关区全面从严治党工作

2020 年是新中国历史上极不平凡的一年。面对严峻复杂的国际形势、艰巨繁重的国内改革发展稳定任务，特别是新冠肺炎疫情的严重冲击，我关各级党组织在总署党委的坚强领导下，以习近平新时代中国特色社会主义思想为指导，坚决扛起管党治党政治责任，一以贯之、坚定不移推进全面从严治党、从严治关，为落实党中央重大决策部署提供坚强保证。

（一）政治建关深入推进，党的领导全面加强。

关党委带头学懂弄通做实习近平新时代中国特色社会主义思想，科学理论武装持续强化，政治判断力、政治领悟力、政治执行力不断提高。坚决贯彻习近平总书记重要指示批示精神和党中央决策部署，落实"第一议题"制度，全力以赴推进，持续跟踪问效。加强政治能力建设，领导干部政治轮训实现全覆盖，各级党组织创新运用"集中+分散""线上+线下""班

前+班后""大讲堂+微课堂"等形式开展全员学习,党员队伍中涌现出2020年全国"百姓学习之星"杜秦等学以致用的先进典型,青年理论研究工作经验在《旗帜》杂志刊载。全面加强党的领导,党委委员身体力行"一线工作法",靠前指挥,坚决筑牢口岸检疫防线,全力做好"六稳"工作、落实"六保"任务。年内,我关疫情防控工作得到了国务院领导、总署领导肯定,赢得了世卫组织现场考察高度评价;出台一揽子帮扶措施,助力深圳在全国五大外贸城市中率先实现正增长,支持"双区"建设扎实有力,受到各界好评;落实总体国家安全观,打击象牙等濒危动植物及其制品、"洋垃圾"走私成绩斐然,查缉非法出口医疗物资专项行动工作组被公安部记集体一等功;脱贫攻坚取得积极成效,定点帮扶的2个贫困村95户贫困户全部脱贫摘帽;精神文明建设硕果累累,全关新创和复查通过全国文明单位5个、省级文明单位2个、市级文明单位21个,蛇口海关作为海关系统全国文明单位唯一代表出席全国精神文明建设表彰大会,受到习近平总书记亲切接见。

(二)强基提质不断深化,基层党建亮点纷呈。

以海关系统党的领导体制改革两周年为契机,召开关区党建工作高质量发展推进会,制定"1+6+6"系列措施,推进制度立改废,打好强基提质组合拳。出台巩固深化"不忘初心、牢记使命"主题教育成果20条措施,深入推进政治机关意识教育和机关"灯下黑"专项整治,全力争创模范机关、争当"三个表率"。"融合式党建"落地生根,党建引领的深度、广度和温度充分彰显。面对突如其来的疫情,全关各级党组织和广大党员充分发挥"两个作用",70多支党员先锋队、6,000多名党员干部逆流而上、慎终如始、坚守国门,2名同志火线入党,党旗始终在抗疫一线高高飘扬。全年共评选"四强"党支部100个、示范点10个,获评全国海关党建品牌8个,品牌总量位居全系统第一,提炼推广30个支部工作法战"疫"案例,滚动表彰65个先进党组织和129名优秀共产党员,党员队伍的凝聚力战斗力不断提升。实施党建推优,大力选拔执法一线科长和优秀年轻干部,党建品牌中有16名支部书记被提拔,"干好干坏不一样"深入人心。年内,我关参加总署和地方党建考核述职评议的结果均为"好",党建工作受到《人民日报》《新闻联播》、"学习强国"等媒体报道358篇,全国各地、系统内外先后33批次人员到我关实地学习。

(三)监督体系日益完善,监督效能有效提升。

坚持把政治监督摆在首位,把"两个维护"作为根本政治要求,融入日常、抓在经常。完善各类监督链条,形成互补互促的监督合力。聚焦疫情防控、促进外贸稳增长、脱贫攻坚等重中之重,"如影随形"全程监督,保障中央决策部署在我关落实落地。聚焦派驻监督，充分发挥派驻监督"三个作用"，常态化、浸入式监督成效进一步体现。聚焦巡视巡察监督，统筹2017年以来各项巡视整改工作任务，一体集成推进，扎实开展巡视巡察整改"回头看"，对任务完成和整改成效进行再检查、再评估。强化上下联动，开展3轮常规巡察、2轮专项巡察，覆盖部门单位26个。强化干部监督，紧盯"关键少数"和重点人员，开展"裸官"、辞职人员从业、在职人员兼职、领导亲属从业等专项排查。紧盯重点领域和重点岗位，推动"智慧纪检"建设，持续完善监管、打私、纪检三个维度的联合研判模式，强化审计监督，以"制度+科技"规范权力运行。突出识变应变、关口前移，开展防疫物资出口廉政风险调研和关区廉政形势专题调研，确定"1+4+6"廉政风险防控体系，系统化常态化开展风险排查整治。推动事业单位内控全覆盖，推进内控节点岗位清单制管理，建立三级内部风险响应机制，强化内部风险识别和分级处置工作。

（四）正风肃纪驰而不息，政治生态持续向好。

严格落实中央八项规定及其实施细则精神，旗帜鲜明反对"四风"，坚决破除形式主义官僚主义，果断出手查处违规情事，对发文多、检查多、留痕多等问题点名道姓批评。监督执纪利剑高悬，震慑作用持续彰显。加强警示教育，坚持"一案一整改"，打造"第一粒扣子"廉政教育品牌，开展廉政文化作品创作，筑牢反腐倡廉思想防线。严格落实"过紧日子"要求，坚决制止餐饮浪费，推行食材供应公开招标新模式。常态化评比内务管理红旗单位，精心打造30个内务规范"样板间"，推动"好差评"系统运用，开展明察暗访，强化日常养成。狠抓养兵、练兵、用兵，疫情期间打造精兵主战、骨干轮战、全员备战三大战线，组织支援一线1,615人次，完成实训考核11,786人次，两轮岗位练兵技能比武共获2项团体第一、6项个人第一。坚持正向引导激励，干部队伍建设"五项工程"扎实推进，全员纳入养老保险，工资福利、疾病救助、"阳光驿站"等各类民生实事落实落地，队伍精气神持续提振，年内共有36个集体、65名个人获市级以上表彰，想干事、能干事、干成事的良好氛围日益浓厚。

（五）责任压力层层传导，管党治党成效凸显。

制定两级党委工作规则和全面从严治党主体责任清单，细化落实56项全面从严治党重点任务，组织开展基层党委书记、党组织书记党建述职评议，探索全面从严治党主体责任量化考核和试点基层党委委员向党委书记述职，全面拧紧明责履责、督责考责的责任链条。加强党委纪检组和政治部联系配合，定期召开联席会，强化信息共享、工作互动、整改同促，推动"两个责任"同向发力。规范用好"四种形态"，出台"第一种形态"实施细则，持续传导责任压力。建立履责提醒机制，关党委对落实责任不到位基层党委班子开展谈话提醒，对主体责任考核排名靠后的单位党委书记进行约谈，对履责不力的党员领导干部严肃问责。

一年来，面对新冠肺炎疫情重大考验和各类风险挑战，我关党建工作取得新成效，政治生态呈现新气象，党员队伍展现新风貌，全面从严治党工作实现新进步，带动全关上下忠诚履职、尽责担当，各项目标任务圆满完成，整体工作质量再上新台阶。

回顾一年工作，我们有5点体会尤为深刻：

——始终坚持政治统领、思想引领，是我们管党治关的重要遵循。只有增强"四个意识"、坚定"四个自信"，做到"两个维护"，自觉用习近平新时代中国特色社会主义思想武装头脑、指导实践、推动工作，才能站稳政治立场、把准政治方向，带领队伍忠诚履职、步调一致。

——始终坚持扛起责任、同向发力，是我们履职担当的重要基础。只有坚持"两个责任"贯通联动、一体落实，做到党委不松手、书记不放手、纪检组敢出手，才能层层压紧压实责任，把全面从严治党不断引向深入，营造风清气正的政治生态。

——始终坚持底线思维、忧患意识，是我们砥砺前行的重要保障。只有牢记总署党委的殷殷嘱托，深刻认清严峻复杂的内外形势，切实增强政治警觉性和政治敏锐度，下好先手棋、打好主动战，才能未雨绸缪、防微杜渐，经受住各种风浪考验，推动我关事业行稳致远。

——始终坚持严管厚爱、激励约束，是我们带好队伍的重要原则。只有深刻认识严管就是厚爱，但严管不能替代厚爱，才能牢牢把握严的主基调，有效激励各层级的积极性主动性创造性，打造一支政治坚定、业务精通、令行禁止、担当奉献的准军事化纪律部队。

——始终坚持系统观念、综合施治，是我们破解难题的重要方法。只有加强前瞻性思考、全局性谋划、整体性推进，才能在纷繁复杂的局面中抓住主要矛盾和矛盾的主要方面，解决深层次的体制机制问题，有效推动全面从严治党向基层延伸、向纵深发展。

二、准确把握关区全面从严治党工作的新形势

在看到成绩来之不易的同时，我们更要清醒地认识到，当前关区党风廉政建设和反腐败斗争形势依然严峻复杂，全面从严治党面临一系列的风险和挑战。倪岳峰署长和陶治国组长指出海关系统存在的共性问题，我关都有不同程度的表现，需要我们力戒"看客"心态，举一反三、对照自省。

面对新形势，我们必须坚持政治统领，增强政治意识，坚定政治方向，保持

政治定力，不断提高政治判断力、政治领悟力、政治执行力，切实担负起管党治党政治责任；必须坚持严的主基调，全面从严、一严到底，管出习惯、化风成俗，锻造一支全面过硬的准军事化纪律部队；必须坚持问题导向，知难而进、迎难而上，抓早抓小、防微杜渐，在问题不断清零中提升我们的全面从严治党水平；必须坚持系统观念，以系统施治、标本兼治的理念正风肃纪反腐，把全面从严治党持续引向深入。

三、扎实推进2021年关区全面从严治党工作

2021年，我关全面从严治党工作的总体要求是：以习近平新时代中国特色社会主义思想为指导，深入贯彻党的十九大和十九届二中、三中、四中、五中全会精神，认真落实十九届中央纪委第五次全会部署，增强"四个意识"、坚定"四个自信"、做到"两个维护"，坚持稳中求进，立足新发展阶段，贯彻新发展理念，构建新发展格局，深入贯彻全面从严治党方针，充分发挥全面从严治党引领保障作用，坚持严的主基调不变、高压态势不松，以高质量发展为主题，深化不敢腐、不能腐、不想腐一体推进，全面落实全国海关全面从严治党工作会议部署，持续深化清廉海关建设，锻造准军事化纪律部队，深入推进政治建关、改革强关、依法把关、科技兴关、从严治关，以系统观念抓好"四突出、四强化"，为我关奋力在建设社会主义现代化海关中走在最前列提供坚强保证，以优异成绩庆祝建党100周年。

重点做好以下8个方面工作：

（一）突出政治建关，坚决做到"两个维护"。

作为政治机关的一员，我们必须提高政治站位，立足"两个大局"，心怀"国之大者"，自觉把"两个维护"作为思想认识上的政治态度、政治信条，一切实践活动的政治原则、政治保障。

持续强化理论武装。深入学习贯彻习近平新时代中国特色社会主义思想，严格落实"第一议题"制度，健全两级党委及时传达、学习、贯彻习近平总书记重要指示批示精神的闭合链条。严格落实意识形态责任制，深化领导干部政治轮训，采取专题研讨、辅导讲座、在线学习等方式分期分批开展全员政治培训，确保全关党员干部对党的十九届五中全会精神的理解认识和贯彻落实不跑偏、不走样、不打折。

坚决讲政治见行动。坚决落实习近平总书记的重要指示批示精神和党中央决策部署，把做到"两个维护"落实到把关服务的具体行动上，体现在让党中央放心、让人民群众满意的工作成效中，锲而不舍、一以贯之坚决打击象牙等濒危动植物及其制品、"洋垃圾"、"水客"等走私违法活动，统筹抓好口岸疫情防控和促进外贸稳增长工作、深化改革创新、优化口岸

营商环境、支持"双区"建设、巩固拓展脱贫攻坚成果同乡村振兴有效衔接等各项重点工作。

巩固深化"不忘初心、牢记使命"主题教育成果。按照上级部署，结合关区实际，扎实组织开展"党旗在基层一线高高飘扬"活动。大力营造迎接建党100周年的浓厚氛围，谋划做好"献礼100周年"系列活动，抓好党群服务中心建设，组织开好民主生活会，切实加强党史、新中国史、改革开放史、社会主义发展史教育，引领党员干部加强党性锤炼，提升党性修养，坚定理想信念，百折不挠把自己的事办好。

深化融合式党建。制定融合式党建实施意见，将融合式党建理念嵌入领导班子建设、执法一线科长队伍建设、业务改革、监管服务等各方面，组建讲师团，建设样板间，探索考评机制，形成"引""讲""带""考"的工作回路，有效解决党建与业务"两张皮"问题。严格程序和标准，认真开展直属机关党委、机关纪委换届改选，为抓好融合式党建夯实基础。持续深化"强基提质工程"，探索建立支部工作动态评价、能上能下体系，强化"书记抓、抓书记"，推动"支部强在科上"提质上档。

（二）突出"惩""治""防"结合，一体推进不敢腐、不能腐、不想腐。

全面从严治党永远在路上，反腐败斗争永远在路上，任何时候都不能松、不能软，我们必须准确把握"惩、治、防"辩证统一关系，加大"惩"的力度，完善"治"的举措，提升"防"的效果，筑牢底线、稳固后墙、系统施治、标本兼治。

强化不敢腐的震慑。制度规则、科技系统都是防范化解风险的重要手段，但再先进的系统也拴不住人心，对那些别有用心的"两面人"，必须始终保持利剑高悬，把办案作为最直接最有效的监督方式，一查到底、决不手软。要严肃查处参与走私、受贿放私等恶性案件；严肃查处不收敛不收手、顶风违纪行为；严肃查处损害群众利益的吃拿卡要等"微腐败"；严肃查处不作为、慢作为、假作为、乱作为等顽疾。坚持以打促廉，拓展"一案双查"，不断强化打私反腐合力，净化外部执法环境。

扎牢不能腐的"笼子"。推进权力运行法治化，加大对行政裁量权的规制，严格规范公正文明执法。主动改革，完善机制，建立健全适应海关业务发展的现代化制度体系，加强业务结合部衔接，推进执法行为"进系统、可追溯、能考核"，进一步压缩任性用权的空间。加强执法监督和制度实施情况的跟踪问效，有效解决有制度不执行、执行打折扣搞变通等问题。做深做实以案促改、以案促治，精准发现案件背后的深层次问题，督促案发单位和相关职能部门完善制度机制，堵塞管理漏洞，推动长效治理。完善对重点岗位、重点环节的日常监督制约机制。

增强不想腐的自觉。深化党章党规党纪教育，创新开展廉政文化建设，打造特色廉政教育基地，扎实开展廉政警示教育和纪律教育月活动，营造激浊扬清、崇德尚贤的良好干事环境，筑牢思想防线。准确把握"四种形态"政策策略，在第一种形态运用上下更大功夫，做到教育在先、预防在先、警示在先，有效遏制增量。

（三）突出责任牵引，注重一严到底同向发力。

纵深推进全面从严治党，我们必须强化责任担当，拧紧责任链条，把全面从严治党的责任压力贯穿到政治、思想、组织、作风、纪律、制度建设全过程。

严格落实两级党委主体责任清单。总结固化党建工作成果，进一步完善落实全面从严治党责任的制度体系。强化两级党委主体责任意识，"一把手"要率先垂范，做到"四个亲自"，切实把责任传导给所有班子成员，压实到支部书记，把全面从严治党落实到每个支部、每名党员，推动各级党员领导干部认真履行"一岗双责"。职能部门要主动承担起职责范围内和所管辖业务领域的全面从严治党相关工作。

健全完善主体责任考核机制。结合领导班子和领导干部考核，统筹党风廉政建设、意识形态工作、基层党建工作，建立指标科学、责任明确、问责有力的主体责任考核体系，实现"可量化、可比对、可转化"，充分发挥考核"指挥棒"作用。扩大推广基层党委委员向党委书记述职，强化党建述职评议考核结果运用，加强效果评估和履责提醒，推动形成上下贯通、整体联动的党建工作格局。

强化责任落实的监督管理。上下级之间最宝贵的是信任，但信任决不能代替监督。要以党内监督为主导，有效衔接监察监督、巡视巡察监督、督察审计监督，实现全领域信息共享，构建大监督格局。围绕点、线、面同时发力，一体落实总署党委加强对党委"一把手"和领导班子监督的意见，综合运用督导检查、述职评议、量化考核等方式，拉紧自上而下的监督链条，着力解决"冷热"温差等突出问题。有效发挥党委派驻纪检组的专责监督作用，紧盯"关键少数"、重点领域和关键环节，完善健全与驻在单位党委定期会商、重要情况相互通报等机制，强化同向发力、协作互动。聚焦政治责任，严肃追责问责，同时要规范程序，严格把关，坚持"三个区分开来"，坚决防止滥用问责、不当问责，鼓励党员干部勇于任事、敢于担当。

（四）突出"动中抓廉"，有效防范重点领域突出风险。

各级领导干部要有草摇叶响知鹿过、松风一起知虎来、一叶易色而知天下秋的见微知著能力，对潜在的风险有科学的预判，知道风险在哪里、表现形式是什么、发展趋势会怎样，不断增强各项措施的协同性、关联性、耦合性，切实做到"动中抓廉"。

全面加强内控管理。深入推进内控节点岗位清单制管理，全面提升内控质效。用好"新海廉"平台，提升科技控权水平，切实防范执法风险向廉政风险转化。深化"双随机、一公开"，强化跨境电商、快邮件等新业态、检验检疫领域和通关监管、外出执法的风险信息化防控，持续加强基建工程、科技项目、涉案财物管理、检验检测等非执法领域的管理监督。加强实验室建设项目、疫情防控卫生检疫物资购置等监督，进一步规范事业单位管理。加强网络安全建设，健全关区数据安全保护体系，加强关键核心人员管理监督，有效防范海关数据安全风险。

持续强化动态风险研判。围绕"1+4+6"廉政风险防控体系，在认真落实1张清单、4项机制的基础上，滚动推进6个专班常态化运作，经常性收集、研判风险的实时变化，及时采取措施应对。结合人工智能、大数据等先进技术用好"智慧纪检"系统，对风险隐患实行动态研判预警，完善监督分析的资源、制度、手段，延伸管控触角、拓展监督时空。紧盯问题线索、业务异常开展倒查，定期排查高风险岗位、高风险人员，实施重点管理监督。

不断深化群防群治、联防联控。将风险防控措施与改革举措同谋划、同部署、同落实，在高质量推进全国通关一体化等改革中加强风险整体防控和精准防控。充分释放风控、查控、运控中心的合成管控功能，切实发挥"情报+风险+纪检"联合研判作用，不断增强监督管控能力。建立健全平安建设体系，明确各部门单位平安建设权责，扎实组织落实，防范化解影响安全稳定的突出风险。

（五）强化转作风树新风，提升整治形式主义官僚主义实效。

作风建设既是攻坚战也是持久战，我们必须保持政治定力、强化狠劲韧劲，在整治"四风"问题上马不离鞍、缰不松手，在队伍正风肃纪上全面从严、一严到底。

严格执行中央八项规定精神。认真对照中央八项规定及其实施细则精神，逐一检视、严格落实，切实强化制度执行力。深化与地方纪委监委信息互通，严肃查处违反相关规定的行为，锲而不舍纠治"四风"。牢固树立"过紧日子"思想，巩固深化节约型机关建设成果，自觉抵制餐饮浪费，营造浪费可耻、节约光荣的浓厚氛围。

持续纠治形式主义官僚主义问题。聚焦老问题新动向，综合运用各类监督手段，持续用力、精准施治。巩固深化为基层减负成果，持续精文减会，加强检查考核的统筹管理，探索建立多部门检查协同、问题共享、首问负责、集成整改机制。合理优化学习培训，提升学习培训实效。

加强政风行风建设。深化"放管服"改革，不断简政放权，做到应放尽放、应放快放。巩固"单一窗口"建设成果,扎实推进跨境贸易便利化专项行动,加强进出口环节涉企收费管理,用好12360服务热线,大力推广运用"好差评"系统,积极开展外出执法评议,有效运用评价结果,持续优化口岸营商环境,开展"我为群众办实事"主题实践活动,不断增强企业群众获得感。坚决反对特权思想和特权行为,全面规范领导干部配偶、子女及其配偶从业行为,坚决惩治利用职权打招呼干扰执法、职务衍生腐败等问题,共建亲清政商关系。

(六)强化有形有效覆盖,推进巡视巡察上下联动。

巡视是加强党内监督的战略性制度安排,是党委履行全面监督职责的直接抓手。我们必须坚持上下联动、一体推进,切实强化巡视巡察的利剑作用。

深入落实巡视整改"四个融入"要求。切实把巡视整改融入日常工作、融入深化改革、融入全面从严治党、融入班子队伍建设。探索建立巡视整改常态化长效化机制,结合需长期整改的任务和巡察发现的问题,部署推进2021年巡视整改工作重点,推动巡视巡察监督、整改、治理有机贯通。巩固深化巡视巡察整改"回头看"成果,抓好巡视巡察整改专项监督发现问题的整改落实,扎实做好"后半篇文章"。

加强巡视巡察上下联动。织密巡视巡察上下联动监督网,优化巡视整改和巡察监督工作,实现"以巡视带巡察,以巡察促巡视",推动全面从严治党向基层一线延伸、向群众身边延伸。继续加强巡察制度建设,完善三类制度规范,逐步形成系统完备、科学规范、运行有效的制度体系,深化问题转办通报和巡察整改量化评估机制,确保巡察整改落地见效。

推进巡察全覆盖、全贯通。重点围绕"三个聚焦",着力发现和推动解决管党治党方面存在的突出问题,灵活运用常规、专项、"回头看"等多种形式,用好"1+N"模式,完善指引、简化程序,持续推动巡察监督提质增效。推进巡察监督与其他监督贯通融合,健全完善巡察与纪检监察、组织人事、督察内审等部门的协作配合机制,形成监督合力。

(七)强化准军事化建设,打造高素质专业化过硬队伍。

奋进"十四五"、建设现代化强关,我们必须全方位落实"政治坚定、业务精通、令行禁止、担当奉献"要求,全面提升关区准军事化纪律部队建设水平。

淬炼过硬素养。不断拓展准军建设的内涵和外延,强化准军意识引导、准军队伍锤炼、准军氛围营造,让准军的理念入脑入心。多线条融合创新准军建设管理体系,不断提高队伍的政治能力,把准军要求深度融入日常执法和教育管理中。

淬炼过硬本领。固化疫情期间"精兵主战、骨干轮战、全员备战"优秀成果,形成队伍梯次培养、定期轮换、全面锻炼的良性循环。深化三级联动教育培训工作机制，深入开展岗位练兵和技能比武，壮大执法人才和专业技术人才队伍，提高干部队伍业务素养和实操能力，确保来之能战、战之能胜。

淬炼过硬作风。扎实开展内务规范强化月活动和准军集训。强化重大节日升国旗、授晋衔、入关宣誓、宪法宣誓等仪式教育，增强号令意识，锻炼雷厉风行、令行禁止的准军作风。狠抓日常监督管理，强化纪律作风纠察，落实纠治酒驾醉驾问题常态化措施，促进习惯养成。

(八) 强化担当作为，有效提振队伍精气神。

严管厚爱是我们党干部管理的一贯方针，也是全面从严治党的一贯原则。我们必须坚持严管与厚爱结合，激励和约束并重，着力振奋队伍走在前列、勇当尖兵的精神状态和奋斗姿态。

以党建热源引路。以建党100周年为契机，深挖基层热源，大力弘扬伟大抗疫精神、劳模精神、工匠精神，组织开展"3个100"评选，讲好100个深关奋斗故事、推出100个身边学习榜样、打造100个融合式党建样板间，推动后进赶先进、中间争先进、先进更前进。

以用人导向立标。坚持好干部标准，坚决把好干部选出来、用起来，加快推进干部工作"五大体系"和年轻干部队伍建设"五项工程"，用好职务与职级并行政策，抓好专业技术类公务员分类管理实施工作，有效落实容错纠错机制，持续激发队伍干事创业热情。

以精神文明带动。制定出台巩固深化文明单位创建成果的意见，发挥各级文明单位的示范带动作用，推动各创建单位争先晋位，促进单位文明素质和干部职工文明素养整体提升，展现"人民海关为人民"良好形象。

以身心关怀暖心。做实做细思想政治工作，严格落实"一线工作法"，充分发挥工青妇组织的桥梁纽带作用，擦亮"阳光驿站"心理服务品牌，用心用情用力、做深做实做细人文关怀和关心关爱。

百舸争流，奋楫者进。让我们以习近平新时代中国特色社会主义思想为指导，始终保持"赶考"的清醒，牢记初心使命，强化责任担当，充分发挥全面从严治党引领保障作用，把党风廉政建设和反腐败各项工作不断引向深入，为我关奋进"十四五"、走好新征程提供坚强政治保证，以优异成绩迎接中国共产党成立100周年。

第二篇 专记

庆祝中国共产党成立100周年系列活动和党史学习教育

2021年是中国共产党成立100周年，也是"十四五"开局之年。深圳海关把庆祝中国共产党成立100周年和开展好党史学习教育作为贯穿全年的重大政治任务，摆在突出位置，深入学习贯彻习近平总书记关于党史学习教育系列重要讲话、重要指示批示精神，大力唱响共产党好、社会主义好、改革开放好、伟大祖国好、各族人民好的时代主旋律，激发广大党员干部爱党爱国爱社会主义的热情，进一步凝聚开拓奋进、攻坚克难的力量。按照党中央统一部署，面向全体党员，以处级以上领导干部为重点开展学习教育，紧扣"学史明理、学史增信、学史崇德、学史力行"目标要求，突出"学党史、悟思想、办实事、开新局"，以先行示范的高标准、勇当尖兵的高质量，推动党史学习教育在关区实现最广覆盖、最深教育、最大成效、最实红利目标。

一、庆祝中国共产党成立100周年

（一）开展庆祝中国共产党成立100周年主题宣传活动。

深圳海关聚焦主题主线，营造共庆百年华诞、共创历史伟业的浓厚氛围。创新开展"5个100"系列活动，以"红心向党——不忘来时路　建功新征程"为主题，以讴歌"每个人都了不起"为主线，生动鲜活讲好自九龙关护产起义以来，深圳海关人在党的领导下接续奋斗、砥砺前行的"100个奋斗故事"，在深圳海关微信公众号、政务网首页专栏连载，近三成被"学习强国"、总署"金钥匙"等平台连载，汇编成书被中国海关博物馆收藏；大力挖掘、评选、宣传"100个身边学习榜样"，不断激发"两个作用"，16个集体和个人获省部级以上表彰，涌现出获评"全国五一劳动奖状"的蛇口海关、获评全国"扫黄打非"先进集体的行邮监管处、获评"中国好人"的陈芳等一大批先进典型；建设"100个融合式党建样板间"、发展"100个新党员"，党建基础更加夯实，融合式党建成效更加凸显；开辟网站专栏，按照"办成一件、宣传一件"的原则，在政务网首页以亮星方式，滚动展示"100件惠民实事"，立标杆、强示范，4个实事案例入选全国海关"'我为群众办实事'百佳项目"。策划拍摄纪录片《红心向党 奋进深关》，以"护产起义"等5个篇章，串联起百年雄关的历史记忆，引导党员干部弘扬优良传统、传承红色基因。依托深圳市党史教育基地——深圳海关关史陈列馆，开展线上微直播、拍摄微视频《海关带您打卡》等，回顾深圳海关的百年沧桑巨变，帮助社会公众更好地了解党领导人民海关建设发展的光辉历程，厚植爱国主义情怀。打造红色矩阵，围绕重要节点及时推出"七一"重要讲话"学思悟"、六中全会精神"大家谈"等宣传专题。依托主题党日、"两微一端"等形式载体，广泛开展向海关系统全国、省部级"两优一先"表彰对象等先进典型学习活动，激励党员干部学习先进、崇尚先进、争当先进。

（二）开展系列红色教育活动。

深圳海关开展系列红色教育活动，传承先辈们在接续奋斗中积淀的红色基因和精神财富。关党委委员带头打卡东江纵队纪念馆等深圳市35个"四史"学习教育实践基地，用好地方大型党史主题展览，组织党员干部走进红色革命遗址、革命博物馆，重温党带领人民在革命、建设、改革各个历史时期取得的辉煌成就，在沉浸式体验中深刻领悟中国共产党为什么能、马克思主义为什么行、社会主义为什么好，不断坚定"四个自信"。机关开展"追忆峥嵘岁月 重温百年党史"红色电影展播活动，通过一个个生动感人的光影故事，引导广大党员干部重温中国共产党在苦难中创立、在艰难中前行、在克难中壮大的百年奋斗史。法规处党支部组织参观中共宝安县第一次党员代表大会纪念馆，追忆深圳地区早期革命斗争的艰辛历程，感怀幸福生活的来之不易，砥砺奋斗决心。深圳湾海关开展"寻找身边的红色故事"学习活动，组织拍摄《见微知著——述说我的"红色记忆"》《微访谈——"关"与我的红色记忆》等主题微视频。罗湖海关打造"百年罗湖桥"特色学习教育品牌，建立"红色桥谱""红色基因档案"，开展口述、采访等活动，讲好罗湖桥红色故事。福强海关基层党支部组织前往革命老区肇庆市广宁县，与县供销社党支部开展支部共建，共同聆听全国劳模、复员军人贾东亮讲党课，在感动感悟中赓续红色血脉。

（三）开展"永远跟党走"群众性文化活动。

深圳海关充分发挥工青妇群团组织优势，精心组织"红心向党——建功新征程"系列活动73场。工联会开展"红心向党·劳动建功——文化大讲堂"，组织各级劳动模范，以各种形式开展个人学习、分享收获感悟、发扬劳动精神，推动习近平总书记"七一"重要讲话精神落地生根；举办"党在我心中　永远跟党走——庆祝中国共产党成立100周年书画摄影作品展"，生动记录了党领导下的深圳海关发展改革取得的巨大成就，表达了深关人对党的真挚情感、对革命历史的缅怀、对改革开放和社会主义现代化建设成就的自豪与自信。共青团开展"红心向党·青春建功——青年理论研究"，举办海关系统首个学党史青年阅读马拉松比赛、"学党史、强信念、跟党走"主题读书沙龙、"我想对党说"主题征文等活动，增强青年学习党史的内生动力，抒发青年认识党、感恩党、忠诚党、献身党的伟大事业的意志和决心。妇委会组织"红心向党·巾帼建功——百年流芳故事分享会"、"红心向党　巾帼建功"分享会等，邀请深圳海关荣获"巾帼榜样""最美家庭""优秀妇女工作者"等荣誉的妇女干部代表结合中国共产党成立100周年分享心得体会和先进事迹，传播先锋之声，充分展示深圳海关妇女"半边天"的巾帼风采。

二、深圳海关党史学习教育

深圳海关坚持将党史学习教育作为重大政治任务，围绕中心、服务大局，推动党史学习教育在关区落到实处、见到实效。

（一）坚持高位谋划，推动走深走实。

深圳海关党委高度重视，先后召开13次党委会，组织9轮理论中心组学习，宣传贯彻习近平总书记在党史学习教育动员大会、庆祝中国共产党成立100周年大会、党的十九届六中全会上的重要讲话精神，迅速在全关掀起学习宣传贯彻热潮。成立领导小组和3个工作组，制发学习教育工作方案，在全国海关率先启动"我为群众办实事"实践活动，党委书记52次深入基层调研指导，多次就学习教育作出批示、听取汇报，党委委员分工协作、齐抓共管，到基层调研指导224次，带头领办重点民生项目中的"硬骨头"问题。组建7个巡回指导组，进行"全覆盖"严督实导，实地调研216次、审阅材料4,481份，指导全关党支部高质量开好专题组织生活会，与派驻纪检组同向发力，促使学习教育持续升温。

（二）坚持以学为先，筑牢信仰之基。

抓实专题学习，组织两级党委开展专题学习研讨910余次、专题党课440次，基层党组织书记、先进典型等讲党课1,136次，认真研读习近平《论中国共产党历史》等中央指定书目和重要参考材料。制发宣讲工作方案，参加总署、地方宣讲会6次，邀请市委宣讲团成员专题辅导7次，党委书记带头宣讲，组建宣讲专家库，遴选先进典型、老党员老干部、青年代表等宣讲11次。举办"学史·铸魂"海关红色讲坛，"护产起义"、海查"1·10"事件亲历者吴国进、刘伟明等老同志口述历史174次。制订培训方案，分期分批完成全关党员干部系统培训。就近就便开展体验式教育，党员干部打卡中共宝安一大会址、"三趟快车"海关旧址等红色资源点1,100余次。

（三）坚持人民至上，办好惠民实事。

关党委带头深入基层、企业专题调研

400余次，各部门单位领导班子成员以接待日、座谈会等形式，深入企业群众、基层一线调研3,400余次，摸清急难愁盼问题。制定靶向精准、措施明晰的重点民生项目清单，建立健全动态调整机制，关党委滚动更新重点民生项目55项，隶属海关党委合计制定民生项目830项。实行"挂图作战"，盯紧落实进度，对清单项目实施台账管理，挂牌督办、对账销号，两级党委重点民生项目完成率均达100%。综合运用满意度测评、网络问卷、效果评估会、电话回访等方式，对已完成项目跟踪问效、立体评估，发现并指导解决问题200余个，让企业群众的获得感成色更足。建立健全长效机制，把效果明显、群众认可度高的好经验好做法固化下来、坚持下去，形成了基层业务问题"清零"规程、非法出版物综合治理关地合作、"教、学、练、战"一体实训机制等一大批利当前、管长远的制度机制。

（四）坚持高标准严要求，开好民主生活会和组织生活会。

深圳海关党委认真贯彻落实党中央部署，对标对表开展党史学习教育专题民主生活会、组织生活会。研究制订实施方案，明确学习研讨、征求意见、谈心谈话、撰写对照检查材料、开展批评和自我批评、问题整改等环节的主要工作内容。机关党委通过书面征集、设置意见箱、网络征询等，面向全关党员干部、群众和离退休干部，以及25个地方党政机关和30家关区企业征求意见建议，收集5方面20项意见建议，认真开展谈心谈话217次，充分做好民主生活会会前准备。班子成员重点围绕5个方面进行对照检查，深刻剖析根源，研究制订整改方案，狠抓整改落实。各级党组织扎实开展专题组织生活会，组织党员干部认真细致开展学习、全面深入谈心谈话、深刻严肃检视问题、持续推动整改提高。关党委委员以上率下，带动全关处级以上党员领导干部，以普通党员身份参加所在支部的组织生活会，并对组织生活会情况进行点评。全关575个党支部全部完成党史学习教育专题组织生活会。

2021年12月31日，深圳海关以视频会议的形式，参加全国海关党史学习教育总结会议，收听收看总署党委书记、署长、全国海关党史学习教育领导小组组长倪岳峰总结全国海关党史学习教育工作，以及党史学习教育中央第二十一指导组组长王一鸣讲话。

（五）党史学习教育特色亮点及成效。

一是突出走实走新，党员干部理想信念更加坚定。坚持学悟结合，在落实好上级学习要求基础上，创新"自选动作"，让党史学习教育更好深入基层、深入人心。

——培育特色品牌，提升学习质效。结合倒班作业、集中封闭管理、支援工作实际，创新"4+"学习方式，解决工学矛盾，实现学习全覆盖。擦亮青年理论研学品牌，参与人数、申报课题数同比增长均超40%。高质量打造"飞驰一刻"等学习品牌195个，培树"学习之星"115人。1人荣获市直工委系统党史学习教育主题演讲比赛二等奖，1团队获深圳市"辉煌百年、领航未来"社科知识竞赛季军；1单位、1个人分获"学习强国"深圳学习平台先进单位、学习之星。

——用好特色资源，传承红色基因。抓好海关红色资源挖掘保护利用工作，举办"九龙关护产起义"线上微直播，6篇红色档案故事获总署采编，疫情防控见证物被国家博物馆收藏3件、被中国海关博物馆收藏4件，深圳海关陈列馆被总署认定为"海关系统红色档案资源"。

——举办特色宣讲，推动入脑入心。承办深圳市"四史"进机关首场宣讲活动，著名词作家、中宣部"五个一工程"奖获得者蒋开儒等4位专家开展组合式宣讲。引进市直机关工委系统首场"重温红色书信"主题特色党课，干部职工在重温12封承载历史记忆的红色书信中接受精神洗礼。

二是突出用心用情，企业群众获得感更加充实。一批痛点堵点难点问题得到有效解决，企业群众对海关工作的获得感和满意度显著提升。2021年7月，在总署党史学习教育推进会上，作为"我为群众办实事"实践活动唯一发言单位作经验交流。"暖企基地""WCO估价技术'中国方案'""寄药易"等3个实事案例入选全国海关"'我为群众办实事'百佳项目"。

——全链条开放监管，国门安全保卫扎实有力。把防范风险放在更加突出位置，全面落实总体国家安全观，聚焦国家政治安全、经济安全、社会安全、生物安全等全方位安全，织密织牢国门安全防线。在知识产权保护方面，组建海关风险情报工作站，建设全国首个知识产权边境保护实训基地，打造海关知识产权全链条保护"样板间"。工作成果入选年度中国海关知识产权保护十大典型案例和深圳市知识产权十大事件。在强化寄递渠道海关监管方面，完善"风险+情报+现场"联合研判机制，全面提升打私质效，年内查获典型案件249宗。在意识形态把关方面，顺利完成"两会"、中国共产党成立100周年等重大节点安全保卫任务。

——全领域赋能发展，便民利企成效大幅提升。在企业通关便利、信用培育、减税降费、技术性贸易应对等方面打出组合拳，推出一揽子惠企暖企措施，帮助企业有效应对疫情，推动深圳市外贸进出口规模历史性突破3.5万亿元，出口规模连续29年居内地外贸城市首位。支持跨境贸易便利化，确定28项重点任务，关区进、出口整体通关时间较2017年分别压缩75.95%、92.71%，助力深圳市被国家发展改革委评为跨境贸易指标领域标杆城市。

——全方位暖心聚力，队伍精气神持

续提振。围绕干部职工所思所想所盼，从不同群体不同诉求出发，用心用情解决好干部职工后顾之忧，激发队伍内生活力。针对闭环管理人员，出台18项关心关爱措施，对闭环期间表现优秀者及时表彰激励，升级暖心品牌"阳光驿站"，17名心理咨询师提供及时心理疏导服务，组建7支学雷锋志愿服务队，开展志愿结对帮扶。针对离退休干部职工，牵头构建"1+3+N"养老体系，通过探索建设1个集中康养中心、3个居家养老点，同时与多家养老企业签订优惠协议，努力打造"老有颐养"民生幸福标杆。针对青年干部群体，拓宽培养、成长渠道，开展百人百课计划、"关长面对面"沙龙等特色活动，搭建青年干部学习交流平台，助力成长成才。

三是突出服务大局，高质量发展动力更加强劲。在打造先进的、国际上具有竞争力的海关监管体制机制上持续发力，围绕推进"双区"建设、实施深圳综合改革试点等重大决策部署，精准出台系列改革举措，为深圳企业"走出去"搭桥建路、开拓航道，为构建新发展格局、实现高质量发展贡献海关力量。

——推出"湾区联动"创新模式。推进"大湾区组合港"项目，支持大湾区沿海沿江不同关区港口共享港口代码一体化运营，平均为企业节省约30%的报关成本。深化"直提直装"改革，协调海事、交通、码头、船舶公司和对外贸易经营者前置办理手续，推动港口作业由"堆存式"向"通道式"转变，货物在港时间由2~7天压缩至最短2小时。

——升级特殊区域便利通关。推动坪山综合保税区通过封关验收，推进前海综合保税区二期快速发展，深圳4个特殊监管区域申报进出口值保持较快增长。聚焦科技创新，推动特殊监管区科研物资便利通关，推广科研设备流动监管模式，进一步降低研发成本。

——形成规模聚集效应叠加。在全国首创实施集成电路研发设计等各环节保税监管模式，打造前海ICT产业链服务中心，构建"原料供应—设备检验—终端销售—售后维修"为一体的产业生态链，推动荣耀、中兴等企业在前海湾保税港区形成规模集聚效应。

——支持新生业态蓬勃发展。以"智慧海关、智能边境、智享联通"理念赋能支持妈湾港建成大湾区首个5G绿色低碳智慧港，港口运作效率大幅提升。推动跨境电商多点布局、全业态发展，促进深圳市场采购试点落地实施，提升外贸增长新动能。

学习宣传贯彻党的十九届六中全会精神

党的十九届六中全会是在重要历史关头召开的一次具有重大历史意义的会议。深圳海关坚决把学习宣传贯彻党的十九届六中全会精神作为一项重大政治任务，坚持用党的创新理论武装头脑，把领导带头学做好，把专题研讨学做优，把教育培训学做强，以党的百年奋斗重大成就和历史经验鼓舞斗志、振奋精神、汲取力量，推动党的十九届六中全会精神入脑入心，在关区落地生根。

2021年11月12日，深圳海关党委召开专题党委会和月度例会"第一议题"学习，集体观看党的十九届六中全会新闻发布会，深入学习领会党的十九届六中全会精神。会议要求各部门单位迅速组织传达学习，深刻领悟百年历程创造的四方面伟大成就、深刻领悟百年奋斗带来的四方面改变、深刻领悟总结成就经验的三个需要，坚决响应党中央发出的伟大号召，深入贯彻落实党的十九届六中全会精神，坚定不移加强党的领导、坚定不移传承红色基因、坚定不移贯彻新发展理念、坚定不移推进全面从严治党，奋力开创社会主义现代化海关建设新局面。

2021年12月6日，根据党中央学习贯彻要求，按照总署部署安排，深圳海关召开党委会研究部署学习宣传贯彻党的十九届六中全会精神工作方案，明确把学习贯彻全会精神作为当前和今后一个时期的重要政治任务，参照总署工作方案，结合地方党委方案要求，周密部署、狠抓落实。各部门单位结合关区实际，研究制定学习宣传贯彻的具体安排，开展全面、系统、深入的学习宣传贯彻工作。

2021年11月25日至12月2日，深圳海关以视频会议形式组织参加总署党委理论学习中心组（扩大）学习暨党的十九届六中全会精神专题学习班开班动员会。收听收看总署党委书记、署长倪岳峰宣讲党的十九届六中全会精神，认真学习领会总署党委对全国海关系统深入学习宣传贯彻全会精神提出的明确要求。

2021年12月7日至12月8日，深圳海关根据中央部署，按照总署党委要求，结合党史学习教育有关安排，举办为期 2 天的党委理论学习中心组（扩大）学习暨学习贯彻党的十九届六中全会精神专题学习班，通过组织个人自学、专家授课、视频教学、分组讨论、体会交流等，深入学习贯彻党的十九届六中全会精神，推动全关党员干部进一步提高思想认识、凝聚共识智慧、坚定信念信心、明确努力方向。邀请市委宣讲团专家作学习党的十九届六中全会精神专题宣讲。组织观看学习贯彻全会精神专题宣讲视频，收听收看中央党校（国家行政学院）专家深入解读党的十九届六中全会精神。关党委委员、各隶属海关单位、总关各部门、各派驻纪检组、各事业单位（党政）主要负责同志，就"深入学习党的十九届六中全会精神，畅谈贯彻落实全会精神的思路和措施""围绕学习贯彻习近平总书记在陕西榆林考察期间重要讲话精神，畅谈如何赓续红色血脉、弘扬光荣革命传统"等两个主题，结合工作实际，开展分组讨论和交流分享。党委书记、关长陈小颖宣讲党的十九届六中全会精神并作总结讲话，对全关学习贯彻全会精神进行部署，提出要强化学深悟透，深入学习领会全会精神；强化使命担当，坚决抓好全会精神贯彻落实；强化组织推动，持续掀起学习宣传贯彻全会精神热潮。

深圳海关充分发挥"三学"联动作用，运用"3+"模式提升质效，高质量抓细抓实抓好党的十九届六中全会专题学习培训，积极推动学习教育从集中性向经常性拓展延伸。一方面，建立党委带头"领学"—集中培训"讲学"—多种形式"研学"机制，形成一级带一级的联动效应。先后组织党委会、中心组学习研讨 10 余次，16 名厅级干部参与完成署管干部集中培训，充分发挥"关键少数"领学促学作用；坚持原原本本学与联系实际学相结合，聚焦党的十九届六中全会精神、总体国家安全观等主题，邀请中央党校、国防大学等专家教授 20 人次进行授课，完成 1,344 名处级干部轮训任务；各部门单位滚动推出"支部书记大家谈""五四青年干部大家谈"等系列专题研讨活动，3 个基层党支部书记访谈视频入围总署"基层书记组长谈责任"集中展示，开展 134 期专题培训、3,186 次专题研讨，高质量完成 6,774 人次轮训。另一方面，运用"3+"模式，确保各级党员干部学有所思、学有所悟、学有所得。突出"网格化管理+节点式把控"，建立三级班主任管理架构"点对点"督学，抓好前中后各节点，建立研究细化、组织推动、督导反馈闭环链条，做好处级干部轮训班分课堂管理；突出"常态化推进+多元化组合"，灵活运用"集中+分散""班前+班后""线上+线下""大讲堂+微课堂"克服疫情影响，压茬推进常态化学习；深化与海关院校合作办学、与总署司局联学共建，用好红色资源开展互动式、体验式教育培训，将青年理论学习研究工程有机嵌入，持续丰富形式打造"一课一品";突出"全方位评估+多维度考核",建立覆盖培训管理全流程、17项要素的教学质量评估机制,建立应知应会测试掌上学练平台,围绕"三个摆进去"开展处级干部轮训学习成果考核,全员轮训参训率、考试通过率100%。

全关各部门单位结合实际推进学习成果转化,以习近平新时代中国特色社会主义思想为指引,坚决贯彻落实习近平总书记重要指示批示精神,传承红色基因,坚守理想信念,大力弘扬伟大建党精神,自觉做到"两个维护",立足海关职能统筹发展和安全,强化监管优化服务,全面深化海关各项改革,不断提升海关制度创新和治理能力建设水平,加强全面从严治党,坚持自我革命,不断深化清廉海关建设,推动社会主义海关建设取得新进展。

全力以赴做好口岸新冠肺炎疫情防控

新冠肺炎是近百年来人类遭遇的影响范围最广的全球性大流行病，对全世界而言是一次严重危机和严峻考验，人类生命安全和健康面临重大威胁。面对前所未知、突如其来、来势汹汹的疫情，以习近平同志为核心的党中央统揽全局、果断决策，坚持人民至上、生命至上，打响了抗击疫情人民战争、总体战、阻击战。深圳海关坚决贯彻落实习近平总书记重要讲话和重要指示批示精神，坚持"外防输入、内防反弹"总策略和"动态清零"总方针不动摇，在总署的坚强领导下，牢牢守住口岸检疫防线，守护人民生命健康安全，为全国疫情防控大局做出了应有贡献。

2020年1月3日，深圳海关迅速采取行动，在口岸部署8条新冠肺炎疫情防控措施，同步开始建立新冠病毒核酸检测能力，参与起草全国口岸第一版技术方案，启动全部出入境人员健康申报工作，在较短的时间内针对性建立了口岸新冠肺炎疫情检疫通关流程。2020年1月底至2月初，西九龙站、文锦渡、沙头角、罗湖、皇岗、福田及港澳码头客运服务相继暂停。随着境外疫情加速扩散蔓延，海关将工作重心由"防输出"全面转向"防输入"，深圳海关按照总署统一部署，重点加强口岸防控措施，严格实施"三查三排一转运"（健康申明卡核查、体温监测筛查、医学巡查；流行病学排查、医学排查、实验室检测排查；对判定的确诊病例、疑似病例、有症状人员和密切接触者"四类人员"一律按有关规定移交转运地方联防联控机制做后续处置）入境防控措施，逐步升级措施为"7个100%"（对入境人员100%健康申明卡核验；100%两道测温；100%流行病学调查；100%采样检测；100%信息通报和移交处置；对高风险入境交通工具100%风险布控和100%登临检疫），一线作业规范、设施设备完善、后勤保障、联防联控等工作全面铺开、迅速推进，筑起了严防疫情经口岸输入的"铜墙铁壁"。2020年4月底，国内疫情方面，武汉保卫战、湖北保卫战取得决定性成果，但全球疫情仍在高位，海关防疫工作逐步走向常态化防控阶段，深圳海关慎终如始、毫不松懈抓好口岸疫情防控，坚持边实践、边研究、边总结，持续完善各项防控措施和保障机制，逐步建立起了符合深圳实际、适应常态化防控要求的"一二三四"防控体系，即围绕一条主线，紧固全流程闭环管理链条，着力提升精准检疫、科学检疫两大能力，严密境外、口岸、境内三道防线，建立健全平战结合、分级检疫、联防联控、防护监督四项机制。经过全关上下两年来艰苦卓绝的努力，深圳海关全员防控意识大幅提升，指挥体系运作顺畅，口岸防控精准高效，联防联控扎实紧密，安全防护、内部防控、后勤保障等规范到位，口岸布局、设施更加科学完善，有力有效的国门公共卫生安全防控体系基本建成，疫情防控取得阶段性成果。

一、建立了统一高效的组织体系

自上而下成立了两级统筹疫情防控和促进外贸稳增长工作指挥部，由"一把手"担任组长，强化统一指挥、统一协调、统一调度，实施扁平化管理，重大事项提级管理，确保第一时间动员部署、分析研判、排查隐患、跟踪落实，机关先后召开指挥部会议49次，为疫情防控提供及时决策指导。承担全国海关疫情监测工作组组长单位职责，编发全球疫情速报和香港疫情日报730期，为口岸防控提供支持。成立两级监控检查专班，以"走流程""挑毛病""交叉检查"等方式持续推进"问题清零"，有效形成了事前监测、事中监督、事后复盘的全流程管控体系。建立人员、资源向一线倾斜的协同保障机制，一线、预备、应急三个梯队超3,000人，职业暴露、实验室污染控制等应急演练有力有效，可持续、可预期的保障能力水平大幅提升。在联防联控机制框架下，建立与地方卫健、交通、工信等部门单位常态化联系沟通机制，加强信息互通、数据共享，实现病例检出信息互通、国际航行船舶联合检测、涉疫司机24小时联合处置、重大疫情联合调查溯源、"四类人员"[确诊病例，疑似病例，密切接触者，有发热、干咳、乏力、咽痛、嗅（味）觉减退、腹泻等症状者]闭环移交，各单位防控职责更加清晰、主体责任压得更实，从"国门"到"家门"的闭环管理链条拉得更紧，横向到边、纵向到底的联防联控、群防群控防控工作格局全面成形。

二、构建了全时空、全领域、全链条高效防控格局

针对深圳口岸多、类型全的客观现实，面对常态化防控下每天近万名进出境旅客、司机、船员和机组人员的巨大防控压力，实施"一口岸一策""一航线一策""一人群一策""一事件一策"精准防控，根据国务院联防联控机制文件及时动态更新8版口岸防控技术方案，落实落细总署各项防控措施，口岸卫生检疫防线全面筑牢，实现全国海关"10个率先"，即率先在全部旅检口岸部署防控措施；率先实施

二次测温；率先查验重点旅客海外行程卡信息；率先将智能流行病学调查系统应用于口岸排查；率先对有海外旅居史人员实施100%核酸检测；率先使用自主研发的驾驶员智慧验放设备对跨境司机实施检疫；率先应用远程5G智能检疫设备实现无接触式测温、申报与流行病学调查；率先实施入境人员信息一体集成无接触式审核；率先应用自身平台实现对新冠病毒精准测序；率先启动口岸环境监测，开展"人、物、环境同防"。新冠肺炎疫情发生以来至2021年，口岸累计排查有症状人员8,200例。严格按照总署要求开展进口冷链和高风险非冷链货物监测检测以及预防性消毒监督工作，强化境外源头管控和口岸现场监管，分别在进口水果、航空箱中检出全国海关首宗阳性样本，货物、环境方面疫情潜在性输入链条被坚决斩断。同时严防埃博拉、登革热等其他疫情疫病，2021年检出疟疾、登革热等其他传染病15例。水陆空同防、人物环境同防、多病同防的严密体系全面筑牢。

与此同时，各职能部门强化统筹指导，各隶属单位各司其职、协调配合，积极开通绿色通道，加班加点、即验即放，全力以赴保障疫情期间人员、物资快速高效通关，验放了约占全国十分之一的支援武汉抗疫进口防疫物资、超3,000万剂出口疫苗，圆满完成外国政要、港澳地区"两会"代表委员通关等重大活动保障20余起，有力服务了国家外交大局。

三、强化了科技在疫情防控中的引领和支撑作用

坚持以科技为先导，以"科技兴关样板间"建设为平台载体，充分发挥深圳前沿科学技术集聚优势，协同调动科创委、科研院校、企业等社会资源，运用大数据、人工智能等新技术，大力推进科技抗疫，在口岸一线先后配备了驾驶员智慧验放设备、5G智能单兵、5G远程智能检疫设备等一大批智能硬件设施，"深关陆路通"小程序、进口冷链食品追溯预警系统、"一人一档"系统、"互联网+网上稽核查"应用等多个系统软件投入运用，在严格落实监管检疫要求的基础上，"不见面"办事、"无接触"通关等新模式大幅提升了现场工作效能、有效降低了关员染疫风险，有力缓解了关区防疫战线点多、线长、面广以及人力资源不足的难题，科技抗疫得到上级领导同志充分肯定。在全国海关率先建立起实验室新冠病毒核酸检测能力，持续加大资金、人员、设备投入力度，同步加强生物安全管理，实现检测、溯源双重能力从无到有、从有到优，在全国海关首次应用自身测序平台实现对新冠病毒精准测序，2个实验室日检测能力达3,300份，为科学精准检疫提供了坚强保障。

四、提升了队伍整体安全防控水平

疫情发生以来，深圳海关始终坚持一

手抓安全防护，一手抓内部防控，保障万人队伍持续安全稳定。建立岗前培训考核制度，常态化组织开展大培训大练兵，严格实施上岗前考核100%合格全覆盖，创新制定了"打卡制""连环画"等一系列易学易懂的操作指引，编制2版安全防护手册均获总署推广，一线关员安全防护能力水平持续提升。实施全过程监督管理，严格落实总署"岗前检查、工作巡查、全程督查"和"双人作业、互相监督"的"3+2"安全防护监督制度要求，建立安全防护监督员队伍，安全防护全方位、全流程、全覆盖的监督保障机制有力有效。强化自查督查，实施视频检查、每月自查、每季度督查，经常性组织"回头看"，安全防护自我纠偏、自我提升、自我完善的能力有效提升，广大一线关员的健康安全得到有力保障。面对全关过万名员工和数万名共同居住人的庞大队伍，始终坚持严格的内部防控管理要求，做到"日报告、零报告"，以科室为单位，建立网格化的管理网络和涉疫情事快速排查响应制度，实施内部防控分级、分类应急响应管理机制，扎实推进疫苗"应接尽接"、核酸检测"应检尽检"，内部防控机制实现常态化运作，妥善应对了本地几十次疫情冲击，为关区各方面工作顺利开展打下了坚实基础。

五、凝聚了众志成城战胜疫情的强大战斗力

坚持党建引领，充分发挥基层党组织和党员"两个作用"，成立两级工作专班，率先在全国实施高风险岗位人员"14+7+7"集中封闭管理，建立处级领导进驻封闭专班带班制度、场所驻点联络员值班值守制度，自疫情发生至2021年年底，1,107名同志舍小家、为大家、踊跃参与、辛勤奉献，彰显出强烈的责任与担当，党旗始终在抗疫一线高高飘扬。强化关心关爱和宣传表彰，持续激励队伍担当作为，加大表彰、奖励、补贴等各方面政策综合运用力度，努力争取总署、地方支持保障，87条保护关爱一线人员措施释放组织温暖，志愿帮扶、心理辅导、补助发放等关爱举措体现人文关怀，分批评选73个疫情防控工作先进基层党组织、154名优秀共产党员，一大批实绩突出的干部受到组织奖励，广大党员干部冲在一线、干在一线的热情持续高涨，凝聚起抗击疫情的强大组织力、战斗力。

疾风知劲草，烈火识真金，回首深圳海关的抗疫之路，过程极为艰辛、成果来之不易。在这场没有硝烟的战争中，全关上下团结一致、万众一心，一批批党员干部舍生忘死、挺身而出，在最艰苦、最危险的抗疫最前沿冲锋陷阵，先后圆满完成了紧急开展"歌诗达·威尼斯号"邮轮入境检疫、中国—世卫组织联合考察专家组现场考察等重大任务，世卫组织专家评价"中国海关为全球公共卫生安全做出了突出贡献"。

当前，新冠肺炎疫情仍在全球蔓延，深圳海关将慎终如始，坚决贯彻习近平总书记关于疫情防控重要讲话和重要指示批示精神，全面落实总署各项部署，坚定信心、坚持不懈，坚决守住口岸疫情防线。

优化口岸营商环境　　促进外贸稳增长

2021年，深圳海关认真贯彻落实党中央、国务院决策部署，以习近平新时代中国特色社会主义思想为指导，增强"四个意识"、坚定"四个自信"、做到"两个维护"，坚持稳字当头、稳中求进，深化"放管服"改革，持续优化口岸营商环境，充分激发和培育市场主体活力，全力以赴促进外贸稳增长。

一、2021年深圳市外贸规模创历史新高，惠州外贸增幅高于全国和广东平均水平

2021年，深圳市货物贸易进出口3.5万亿元，规模创历史新高。其中，出口1.9万亿元，规模连续第29年居内地外贸城市首位，同比增长13.5%；进口1.6万亿元，同比增长19.5%。其中，对RCEP、"一带一路"沿线、中东欧等重点国家和地区进出口规模迈上新台阶，分别进出口9,355.2亿元、7,755.3亿元、622.7亿元，均为历年新高，同比分别增长13.6%、15.1%、21.9%；对香港地区进出口7,225.4亿元，扭转2019年以来的降势，创2016年以来新高，同比增长18.3%，始终保持深圳市第一大贸易伙伴地位。

2021年，惠州市货物贸易进出口3,055.1亿元，同比增长22.8%，增幅均高于全国和广东整体水平。其中，出口2,132.3亿元，同比增长26.3%；进口922.8亿元，同比增长15.3%。外贸贸易结构持续优化，产业链更长、附加值更高的一般贸易方式成为惠州市外贸增长的主要动力，该部分进出口总额达到1,317.9亿元，同比增长35.5%，占比从2017年的23.3%逐年提升至2021年的43.1%。

二、开展促进跨境贸易便利化专项行动，巩固压缩通关时间成效

根据总署的部署，2021年1月在北京、天津、上海、重庆、杭州、宁波、广州、深圳等8个城市开展为期5个月的促进跨境贸易便利化专项行动。

深圳海关对照总署专项行动部署的18项重点任务、省口岸办专项行动方案23条措施、深圳市优化口岸营商环境29条新举措，制定了2021年促进跨境贸易便利化重点任务清单，共28条跨境贸易便利化措施，全力以赴压缩整体通关时间，提高进出口企业通关体验感、获得感。2021年12月，深圳关区进、出口整体通关时间分别为5.1小时、0.7小时，较2017年分别压缩约80.6%、93.9%。在国家发展改革委发布的《中国营商环境报告2020》中，深圳市被评为跨境贸易便利化标杆城市；在广东省营商环境试评价中，深圳市跨境贸易指标排名省内第一。

（一）推进多元化通关模式。

积极推广"提前申报""两步申报"通关模式，在海运口岸落地进口货物"船边直提"、出口货物"抵港直装"，缩短货物在码头卸柜、堆存、等待等环节的时间，上线"直提直装"业务线上办理功能，进出口企业可自行掌上申办，实现"一次申请、同步确认、快速办理"。持续拓展"大湾区组合港"模式，形成以深圳港口为枢纽港，广州、珠海、中山、东莞、佛山、肇庆等多个城市港口为支线港的水路中转物流网络，2021年启动实施货运运行线路12条，保障9.2万标箱货物在大湾区港口群便捷流动，有力增强核心引擎辐射带动能力，"粤港澳大湾区组合港"被列入国家首批营商环境创新试点改革项目。

（二）精简单证和业务流程。

提升入境检验检疫证书等拟证出证效能，压缩出入境特殊物品卫生检疫审批、进口水果许可证办理时限，实现入境检验检疫证明依企业申请平均2个工作日内完成出证；出入境特殊物品卫生检疫审批时限由法定20个工作日压减至5个工作日；进口水果许可证基本实现当日完成受理提交总署审批。优化高新技术企业法检设备及料件进口检验模式，对深圳高新技术企业自用设备和料件，试行企业提交产品合规性自我声明、海关进行符合性验证后直接予以合格评定，2021年惠及深圳关区高新技术企业约2.7亿元的机电设备和料件，通关效率提高约40%。

（三）完善通关时效监控机制。

加强关区各口岸通关时效监控，开发"智慧综合通关模块"，全国首创将整体通关时间按申报、验估、接单等通关流程分解，实现从口岸、运输方式、商品类型等多个维度对整体通关时间和各环节作业时间对比分析。选取2,500余项通关数据对关区23个隶属海关通关业务指标精准画像，建立"一关一档"，动态锁定弱项指标、针对性强化短板，固化《跨境贸易便利化专刊》机制，定期向各隶属海关通报，2021年共发布专刊19期。

（四）提升智能信息化系统建设水平。

开发"深关陆路通"微信小程序，便利跨境司机在公路口岸通关时无需下车即可用手机实时查看车辆查验进度，并可与关员实现掌上信息互动，既有效减少了现场非必要人员聚集和接触，又压缩了通关时间，每台车平均节省30分钟以上。充分发挥智能审图优势，逐步扩大识别商品清单，H986智能审图系统可有效识别商品约180种，CT智能审图系统可对880种、285种商品实施自动识别预警。将智能审图纳入查验流程，推行"智审+人审"新工作模式，智能审图报警100%人工复核，提升案件查发水平；运用智能减影技术优化算法，制作公路口岸车辆模板图像，使同屏比对更加便捷高效。深化航空物流公共信息平台应用，实现空运业务"一次录入、一单多报、一站获取"，减少企业现场跑腿次数75%，有效缩短货站找货、货代现场等待时间。

三、滚动出台系列稳外贸稳外资措施，延长服务外贸稳定向好链条

面对复杂多变的全球贸易形势，深圳海关统筹推进口岸疫情防控和促进外贸稳增长工作，滚动推出2批共计28项稳外贸稳外资措施，精准施策帮助进出口企业应对疫情影响，全力促进深圳外贸外资稳定发展。

（一）提升企业国际竞争力。

扩大AEO覆盖面，在2020年"优企计划"取得突出成效的基础上服务再升级，启动2021年"暖企计划"，升级了高级认证企业通关便利措施，包括绿色通道、简化手续、专人协调等7大类30个便利项目，赋予高信用企业更多优惠便利。落实国家减税降费政策，累计为企业减负229亿元。设立暖企服务基地，覆盖关区企业达1.4万家，助力企业提升抵御风险能力、增强竞争优势，推动AEO企业扩围增量，2021年深圳地区新增AEO企业47家，同比增长17.0%。截至2021年年底，深圳地区AEO企业总数达到323家。

（二）帮助企业应对技术贸易壁垒。

强化技术性贸易"破壁"作用，推动无人机、医疗器械、石油化工等3个海关首批技术性贸易措施研究评议基地落户深圳关区，为相关企业开展技术性贸易措施工作增添国家级平台。2021年，深圳海关对外有效评议和特别贸易关注议题数量均居全国海关首位，针对欧盟电池等TBT措施开展通报评议25件，其中10件获得外方回复，15条意见获对方采纳或部分采纳，针对法国可维修指数法规等14项国外技术准入壁垒提出25个特别贸易关注议题，获采纳并列入我国参加WTO/TBT第84、85和86次委员会会议对外交涉议题，利好我国约928亿元产品出口。

（三）建立"问题清零"机制。

会同深圳市口岸办聘请12位跨境贸易领域企业、行业协会等专家担任特邀顾问，为深圳市优化口岸营商环境工作建言献策。2021年，对顾问提出涉及海关的27项问题逐一研究解决答复。在关区内建立"制度+系统+专家"的"三个一"业务问题"清零"体系，形成职责清晰、运行顺畅、科学高效的关区基层业务问题协调处置机制，被总署采纳并在全国推广。

（四）加强涉企政策措施宣传。

打造通关便利化政策宣讲品牌，连续

策划开展 5 场促进跨境贸易便利化、稳外贸稳外资系列政策线下宣讲会，超过 500 家企业参加。开展"关企互动直播间"线上宣讲 13 期，及时向企业宣传解读海关最新政策法规、改革项目、通关便利化措施，开展合规引导和信用培育，倾听企业的真实声音，掌握企业的真实情况，解决企业的实际困难，累计观看人数达 6,000 余人。

推进"双区"建设 促进地方高水平对外开放

2021年，深圳海关认真贯彻落实党中央决策部署，深度融入粤港澳大湾区和深圳中国特色社会主义先行示范区建设（以下简称"双区"），紧抓深圳综合改革试点、全面深化前海合作区改革开放的重大战略机遇期，加大制度集成创新力度，积极深化通关改革、优化监管模式、助力互联互动，不断为"双区"建设注入新活力。

一、强化顶层设计，推进"双区"建设行稳致远

2021年8月，深圳海关关长牵头成立推进"双区"建设领导小组，全面领导"双区"建设中的各项工作，并下设重大项目对接、口岸建设协调、物流创新、科技创新服务、法治建设工作、外事工作协调等6个工作组多维推动。一年来，深圳海关依托关地合作平台，聚焦"双区"建设面临的制度性障碍持续用力、破题攻坚，研究形成提请总署支持前海深港现代服务业合作区开发开放的12项措施清单，推动支持河套深港科技创新合作区发展的部分制度创新设想进入国家部委层面研究讨论，实行研发设备及试剂耗材等实施备案清单制管理、降低科研机构享受减免税主体认定门槛、推动设立空港综合保税区、建设跨境贸易大数据平台等支持举措。

二、强化互联互通，力促粤港澳大湾区更高水平对外开放

深圳海关持续与总署、广东分署、地方政府以及大湾区内各直属海关之间密切沟通、加强衔接，积极研究创新举措，推动重点项目落地。2021年，大湾区内地9市进出口总值7.9万亿元，约占广东省同期（8.3万亿元）的95.2%，占全国同期（39.1万亿元）的20.2%。其中，深圳市进出口总值3.5万亿元，同比增长16.2%，其中出口1.9万亿元，同比增长13.5%，对大湾区9市整体进出口增长的贡献度达43.8%。

（一）高水平对外开放开创新局面。

推进"粤港澳大湾区组合港"拓点沿线成网，充分利用深圳关区沿海港口国际航线资源优势和大湾区各沿江港口腹地制造业资源优势，与佛山、肇庆、中山、珠海等地开通组合港航线，进一步实现了沿海沿江港口群互联互通、资源互补、协同发展。助力"湾区号"中欧班列提速增效，支持开通快件、跨境电商专列，提升班列运输效能和辐射效应，开展"东西部港区一体化"货物调拨业务，打通深圳空港与盐田港、大铲湾港等海港及深圳前海综合保税区、深圳盐田综合保税区等海关特殊监管区域的链路，促进区域外贸要素便捷流动、高效匹配，不断推动临空经济发展。为帮助广大外贸企业积极应对进出口旺季，深圳海关进一步发挥"湾区号"中欧班列高效稳定、覆盖范围广、全天候运行等独特优势，加强与地方政府、铁路部门的沟通协作，积极拓展班列业务，2021年开行123列，装载车厢5,882节。

（二）国际科技创新中心建设取得新突破。

推动港澳科研机构符合税收政策规定条件的境外科研设备免征关税进入大湾区内地9市，支持内地城市指定医疗机构进口和使用临床急需、在港上市的药物和医疗器械在海关迅速通关。压缩出入境特殊物品审批时长，将承诺办结时长由法定20个工作日压缩至5个工作日。对符合条件的科研用途的低风险特殊物品实施"换证直批"审批模式，简化申请材料，节约办理时间，支持大湾区生物科研发展。试点推广进境动物源性生物材料检疫改革新措施，压缩进境无特定病原体（SPF）动物隔离期，免予进口检测用动植物DNA/RNA出口国家/地区官方检疫证书。协调国家药品监督管理局明确综合保税区内企业进口的医疗器械用于研发、展示的，可不办理相关注册或备案手续。服务河套深港科技创新合作区建设，2021年2月19日入驻"e站通"综合服务中心，集中办理海关5大类42项业务，业务办理平均时间压缩50%，指导18家科研机构建立自用物资账册、办理设备进区手续，助力超4亿元科研设备进区。

（三）粤港澳紧密合作水平再上新台阶。

加强与香港AEO互认合作，合作培育两地AEO互认企业，在两地享受简化单证审核、减少货物查验等优惠便利措施。推动深港实验室互认协作，助力深圳检测机构成为香港机电署认可核证团体，内地出口机电产品经上述机构检测合格后，准予在香港市场销售，无须在香港另行检测。深化粤港澳外贸统计合作，与港澳统计部门实现统计数据交换。

三、强化创新驱动，支持先行示范区建设跑出"加速度"

深圳海关紧紧围绕建设先行示范区"五大战略定位""三个阶段发展目标"

"五个率先"重点任务,立足职能、主动谋划,助力激发深圳创新活力。

(一)主动融入地方发展大局,释放关地协同联动合力。

积极参与综合改革试点工作,配合地方推进首批40项授权事项清单中涉及海关职能的2项任务落地。2021年6月29日,完成首票"深圳牌照"国际航行船舶保税燃料油加注业务,"赋予深圳国际航行船舶保税加油许可权"事项正式落地;针对"支持在客运码头设置旅游国际中转区、优化出入境手续,延长口岸通关时间"事项,配合深圳市口岸办制定《"深圳港客运码头设置旅客国际中转区"综合授权改革工作实施方案(2021年—2025年)》;研提拟纳入第二批综合改革试点的7项授权事项建议。关地合作取得新进展,与福田区、南山区、龙华区以及盐田港建设指挥部等"三区一港"正式签署合作协议,因地施策,共同培育外贸新增长点。聚焦高新技术、生物医药、新能源、数字经济等重点支柱产业和深圳港口建设发展需求,不断提高海关监管服务的精准性和有效性,逐步扩大关地合作"朋友圈"以及合作红利的受益面,进一步增强企业主体竞争力和外贸发展韧劲。

(二)探索海关监管模式创新,增强深圳核心引擎功能。

持续推进"两步申报""两段准入"模式改革,大幅减少货物申报、口岸停留时间,其中关区"两步申报"进口报关单量长期居全国第一。探索"总担保+属地申报口岸验放"通关模式,节省科研机构减免税设备进口业务办理时间50%以上。打造"空港+保税+会展"组合发展模式,支持开展内外贸兼营的全球中心仓、邮轮业务。实施以妈湾智慧港建设为代表的海运卡口陆路化改革,待查货物等待时长平均缩短1天以上。创新启动"湾区海铁通"物流模式改革,紧固海铁联运一体化物流监管链条,压缩货物转场滞港等待时间。

(三)全力服务重大平台建设,打造对外开放新高地。

2021年9月,中共中央、国务院印发《全面深化前海深港现代服务业合作区改革开放方案》(以下简称"前海深改方案"),前海合作区总面积由原来的14.92平方千米扩展到120.56平方千米,对外开放口岸增至5个。深圳海关抓住"扩区""改革开放"两个重点,积极深度参与前海合作区开发开放,重点围绕通关便利和监管模式改革,持续加大改革创新力度。积极对接前海深改方案,聚焦新业态发展需求,推动前海综合保税区二期于2021年8月26日实现封关运作,面积扩容近一倍,荣耀、朗华、阿里云等新进驻企业迅速放量,慧镕、韩电等保税维修业态蓬勃发展,在前海形成"原料供应—设备检验—终端销售—售后维修"为一体的ICT产业生态链。支持高端船舶修造,服务进口邮轮入境通关,支持友联船厂开展邮轮入境维修、脱硫设备改造等业务，服务海洋经济发展。对标国际高标准经贸规则，在跨境物流关键节点上重点发力，创新实施"两步申报""提前申报""东西部港区一体化""直装直提"等通关便利化措施，高效整合大湾区物流要素，在前海形成"海陆空铁"全路径立体物流，货物在前海通过海运集拼分拨至全球。深圳海关持续推动监管制度创新，截至2021年年底，共推出64项监管制度创新举措，其中31项被省级以上部门复制推广。

践行"三智"理念 深化"三智"合作 促进贸易安全与便利

2021年2月9日,习近平主席在中国—中东欧国家领导人峰会上提出开展"智慧海关、智能边境、智享联通"(以下简称"三智")合作重大倡议。深圳海关坚决贯彻落实习近平主席重要指示精神,按照总署部署要求,着力发挥全国海关"三智"专项联络工作组轮值秘书处(以下简称"'三智'专联组秘书处")和中欧陆海快线沿线国家通关协调咨询点两个平台作用,以推动"三智"合作促进全局工作。

一、制度机制建设不断完善

作为全国海关首任"三智"专联组秘书处,深圳海关积极协助总署建立健全海关"三智"工作机制,制定"三智"合作专项联络工作组工作规则、"三智"项目管理办法等制度规范,牵头组建全国海关"三智"工作群,建立"一关一档"和月度工作汇报制度并积极"招贤纳士",成员单位由设立之初的21个扩充到31个,有效保障了"三智"专联组高效运转。参与"三智"合作白皮书、推进"一带一路""三智"工作指导意见等文件的修订,积极推进海关"三智"工作顶层设计。研究制订深圳海关落实方案,建立"1+2+1"工作机制(1个平台、2条国际合作主线、1个细化工作方案),以"三智"专联组秘书处为平台,联络希腊、匈牙利、北马其顿、塞尔维亚等4个中欧陆海快线沿线国家,统筹各相关部门,出台《贯彻落实习近平主席在中国—中东欧国家领导人峰会上重要讲话精神工作方案》,形成16条贯彻落实措施体系,有序推进"三智"工作的开展。

二、"三智"宣传推介不断拓展

深圳海关多措并举及时提炼总结"三智"建设经验,广泛开展内外部宣传,传播深圳海关"三智"利好消息。2021年,报道深圳海关"三智"工作情况30余篇,制作"三智"工作宣传片《共建共赢 智取未来》。发挥外事人才骨干作用,推出深圳海关外事人才谈"三智"系列宣传,发挥各业务领域专家优势开展"三智"课题研究,高质量完成"深入贯彻落实总体国家安全观 全面推进'三智'工作"署级课题。在以色列海关专员来访及与泰方驻广州总领事馆农业处召开视频会议等外事活动期间,积极宣传推介"三智"理念,介绍深圳海关应用科技智能手段加强合作,促进贸易通关安全便利等工作,得到积极回应。2021年12月22—23日,深圳海关参与全国海关"三智"国际合作工作会议,围绕首任"三智"专联组秘书处、技术性贸易措施交涉应对、"三智"重点项目等工作作大会发言。

三、"三智"国际(地区间)合作持续深化

深圳海关以"三智"理念为引领,在总署国际合作司等相关司局的指导下积极推进国际(地区间)合作,不断加快中欧陆海快线沿线国家通关协调咨询点筹建。2021年4月7—9日,成功承办第六次中欧陆海快线海关通关便利化合作工作组会议,会议讨论通过了中欧陆海快线通关协调咨询工作办法,与4个中欧陆海快线沿线国家海关建立联系渠道,助力对外贸易走上"海上快速通道"。2021年,深圳海关协调解决与中东欧国家通关相关问题咨询25件;参与制定《中希海关关于开展保障供应链安全、便利与互联互通合作的备忘录》以及与希腊双边磋商,研究完善与希方开展关际合作的合作领域、合作形式和具体合作项目。发挥"三智"引领作用,多次开展中东欧动物疫情风险分析及输华产品风险评估,促成斯洛文尼亚禽肉获得准入资格。牵头整理特别贸易关注议题114项,助推海关在WTO/TBT例会被采用议题数量居各行之首;推动欧盟《医疗器械法规》延缓一年实施,为我国产品出口赢得宝贵时间。推动加强与香港海关合作,以皇岗口岸重建为契机,推进智慧口岸建设,探索实现海关与边检业务数据的共享共用,积极打造大湾区"三智"样板口岸,通过推行深港"寄药易"项目,支持符合规定的药品从揽收到派送至内地,全程从5~7日缩减到2~3日。

四、"三智"试点项目落实落地

深圳海关充分发挥"三智"专联组秘书处"推进器"作用,积极协调全国31个海关单位,协助总署国际合作司跟进8个落地示范项目、11个早期收获项目、59个先行先试项目共78个全国海关"三智"项目的摸底调研、标准制定、实施推进、考察评估等相关工作,推进"三智"合作理念在更广范围、更深层次落地生根。

积极发挥项目牵引作用,拉动本关"三智"项目落地。2021年,深圳海关积极孵化7个"三智"项目,打造深圳海关拳头产品,相关工作取得显著成效,其中"5G智能单兵应用"项目获评全国海关第一批"三智"国际合作示范项目。

7个"三智"项目情况如下:

"5G智能单兵应用"项目。该项目由深圳海关利用5G技术高带宽、低时延、高可靠等特点开发。5G智能单兵以"5G平板+智能眼镜"为载体,将智能眼镜所采集音视频信息传输给后端监控部门。同时应用车牌识别、智能识别等技术挖掘图像信息,打通数据壁垒,构建监管对象全景画像,进行多维度交叉分析研判,辅助风险决策,有效提高了现场的监管效能和通关效率。监管过程中,监控指挥中心可与现场关员进行实时音视频联动,第一时间、第一视角了解实时查验情况,提升海关现场监管能力和前后端协同作战能力。

"大湾区组合港"项目。该项目利用区块链、5G等先进科技手段严密物流监管,以进出境船舶货运舱单为主线,区域海关协同联动,实现不同港口之间信息互通、监管互认,"一次报关、一次查验、一次放行"。在该模式下,沿江港口与沿海港口之间货物通过水路调拨方式运输货物,满足港口间货物24小时运输需求。进口货物可以提前报关,货到即放,比之前的通关时间快1~2天,出口货物的通关时间也较之前使用转关通关模式所需的1天缩短至半天。不同主管关区的港口形成"一港多区"的格局,真正实现一体化运营,沿海、沿江码头各自优势得以充分发挥。

"驾驶员智慧验放设备"项目。为落实新冠肺炎疫情防控工作要求,保障通关效率,适应公路口岸统筹开展疫情防控和促外贸稳增长工作要求,深圳海关通过在隶属福田海关先期试点的基础上,逐步推广应用驾驶员智慧验放设备。通过集成旅客健康申明卡信息读取、人脸识别、红外热成像自动测温、核酸检测数据对接、智能卡口联动等功能,大幅度提高验放效率、减少关员染疫和安全风险,对进出境驾驶员的验放时间从原来的2~5分钟缩短到10秒。

"互联网+稽核查"项目。该项目通过在企业ERP嵌入客户端,实时抓取企业ERP原始数据传输到海关大数据池内,并在大数据池中与海关监管数据、政府及公共管理数据、第三方数据进行整合,供海关在日常监管和后续监管综合利用。该项目既能提升科技创新应用水平,又能够进一步推进基础设施建设智能化、海关管理智能化、海关监管智能化,同时由于该项目以数字化处理、网络化传输、智能化判别为主要手段,还能够推动智慧海关建设在日常监管和后续监管中取得新突破。

"妈湾智慧港"项目。深圳海关以"三智"赋能,将海关智慧监管嵌入妈湾智慧港口建设,通过增配车载式大型集装箱/车辆检查设备、启用远程5G智能检疫设备、升级海关合成管控中心、丰富监控预警模型等软硬件监管设施的智能化改造,增强港区智慧海关基础保障。推动海关通关查验模式与智慧港口运作模式协同创新,建设查验指令智能分拨吊柜系统,推动海运卡口陆路化改革,实现进闸货物快速分流，避免查验货物二次吊柜，企业通关效率大幅提升。该项目于2021年11月14日建成。

"旅客风险联合研判"项目。该项目旨在与口岸联检部门实现数据共享，利用联检部门数据资源进行大数据分析，筛选出有风险的重点旅客数据，海关部门根据分析结果强化对重点风险旅客的卫生检疫及监管查验工作。该项目能够进一步利用现代化的大数据分析技术对疫情、走私活动风险进行分析研判，维护国门安全和通关秩序。同时该项目应用区块链、大数据分析等技术，与口岸联检部门共享旅客数据，共同推动"三智"建设。

"陆海联运业务交流合作"项目。该项目旨在与希腊比雷埃夫斯港海关加强陆海联运业务合作，通过信息交换、资源共享、监管结果互认等手段，发展深圳港口至希腊港口的物流，进一步促进"一带一路"互联互通、拉动外贸增长、推进大湾区建设，并通过海铁联运、平台化建设、产业化运营，服务制造、贸易、电商等广大企业。2021年4月第六次中欧陆海快线海关通关便利化合作工作组会议期间，深圳海关参与与希腊海关签署合作备忘录的相关磋商。研究完善与希方开展关际合作的合作领域、合作形式和具体合作项目，为在MOU框架下推进国际海关合作取得实质进展积极做好准备。

打击走私重点专项工作

2021年，深圳海关坚决贯彻落实习近平总书记关于打击走私工作的重要指示批示精神，全面落实总体国家安全观，努力克服疫情影响，全力以赴开展"国门利剑2021"联合专项行动，不断深化全员打私，着力提升缉私专业能力建设，扎实推进"合成打击+综合治理"，强化打私正面宣传，持续保持打击走私高压态势。全年侦办走私罪案460起，同比增长14%，案值101.8亿元；查办走私行为案件1,831起，案值6.3亿元；查办违规案件11,136起，案值83.7亿元。侦办案件得到总署16次批示肯定，"深圳护卫2021"专案被评为"海关总署打击濒危物种走私典型案例"，查办的文物走私案被评为"海关总署2021年打击走私十大典型案例"，打私工作取得积极成效。

一、深入开展"国门利剑2021"行动

2021年，深圳海关按照全国海关工作会议精神和海关总署、全国打击走私综合治理办公室打私工作安排，开展打击走私"国门利剑2021"行动，聚焦"中央关注、社会关切、群众关心"领域的突出走私问题，持续保持高压严打态势。成立以"一把手"为组长的行动领导小组，制订行动方案，细化各重点打击领域的具体行动措施，明确重大案件通报、督导检查、专项督察、绩效评估、信息报送等工作机制。各部门单位按照部署迅速开展行动，根据关区监管形势、走私态势和特点，强化正面监管，突出打击重点，深化专项打击，坚决打击专业化、职业化走私团伙，斩断"购运储销"走私链条，最大限度查扣、追缴走私货物和资金，最大限度挤压走私获利空间。各部门密切协作，健全完善信息资源共享、线索移交反馈、联合作战机制，推动形成一线监管、后续管理、打击走私的闭合链条，提高监管打私整体效能。密切与生态、自然资源、市场监管等部门的联系配合，加强与来源地、中转地海关、警方等执法机构以及有关国际组织的合作，积极推进"雷电2021"等国际执法行动，筑牢打击走私立体防线。全年共集中优势力量组织开展"国门利剑"暨"使命"系列专项缉私行动30次，打掉3

人以上走私团伙92个，打掉走私文物、铂金、老虎皮、活体珊瑚、污油水、水貂皮、钻石、成品油、高档手表、手机等多个重特大走私犯罪团伙，防范化解医疗美容器械、精密仪器、洋酒、汽车零配件、冰鲜海产品等行业性走私风险，从速、从严、从重查处一批走私案件，有力震慑违法犯罪行为。

二、深化全员打私，提升关区打私整体效能

完善打私业务工作规范和绩效管理办法，制定案件线索交接管理办法等4项制度，制定12项具体工作措施，定期通报打私业务绩效、开展典型案例分析。建立全渠道覆盖、全方位实战"风险+情报+现场"联合研判工作站模式，通过强化关警重大线索联合经营、重大行动联合开展、重点案件联合处置，联合查发系列大要案。完善行政案件智能办理模块，在全国海关率先实现涉关、涉检行政处罚案件的一网通办。开展"国门绿盾2021"行动，有效查办涉检验检疫案件。推广"一平台三机制"关警联动打私模式。制定旅检渠道零星固体废物处置指引，出台打击海南离岛免税"套代购"指导意见，持续加强法治保障。

三、强化科技赋能，提升专业打私能力

2021年，深圳海关持续提升缉私工作信息化应用水平。创新探索"无人机+雷达+非设关地打击治理体系"的海陆空一体化作战模式，通过雷达与无人机合成研判、合成监控指挥查缉，支撑实战初见成效。情报云平台、"情报工作室"模式不断优化，数据建模辅助查发钻石、手表走私案件17起。"互联网+"办案模式由一线口岸向属地全面拓展，率先实现全部行政案件的智能办理。加强刑事技术应用，通过DNA技术多次辅助锁定未掌握的关联犯罪嫌疑人，运用声纹鉴定技术支撑70%的分局办案，为大部分"零口供"案件取得关键性突破。通过"制度+科技"，持续提升办案质量和执法水平，2021年深圳海关刑事执法质量、行政处罚案件指标考评保持稳步提升，分别排名全国海关第二、第四。

四、深入推进综合治理，形成打击合力

深化多警种联动，与地方公安、海警多手段同步上案，开展联合行动50余次，深度合成规模为近年峰值。深化部门联动，积极参与地方反走私综合治理，参加非设关地及中英街、华强北清查整治10余次。严打走私关联犯罪，率先实现出口骗退税行政转刑事案件的突破，向地方公安机关移交线索，联合银行、税务、公安开展打击出口骗税专项行动2次，与检察院等部门以"走私、洗钱"双罪名移送审查起诉案件4起，以钻石走私系列案件为切口，会同上海钻石交易所等行业协会，推进钻石行业性治理。深化战区联动，坚持服务大局，横向互联，"进出"双向协同发力，发起跨战区联合打击 9 次，全力经营其他直属海关转来的线索，摧毁走私网络 12 个。深化境内外联动，发挥总署（深圳）打击走私专项情报中心的作用，在总署缉私局统筹指导下构建境内外快速响应的跨境控制下交付"深圳模式"，全年实施控制下交付 41 次，同比大幅增长 6.8 倍，抓获嫌疑人 23 名，指引境外查获香烟 966 万支、海洛因等毒品 40.8 千克、象牙 31.8 千克；向香港海关提供高价值线索查获"水客货"价值约 1.2 亿港元大案。

五、加强报道宣传，营造打私声势

深入开展反走私舆论宣传，在中央电视台、新华社等中央级媒体策划报道深圳海关打私工作成效 30 余次。围绕中央级媒体平台策划选题，"3·16"走私案、"使命 2021-9"化妆品走私案、"使命 2021-13"文物走私案等大要案分别得到中央电视台多频道多栏目的专题报道，营造良好打私舆论氛围。依托新媒体平台多维宣传，以形式丰富、内容多样、贴近群众为宣传原则，结合打私业务、队伍建设、缉私普法等各类内容素材特点，在人民警察节、"6·26"禁毒日、"12·4"宪法宣传日等时间节点，综合采用文字、图片、漫画、视频等多种形式在"海关发布""中国反走私"等新媒体平台刊载稿件 40 余篇，各级传统媒体和新媒体平台报道刊载逾千篇次。

开展国门生物安全行动 严防外来物种入侵

2021年，深圳海关不折不扣贯彻落实习近平生态文明思想和习近平总书记重要指示批示精神，坚持总体国家安全观，筑牢口岸检疫防线。聚焦优化机制、强化监测、协同保障等三方面重点，积极组织开展"国门绿盾""国门生物安全监测"等专项行动，严厉打击非贸渠道非法引进外来物种和种子苗木等行为，严防境外动植物疫病疫情和外来物种传入。2021年，关区截获外来物种137种204批，有效筑牢口岸检疫防线。

一、优化机制，织密生物安全防护网

深圳海关高度重视打击非法引进外来物种和种子苗木工作，第一时间组织研究、推动落实。成立关区防控领导小组，建立协同配合、考核激励、培训宣传、信息报送4项机制，确定职责分工，细化17项工作要求，形成关区行动合力。制订关区外来入侵物种口岸防控工作方案和打击非法引进外来物种和种子苗木"国门绿盾2021"行动方案，明确专项行动重点和要求。

强化制度建设，积极落实生物安全相关法律法规，围绕口岸防控工作，对《中华人民共和国生物安全法》《中华人民共和国进出境动植物检疫法》《中华人民共和国野生动物保护法》《中华人民共和国濒危野生动植物进出口管理条例》等法律法规中涉及动植物检疫内容进行梳理，明确相关处罚及立案标准，为查发案件提供法律支撑。针对海关现场实操，完善工作指引，对查验、送检、处置等环节进行细化和明确，指导现场提高防控效能。

设立外来物种防控专班，密切关注跟踪国际国内动植物疫情动态、濒危及其他野生动植物、种质资源非法贸易情况等风险信息。依托"风险+情报+现场"工作机制，形成职能处室业务指导，缉私、风控部门开展情报分析布控，隶属海关具体落实的有效机制，对风险信息、截获情况、布控指令执行情况等进行综合研判、分析锁定，先后在进境邮快件中拦截非法进境"异宠"544只。

二、落实监测，守好生态安全护城河

深圳海关按照总署部署，科学规划、组织落实2021年度国门生物安全监测任务，围绕境外植物疫情信息监测、口岸截获植物疫情监测、非贸渠道植物疫情和外来物种监测及外来有害生物监测等4个方面，开展涉及24个隶属海关辖区的监测工作。

依托科技手段，提高非贸渠道外来物种监测效能。推进"智慧动植检"建设，上线运用"全球动植物疫情收集系统"，搭建"3+3"大数据平台，梳理全国风险防控动态信息，完善"两单三库"1,000余项。提升实验室鉴定效能，提升技术支持能力，以"高效检出"辅助"高效立案"。2021年，关区非贸渠道截获外来物种136种194批，快件渠道查获濒危物种荷兰箭毒蛙，为全国首起外来入侵物种涉刑事案件。

指导现场一线强化口岸截获植物疫情监测，通过现场技术指导等方式帮助一线针对性提高对红火蚁、松材线虫等有害生物的截获能力。加强境外植物疫情信息收集分析，准确研判疫情风险，指导一线进行针对性取样。试点大宗粮食中下层岸边检疫，及时督促指导口岸海关加强现场检疫，有效提升疫情检出率。2021年，截获各类植物疫情467种19,113次，其中检疫性有害生物52种2,217次。

优化"职能处室—技术中心—隶属海关"三位一体的外来有害生物监测体系，开展外来有害生物监测，实现深圳关区在主要入境口岸及周边监测地区全覆盖。以外来物种入侵防控和国门生物安全监测为抓手，结合"深圳率先打造美丽中国典范行动"等加强与地方农林部门沟通协作，开展共同培训，构建内外同防的有害生物监测机制，实现生物安全监测由口岸延伸到内地。2021年，监测到外来有害生物219种，其中检疫性有害生物22种。

三、加强协同保障，筑牢生物安全防火墙

加强内外协同把关。强化国际合作，深化与重点走私来源地、中转地和目的地海关等执法机关合作，及时上报重要外来物种截获信息，敦促相关国家或地区从源头加强旅客行李物品、寄递物品的出境监管，降低外来物种入侵风险。强化国内相关部门协同管控，加强进境检疫、疫情监测、隔离监管和种植地检测疫情信息共享。严密口岸全链条防控闭环管理，依托联合研判工作站开展跨关区情报共享、线索移交、布控拦截，加强CT机、X光机等装备应用，结合打击濒危动植物及其产品走私，严厉打击夹带、藏匿、走私外来物种的违法行为。2021年，深圳海关从邮快件中查发涉嫌走私印度罂粟种子、濒危物种荷兰箭毒蛙，均获刑事立案，有力震慑了外来物种走私行为。

四、强化基础建设，提升技术支撑能力

强化岗位资质管理，建立以技术骨干为主的专家库和一线执法人员为主的人才库，组织开展专业技能培训考核、技能比武、技术交流，打造"一专多能"的检疫人才队伍。提炼动植物种类、重点地区等特征，根据疫情发展动态调整监测项目、监测方式、监测频率，提升监测针对性。建立实时化、精准化、全面化外来入侵物种智能监测平台，完善智能化、全天候、立体式、多点触发监测预警和处置机制。大力推进智能查验、智能审图，以科技手段有力提升外来物种查出效率和鉴定水平，增配监测专用仪器及辅助设备238台（套）。

五、加大宣传教育，形成社会共治良好氛围

建成外来有害生物安全教育基地，获评深圳市四星级法治宣传教育基地。结合"4·15"全民国家安全教育日、国际生物多样性日等重要时间节点，以国门生物安全科普基地为平台，举办国门生物安全专题展览、公益讲座等活动。到多所学校开展科普讲座，系统介绍外来有害生物安全、口岸历年截获等，联合地方策划"国门生物安全一堂课"，推送深圳市717所中小学学生147万人次。在全市交通枢纽、户外电子大屏、海关通关现场、政务服务大厅等场所播放《不要购买新奇宠物》等宣传视频，张贴宣传海报，发放宣传手册，采取线上线下相结合形式，因地制宜组织开展国门生物安全"进社区、进企业、进网络"等宣传活动。针对公众特别是"海淘族"、进出境人员等重点人群，积极宣传外来物种入侵对我国生态安全的危害性，普及生物安全法律法规及红火蚁、松材线虫等外来物种基础知识，提高公众防范外来物种入侵的自觉性，形成维护国家生物安全的法治环境和浓厚氛围。

定点帮扶与乡村振兴

2021年，习近平总书记在全国脱贫攻坚总结表彰大会上庄严宣告：经过全党全国各族人民共同努力，在迎来中国共产党成立100周年的重要时刻，我国脱贫攻坚战取得全面胜利。强调要围绕立足新发展阶段、贯彻新发展理念、构建新发展格局带来的新形势、提出的新要求，坚持把解决好"三农"问题作为全党工作重中之重，坚持农业农村优先发展，走中国特色社会主义乡村振兴道路。

深圳海关深入贯彻落实党中央、国务院关于巩固拓展脱贫攻坚成果同乡村振兴有效衔接的决策部署，经过全关上下近5年时间的共同努力，2021年一季度经河源市扶贫局考核验收，对口扶贫的联和村、小古村达到脱贫出列标准，95户贫困户、345名贫困人口全部脱贫摘帽，圆满完成脱贫攻坚任务。同年7月，根据总署和省市有关部署，开展对汕尾市海丰县大湖镇定点帮扶工作。

一、脱贫攻坚情况

2016年5月23日，根据总署、广东省、深圳市工作安排，深圳海关派干部薛博文驻点广东省河源市紫金县敬梓镇联和村开展定点扶贫工作，担任驻联和村工作队队长兼第一书记；原深圳检验检疫局派干部陈天晓驻点紫金县好义镇小古村开展定点扶贫工作，担任驻小古村工作队队长兼第一书记。2018年机构改革后，定点扶贫工作合并开展。2019年3月27日，深圳海关党委成立了党委书记、关长陈小颖担任组长，其他党委成员担任副组长，各单位、各部门主要负责人为成员的深圳海关脱贫攻坚领导小组。办公室设在机关党委，每名党委成员带头结对帮扶贫困户。制订《"一户一策"帮扶措施计划表》，各部门单位均结对帮扶1~3户贫困户。

深圳海关上下同心、精准务实，调动各方资源、集中全关力量，聚焦消除贫困、改善民生，积极开展精准帮扶、产业扶贫、教育扶贫、消费扶贫，助力两个贫困村整体面貌和生活水平发生巨大变化。累计向定点帮扶村20个产业项目投入1,174万元，村民收益分红171.7万元。向16项民生工程投入资金730余万元，为

2个贫困村修路10.5千米、安装路灯484盏，为联和村修建215米水渠，为小古村实施"村村通"自来水工程，修建联和村党群活动中心、小古村新时代文明实践广场并完成验收。教育扶贫方面，投资103万元重建小古村村小学综合楼，连续4年开展"金秋助学"，制订奖教奖学计划，为贫困村师生累计发放奖学金、慰问金等50.3万元，捐赠书籍2.2万册，长期资助4名学生升学深造。同时，组织扶贫资金专项审计，对超过10万元的资金审批项目进行全面自查；先后8次走访结对帮扶责任单位，组成监督小组3次前往贫困村实地监督；派驻纪检组开展现场检查60余次，回访贫困户30余人，确保扶贫工作落到实处。

在定点帮扶工作期间，机关党委获评广东省2019—2020年脱贫攻坚突出贡献集体，薛博文、陈天晓获广东省2019—2020年脱贫攻坚突出贡献个人通报表扬。小古村2018年被评为河源市文明村，村党支部2019年被评为紫金县先进基层党组织。陈天晓家庭获评2021年广东百户"最美家庭"。

二、助力乡村振兴

2021年7月，根据总署党委、广东省、深圳市有关要求，深圳海关选派干部钟子承与深圳市妇联、国信证券组成帮扶工作队，到广东省汕尾市海丰县大湖镇开展定点帮扶工作。

深圳海关第一时间成立了以党委书记为组长、党委成员为副组长、各部门单位"一把手"为成员的定点帮扶工作领导小组，制订下发驻镇帮镇扶村工作方案，明确了4个方面12项重点工作任务。

帮扶工作队利用3个月时间，深入6个行政村（社区）与村委干部、村民进行访谈交流，实地了解各村风土人情，并联络镇农办、民政、党建等各职能部门召开工作协调会，取得镇村一手基础资料，详细掌握党建引领、产业发展、民生保障、基层治理、美丽圩镇、"两水一路"建设等各方面情况，帮扶工作队协同镇委农办对全镇所有行政村和社区进行全面梳理排查，建档监测"三类户"16户48人，防止返贫。

2021年9月27日，党委书记、关长陈小颖带队前往大湖镇开展现场调研，与大湖镇镇委及深圳市驻大湖镇驻镇工作队座谈，实地考察海葡萄养殖基地、蜜薯种植基地、大湖柚种植基地，调研了解该镇学校建设情况，探望边缘户孤寡老人。针对大湖镇新德村红柚滞销难题，协调圆通、顺丰、海吉星公司搭建物流和长期购销机制，组织发动全关团购和食堂采购，共购销红柚约2.5万斤，切实解决柚农难题。

在全面掌握大湖镇乡土人情和经济发展基本情况后，帮扶工作队从工作机制、定点帮扶、产业帮扶、民生改造等多个方面入手，积极开展帮扶工作。建立"包户到人"和防返贫监测"动态全覆盖"机制,每月定期开展入户调查和面对面交流,动态掌握镇内群众遭遇突发事件、意外事故、罹患重病等特殊情况,及时跟进各项帮扶措施,为1名脱贫不稳定户申请防返贫救助保险1万元,为1名突发严重困难户落实异地医保报销5.5万元并申请救助保险1万元,帮助1名困难村民就业。协同镇政府大力推进"三清三拆三整治""两水一路""亮化工程""村居环境整治""四小园建设""农房外立面粉刷"等工程。配合镇委镇政府,扶持当地创办"汕尾市吉祥源现代农业发展有限公司",将该公司定为大湖镇"乡村振兴产业示范基地试点单位",按照"公司+基地+农户"运作模式,投建了以生产原浆腐竹、咸水花生、本港虾干、海产干货等农渔产品为主的生产车间和大湖镇土特产品展示厅,产品登录"汕尾市消费帮扶产品电商平台",并积极申报登录深圳市"圳品"消费平台。

第三篇

党的建设

党建工作

概况

2021年，深圳海关以习近平新时代中国特色社会主义思想为指导，弘扬伟大建党精神，组织开展党史学习教育，扎实推进融合式党建，深入实施"强基提质工程"，促进党建标准化、规范化，推动党建工作高质量发展。加强抗疫一线党组织建设，强化党建引领，发挥党组织战斗堡垒作用和党员先锋模范作用，让党旗在抗疫一线高高飘扬。加强精神文明建设，把文明单位创建和业务改革、基层党建、队伍建设统筹结合，开展丰富多彩的文明创建活动，推进"青年文明号"创建，发挥工青妇群团组织作用，提升队伍凝聚力和战斗力。深化党风廉政建设，坚持严的主基调，严格落实两级党委主体责任清单，加强对"一把手"和领导班子监督。坚持"三不腐"一体推进，健全"1+4+6"（1个体系、4项机制、6个专班）廉政风险防控体系，开展"现场监管与外勤执法权力寻租"专项整治，推进清廉海关建设。建成深圳海关党群服务中心，展示深圳海关在党建宣传、"五关"建设、先进典型、文明创建、群众文化展览等方面的主要成果。

宣传思想文化

【理论武装工作】2021年，深圳海关党委坚持以习近平新时代中国特色社会主义思想为指导，持续健全中心组学习制度、丰富学习内容、创新学习形式。关党委以上率下，带头示范抓理论学习，召开中心组学习12次（含4次扩大），各隶属海关党委组织理论学习中心组学习566次、举办专题班和学习班115次、邀请专家宣讲辅导61次，撰写调研报告、心得体会和理论文章等200余篇。围绕学党史、悟思想、求实效，举办特色宣讲，承办深圳市"四史"进机关首场宣讲活动，引进市直机关工委系统首场"重温红色书信"主题特色党课，让党史学习教育深入基层、深入人心。通过系列形式丰富、务实有效的学习教育，在全关营造浓厚的理论学习氛围。前海海关在深圳市社科知识竞赛中获得季军，文锦渡海关获评"学习强国"深圳学习平台先进单位，文锦渡海关方鸿获评"学习强国"深圳学习平台学习之星。

【思想政治工作】2021年，深圳海关坚决贯彻落实习近平总书记关于加强思想政治工作的系列重要论述、重要指示批示精神，及时、全面掌握干部职工思想状况和困难诉求，针对高风险岗位人员出台18项关心关爱措施，围绕闭环管理细化20条操作指引，提升干部队伍获得感、幸福感、安全感。坚持深挖热源、培树标杆，蛇口海关获评"全国五一劳动奖状"，行邮监管处获评全国"扫黄打非"先进集体，前海海关陈芳获评"中国好人"，48个集体和26名个人获市级以上表彰奖励，全关上下形成学先进、赶先进、当先进氛围。

【"学史·铸魂"红色讲坛】2021年，深圳海关举办"学史·铸魂"海关红色讲坛，邀请党史学习教育深圳市委宣讲团专家教授，讲述"党的百年光辉历程——从党的一大到十九大"等专题党课，引导广大党员干部准确把握党的历史发展主题主线、主流本质，知史爱党、知史爱国、知史爱社会主义，树立正确党史观。邀请吴国进等老党员、老干部口述护产起义、"三趟快车"等关史红色故事，系统回顾深圳海关在党的领导下开拓奋斗的历史。

【"5个100"系列活动】2021年，深圳海关围绕中国共产党成立100周年，开展"讲好100个深关奋斗故事、评选100个身边学习榜样、建设100个融合式党建样板间、发展100个新党员、宣传100件惠民实事"等"5个100"系列活动，发扬红色传统、赓续红色血脉，对内营造比担当、比贡献的浓厚氛围，对外打造历史底蕴和行业特色突出的海关学习教育品牌，激发全员奋进新时代、开启新征程的昂扬斗志。其中，100个奋斗故事编撰成《不忘来时路 建功新征程》一书，被中国海关博物馆收藏；4项重点民生实事获评全国海关"'我为群众办实事'百佳项目"，入选项目数量全国海关排名第一。

【平安建设】2021年，深圳海关落实党中央决策部署，在系统内率先搭建平安建设体系，建立健全4项工作机制，督促各部门单位成立安全工作专责小组。组织各部门单位开展13轮"地毯式"安全隐患排查整治工作，常态推进安全隐患排查整改完成，推动安全工作常抓常严。

【精神文明建设】2021年，深圳海关党委坚持将文明单位创建列为"一把手"工程，出台巩固深化意见、精神文明建设要点，组织对30个隶属海关、6个事业单位开展2021年文明单位创建综合评估工作；派员参与中央文明办2021年全国文明城市测评实地专项调查。截至12月31日，全关共有全国文明单位5个（深圳海关机关、罗湖海关、蛇口海关、惠州海关、缉私局刑事技术处）、省级文明单位2个（文锦渡海关、惠州港海关）、市级文明单位21个（皇岗海关、大鹏海关、笋岗海关、深圳湾海关、福田海关、前海海关、福中海关、西沥海关、大铲湾海关、福强海关、机场海关、龙岗海关、坪山海关、同乐海关、惠东海关、三门岛海关、深圳海关（机关）、罗湖海关、蛇口海关、惠州海关、惠州港海关）。其中，蛇口海关作为第六届全国文明单位海关系统唯一代表，参加全国精神文明建设表彰大会，受到习近平总书记接见。

【"青年文明号"创建】2021年，深圳海关推进"青年文明号"创建工作，充分发挥"青年文明号"凝聚培养人才、服务党政中心、帮助青年成长成才的示范引领作用。加强创建流程管理，组织申创意向备案，开展创建经验分享及"三亮三评比""开放周""一号一品"活动，重点关注青年干部贡献的智慧、增长的本领、提升的服务，将"青年创号、号铸青年"贯穿创号全过程，严格对照创建标准进行实地检查验收，提升"青年文明号"创建质量。2个集体被共青团中央命名"全国青年文明号"，1个集体被共青团广东省委员会命名"广东省青年文明号标兵号"，7个集体被深圳海关、共青团深圳市委员会联合命名"深圳市青年文明号"，19个集体被深圳市直机关工委命名"市直机关工委系统青年文明号"。

【党群服务中心】2021年，深圳海关建设启用党群服务中心（以下简称"中心"）。中心分为"政务办事窗口体验区""红色文化展示体验区""绿色文明创建体验区"3大体验区，集合展示、体验、宣教、服务、活动5大核心功能，划分党群活动、政务服务、文娱健身等区域，升级配置24项特色化服务功能室；通过图文、视频、导电墙等形式，展示深圳海关在党建引领、"五关"建设、典型培树、文明创建、群众文化等方面的成果和深圳海关党组织、党员风貌。

【党群书吧】2021年，在深圳市直机关工委指导、资助下，深圳海关党建书吧（又称机关书屋）开始建设。选址皇岗海关生活区员工之家4楼，并委托阳光驿站负责建设。该项目在深圳海关后勤管理中心协助下，于2021年6月4日建成，9月7日通过深圳市直机关工委项目组验收，12月22日获得"市直机关示范党群书吧"称号。深圳海关党建书吧纳入深圳市直机关统一管理，注册了借阅管理系统，购置图书5,000余册，面向海关员工和社区提供服务，并举办深圳海关读书会等活动，发挥资源使用效益。

【"舒心驿站"示范点】2021年，深圳市妇联、市直机关工委、深圳海关签署三方合作项目协议，建设深圳市直机关工委系统深圳海关"舒心驿站"示范点，为市直126家机关、事业单位、国有企业和驻深单位3万多名妇女群众心理健康服务。11月10日，深圳海关"舒心驿站"示范点举行揭牌仪式。

▲2021年11月10日，深圳市妇联、市直机关工委、深圳海关举办市直机关工委系统深圳海关"舒心驿站"示范点签约及揭牌仪式

基层组织建设

【模范机关创建】2021年，深圳海关深化模范机关创建工作，制订创建实施方案，明确"五个坚持"（坚持政治建关、坚持以上率下、坚持问题导向、坚持分类指导、坚持注重实效）总体要求，"四个走在前"（在听党指挥、绝对忠诚上走在前，在令行禁止、清正廉洁上走在前，在恪尽职守、担当作为上走在前，在雷厉风行、迅速行动上走在前）目标任务，召开现场推进会，组织6个部门单位作交流发言。制订模范机关评选方案，明确6项评选标准（目标标准明确、创建过程扎实、党建工作有力、业务工作一流、作风形象良好、先进典型示范），评选4个深圳海关模范机关先进和标兵单位、6个基层党建专项工作示范点。积极参评深圳市模范机关创建工作，1个单位获评深圳市直机关工委党建专项工作示范点，深圳海关直属机关党委书记在深圳市直机关工委系统作现场经验交流。

【"强基提质工程"】2021年，深圳海关党委制发深化融合式党建工作意见，细化落实16项主要任务，在理念、责任、力量、实效、机制等方面推进融合，培树两级样板间100个，推广融合案例42个，推动关区党建业务深度融合。健全基层党建联系点制度，制订基层党组织常规要求清单，细化党务操作指引17个，规范党建基础工作。健全党支部建设动态管理机制，组织机关与基层党支部结对共建，线上轮播8个优秀党课视频，推广10个基层党建创新经验。建立完善基层党建全流程检查评估机制，推动4个问题清零。开展事业单位党建工作调研，采取实地调研、查阅资料、听取汇报和书面报告等方式，全面了解关区7个事业单位党建工作情况，梳理特色做法，补齐短板弱项。

【党建品牌创建】2021年，深圳海关深入挖掘和培树基层党建热源，激发广大基层党组织争先创优的内生动力，新评30个关级党建示范（培育）品牌、42个"四强"党支部、6个基层党建专项工作示范点，7个基层党组织获评总署党建示范（培育）品牌。1个党支部党建工作法入选全国海关基层党建创新案例，1个项目获评广东省"先锋杯"大赛三等奖，3个项目获评深圳市"党建杯"机关创新创优竞赛一、二等奖，1个单位获评深圳市直机关工委系统党建专项示范点，5个项目获评深圳市直机关工委系统党建优秀案例。

【"书记项目"试点】2021年，深圳海关以"书记项目"为抓手，推动各级党组织书记解决党建工作难点痛点问题。深圳海关党委"以'融合式党建'引航奋进　全力助推深圳昂首阔步新时代""书记项目"获评深圳市直机关工委机关党建优秀工作案例第一名，项目内容在《深圳尖兵》杂志刊载；数据分中心第三党支部"以'党员责任田'项目畅通事业单位党建'最后一公里'""书记项目"被总署确定为全国海关基层党建"书记项目"试点，为全国海关事业单位党建工作提供样板。

【疫情防控一线党建引领】2021年，深圳海关制定加强党建引领的专门文件，明确成立临时党支部、闭环条件下开展组织生活的具体要求，提出以"五个强化"（强化刚性管理、强化教育引领、强化典型带动、强化关心关爱、强化深度融合）激发党支部战斗堡垒作用，以"五个带头"（带头服务大局、带头令行禁止、带头冲锋在前、带头恪尽职守、带头做好防护）彰显党员先锋模范作用。指导11个所属单位在疫情防控一线成立37个临时党支部。对表现突出的8个先进基层党组织、25名优秀共产党员、5名优秀妇女干部、5名优秀共青团员进行表彰。在全年计划发展100名党员的基础上，向深圳市直机关工委额外争取追加50个名额，其中87%用于一线。

群团工作

【工会】申创1家省级女职工创新工作室，挂牌13家市产业级工作室，培育11家关工联会级工作室。关心关爱一线抗疫员工，开展专项慰问6批次、6,457人次，发放慰问品133万元，为闭环员工配备关爱物资1,700件（组）。评选表彰最美职工。举办文化大讲堂4期、特色阅读活动21场次。开展机关广播体操比赛、书画摄影作品展等群众性文体活动，获得全国广播操云比赛中央和国家机关专区比赛二等奖和网络人气奖、深圳市第十届运动会优秀组织奖、"公仆杯"深圳市直机关足球赛男子冠军、深圳市首届职工音乐节暨2021年深圳职工合唱大赛银奖、深圳市直机关工委系统"唱支赞歌给党听"庆祝中国共产党成立100周年拉歌比赛一等奖；参加深圳市第十五届职工摄影比赛及广东分署"百年华章、同心向党"书画比赛，13幅参赛作品获奖。2个集体获评"全国五一劳动奖状""全国五一巾帼标兵岗"，1人获评"深圳市五一劳动奖章"。

【团委】各级团组织围绕学习贯彻习近平总书记在庆祝中国共产党成立100周年大会上的重要讲话精神、党的十九届六中全会精神等开展专题学习6期100场，6,200余人次参与；围绕党史学习教育，关团委委员、各团支部书记带头讲团课60余场，实施"青年学党史——百人百课计划"16期，开展寻访深圳红色地标活动

14期，举办阅读马拉松比赛9场；搭建机关、基层两级"关长面对面"平台，全关开展"关长面对面"活动42场。助力疫情防控，组建"青年突击队"，481名青年干部、1,075人次投入闭环作业，成立7支学雷锋志愿服务队，开展线上送教送学送暖关爱行动168期，为一线抗疫人员子女提供免费托管服务3期、免费兴趣班课程180个、免费主题营地参观项目200个。深化青年研学工程，1,085人次参与、申报课题251项，选配理论导师261人次，产出课题成果251项，结题率100%。"深青小筑"微信公众平台刊发原创文章950篇，平台阅读量93万人次。推进"青年文明号"创建工作，加强创建流程管理，组织申创意向备案，开展创建经验分享及"三亮三评比""开放周""一号一品"活动，2个集体被共青团中央命名"全国青年文明号"，1个集体被共青团广东省委员会命名"广东省青年文明号标兵号"，7个集体被深圳海关、共青团深圳市委员会联合命名"深圳市青年文明号"，19个集体被深圳市直机关工委命名"市直机关工委系统青年文明号"。评选"青年榜样""青年榜样提名奖"各10人、疫情防控优秀共青团员13人。1个集体获评"广东省学雷锋示范单位"，1名个人获评"广东省岗位学雷锋标兵"称号，1个集体、1名个人获"深圳市首届青年五四奖章"，6个团组织、10名个人获深圳市团系统表彰。

【妇委】开展党史学习教育常态化专题学习，举办4场分享会，推动各单位流动分享红色党史故事294次。开展"三八"节、母亲节、"六一"节等系列活动，开设女性素质讲堂4期，举办心理团辅、亲子教育课堂等活动44场，推选6人参与市直机关党史讲解巾帼志愿者培训项目。积极协调外部资源，向封闭管理女员工发放慰问物资246份，为儿童购买文具101套、提供暑期团购3个、申领免费"阅芽包"1,096份，制作闭环管理干部线上家庭教育公开课9期。为各基层妇委购置发放《习近平关于注重家庭家教家风建设论述摘编》，宣传"最美家庭"故事76次。做好"全面三孩"政策宣讲，调整计划生育年终统计工作。评选深圳海关"巾帼榜样"10名、"最美家庭"20户、"优秀妇女工作者"20名、"疫情防控工作优秀妇女干部"13名。创建省级巾帼文明岗1个、市级巾帼文明岗6个，1人获评"全国巾帼建功标兵"，1人获评广东百户"最美家庭"，2个集体获评"深圳市三八红旗集体"，1个集体获评"惠州市三八红旗集体"。

党风廉政建设

【全面从严治党主体责任落实】2021年，深圳海关严格落实深圳海关党委、隶属海关党委两级主体责任清单，建立深圳海关党委委员落实主体责任工作事先统筹、事中跟进、事后梳理机制，制定职能部门落实全面从严治党工作实施办法，健全隶属海关党委量化考核体系，组织对39个隶属单位开展全面从严治党考核，持续紧固"总关党委—职能部门—隶属海关"三级责任链条。严格执行中央八项规定及其实施细则精神，出台深入治理违反中央八项规定精神突出问题35项措施，持续纠治"四风"。

【加强"一把手"和领导班子监督】2021年，深圳海关对标总署部署要求，细化出台加强"一把手"和领导班子监督66项具体措施，开展"一把手"述责述廉述党建，推动各级"一把手"和领导班子主动开展监督、自觉接受监督。

【廉政风险防控】2021年，深圳海关坚持"不敢腐、不能腐、不想腐"一体推进，以"制度+科技"深化源头治腐，完善"1+4+6"廉政风险防控体系，探索跨关区廉政风险防控协作机制，完成总署交办的2项重点课题（制定全面从严治党主体责任考评指标体系、优化双人作业模式专题调研）。开展"现场监管与外勤执法权力寻租"专项整治，召开政治部纪检组协调会、专班推进会、部门联席会9次，实现风险信息共享，推动形成群防群治、联防联控、预防预控工作格局。

【廉洁文化建设和警示教育】2021年，深圳海关坚持以案为鉴、以案促改，开展警示教育月活动和疫情防控以案促改专题警示教育，"线上+线下"开展纪法宣讲活动96次。用好"反面教材"，各级开展纪法警示教育1.2万次。组织"纠四风、保廉洁"支部大讨论。发布节前廉洁告知书，教育引导党员干部增强法纪意识，筑牢思想防线。

【行风政风建设】2021年，深圳海关完成特约监督员换届新聘，聘请30名深圳海关第八届特约监督员，及时反馈处理特约监督员意见建议42条。副关长、党委委员涂琳做客"民心桥"问政栏目。推广政务服务"好差评"系统运用，304项审批服务满意度均为100%。

（撰稿人：王洛源　龙　文　刘　丹
　　　　　刘秋著　巫楷骅　李健群
　　　　　李　楠　陈李樱子　周雪飞
　　　　　段娇博　徐瑜翎　章任奇
　　　　　曾慧铭　蔡丰帆　潘明森）

准军事化纪律部队建设

概况

2021年，深圳海关落实"政治坚定、业务精通、令行禁止、担当奉献"的准军事化纪律部队建设要求，组织"内务规范强化月"活动和内务管理评比，常态化开展纪律督察，抓好酒驾醉驾防控，参加总署岗位练兵和技能比武，着力培树雷厉风行、令行禁止的优良作风，努力打造一支过硬铁军。

纪律作风养成

【内务管理】2021年，深圳海关开展内务规范强化月活动，依托内务管理红旗榜系统，组织各部门单位开展内务管理评比，加强各部门单位主动性，提升关区整体内务建设水平，年底组织评选五星级内务管理标兵单位12个。

【纪律督察】2021年，深圳海关组建"机关—隶属单位"两级内务督察队，通过视频和实地相结合的方式，常态化开展纪律督察，对旅检口岸、查验一线、办公场所等纠察259次，会议督察42次，并对违反会议纪律的干部点名道姓通报批评。

【准军管理跟班学习】2021年，深圳海关开展2期准军管理跟班学习，组织执法一线科长脱产学习1周，通过"三学三强"（学理论、强素养，学规则、强纪律，学经验、强管理）提升准军素养，12名执法一线科长参加。

【升国旗仪式】2021年5月6日，深圳海关组织开展国际劳动节升国旗仪式，各部门单位3,500人参加。

酒驾醉驾防控

【精准防控】2021年，深圳海关完善酒驾醉驾防控机制，建立重点关心人员名单，制定"二对一"重点关心人员帮扶制度，组织各部门单位从严从实梳理重点关心人员，动态进行更新，并坚持在周末及节假日等重点时段对其进行点名监督。截至12月31日，重点关心人员名单共有698人。

【监督提醒】2021年，深圳海关紧盯酒驾醉驾防控小切口不放，组织各部门单位加强管理教育、常态检查提醒，并对各部门单位日常检查提醒情况抽查28次。举办酒驾醉驾防控线上专题宣讲，通过"钉钉"平台，围绕如何预防交通事故、醉酒驾驶的情况分析和典型案例3个方面进行网络直播授课，共7,500余人参加。

岗位练兵和技能比武

【组织保障】2021年8月，深圳海关组建岗位练兵和技能比武工作专班，由4个职能处室组成，在商检领域进出口危险品及其包装检验监管业务开展全员岗位练兵和技能比武，明确总体安排、组织推动、重点内容、组织实施等工作内容，做好为期3个月的岗位练兵和技能比武组织保障。

【练兵比武情况】2021年9—11月，深圳海关组织1,456人参加总署组织的"集中教学"线上培训、"万人争先"线上练兵、"一站到底"线上决赛，其中在"万人争先"线上练兵活动中，深圳海关获评"优秀组织奖"。

（撰稿人：王　岩　胡　卓）

巡视巡察

概况

2021年，深圳海关配合总署常规巡视，深入自查整改。坚持巡视巡察一体推进、上下联动，出台巡视巡察上下联动实施方案，构建"1+5+2"（1套指引体系、5类运行机制、2项评估办法）巡察工作体系，统筹开展4轮巡察，5年全覆盖进度93.3%。开展"直属海关巡视巡察工作考评指标设置"工作，实现多部门线上协同开展整改量化评估。"提高巡察发现问题能力"课题研究报告获评全国海关一等奖，深圳海关被总署确定为"推动巡察工作高质量发展"试点单位。

配合总署党委2021年常规巡视

【准备工作】2021年，深圳海关按照总署党委巡视工作要求，抓好配合巡视的各项准备工作。召开党委会、党委中心组（扩大）学习会，专题学习习近平总书记关于巡视工作的重要论述，学习总署党委2021年第二轮巡视工作动员部署会精神，把思想和行动迅速统一到中央及总署党委对巡视工作的部署要求上来。制订配合总署常规巡视工作方案，成立深圳海关配合总署常规巡视工作领导小组，下设4个工作小组，建立各部门单位联络员制度，从组织上确保各项工作协调联动、无缝对接。认真对标对表，开展自查自纠，关党委成员逐一、多轮研究修改班子汇报材料和2个专题汇报材料。

【保障配合】2021年，深圳海关配合做好总署党委巡视工作，明确"配合到位、保障到位、落实到位"的要求，有序做好巡视组办公场所、办公设备、系统授权等工作。指派专人对接巡视组，组织各部门单位准备巡视查阅材料，全力支持配合巡视组各项工作，对问题不遮不掩、立行立改。

巡视整改

【建章立制】2021年，深圳海关落实"四个融入"要求，建立常态化整改、整改保障、巡视巡察上下联动、整改成果转化4项常态化、长效化整改机制，为深化巡视整改工作提机制保障。

【深化整改】 2021年，深圳海关确定21项年度巡视整改重点工作，建立健全巡视整改"线上+线下"多维督办、"履责+问效"挂号销账、"常态+长效"集成联动等机制，结合"我为群众办实事"实践活动，深化"学改联动"，相关经验做法被广东分署刊载交流。

巡察工作

【巡视巡察上下联动】 2021年，深圳海关强化巡视巡察上下联动，出台关区巡视巡察上下联动实施方案。在总署党委常规巡视期间，深圳海关同步对莲塘海关开展常规巡察、对深圳海关科级以上领导干部开展"违规因私出国（境）问题"专项巡察，实现巡视巡察监督资源、力量和成果共享共用，上下联动工作得到巡视组肯定。作为海关系统内开展交叉巡察的首批试点单位，联合广东分署及广州、江门、汕头等省内直属海关的巡察力量，对龙岗海关开展交叉巡察，为破解熟人社会监督难题提供深圳海关经验。推进巡察与纪检监察、组织、审计等各项监督贯通融合，巡察期间同步开展选人用人、基层党建专项检查4轮，运用"智慧纪检"大数据提升巡察监督精准度，对4个事业单位开展"巡审联动"，发挥监督成果共享互认优势，实现监督增效、基层减负。

【巡察全覆盖】 2021年，深圳海关围绕学习贯彻习近平总书记重要指示批示精神和党中央重大决策部署，对统筹推进疫情防控和促进外贸稳增长、维护国门安全、落实安全生产责任、强化监管优化服务、推进"双区"建设等部署落实情况开展监督，坚持总结经验和创新发展相结合，从压实责任、保障实施、加强考核等多个维度入手，提升巡察发现问题和推动整改两种能力。全年开展4轮政治巡察，涉及部门单位16个，5年全覆盖进度93.3%。

【推动巡察工作高质量发展】 2021年，深圳海关创建"1+5+2"巡察工作系统架构，包括构建方向指引、监督指引、流程指引等1套指引体系，健全人才选配、过程管控、协同联动、联络会商、审核把关等5类运行机制，建立巡察纪律作风及工作质量后评估办法、巡察整改工作质量评估办法等2项评估办法。年内，在全国海关牵头开展"直属海关巡视巡察工作考评指标设置"工作，参与制定"三个聚焦"（聚焦党中央重大决策部署和总署党委工作要求在基层贯彻落实情况，进一步促进党员干部担当作为；聚焦群众身边腐败问题和不正之风，推动全面从严治党向基层延伸；聚焦基层党组织领导班子和干部队伍建设推动解决软弱涣散问题，增强基层治理实效）海关巡察监督检视要点，"提高巡察发现问题能力"课题研究报告获评全国海关一等奖。在全国海关巡察工作推进会上，深圳海关作经验交流，被总署确定为"推动巡察工作高质量发展"试点单位。

【加强巡察信息化建设】 2021年，深圳海关加强巡察信息化建设，以"线上开展整改量化评估"为小切口，依托全国海关人事信息管理系统，实现多部门线上协同开展整改量化评估，实现"巡察组评估""巡察组组长及组员评估""巡察整改进度监控"等项目线上运行。

【巡察干部队伍建设】 2021年，深圳海关选派新提拔和拟提拔干部参加巡察工作，加强政治历练。动态调整、优化巡察组组长库、干部库、专家库，现有组长库和干部库在库人员161名，专家库26人。探索建立巡察纪律作风及工作质量后评估制度，包含对巡察组、巡察组长和组员三个维度的综合评估体系，完善巡察干部选派管理考核办法。坚持"打铁还需自身硬"，综合运用"每周一课""巡察微讲堂""阅读接力计划"，选送年轻干部参加总署巡视办、分署专项工作、巡视巡察工作等方式持续加强巡察队伍建设。

（撰稿人：刘 丹 庄金花）

纪检监察

概况

2021年，深圳海关党委纪检组以高质量发展为主题，坚持监督保障执行、促进完善发展定位，强化系统观念，深化"三不"一体推进，实现高质量发展。2021年，深圳海关党委纪检组在全国直属海关纪检机构工作量化考核中继续保持全国第一。

监督检查

【习近平总书记重要指示批示精神和党中央重大决策部署督促落实】2021年，深圳海关党委纪检组强化政治监督，传达学习驻署纪检监察组关于加强政治监督相关文件，细化分解工作任务，分阶段不同时期持续监督；推动关党委严格落实"第一议题"。对习近平总书记重要指示批示精神和党中央重大决策部署建立"一揽子"监督机制，紧盯学习、部署、落实、成效4个环节，统筹推进对禁止"洋垃圾"进境、筑牢口岸检疫防线、优化口岸营商环境等的监督检查，压紧压实主体责任，保障党中央决策部署落地见效。深入9家重点企业调研，督促解决企业急难愁盼的7项突出问题，出台暖企惠企措施，推动"双区"建设重点任务稳步推进，保障"十四五"开好局起好步。

【新冠肺炎疫情防控监督】2021年，深圳海关党委纪检组组长带头"四不两直"到36个一线科室开展监督检查，提出"完善基础设施"等24项监督建议全部转化落地。与关疫情防控指挥部建立信息互通机制，根据形势变化动态调整监督重点，推动职能部门出台个人防护"负面清单"151条，总结"六严禁""十必须"等基本要求，与总署卫生检疫司联合印发《安全防护手册》，供全国海关执行。向驻署纪检监察组报送疫情监督专报16期，对常态化视频监督发现的43个问题督促整改到位。7月，对疫情防控工作中履责不力的1个隶属海关党委开展严肃问责，同时建立纠正与问责并举新举措，倒逼主体责任落实，防止再次发生类似问题。

【推动落实全面从严治党主体责任】2021年，深圳海关党委纪检组强化同级监督,与关党委建立顺畅沟通机制,常态化、经常性对党委书记和党委委员开展履责提醒。推动关党委细化加强对"一把手"和领导班子监督24个方面66项具体措施,出台两级党委责任清单,拉紧自上而下的监督链条。做实下级监督,常态化开展"四不两直"、明察暗访和"验证式"监督16次,对发现的疫情防控、队伍管理等方面问题当面指出,同时用好"以下看上"视角,深入分析相关单位班子在教育监督管理上的短板不足,在深圳海关每月形势分析和工作督查例会上严肃通报,起到"红脸出汗"的效果,督促责任落实到"神经末梢"。

【"现场监管与外勤执法权力寻租"专项整治】2021年,深圳海关开展"现场监管与外勤执法权力寻租"专项整治,成立由党委书记陈小颖担任组长的领导小组,下设6个专项工作组,由各党委委员结合职责分工牵头负责。建立风险排查综合研判机制,全面梳理分析1.4万份调查问卷、7,071份个人申报、6,926份心得体会、6,971份谈话记录、105份企业调研报告,汇总形成廉政风险清单。突出综合治理、标本兼治,对执法一线"顽瘴痼疾"动刀施药,严肃治理"末梢腐败",围绕授权、用权、制权,制定完善业务制度、工作指引等72份,推进业务改革18项。

执纪办案

【违纪违法案件查办】2021年,深圳海关党委纪检组坚持全面从严执纪,立案22起22人,给予党政纪处分15人次。坚持"自查从宽、被查从严",强化案例震慑和政策动员,25人主动投案,对主动投案人员结合违纪时间、情节轻重、悔错态度进行分类处置,对拒不主动交代的从严查处,对3人党纪立案。

【"四种形态"运用】2021年,深圳海关党委纪检组督促运用"四种形态"批评教育帮助和处理72人次,其中,"第一种形态"56人次、"第二种形态"11人次、"第三种形态"5人次,对存在苗头性、倾向性问题的干部,及时提出组织处理意见。坚持"三个区分开来",为受到诬陷滥告的2名干部澄清正名,努力实现政治效果、纪法效果、社会效果有机统一。

【协作配合机制】2021年,深圳海关党委纪检组持续深化协作配合机制,构筑"上下贯通、左右协同、内外联动"的工作格局。主动接受上级指导和监督。强化

▲2021年3月12日,深圳海关召开"现场监管与外勤执法权力寻租"专项整治动员部署会

"情报+风险+纪检"联合研判机制，通过联合研判、提前介入、各负其责、分工协作，以内查带动外查，拓展"一案双查"成效。加强与地方纪委监委的沟通联系，多次主动走访，保持顺畅沟通，固化无缝对接工作机制。

【以案促改警示教育】2021年，深圳海关党委纪检组将执纪惩腐与严密制度、严格教育贯通起来，强化以案为鉴、以案促改，加大案件通报力度，把案例警示做到基层一线，从处分"一个人"向警示"大多数"拓展。针对走私和违纪案件多发的单位，剖析根源、分析原因，对相关隶属海关班子进行集体约谈、提出纪律检查建议，督促以案促改、以案促治。用好"反面教材"，梳理11起典型案例，强化警示震慑，以身边事警醒身边人。对8名党员干部开展回访，引导正确认识错误、激发干事创业动力。

改革创新

【"智慧纪检"项目】2021年，深圳海关将"智慧纪检"纳入关区"1+2+N"智慧海关体系。建设"智慧大脑、智慧画像、智慧管理、智慧警示"4大模块，接入海关系统内外各类数据，建立廉政风险研判分析模型25个，运用于日常监督、线索核查、案件查办等方面，成为关区纪检工作"中枢大脑"。

【派驻监督】2021年，深圳海关党委纪检组持续加强对31个派驻纪检组的监督指导，创新事业单位纪检工作机制，通过"智慧纪检"系统动态发布重大决策部署、疫情防控、安全生产等12类74项监督指引，发挥考核"指挥棒"作用，修订完善派驻纪检组考核办法，围绕重点工作提出刚性要求，设置"负面清单"，督促在"最后一公里"精准监督、有效履职。各派驻纪检组发现并推动整改问题392个，制发监督建议书64份。

【交流宣传】2021年，深圳海关党委纪检组打造以大数据监督为中心，上下贯通、左右协同的监督体系，《中国纪检监察报》对深圳海关落实全国垂管单位纪检监察体制改革成效进行专题报道。"现场监管与外勤执法权力寻租"专项整治期间，坚持开门搞整治，打通"数据链"，设立专门二维码，链接"i深圳"平台、深圳海关12360微信公众号、深圳海关门户网站，实现企业群众在"指尖"上实时监督；强化宣传推广，相关信息被《人民日报》、"学习强国"、《南方杂志》等权威媒体报道、转载7次。

（撰稿人：王开银　车政辉　方炜权）

干部队伍建设

概况

2021年，深圳海关以习近平新时代中国特色社会主义思想为指导，深入贯彻落实新时代党的组织路线，聚焦建强领导干部队伍和专业人才队伍，选优配强处科级领导班子，健全年轻干部"选育管用"全链条机制，优化机构编制和人力资源调配，实施各有侧重的人才建设工程，持续加强改进干部监督，多举措加强正向激励，为深圳海关强关建设提供坚强组织保障。

机构编制管理和人力资源调配

【行政机构编制人员配置优化】2021年，深圳海关进一步优化机构编制设置，加强处置业务职能管理，为综合业务处增设"处置管理科"，主要承担关区涉检行政处罚案件的指导、查验异常后续处置业务的协调和指导等职责。

【疫情防控人力资源调配】2021年，深圳海关全力做好疫情防控人力保障。充实一线人力储备，建立口岸型海关、机关两个层面一线、预备、应急三个梯队，根据干部工作经历、专业背景和岗位资质等情况，按可从事岗位分为8类储备。统筹一线人力调配，紧密围绕口岸疫情防控一线工作需要，及时开展一线支援轮战，组织一线支援轮战26批次、487人次；优化疫情防控高风险岗位封闭管理人力安排，实行"4批轮换"，组织14批次、3,369人次参与。建立完善机关、隶属海关两级人力保障工作预案，妥善做好深圳宝安机场、深圳邮局海关等单位突发事件人力保障。

【事业单位机构编制管理】2021年，深圳海关按照总署批复要求，在编制总量不变前提下，对深圳海关后勤管理中心、深圳海关信息中心、深圳海关食品检验检疫技术中心、深圳海关动植物检验检疫技术中心、深圳海关工业品检测技术中心、深圳海关玩具检测技术中心、深圳国际旅行卫生保健中心（深圳海关口岸门诊部）编制进行调整。

【事业单位岗位设置管理】2021年，深圳海关完成事业单位机构改革后岗位设置及聘用工作，设置管理、专业技术、工勤技能岗位1,196个，聘用707名事业编人员。对部分事业单位岗位设置进行调整，中国电子口岸数据中心深圳分中心不再设置党委委员、纪委书记岗位，调整为副主任、党委委员岗位。

干部"育选管用"

【干部选拔任用】2021年，深圳海关坚持新时代好干部标准和忠诚干净担当要求，树立选人用人正确导向，强化领导干部队伍建设。建立全关新冠肺炎疫情防控工作表现情况收集机制，贴近一线考察识别干部，推动疫情防控一线成为干部"考场"。选用优秀年轻干部，选拔25名表现突出的年轻干部到艰苦吃劲岗位锻炼，破除因职数和人员结构差异产生的干部成长藩篱。加强执法一线科长队伍建设，3名执法一线科长担任隶属海关党委委员，选派4名优秀执法一线科长参加总署执法一线科长互派锻炼，选拔的隶属海关单位副处级领导干部100%具有2年以上执法一线科长经历。选人用人好评率达到100%。

【干部管理监督】2021年，深圳海关开展领导干部个人有关事项报告，用好进一步降控不如实报告率系列措施，个人有关事项查核如实报告率创新高。建立日常监督管理处理机制，专项提醒隶属海关、事业单位干部日常管理、发文规范问题。首次对机构改革后事业单位开展选人用人专项检查。组织各隶属海关、事业单位开展"一报告两评议"，各隶属海关"对本单位选人用人工作的总体评价""对本单位从严管理监督干部情况的评价"平均好评率均创历史新高。开展干部违规投资企业及在企业兼职清理，处理违规人员。

【公务员队伍管理】2021年，深圳海关落实专业技术类公务员分类管理改革部署，完成171名公务员职级套转和245人次任职资格评定工作。扎实开展考试录用公务员工作，开设考录职位27个，实际招录公务员220人，首次实施分类考录，开设卫生、科技2个专业技术类职位。

【事业单位人员管理】2021年，深圳海关充实事业单位领导力量，开展事业单位七级、八级管理岗位选拔配备工作，细化完善从专业技术岗位到管理岗位担任领导职务的具体任职资格条件，选拔管理岗位人员111人次。落实事业单位专业技术人才激励举措，4人经总署评审通过取得2020年度正高二级专业技术岗位任职资格；组织开展深圳海关2020年度职称评审会议，推荐7人取得副高级职称，评审5人取得中级职称；开展事业单位专业技术岗位晋升工作，细化事业单位专业技术岗位晋升资格条件，对高级、中级、初级专业技术岗位内部不同等级岗位之间晋升，设置考核、业绩资格条件以及民主测评程序，晋升202人次，其中有副高以上职称人员占比53%。完成事业单位公开招聘，聘用6人，其中，高校应届毕业生5人，占比83%；具有医学背景3人，占比

50%。推动事业单位聘用合同签订，召开15场不同形式、各有侧重的聘用合同签订工作专题调研座谈会，充分征求意见，按照依法依规、有章可循、结合实际的原则制订工作方案，聘用合同签订率达99%。畅通公务员、事业单位工作人员交流渠道，公务员交流至事业单位7人，事业单位五级、六级职员各1人调任至行政单位任领导职务。事业单位调入1人、调出3人、辞职5人。

人才队伍建设

【基础人才队伍建设】2021年，深圳海关开展关区人才队伍建设调研，收集调研问卷69份，征求意见建议184条。优化人才引进，招录公务员、事业单位工作人员226人，其中重点保障医学、动植、法律、财会、计算机等专业人员补充需要。持续加强一线岗位专业资质人员培养使用，储备8类专业资质人员6,911人次，一线业务需求得到充分保障。

【骨干人才队伍建设】2021年，深圳海关建立专业骨干人才库，由职能部门定期通过基层推荐、集中评选等方式发掘本条线业务骨干，入库788人次，涵盖15个主要业务门类。注重在工作中观察、发现人才，通过总署、机关两级岗位练兵比武、青年理论研究等渠道，发掘入库125人次。推荐干部参加专业技术类公务员高级任职资格评定，储备具备副高级以上任职资格公务员167人。

【专家人才队伍建设】2021年，深圳海关储备各层次海关专家18人，全部安排在业务领域对口或相关工作岗位。组建100人的"资质业务专家组"，组织开展"在线坐诊"43次、"现场巡诊"32次、"蹲点帮扶"5次，为一线检验检疫业务提供全面指导。建立"业务问题清零"机制，储备各条线专家161人，覆盖38个细化业务领域，研究解决基层复杂疑难问题50余个。选派6名专家参加"博士服务团"、互派锻炼、挂职等工作。

【"一人一档"线上台账系统】2021年，深圳海关探索开发"一人一档"系统，覆盖人员基本信息、核酸检测、出差出行、健康状况等11类101项信息，可全面、实时掌握全关约1.4万人的基本情况。通过"个人填报—科领导审核—组织人事部门复核—关（处）领导上报"审核流程，强化队伍网格化管理理念，层层压紧压实主体责任。依托"日报告、零报告"数据建立动态健康监测、外出全过程管控和精准排查机制，做到20分钟排查涉疫地点旅居史人员，全面掌握人员风险信息。配套开发手机端应用，自动对接"粤省事"平台核酸信息，实现数据"可视化"和管控情况自动提醒功能，工作人员每日"掌上报"平均用时不超过1分钟，提升管理效能，实现为基层减负。

干部教育培训

【习近平新时代中国特色社会主义思想学习教育】2021年，深圳海关将习近平新时代中国特色社会主义思想作为干部教育培训的首课主课必修课，制订习近平新时代中国特色社会主义思想专题培训计划以及不同层级干部个人年度学习计划，建立党委带头"领学"、集中培训"讲学"、多种形式"研学"政治轮训机制，采取"线上+线下""大课堂+微课堂""学习+破题"等形式推进党员干部专题培训。聚焦党史学习教育、学习贯彻党的十九届五中全会精神，完成436名处级领导干部集中轮训、2.2万余人次网上专题培训。在主体班次设置专题模块，顺利完成876名处科级领导干部任职培训、中青年处级领导干部和青年科级领导干部理论进修、执法一线科长（基层党支部书记）网上专题班等培训，推动习近平总书记重要讲话和重要指示批示精神及时进课堂、进课程、进头脑。

▲2021年3月23日，深圳海关举办处级领导干部学习贯彻党的十九届五中全会精神暨党史学习教育专题培训

【专业人才队伍培育】2021年，深圳海关加强高层次人才培育，共有享受国务院特殊津贴2人、纳入深圳市高层次人才7人、世界动物卫生组织（OIE）水生动物卫生标准委员会委员1人、担任世界海关组织（WCO）估价技术委员会第一副主席1人。发挥职称评审"指挥棒"作用，推荐参加高级职称评审，共有正、副高级职称210人，其中，正高二级10人，副高以上职称人数占事业单位专业技术岗位人数的59.8%。发掘专家人才，遴选综合素质突出的人员组成专家组，共有"业务问题清零"专家组成员161名、资质业务专家组成员100名，为业务现场提供"在线坐诊""现场巡诊""蹲点帮扶"，编发《专家问诊手册》，对179个常见业务问题进行解读。加强基础人才储备，制定专业资质人员培养使用10项措施，新增专业资质人员1,751人次，累计6,911人次。建立各业务条线人才库，788人次入库，覆盖风险管理、关税、卫生检疫等15个业务领域。

【岗位练兵和技能比武】2021年8月，深圳海关在商检领域进出口危险品及其包装检验监管业务开展全员岗位练兵和技能比武。11月，组织1,456人参加总署"万人争先"线上答题，深圳海关获评"优秀组织奖"。

【专业化能力培训】2021年，深圳海关开展专题培训、岗前培训和实操演练468期，2.84万人次参训。围绕优化口岸营商环境、打击走私、国门生物安全等年度重点工作任务，组织开展"推动落实关区重点工作系列"专题培训20期，8,000余人次参训。聚焦疫情防控，通过"钉钉"直播、送教上门等方式开展安全防护、职业暴露后应急处置培训25期，4万余人次参训；开设疫情防控培训专栏，编制疫情防控和安全工作应知应会题库，组织封闭管理人员1.98万人次开展个人防护闯关赛；完成个人防护、岗位技能、安全防护监督员专项实训1.15万人次，合格率100%。探索"融合式党建+培训"新模式，通过"点对点"辅导、"云联学"等活动，创新开展岗位资质"结对共学共建"培训16期，400人次参训，全年1,848人获得各类资质。

【初任培训】2021年，深圳海关组织234名新录用公务员以全程线上方式参加总署初任培训。严格落实"安全第一，质量为要"要求，建立"机关—教学点—学员"三级管理机制，制订初任培训工作方案、安全管理方案及应急预案。开展特色课程教学，组织准军训练，提升初任培训质量。建立学员管理台账，教学点严格疫情防控"日报告、零报告"。针对性开展个人防护知识培训，增强学员防护意识和技能。深圳海关获评初任培训优秀组织单位，多名学员获评优秀学员、队列标兵、演讲比赛一等奖等。

【教育培训实训基地】2021年，深圳海关打造"四位一体"实训体系，科学规划建成AEO、机检查验等7个各具特色、优势互补的实训基地群，覆盖口岸一线、后续监管等重点业务领域，全真模拟货物查验、旅客检查、关税磋商等真实场景开展实景教学。举办实训班34期，培训干部809人次。1个实训基地纳入全国海关培训体系，获评深圳市"党建杯"机关创新创优竞赛一等奖；1个实训基地获评深圳市法治宣传教育四星基地；2个实训基地作为惠企暖企典型案例入选全国海关"'我为群众办实事'百佳项目"；2个实训基地获评"深圳市直机关劳模和工匠人才创新工作室"。

（撰稿人：王　岩　王嘉俊　朱　敏
　　　　李旭东　林琪瑶　胡　卓
　　　　姜　宁　黄伟生　黄润华
　　　　傅皓颢　魏润杰）

第四篇

业务建设

法治建设

概况

2021年，深圳海关推进落实《"十四五"海关发展规划》法治建设工作要求和《"十四五"海关法治建设规划》部署，结合实际制定关区落实"十四五"海关法治建设6方面38项措施。强化打击"洋垃圾"非法入境、打击象牙等濒危物种及其制品走私和加强"水客"走私领域的依法治理，出台旅检渠道零星固体废物入境处置指引以及打击海南离岛免税"套代购"指导意见，打击"水客"行政诉讼案例入选广东省"护航大湾区"系列报道典型案例。推行疫情期间复议救济"一案一策"，指导企业用足用好帮扶措施，跟踪争议纠纷事项实质性解决。严密监管创新举措合法性审查，进一步提升促外贸稳增长的法治保障效能。加大政策供给力度，用好直属海关规范性文件制定权，推动简化报关单随附单证公告实施。落实"七五""八五"普法有机衔接，开展法治宣传教育活动。

法规管理

【参与法律法规修订】2021年，深圳海关派员参加总署工作专班，参与《海关法》《进出境动植物检疫法》《关税法》等法律法规制修订工作。征集年度立法计划，完成海关规章立法后评估工作任务，对重点规章提出26条"立改废"意见。落实科学立法、民主立法要求，推动开门立法。对总署9部海关规章提出75条立法建议。

【制度体系建设】2021年，深圳海关出台规范性文件和业务制度管理办法，明确合法性审查"10要素+3表单"，健全重大业务改革方案、配套制度文件的要素化、表单化机制。推广规范性文件和业务制度正面清单，常态化推进"立改废释"，动态更新正面清单688项，制度稳定性逐步提升。

【重点法规解读】2021年，深圳海关依托深圳海关12360热线，打造"深关说法"栏目，常态化开展普法宣传，发布8篇政策解读文章。

行政复议应诉

【案件办理】 2021年，深圳海关新收行政复议申请32宗，新增深圳海关作为被申请人复议案件3宗；新发一审行政诉讼案件9宗；新发二审行政诉讼案件6宗，收到法院判决裁定20份，连续6年实现"零败诉""零赔偿"。

【以案说法反哺监管】 2021年，深圳海关设立"以案说法工作专栏"，发布典型案例评析、执法研究文章及执法依据文件，供全关学习借鉴。推动复议应诉"案例讲评进科室"，创新开展"实战类+普法类"模拟法庭，深入一线释法说理。总结推出文锦渡、布吉等隶属海关"执法教科书""规范执法样板间"创新经验。

【公职律师管理】 2021年，深圳海关制定完善公职律师管理办法及遴选培养办法，明确公职律师任职条件、职责义务、工作及监督管理机制等，通过轮值、以干代训、定期遴选等方式发挥公职律师作用。2名工作人员获评"全国海关优秀公职律师"。创新"自荐+展示+评审"的公职律师遴选机制，突出公职律师管理制度公开性和透明度。

【新时代"枫桥经验"】 2021年，深圳海关发挥行政复议化解行政争议主渠道作用，总结运用"一看、二听、三讲、四调"工作法，做全材料审核，做细复议听证，做实过程普法，做好和解调解，抓住案件从受理到决定关键环节，开展"过程性普法"和"准司法听证"。全年办结行政复议案件34宗，94.1%的案件在复议阶段得到实质性化解。

法制协调和法治宣传教育

【深化"放管服"改革】 2021年，深圳海关制定贯彻落实"放管服"措施清单，围绕深圳"双区"建设目标，加强前海深港现代服务业合作区改革和深港科技创新合作区建设海关法治保障，推动制度创新"一站式"集成优化。组织对21项特区立法开展论证，主动将海关制度创新成果融入特区立法。提出新一批授权改革事项清单，提请总署做好"双区"建设配套法治支持。推进全业务领域一体化改革，加大"1331赋能工程"等特定区域、特定产业制度集成，推广"湾区组合港"海关监管、低风险特殊物品"换证直批"等改革创新模式。落实总署"证照分离"改革要求，做好"报关企业注册登记""进出口商品检验鉴定业务许可"行政审批取消后业务衔接。对新业态实行包容审慎监管，有效落实涉企经营许可事项取消审批、审批改备案、告知承诺制、优化审批服务等措施。在关区试点出境竹木草、供港种苗花卉生产、加工、存放单位注册登记新模式。

【法治宣传】 2021年，深圳海关落实"七五""八五"普法有机衔接，制订关区"八五"普法工作计划及责任清单，形成5方面46项法治宣传教育工作任务。法规处被中宣部、司法部、全国普法办评为"七五普法全国先进单位"。"深圳海关积极应对欧盟医疗法规调整"典型案例获评"深圳市2020年十大法治事件"。深圳海关获评深圳市国家机关"谁执法谁普法"履职评议活动第二名。深圳海关所属同乐海关实训基地获评深圳市四星级法治宣传教育基地。深圳海关联合市司法局共同拍摄的电视宣传节目《案说合规》及普法短视频《保护野生动物拒绝异域宠物》，获评第三届广东省法治文化节普法新媒体精品。

【法治教育】2021年，深圳海关健全完善党委集体学法制度。将《宪法》《民法典》《出口管制法》等重点法律纳入全员培训方案，举办重要法律法规普法培训活动上百次。通过开辟学法专栏、下发"法律学习包"、举办模拟法庭等方式，搭建基层法律学习平台。邀请法官走近身边讲案例、讲法律、讲法理，提升广大关警员学法用法能力。全年开展"以案说法"、模拟法庭活动10余次，组织行政诉讼庭审旁听80余次。

▲2021年11月30日，深圳海关在龙岗海关举办第二期"普法类"模拟法庭

（撰稿人：张　心　张　宏　林　峰
　　　　　卓　陶　赵云鹤　梁小川）

综合业务

概况

2021年，深圳海关结合深圳外贸发展形势，滚动推出2批28项稳外贸稳外资措施，推动深圳市全年外贸进出口值同比增长16.2%。全力支持前海深港现代服务业合作区、河套深港科技创新合作区建设，推动深圳综合改革试点首批2项涉及海关事项落地见效。推进关检业务全面融合改革，10项措施获总署认可并在全国海关复制推广。开展促进跨境贸易便利化专项行动，持续优化口岸营商环境，12月，深圳关区进、出口整体通关时间较2017年分别压缩80.6%、93.8%，实现国务院优化口岸营商环境促进跨境贸易便利化方案中"到2021年年底，整体通关时间比2017年压缩一半"的工作目标。加强技术性贸易措施交涉应对，助力企业破除国外技术壁垒，利好我国928亿元产品出口。强化知识产权海关保护，查扣侵权货物物品数量和案值居全国海关第一。强化查验异常处置管理，探索关区涉检行政处罚制度建设，按照"同一流程、同一标准、同一系统"规范案件办理。

业务改革协调

【落地综合授权改革试点项目】2021年，深圳海关根据中共中央办公厅、国务院办公厅关于《深圳建设中国特色社会主义先行示范区综合改革试点实施方案（2020—2025年）》的相关要求，结合深圳市40条首批授权事项清单的分工方案安排，积极推进综合改革授权试点工作，推动涉及海关职能的"赋予深圳国际航行船舶保税加油许可权""支持深圳在客运码头设置旅客国际中转区、优化出入境手续，延长口岸通关时间"2项综合改革试点任务落地。

【关检业务全面融合改革】2021年，深圳海关围绕"管得住、放得开、效率高、成本低"业务需求和"风险可控、节省人力"管理需求，推进关检业务全面融合改革。聚焦重点领域和关键环节，明确60项具体改革措施，打造横向协调、纵向协同、精准高效的关检业务全面融合监管体制机制。其中10项措施获总署认可并在全国海关复制推广。

【业务问题"清零"机制】2021年，深圳海关建立业务问题"清零"机制，明确基层业务问题"发起—答复、办理—监督"全流程，解决基层业务疑难问题"该问谁""谁来答"和"反复问""随意答"等长期存在问题。开发上线深圳关区"业务问答书"系统，根据基层使用情况进行3轮优化升级，实现业务问题"清零"全过程"进系统、能参考、全透明、可评估"。组建覆盖38个业务领域、由161名业务专家组成的专业团队，为实事求是、依法依规解答业务疑难问题提供有力支撑。

【关地合作】2021年，深圳海关先后与深圳市南山区人民政府、福田区人民政府、盐田港建设指挥部、龙华区人民政府签订合作框架协议，聚焦高新技术、生物医药、新能源、数字经济等重点支柱产业和深圳港口建设发展需求，因地制宜、因区施策，制定扶持举措47条，合力推动重点经济项目22个。

通关运行管理

【"两步申报"通关改革】2021年，深圳海关稳步推进进口货物"两步申报"通关模式改革。通过关企座谈、海关"专人专岗专线"、关企微信群等方式，加强"两步申报"政策宣讲和业务指导。优化"两步申报"税款担保流程，推动已备案保函或保单在此模式下直接应用，保障申报便利与税收安全。推广"两步申报"叠加汇总征税，便利企业依规享受缴税延期政策红利。2021年，关区"两步申报"应用企业达970家，"两步申报"报关单数量居全国首位。

【全面切换新一代通关管理系统】2021年，深圳海关稳步推进H2018新一代通关管理系统3.0版（以下简称"3.0系统"）上线切换工作。承担总署专项工作任务，做好全国海关3.0系统切换保障和优化工作：开发自动"改船"功能，实现报关单根据舱单数据自动变更船名航次提单号，减少企业重复申报和海关人工审核工作量；完成3.0系统与其他业务系统整合归并及功能对接。4月28日，3.0系统在关区全面上线。

【通关时效提升】2021年，深圳海关着力构建高效便捷申报体系，大力推广"提前申报""两步申报"通关模式，2021年12月深圳关区海运进、出口提前申报率分别为55.3%、67.3%，进口"两步申报"率超过40%。针对疫情期间港口拥堵的问题，经总署同意放宽"提前申报"运抵时限，有效缓解港口压力，加速物流畅通。2021年12月，深圳关区进、出口整体通关时间较2017年分别压缩80.6%、93.8%。

【进出口重点物资通关保障】2021年，深圳海关持续做好进出口重点物资通关保障工作。完善大宗商品、粮食、防疫物资等重点物资快速通关保障机制，根据不同重点物资业务特点个性化设置单证分流规则，设置重点商品审单专岗，提升一线作业效率。发挥"一体化"通关优势，便利企业调整进出境口岸，减轻疫情对通关效率带来的负面影响。全力保障关区疫苗生产企业出口新冠病毒疫苗，编写通关指南，上门宣讲出口疫苗业务办理要求，提供通关全流程跟踪指导。

【通关作业规范性提升】2021年，深圳海关通过"制度+案例+问答"业务管理方式，明确报关单修撤等通关业务一线执法操作要求。在深圳海关门户网站开设防疫物资出口专题，编制业务问答集解答企业疑难问题。组建通关业务专家团队，实时研讨解决通关疑难问题。细化各现场海关特殊通道业务、检验检疫签证业务办理要求，进一步提升通关作业的规范性和统一性。

贸易管制

【禁限管控制度建设】2021年，深圳海关全面梳理相关法律、法规及规范性文件500余份，归纳提炼进出口环节需验核监管证件的适用范围、管理要点、验核要素等，结合关区热点和典型实例，编制制度规范汇编《审证技能》，为现场执法提供统一规范实操指引。

技术性贸易措施管理

【国外技术性贸易措施交涉应对】2021年，深圳海关针对欧盟电池、越南5G、日本无人机、沙特有害物质等35件国外技术性贸易措施提出110条意见报送总署反馈外方，评议数量同比增加20.7%，其中，10件评议获外方回复，15条意见获对方采纳或部分采纳，有效评议数量居海关系统首位。针对法国可维修指数法规、欧盟体外诊断医疗器械法规等14项企业高度关注的国外技术壁垒，研提25个特别贸易关注议题，获总署采纳在WTO/TBT委员会例会上对外交涉，被采纳议题数量占总署对外交涉总量的45.5%。开展企业技术性贸易措施咨询服务，建立技术性贸易措施交涉应对重点服务企业清单，联系中国机电产品进出口商会等4个全国行业协会，承办贸易便利化和技术合规海关大讲堂首场活动。在应对企业汽车玻璃产品出口摩洛哥因技术标准解读不一致导致的通关受阻问题时，创新"海关+企业+驻外使馆"交涉模式，支持企业直接参与国际连线，成功推动问题解决。年内，共破解美国无人机、越南5G、泰国锂电池、孟加拉电子电气等领域8项国外技术壁垒，成功推动香港食品安全标准与内地对接，利好全国928亿元产品出口。

【技术性贸易措施研究评议基地建设】2021年，深圳海关与深圳市、惠州市及相关承建单位合作，推动无人机、医疗器械、石化产品等3个海关系统首批技术性贸易措施研究评议基地在深圳关区落地。基地采用"以承建单位为主体，地方政府提供保障，海关予以指导和支持"运行模式，开展国外技术性贸易措施研究应对及咨询服务。3个基地共对136条国外技术性贸易措施开展研究，通过中国国家WTO/TBT通报咨询中心对外反馈25条评议意见；研提3项特别贸易关注议题报送总署，获采纳在WTO/TBT委员会例会上对外交涉；针对影响范围较大的8项国外法规，向1,500家次企业进行宣讲解读。无人机基地派员参加全球无人机大会并作专题展示。

▲2021年2月3日，深圳海关参加总署技术性贸易措施研究评议基地评审视频会

知识产权海关保护

【知识产权海关保护执法】2021年，深圳海关强化知识产权全链条保护。统筹开展"龙腾""净网""蓝网"等专项执法行动和粤港澳海关保护知识产权联合执法行动。聚焦信息通信、新能源、医疗健康等地方优势特色产业开展专项保护，推出"预确权"措施，服务知识产权合规货物通关提速，护航高技术企业创新发展。强化执法合作，与广州海关合作在南沙港查获涉嫌侵权香烟500万支，与湛江海关合作在盐田港查获涉嫌侵权塑胶手套128万双，将涉及外关区企业侵权处罚信息向其他直属海关通报，形成跨关区执法合力。参与全国"双打办"侵权假冒商品集中统一销毁活动，销毁海关查获的侵权商品41万余件。全年查扣侵权货物9,938批次、2,140万件，案值7,902万元，数量、案值均居全国海关第一。关区企业新增备案知识产权1,191项。相关工作成果入选年度中国海关知识产权保护十大典型案例和广东省、深圳市知识产权十大事件，深圳海关综合业务处知识产权保护科获评深圳市知识产权保护先进集体。

【知识产权海关保护实训基地】2021年，深圳海关建设全国首个集"实战培训、人机交互、成果展示、阵地宣传"为一体的知识产权海关保护实训基地，为一线执法关员提供知识产权海关保护全环节展示、全链条学习、全流程实操培训，打造海关知识产权全链条保护"样板间"。及时修订印发货运、寄递、旅检渠道知识产权案件办理操作指引，同步配套制定案值认定、处罚幅度参照标准，更新执法问答和典型案例汇编，统一执法尺度。线上线下开展各类一线执法人员知识产权培训22次，参训关员1,744人次。

【知识产权普法宣传】2021年，深圳海关结合"4·26"知识产权宣传周，联合深圳市知识产权部门在前海开展"八五"普法系列之知识产权宣传活动，介绍深圳海关知识产权海关保护情况，发布年度十大典型案例。联合深圳市科技创新委员会等部门对科技创新企业开展海关知识产权政策宣讲、答疑解惑。通过关企互动直播间宣传海关知识产权保护政策，增强企业维权意识。在中央及省市重点媒体、"海关发布"微博等载体刊发打击侵权相关宣传稿件、典型案例等140余篇次，擦亮知识产权海关保护"龙腾"品牌。

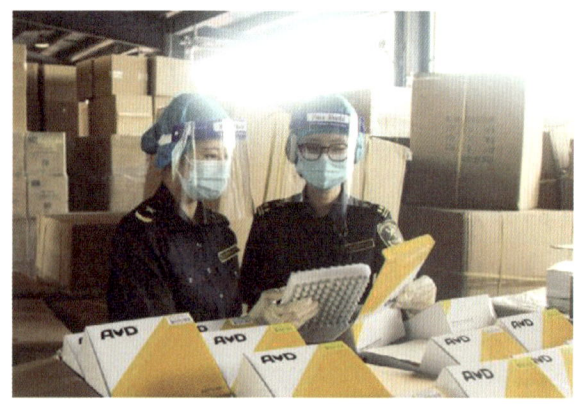

▲2021年8月7日，深圳海关所属大鹏海关查获涉嫌侵权电子烟雾化器115万件

（撰稿人：马　骊　阮雨妍　李　健
　　　　　李　硕　邱　媛　张志鹏
　　　　　袁荣豪　翁毅钦　陶晓颖
　　　　　蒋国昊　路　莎）

自贸区和特殊区域管理

概况

2021年，深圳海关坚持改革引领、创新驱动，推动关区加工贸易和保税监管业务高质量发展。推动自贸试验区制度创新，激发自贸试验区内生动力，支持广东自贸试验区前海蛇口片区高水平开放、高质量发展，截至2021年年底，深圳海关推出64项自贸区海关监管制度创新举措，其中31项获省级以上复制推广经验；前海蛇口片区海关注册企业9,809家，较片区设立时增长4.65倍。推动深圳特殊监管区域转型升级和高水平开放，促进深圳特殊监管区域产业互动和错位发展，深圳关区特殊监管区域进出口值7,592亿元，同比增长10.7%。全面推广企业集团加工贸易监管改革，促进加工贸易货物内销便利化，加工贸易进出口1.1万亿元，同比增长14.6%。推动黄金珠宝产业发展，优化华南地区首家黄金专用型保税仓库通关模式，实施珠宝玉石保税监管模式改革试点，实现通关、保税监管、展示、内销全流程在珠宝玉石保税服务平台上集中办理。

自贸试验区制度创新

【自贸创新举措备案】2021年，深圳海关"'互联网+'行政处罚移动办案新模式"创新举措获总署备案通过，该模式依托"掌上海关"App，实现行政处罚案件"掌上办、掌上问、掌上查"，案件平均办理时间压缩30%。推出"通关业务在线服务窗口"监管制度创新，在加强口岸疫情防控同时，便利企业通关服务，最大限度减少接触风险，被纳入广东自贸试验区深圳前海蛇口片区第6批改革创新经验。

【自贸创新经验复制推广】2021年，深圳海关完善关区自贸试验区改革试点经验复制推广工作制度，坚持实事求是、因地制宜，成熟一项复制推广一项，持续加大对国务院第6批自贸试验区改革试点经验复制推广力度，落地实施4项创新制度。持续落实广东省政府第7批自贸试验区复制推广经验事项，涉及海关的2项试点经验均落地实施。支持前海合作区扩区，加快推广实施已有创新成果，年内在前海合作区落地 30 项自贸试验区改革试点经验和创新成果。

【妈湾智慧港】2021 年，深圳海关落实"智慧海关、智能边境、智享联通"合作理念，深度参与妈湾智慧港建设，将海关智慧监管嵌入智慧港建设同步推进。调配车载式大型集装箱/车辆检查设备，启用远程 5G 智能检疫系统，升级海关合成管控中心，完成软硬件监管设施智能化改造。推动通关查验模式与智慧港口运作模式协同创新，建设查验指令智能分拨吊柜系统，节省查验等待时间 8~9 个小时，叠加海运卡口陆路化改革，实现进闸货物快速分流，避免查验货物二次调柜。支持港区与前海综合保税区联动发展，通过卡口信息采集对碰、途中视频监控、WMS（仓储管理系统）无账册管理、物流实时共享等技术手段，实现"港—区—仓—场"智能调拨、信息互联。

特殊监管区域管理

【特殊监管区域监管概况】2021 年，深圳海关辖区共有 4 个海关特殊监管区域（福田保税区、盐田综合保税区、前海综合保税区、坪山综合保税区），全年进出口值占广东省内特殊监管区域进出口值近七成。其中，保税物流进出口值 6,387 亿元，占特殊监管区域进出口总值的 84%，区域内集聚 14 家年度进出口值超百亿的供应链企业，有效提升特殊监管区域对上下游产业链的配套服务作用。

【特殊监管区域转型升级】2021 年 8 月 26 日，前海综合保税区二期正式封关运作。落实国务院关于深圳盐田综合保税区规划调整的批复意见，盐田综合保税区沙头角片区于 9 月 23 日正式退出特殊监管区域管理模式。10 月 19 日，总署批复坪山综合保税区验收结果合格。

【综合保税区高质量发展】2021 年，深圳海关围绕深圳市产业布局，支持深圳综合保税区因地制宜建设加工制造中心、研发设计中心、物流分拨中心、检测维修中心、销售服务中心，促进综合保税区高质量发展。创新智慧监控、智慧巡逻、智慧卡口等"智慧园区"监管模式，坪山综合保税区通过验收并运作；支持前海综合保税区、盐田综合保税区发挥临港优势，拓展海运中转分拨集拼业务模式；推进扩大"互联网+保税物流""委托加工"等改革试点，畅通国内国际双循环。

加工贸易监管

【企业集团加工贸易监管改革】2021 年，深圳海关全面推广企业集团加工贸易监管改革，将关区 12 个集团 44 家企业纳入改革，覆盖电子信息、液晶面板、半导体设备等先进制造行业，助力企业盘活物料、仓库、设备等生产要素，精简料件串换、外发加工等业务环节，提高货物流转效率，降低经营成本。与南京、黄埔、江门等直属海关建立联系配合机制，协同开展跨关区企业集团监管，保障跨关区保税料件调拨、外发加工等业务顺利开展。

【**促进加工贸易货物内销便利化**】2021年，深圳海关持续深化促进内销便利化12项措施，从优化担保管理、简化监管手续、优化内销流程、支持企业拓展市场等方面帮扶企业，助力企业用好国内国际两种资源，内外贸同步发展。

表4-1 深圳海关支持加工贸易发展促进内销便利化措施

一、优化担保管理

（一）高级认证生产型企业免收担保。高级认证生产型企业向海关申办加工贸易业务，原则上可免于提供担保。

（二）推广"关税保证保险"担保方式。

企业办理加工贸易业务时按规定需提供担保的，可采用保证金、保函或"关税保证保险"等多种担保方式。

（三）继续实施手册设立免担保。

疫情防控期间，企业在办理加工贸易手册设立手续时，除法律、法规、规章或其他规范性文件另有规定外，对于租赁厂房或者设备的、首次开展加工贸易业务的、加工贸易手册延期两次（含两次）以上的、办理异地加工贸易手续的，以及涉嫌违规被海关立案调查案件尚未审结的，原则上不要求企业提供担保。

二、优化加工贸易监管

（四）简化外发加工物流管理。

经营企业开展外发加工业务时，可将保税料件从口岸进口后直接发运至承揽企业，承揽企业加工完成后直接出口，无须经营企业运回本企业。

（五）简化手（账）册核销手续。

疫情防控期间，海关根据企业提供的自行盘点数据办理加工贸易手（账）册核销手续，一般不下厂盘点核查。

（六）优化以企业为单元监管模式。

对一般信用及以上加工贸易企业全面推行以企业为单元监管模式，实行企业自主备案、自核单耗、自定核销周期，对联网监管企业原则上不实行每年下厂核销。

（七）推行企业集团加工贸易监管改革。

经海关核准，企业可根据集团化运作需要，将加工贸易货物在集团内的成员企业之间自主存放、调拨、流转，不作价设备灵活调配使用，料件串换无须事先经海关核准，外发加工无须备案，全工序外发加工免收担保。

三、优化办理内销业务手续

（八）简化内销业务单证资料。

企业申报内销报关单、保税核注清单时，除海关另有要求外，无须上传合同、装箱单、提单等相关单证资料。

（九）暂免征收内销缓税利息。

企业加工贸易货物内销申报时间在2020年4月15日至12月31日之间的，暂免征收缓税利息。

（十）加强归类、价格、原产地预裁定服务。

加工贸易货物实际进出口前，企业可以就商品归类、原产地或者原产资格、完税价格相关要素及估价方法等向海关申请预裁定。

续表

四、支持企业拓展国际国内市场
（十一）拓展出口外销及转内销渠道。 综合运用保税加工、保税物流、跨境电商等政策措施，支持企业利用保税物流、跨境电商等渠道将加工贸易货物出口销售和转境内销售，打通国际国内两个市场。 （十二）健全协调帮扶机制。 健全覆盖属地海关、口岸海关、业务职能部门及地方政府相关部门的协调响应机制，通过"一企一策"等方式，从保税管理、通关监管、信用认证、技术性贸易服务等各个方面，协调解决加工贸易企业遇到的问题和困难。对企业出口转内销涉及国际贸易与国内贸易的规则衔接，包括知识产权、技术标准等问题，进行专项辅导和帮扶。

【加工贸易残次品管理改革试点】2021年，深圳海关作为全国首批试点直属海关，开展加工贸易残次品管理改革试点。试点企业可自行采取销毁方式处置残次品，按货物销毁后残余价值征税。建立实地抽批监督机制，确保企业规范操作、海关监管到位。全年监管4家试点企业销毁手机下盖、手机玻璃保护面板等残次品12批次、1,642吨，减轻企业费用负担，提高处置效率。

【加工贸易企业对接ERP系统监管模式创新】2021年，深圳海关应用大数据、"互联网+"、智慧海关理念，通过与加工贸易企业联网对接ERP系统，直接、实时抓取企业真实生产数据，与海关监管数据交叉印证，构建智能监管模型体系，创新实现"低干预、高效能"精准监管和"多手段、少手续"隐形监管，给予对接企业适用差别化管理便利措施。年内，与30家大型加工贸易企业完成ERP系统对接，ERP联网监管新模式覆盖关区40%的加工贸易进出口货物。

保税物流

【保税燃料油加注】2021年，深圳海关积极落实深圳建设中国特色社会主义先行示范区首批授权清单事项，支持"赋予国际航行船舶保税加油许可权"落地实施。协助地方建设保税燃料"一口受理"平台，实现企业加注申请审批、出入仓申报、添加物料申请及余油结转等手续一站式办理。对受油外轮证书信息、供油企业申报数据实行提前审核，对保税仓入库燃料油"先放后检"，协调口岸联检单位同步办理靠泊等手续，实现受油船舶在就近港口"即到即供"。6月29日，深圳市盐田港集团有限公司开展首票"深圳牌照"国际航行船舶保税燃料油加注业务，完成授权清单事项落地。全年"深圳牌照"企业开展保税燃料油加注业务14票。

【跨境电商网购保税进口业务】2021年，深圳海关推动跨境电商网购保税进口业务规范管理。梳理建立跨境电商、平台、仓储、支付、物流企业关联关系图谱，对高中低风险企业实施差异化管理，构建"事前、事中、事后"海关全链条监管体系。针对跨境电商监管风险建立风险智能甄别数据模型，综合运用参数、布控、查验、稽核查、移送缉私等手段分级分类处置。

【珠宝玉石保税监管模式改革】2021年，深圳海关联合深圳市打造珠宝玉石保税服务平台，实施珠宝玉石保税监管模式改革试点。实现通关、展示、保税监管、内销全流程在珠宝玉石保税服务平台上集中办理。应用扫码识别技术，在保税货物进、出、转、存、销环节，还原货物移动轨迹，实现全业务流程信息化监管。

【服务华南地区首家黄金专用型保税仓库发展】2021年，深圳海关发挥黄金专用保税仓库仓储物流、分拨配送功能优势，服务支持黄金产业发展。依托网上办事大厅，实现企业管理、行政审批、账册设立、税收征管、通关业务5类业务"一网受理"。优化黄金"仓、厂、区"流转，应用远程视频看货实现顺势监管。

【对接仓储企业WMS系统联网监控模式创新】2021年，深圳海关按照"直连抓取、实时展示、智能运算、动态预警"思路，与仓储企业WMS系统原始数据直接对接，企业WMS库位信息、海关电子账册信息、卡口物流信息、视频监控信息相互印证，实现海关对仓储企业"嵌入式"监管，创新开展"网上巡查为主、实地巡查为辅"的仓储企业WMS联网监管模式，提高仓储业务经营运作效率。截至2021年年底，深圳海关累计与55家仓储企业联网对接，纳入仓储企业WMS联网监管模式。

（撰稿人：王振宇　李月圆　李　枫　周海玉　潘柏年）

风险管理

概况

2021年,深圳海关坚持风险整体防控与精准防控有机结合,情报驱动与大数据支撑同向发力,依托关区"风险+情报+现场"综合研判机制和口岸安全风险联合防控机制,提升风险防控工作绩效。推进涉检(卫、动、食、商)领域一体化风险防控,涉检人工分析布控占比为10.4%。推进涉税风险和安全准入风险同步防控,在贸易、跨境电商、寄递等多渠道开展重点涉税商品、集装箱夹藏伪瞒报、知识产权、"断链刨根""清邮""正风"等多个专项风险防控行动。深度参与缉私局"使命"系列专项行动5个,破获走私洋酒、冰鲜海产品和出口手机骗退税系列案件,总案值12.1亿元。

风险信息及大数据应用

【风险信息监测】2021年,深圳海关跟踪收集国内外政府部门网站、主流媒体网站等外部信息以及内部管理平台信息,按照疫情防控、濒危固体废物、口岸属地联动、涉检业务等领域,编发各类型风险信息整编供分析人员参考。

【风险情报工作站】2021年,深圳海关成立全国海关第一批风险情报工作站。建立风险情报收集、加工及应用工作机制。和深圳国安、公安情报部门、38家企业和行业协会建立信息情报联系,编发宏观综合类、专项专题类及微观行动类信息121期,全国27个直属海关根据情报站通报线索查获毒品、涉枪等情事57起。

【"情报+大数据"精准防控】2021年,深圳海关强化大数据应用取得进展,承担总署大数据"百日攻关"工作任务,开发的2个模型有效率分别为48.3%、21.9%。其中,成品油走私子模型上线后,关区利用大油箱走私成品油车辆下降60%。

重点领域风险防控

【固体废物专项风险防控】2021年,深圳海关围绕固体废物清零政策,加强对再生铜铝、钢铁、纸浆等重点商品监控分析,加大对矿产品风险研判力度。加强源头管控，紧盯境外高风险涉固体废物货物物流源头，实施监控分析与风险处置。控获固体废物情事63起，同比上升5%。

【濒危及野生动物专项风险防控】2021年，深圳海关围绕象牙、穿山甲、犀牛角等濒危物种及其制品走私风险，加强对货物、企业、航线、口岸、运输工具等综合分析研判。加强与森林公安、濒危物种进出口管理等部门的协同配合，强化风险防控合力。控获濒危及野生动物制品相关情事991起，同比上升62%。

【毒品风险防控】2021年，深圳海关发挥寄递渠道联合研判工作站作用，多部门、多单位现场驻点，实现信息"会合"、风险"会诊"、协同"会战"。根据新冠肺炎疫情发生后通关渠道、海关业务数据、全国查发案件变化情况和国外、中国香港查缉动态，因时因势调整防控重点和防控策略。建立风险规则数据模型，辅助人工精准研判，形成"机器计算+专家经验+实战检验"良性互动。建立重大查发情事快速响应机制，以"风险+情报"为锁定重点，联合现场海关有针对性地开展机动专项查缉行动，排查验证渠道风险。口岸环节查获毒品案件54宗，推送外关区52宗。

【"水客"风险防控】2021年，深圳海关建立打击"水客"长效机制，拓展数据来源，健全深圳关区旅客和司机"水客"库。提炼"水客"风险特征，实施精准布控拦截。加强货运渠道伪瞒报夹藏分析布控和快邮件、跨境电商的多渠道联动防控。推动与中英街管理局信息共享，加强与地方打私部门的沟通交流，开展联防联控形成防控合力。推进与边检风险联合研判应用建设，运用"云擎"等大数据工具建立"水客"分析模型，加强科技应用提升防控效能。控获旅检渠道非直接放行情事1,542起，控获货车司机"水客化"情事372起，查发货运渠道伪瞒报进口鱼胶、高档化妆品等多宗"水客货"走私大案，案值逾5,300万元。

风险防控机制

【口岸联防联控机制】2021年，深圳海关与19个地方单位密切合作，从信息互换向行动合作延伸，与深圳国安、公安等部门开展联合查缉行动。从个案合作向机制合作延伸，与深圳市委宣传部、深圳市扫黄打非办公室构建"定期会晤+联合研判、口岸查堵+源头管控、联合执法+协同处置、共同普法+行业治理"的"4+"工作机制，严厉查缉违禁印刷品。从单领域合作向多领域合作延伸，在疫情防控、金融安全、生态安全等领域加强联合防控，与森林公安和邮政部门联合查发《生物安全法》实施后全国海关寄递渠道首宗涉濒危外来物种刑事案件。

【"风险+情报+现场"联合研判机制】2021年，深圳海关在寄递渠道联合研判工作站基础上，推动"风险+情报+现场"机制向纵深拓展。创新"风险建模+缉私侦查+实货判定"分析法，开展多维研判，提升打击精度，查发毒品典型案件255宗。提升监管综合效能，将"链条式衔接"优化为"融合式防控"，实现联合作战"短、平、快"。推动机制在全部隶属海关落地，覆盖寄递渠道、货运渠道、口岸监管、属地监管全领域。运用"风险+情报+现场"联合研判机制，开展大型联合查缉行动8次，案值14.7亿元，涉税2.2亿元。

【"口岸—属地"业务风险协同防控机制】2021年，深圳海关建立重大查发情事信息动态通报机制，风控分局、口岸和属地海关密切配合，开展定期风险联合研判，把控关区整体态势和重大风险，通过重大查发快速响应、风控分局提供实时数据分析支援等手段，实现错位互补、协同防控。

风险业务改革

【海运进境空箱融合布控】2021年，深圳海关按照"指令融合、合并作业、统一模式"原则，实现对海运进境空箱融合布控，改变依靠闸口验箱被动监管模式，实现空箱进境环节检疫风险拦截，截获检疫性有害生物13次。

【出口检验检疫监管新模式】2021年，深圳海关以"属地监管企业、口岸验证产品、风险联动协同"为核心，重构出口检验检疫监管新模式，在12个属地海关落地试点，覆盖135家试点企业的竹木草制品、食品、化妆品等6项出口商品。该项改革获评"2021年度深圳海关'我为群众办实事'实践活动百佳民生实事"。

（撰稿人：王晓鹏　陶　静　裴振东　潘俊嘉）

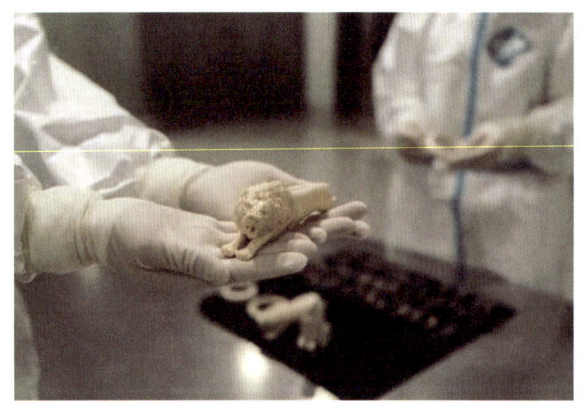

▲2021年3月22日，风控分局联合深圳宝安机场海关在机场旅检入境大厅布控查获象牙和海马干制品

税收征管

概况

2021年，深圳海关围绕中心、服务大局，以属地纳税人管理为抓手推动"智慧征管"落地见效。在全国率先试点"税款退库无纸化"改革，加强税收风险联防联控机制建设，推动税收质效并举。服务国家开放大局，推动国家"十四五"期间进口税收优惠政策落地，落实支持科技创新、重大技术装备、集成电路、新型显示器件、种子种源及种用野生动植物、能源资源勘探开发、航材减免等各项进口税收优惠政策，助力相关行业发展。践行自贸区提升战略，开展RCEP实施准备，落实自由贸易协定和优惠贸易安排进口原产地管理和关税减让实施。对接国际贸易规则，参与世界海关组织（WCO）2022年版《商品名称及编码协调制度》转换翻译，提交的"特许权使用费涉及的预提所得税"估价案例被纳入《WCO海关估价纲要》，成为中国海关为世界海关估价领域贡献的第二份"中国方案"。牵头负责总署"行邮税征管应用"系统项目，实现旅检、邮件、快件税收征管一体化。建成全国首个"关税技术实训中心"及深圳海关关税技术实训应用系统，实现关税技术培训智能化和专业化。全年征收税款入库1,893.28亿元，同比增长15.11%。其中，关税126.27亿元，同比增长16.58%；进口环节税1,767.01亿元，同比增长15.01%，位居全国海关第二位。

税则税政

【税政调研】2021年，深圳海关围绕新兴战略产业和市民关切消费品选题并开展深度调研，提出92项税则调整建议。其中，婴幼儿衣服、电磁干扰滤波器、真空泵等21项建议被国务院税则委员会《2022年关税调整方案》采纳，上报量及采纳量创深圳海关历史新高。

【创新工作室】2021年，深圳海关组建税政研究创新工作室"涂琳劳模和工匠人才创新工作室"，成立专家团队，开展减税降费、支持企业扩大出口、参与国际标准制定等课题攻关，协同北京、天津等7个兄弟海关开展行业调研，为企业赋能增效。工作室入选"第一批深圳市机关事业单位工会系统劳模和工匠人才创新工作室"。

【归类技术服务】2021年,深圳海关为属地纳税人企业出具归类预裁定58份,提高进出口企业通关可预期性;出具归类专业认定及化验鉴定321份,为现场海关提供归类专业技术支持。

【归类国际事务】2021年,深圳海关蔡荔荍作为中国海关代表参加世界海关组织协调制度委员会第68次会议,协助总署完成世界海关组织协调制度委员会第68次会议议题对案工作。深圳海关协助总署完成2022年版《商品名称及编码协调制度》和《进出口税则》转换工作,编写《一本书读懂2022年版〈协调制度〉》。

估价管理

【"双特"价格台账管理】2021年,深圳海关对关区内53家企业开展"双特"价格管理(海关对存在特殊关系的买卖双方之间进口货物成交价格和对进口货物特许权使用费的价格管理),制订"双特"价格管理方案,实行建账登记、价格审定、跟进台账维护等各类措施。协助总署修订完善全国海关"双特"价格台账管理操作指引。

【"预裁定+关税"技术支持】2021年,深圳海关协助总署开展中美预裁定制度比较研究;开展"海关预裁定+关税指导意见"工作,创新"体检式"税政服务,为企业合规申报提供指导。

【进口水果差别化管理】2021年,深圳海关经总署税收征管局(京津)批准,试点进口水果差别化价格管理工作。对有关进口水果企业实施属地纳税人集约化价格管理,按照"守法便利、失信惩戒"原则,实施差别化通关措施,实现与总署税收征管局(京津)的错位分工和协同管理。

【估价国际事务】2021年,深圳海关提出的"特许权使用费涉及的预提所得税"估价案例获世界海关组织估价技术委员会第52次会议审议通过,被纳入《WCO海关估价纲要》,成为中国海关为世界海关估价领域贡献的第二份"中国方案"。协助总署开展世界贸易组织(WTO)估价立法审议工作,推动中国首次对欧盟、英国、俄罗斯、印度估价立法进行审议,这是中国自履行《WTO估价协定》以来第一次从"接受审议"转变为"主动审议"。2021年10月,世界海关组织估价技术委员会第53次会议召开,中国海关代表林倩余(深圳海关)获选连任估价技术委员会第一副主席(2021—2022)。

税收征管

【属地纳税人管理】2021年,深圳海关按照总署部署,开发上线关区属地纳税人管理系统,为1.8万家属地企业建立电子纳税底账,直观展示征、减、免、退、补税及纳税结构情况和企业纳税异动。辖区内24家供应链、水果行业企业ERP数据与该系统对接，开展属地企业合规申报引导和纳税遵从度评估，为企业提供差别化合规管理服务。

【关税保证保险"共保"模式】2021年，深圳海关联合中银保险深圳分公司、中国银行深圳市分行，在全国首创"保险+质押"关税保证保险风险缓释创新模式（简称"共保"模式），依托"企业申请—保证金质押—保险承保—海关受理"的担保链条，企业经保险公司信用评估后，按一定比例向协约银行提供保证金质押，银行开展专项资金监管，保险公司为企业提高担保额度。该模式下，企业盘活资金，享受到"汇总征税"等通关便利政策，保险公司承保风险得到缓释，国家税收安全得到保障，实现多方共赢。

▲2021年3月26日，深圳海关举办中银保险关税保险创新担保模式业务签约仪式

【税收风险协同防控体系建设】2021年，深圳海关加强关区税收风险协同防控体系建设，建立健全"总署税收征管局—直属海关关税职能部门—风控、稽查、缉私等部门"涉税风险防控机制，落实"风险+情报+现场"综合研判和协同合作，联合查获洋酒、贵金属（铂金）走私等案件。

原产地管理

【RCEP原产地规则和关税减让实施准备】2021年，深圳海关作为总署RCEP关税实施准备工作专班谈判宣讲组牵头单位，协助推进RCEP原产地规则宣传培训工作。牵头撰写的《RCEP原产地规则》在《海关总署文告》刊登，获评"2021国门传播奖"一等奖。加强RCEP政策宣传，《RCEP原产地规则政策解读之累计规则》《RCEP原产地规则政策解读之关税差异》《享受RCEP关税优惠 你必须知道的原产地规则》以及RCEP对5G、纺织品、医药、汽车等产业影响系列政策解读等92篇稿件在"12360海关""海关发布"、《中国国门时报》等各类新闻媒体刊登。开展7次专题对内培训、19轮线上对企政策宣讲，3万人次参训。

【原产地管理系统建设和优化】2021年，深圳海关参与总署RCEP原产地管理信息化应用项目建设，参与项目开发与测试，做好操作指南编写和培训。完善原产地证书智能审核系统，对出口原产地证书实行全天候不间断"秒签"，实现"标准规范、优质高效、便民利企"改革目标。

【金伯利毛坯钻石进出口业务管理】2021年8月6日，深圳海关受理完成海关机构改革以来首单进口金伯利进程国际证书制度毛坯钻石业务，验放毛坯钻石31.15克拉，货值14.5万美元，帮扶深圳关区金伯利进程毛坯钻石加工贸易业务取得实质突破。

减免税管理

【减免税政策研究】2021年，深圳海关开展河套深港科技创新合作区深圳园区税收创新发展改革方案研究、前海合作区政策措施清单研讨、大湾区标准化托盘循环共用研讨、组建深圳珠宝玉石交易中心研究、LNG产业扶持研究等多项研究，为"双区"建设制度创新贡献智慧。

【减免税管理系统建设和优化】2021年，深圳海关牵头开展总署新一代减免税管理系统后续管理模块开发，参与担保模块和审核确认模块测试上线。启动"减免税快速审核+ERP联网"模式试点，新型显示器件、维修航材、集成电路行业试点企业实现减免税"秒报秒审"。

非贸征管

【非贸征管工作机制】2021年，深圳海关建立非贸税收征管"1+2"工作机制，制定出台深圳海关进境物品税收征管工作制度；建立税收常态化分析监控、税收风险联合研判2项工作机制，明确规范申报及归类、价格等涉税要素监控要点、方法及标准；定期开展税收风险联合研判，强化信息共享运用，加强全链条协作。

【非贸征管效能】2021年，深圳海关牵头负责总署"行邮税征管应用"系统项目，实现旅检、邮件、快件税收征管一体化。开发行邮智能征管数据管理系统，覆盖90%以上常见进境物品，压缩人工作业时间50%以上，在深圳海关所属深圳宝安机场海关、深圳湾海关、沙头角海关等上线应用。利用新媒体加强对行邮物品、跨境电商零售进口、海南离岛免税等税收政策宣传和解读，回应民众关切。

（撰稿人：吴一路　别丽芳　茅珏
　　　　　林丹凤　姚青凌　贾红梅
　　　　　徐彬彬　颜卉　杨卓）

卫生检疫

概况

2021年，深圳海关坚持把疫情防控作为重中之重，忠诚履行海关职责，慎终如始抓好"外防输入、内防反弹"。坚持"人、物、环境同防""多病共防"，围绕紧固全流程闭环管理这一主线，提升精准检疫、科学检疫两大能力，严密境外、口岸、境内三道防线，完善平战结合、分级检疫、联防联控、防护监督4项机制。开展安全防护大培训大练兵，做好疫情防控监控检查，建立"两级"疫情防控管控体系，制作的安全防护手册和应急演练视频被总署在全国海关推广。健全多部门协同应急处置机制，妥善处置多起入境航空器、船舶聚集性疫情。实施卫生许可"告知承诺制"改革，推出特殊物品"换证直批"模式，试点特殊物品"并联作业"查验模式。应用自身测序平台实现对新冠病毒精准溯源。全年检疫入境人员375.7万人次。

检疫管理

【全球传染病疫情监测】2021年，深圳海关作为全国疫情信息工作组组长单位，常态化开展疫情监测，关注重点地区新冠肺炎疫情形势与防疫政策及国内本土疫情，编制疫情速报每日定点向全国海关推送。对香港特区疫情进行风险评估，绘制疫情地图，编制疫情日报指导口岸防控。建立海空口岸"一交通工具一评估"机制，针对性监测与深圳通航国家、城市疫情，指导加强精准防控，保障各类入境客运航班、包机127班次。建立"每月专评与突发疫情快评"风险评估机制，对新冠肺炎、埃博拉、登革热、流感等传染病，结合流行情况开展专项风险评估，提出防控措施和建议。建立隶属海关轮值制度，常态化开展疫情监测工作，明确中长期建设任务和具体目标，持续完善疫情监测预警体系。

【传染病检疫】2021年，深圳海关按"一口岸一策""一航线一策""一人群一策""一事件一策"原则，细化制定口岸疫情防控文件指引70余份，参与制修订总署技术方案、指南等相关文件8份。编制卫生检疫岗位规范化管理手册，覆盖人员检疫、交通工具检疫、消毒监督、特殊物品监管等6大场景17个岗位。建立疫情防控基层问题收集答复机制，答复问题160余个。建立"7+5个100%"（"7个100%"即对入境人员100%健康申明卡核验、两道测温、流行病学调查、采样检测、信息通报和移交转运，对入境交通工具100%风险布控和指定地点登临检疫；"5个100%"即对入境旅客100%查验核酸检测证明，对豁免人员100%落实入境采样要求，对入境旅客100%纳入"一码通"管理，健康申报信息100%通报，核酸检测结果100%共享）机制。严密口岸检疫防线，联合地方做好外国政要包机、要客入境、"两会"港澳代表入境等重大活动保障。做好登革热、诺如病毒、轮状病毒、水痘、流感等病毒入境检疫及防控工作。

▲2021年11月3日，深圳海关组织开展卫生检疫业务领域突发事件桌面推演

【安全防护】2021年，深圳海关编写"1+N"安全防护负面清单，建立防护装备穿脱"打卡制"，编制2版安全防护手册，被总署采纳并在全系统推广。制订安全防护监督员管理细则及职业暴露、高温中暑、实验室污染控制等应急预案。开展关级安全防护相关培训20余次，8月按总署要求向全国海关作专题培训，各直属海关超1.7万人次参训。开展全口岸、全领域、全环节应急演练3轮49场，覆盖疫情排查处置、职业暴露、高温中暑等方面内容，应急演练视频被总署采纳为示范视频。成立"挑毛病"专家组，建立口岸环节安全防护交叉检查工作机制，实现每月对关区各口岸隶属单位全覆盖检查。

【国际旅行卫生保健中心能力建设】2021年，深圳海关发挥国际旅行卫生保健中心作用，做好口岸公共卫生、疫情防控、媒介监测等工作。完成传染病监测体检2.42万人次，检出传染病超160例。提供国际旅行医学咨询1.2万人次，疫苗接种1.4万剂次，签发《预防措施或疫苗接种国际证书》5,700余本，发放抗疟疾药品400余份。为200余名赴黎巴嫩维和官兵进行传染病监测体检、预防接种及国际旅行医学保障。鉴定各口岸送检鼠类样本22批次、蚊类样本83批次、蜱螨样本61批次，形态学鉴定总计166批次。检测病媒生物携带病原体25次，结果均为阴性。

生物安全管理

【生物安全宣传】2021年，深圳海关

开展"多病共防、守卫国门"《生物安全法》海关普法宣传活动，在深圳市生物医药创新产业园开展专场宣讲，解读生物安全法律法规及出入境特殊物品政策要求，引导生物医药企业合法经营、合规申报，32家企业代表参加。在深圳宝安机场等近20个现场面向出入境人员、民众开展生物安全宣传，发放宣传手册，现场介绍传染病防控常识、出入境申报要求等。

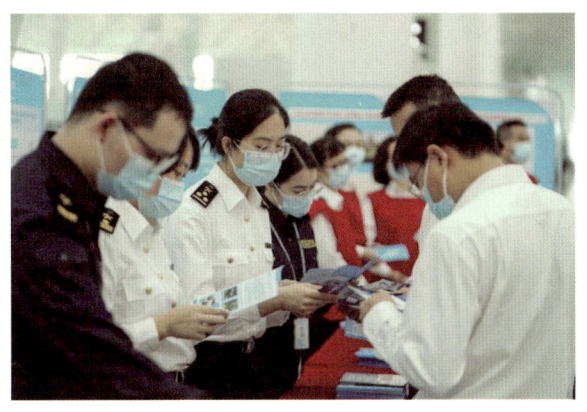

▲2021年4月15日，深圳海关在深圳宝安机场开展《生物安全法》海关普法宣传活动

【特殊物品卫生检疫】2021年，深圳海关创新推出"同一使用单位、同一进口产品"特殊物品"换证直批"卫生检疫审批模式，1个工作日办结审批，助力粤港澳大湾区内科研样品快速跨境流通。试点特殊物品属地查检"并联作业""视频+现场""口岸+属地"联动等改革措施，下厂查验频次下降30%。承诺特殊物品审批5个工作日办结，较法定承诺时间缩短75%，完成出入境特殊物品卫生检疫审批1,838批次，同比增长49.7%。支持国家"春苗行动"和疫苗国际合作大局，建立疫苗出境全流程监管"1+1+4"服务模式（开通一条绿色通道，建立一个"企业—海关—承运方"高效沟通协调机制，开展企业"一对一"专业指导、制定一套全流程作业指引、开发上线一个作业时长监测指标、推出"预约查验""优先查验"便利化措施），落实"3个不超过24小时"要求，成功保障中国第二款、广东省第一款腺病毒载体新冠病毒疫苗批量生产并出口。

▲2021年4月28日，深圳海关完成首批出入境特殊物品"换证直批"模式卫生检疫审批

卫生处理监督

【入境交通工具新冠病毒终末消毒监督】2021年，深圳海关细化、更新入境交通工具新冠病毒终末消毒监督工作指引，按照不同对象、不同环节、不同场景，制

订入境客机终末消毒监督指南和消毒方案审核工作指引、消毒监督岗规范化工作手册。落实消毒监督工作职责，推动深圳市防控境外疫情输入工作专班压实交通工具运营者消毒主体责任。组建消毒专家队伍，通过集中、"钉钉"、送教上门、视频连线、岗前辅导等方式，开展高频次消毒专题培训12次、757人次参加，组织隶属海关现场座谈13次，答疑解惑，提升能力。加强业务督查、重点交通工具复盘检查等，做好一线交通工具终末消毒监督。

【进口非冷链物品疫情防控】2021年，深圳海关制定进口非冷链物品口岸环节新冠病毒检测和预防性消毒操作指引、阳性处置流程，强化口岸环节进口非冷链物品疫情防控。主动分析研判进口非冷链物品涉疫风险，多次向深圳市新冠肺炎疫情防控指挥部、深圳市防控境外疫情输入工作专班等提示防疫风险、提出建议。与属地市场监管部门建立定期信息通报机制，加强信息共享、疫情联防、阳性联处。

卫生监督

【口岸公共卫生核心能力建设】2021年，深圳海关成立口岸核心能力考核、复核工作领导小组及专家组，"点对点"指导相关口岸海关做好口岸公共卫生核心能力自查，对接总署检查组做好迎检工作，福田口岸、深圳湾口岸、文锦渡口岸、沙头角口岸顺利通过总署复核。组织对"口岸应对重大疫情卫生检疫设施改造和设备购置专项"进行技术参数论证，为口岸卫生检疫设施设备配备提供技术保障。

【口岸病媒生物监测】2021年，深圳海关以鼠、蚊、蜚蠊为对象，在关区16个一类口岸开展病媒生物监测，针对登革热疫情组织开展伊蚊专项监测。口岸本底监测发现鼠密度超标9次、蚊幼超标3次，截获输入性病媒生物14批次2,525只，其中，从来自美国的入境货机上截获1只黑家鼠活鼠，为全国海关年内首次从入境航空器上截获活鼠。

【国境口岸卫生监督】2021年，深圳海关将口岸卫生监督检查整合归并到涉企外勤作业事项，实现随机派单、双人执法及结果审批上传，开展监督1,809家次。对食品生产经营单位实施动态分级管理，开展口岸食品安全"百分心安"专项行动，关区口岸正在经营的食品安全C级企业全部升为B级。编制入境客运航空器废弃物处理监督等作业指引，推动陆路口岸海关涉疫垃圾统一移交口岸运营（管养）单位实施无害化处置。开展口岸现场新冠病毒环境监测，建立"口岸—地方"两级环境监测对接机制。开展国境口岸卫生监督员资质培训及考核，424名关员获得资质。

【国境口岸卫生许可"证照分离"改革】2021年，深圳海关在全国口岸率先实施国境口岸公共场所卫生许可"告知承诺制"改革，简化企业审批手续，取消现场审核环节，大幅减少办证时间，150余家企业受惠。7月1日，该项改革在全国口岸推广。

（撰稿人：文　哲　甘　鑫　朱　波
　　　　　刘　君　吴泽佳　罗伟权
　　　　　赵纯中　敬　挺　曾　福）

动植物检疫

概况

2021年，深圳海关贯彻落实习近平生态文明思想和习近平总书记关于加强生物安全建设的重要讲话精神，坚持总体国家安全观，提升动植物检疫制度创新和治理能力建设水平，强化监管优化服务，严防重大动植物疫情传入传出和外来物种入侵，切实筑牢口岸检疫防线，维护国门生物安全。持续加强境外非洲猪瘟、松材线虫等重大动植物疫情防控，强化源头管控、加强口岸查验、严格后续处置，将重大动植物疫情拒于国门之外。成立外来入侵物种口岸防控工作领导小组，启动外来入侵物种普查工作，推动开展"国门绿盾2021"专项行动，严厉打击非法引进外来物种和种子苗木，充分发挥反走私综合治理作用，有效堵截非法入境渠道。持续做好冷链农产品和高风险非冷链集装箱农产品口岸新冠病毒检测和预防性消毒监督工作。完善供港活猪、水果检验监管机制，提升供港鲜活农产品质量安全水平。落实"放管服"工作要求，逐项推进总署授权深圳海关开展的进境动植物及其产品终审工作落地，开展企业政策宣讲。参加《国际植物保护公约》（IPPC）等国际组织活动，在标准制修订工作中发挥作用。强化口岸防控业务技能培训，优化动植检岗位资质管理，充实动植检岗位资质队伍。多渠道开展国门生物安全宣传活动，提升全社会维护国门生物安全意识。

动植物疫情疫病防控

【植物及其产品口岸检疫】2021年，深圳海关服务国家发展大局，加强对进口粮食、水果等重点敏感农产品检验检疫，多次从进口荔枝和莲雾中检出检疫性有害生物。连续在3批进口非转基因大豆中检出外源基因成分并妥善处置。开展输华水果果园及包装厂远程视频检查，暂停6家企业输华资质。加快粮食疏港通关，口岸海关全面落实靠泊检疫，由登轮查验改为岸边查验，实施进口粮食"两段准入"附条件提离、"以船代仓"等便利措施，货物在港口停留时间缩短至1~3天。推进检验检疫模式改革，仅对输入国家或者地区有明确要求的出境竹木草、供港种苗花卉等企业实施注册登记，100余家出境竹木草企业和1家供港种苗花卉企业实现免于出口注册登记。

▲2021年12月2日，深圳海关所属深圳湾海关关员查验进口樱桃

【动物及其产品口岸检疫】2021年，深圳海关抓好非洲猪瘟等重大动物疫情防控，建立"口岸+产地"跨直属关风险联动机制，巩固完善与地方兽医主管部门间联防联控机制，形成供港活猪检疫监管合力。开展清水河中转仓突发事件排查56次，及时响应、妥善处置2起香港本地非洲猪瘟情事，检疫合格供港活猪79万余头。在全国海关率先开展来自动物疫区运输工具登临检疫作业模式改革，综合运用"承诺书+图片/视频检查"等方式，开展非接触式登临检疫，登临检疫关员不再进入食品舱、垃圾房等高风险密闭场所，整体登临检疫作业时间压缩30%以上。

【进出口农产品疫情防控】2021年，深圳海关主动跟踪关注全球新冠肺炎疫情流行趋势，学习掌握国际上关于动物冠状病毒的最新研究，利用信息化平台，建立全天候疫情动态收集机制，收集农产品领域疫情信息108条。对11国103家境外进口水果、食用水生动物注册登记企业开展视频检查，暂停6家境外注册登记企业的输华资质。对681批进境农产品采样1.48万份，对5,836个集装箱监督实施预防性消毒。结合新冠肺炎疫情防控形势变化，汇总编发动植物检疫业务领域工作人员个人防护分类指引，配合制定进口冷链食品口岸环节预防性消毒操作指引。

外来入侵物种防控

【外来入侵物种监测】2021年，深圳海关制订监测布点方案，优化"职能处室—技术中心—隶属海关"三位一体外来有害生物监测体系。在原有15个隶属海关基础上，在三门岛海关和莲塘海关辖区开展外来有害生物监测，实现深圳关区主要入境口岸及周边监测地区全覆盖。开展外勤作业460次，监测并鉴定有害生物219种，同比增长39.33%，其中检疫性有害生物22种，同比增长22.25%。

【"国门绿盾2021"行动】2021年，深圳海关成立关区防控领导小组，明确防控工作机制、职责分工和预期成效，细化制定17项工作要求，保障防控工作规范性。建立"风险+情报+现场"工作机制，对国别、商品等高风险信息进行关联，提升查验针对性、有效性，非贸渠道截获外来物种197种次。5月27日，深圳海关所属邮局海关在来自欧洲的进境快件中查获伪报成"儿童衣服"的活体蛙13只，经实验室鉴定为网纹毒蛙属（Ranitomeya）"箭毒蛙"，列入《濒危野生动植物种国际贸易公约》。12月31日，人民法院认定被告构成危害珍贵、濒危野生动物罪，这是《生物安全法》实施以来，全国海关首宗涉外来物种入侵刑事案件，也是《刑法》新增"危害珍贵、濒危野生动物罪"后，进出境环节查发的首宗成功定罪的案件。

服务促进农产品进出口

【落实种业振兴行动】2021年，深圳海关调研关区水产养殖基地、科研所，了解优质种质资源需求，指导企业开展引种前期准备，引导企业参与深港海水种质资源合作。持续优化口岸通关环境，通过资料预审、分层查验等便利化措施，为种虾、鳗鱼苗等优质种质资源通关提速40%。

【促进农产品供港澳】2021年，深圳海关建立供港活畜中转仓"点对点"服务机制，"一站式"解决企业申报、检疫、出证、监装等问题。实行24小时在岗值班，活畜出口检疫"零延时""零留仓"，实现"随到随检，合格监装，口岸直通"一体化通关模式。优化供港水果监管要求，完善供货证明管理和出货清单申报，推动属地查检作业由逐批实地实施转为14天1次视频方式开展，降低对企业日常经营影响。取消供港水果果园注册登记，促进供港水果果园数量增长50%。

动植物检疫国际合作

【动物疫情区域化合作】2021年，深圳海关落实2019年中法两国元首达成的《中法关系行动计划》，组织专家参加中法非洲猪瘟区域化管理合作技术专家工作会议，参与10轮检疫技术磋商。参与编写的《中法非洲猪瘟区域化管理协议》和相关技术标准在第八次中法高级别经济财金对话会议上成功签署，进一步推进非洲猪瘟等重大动物疫病防控国际合作。

【参与IPPC组织活动】2021年，深圳海关代表总署参与海运集装箱国际植物检疫标准制定工作。牵头起草《进境集装箱植物检疫规程》（GB/T 39921—2021）、《出境集装箱植物检疫规程》（GB/T 39919—2021）、《进出境集装箱场站植物检疫防疫体系建立指南》（GB/T 39916—2021），于11月1日实施。深圳海关顾光昊、钱冽分别以核心成员和观察员身份参与IPPC海运集装箱特别工作组（SCTF）活动，参与完成SCTF报告，中国的3项国家标准作为报告附件在IPPC网站发布，为国际社会应对集装箱植物有害生物风险提供参考。

动植物检疫制度建设

【授权动植物检疫审批】2021年，深圳海关向总署申请获得水果等9类动植物及其产品的检疫审批终审权限。按照"管办分离"工作要求，实行"快速审批、全程监控"，确保审批环节无缝衔接，办理时限压缩至平均3个工作日。

【国门生物安全宣传】 2021年，深圳海关组织开展国门生物安全系列主题宣传活动。与深圳市委国安办、市委教育工委联合录制"国门生物安全一堂课"，介绍外来入侵物种防控知识，课程推送覆盖全市中小学717所，受众达147万人次。制作国门生物安全主题宣传视频，面向社会公众在全市公共场所电子大屏，以及公交、地铁、机场等公共场所滚动播放。开展"进校园、进社区、进企业、进网络"宣传活动38场次，在各口岸监管现场、对外服务作业大厅等场所张贴主题海报200余份，发放宣传手册3.2万份。通过"e课堂"形式开设"防控外来物种入侵，保障国家生物安全"专题课程，为执法一线关员讲授外来物种防控知识。多部门合作共同参与国门生物安全普法宣传，发放宣传折页、海报1,500余份。

（撰稿人：陈晓宇　岳光振　隋进强　彭欣臻　曾颖达）

进出口食品安全监管

概况

2021年，深圳海关坚守食品安全底线，关区进出口食品安全形势总体稳定。严控输入性食品安全风险，稳定重点民生物资国内供给，未发现重大疫情疫病通过食品输入，未发生可能引起食品安全事故或严重危害人体健康事件。提升出口食品质量安全水平，围绕"重点出口企业、重点出口产品、重点出口目的地国家（地区）"三个重点加强技术辅导，实现精准"滴灌"，企业合规"软实力"不断增强。多部门协同保障供港食品安全，全年供港蔬菜54.9万吨，同比增长10.13%，农残快筛等检测合格率达到99.98%。深化进出口食品领域改革，实施出口食品"企业分类、产品分级、风险分层"一体化监管改革，推进实施市场采购出口预包装食品改革试点工作。

进口食品安全监管

【进口食品"国门守护"行动】2021年，深圳海关落实食品安全"四个最严"要求，完成进出口食品化妆品安全监督抽检、供港澳蔬菜专项检查、进口食品化妆品安全风险监测、跨境电商食品化妆品风险监测、出口动物源性食品安全风险监测等工作。严禁疫区产品输华，禁止来自日本福岛县等10个都县的食品进口。开展货运渠道风险分析联合研判，对多次检出不合格食品及进口企业进行精准防控。强化不合格食品处置，查获不符合食品安全国家标准或相关法律法规要求的未准入境进口食品化妆品占全国未准入境食品化妆品总批次的17%。

【进口冷链食品疫情防控】2021年，深圳海关建立加强进口商品检验检疫工作专班，制订总体工作、风险监测、消毒处理、强化要求、紧急处置5个专项方案，推动工作落实。开展进口冷链食品口岸环节风险监测，制定"5+20+5"标准化作业流程，对重点国家（地区）加强针对性采样作业。落实口岸环节预防性消毒，开展海关监管区域内进口冷链食品排查，督促进口商和相关经营单位落实预防性消毒等防控措施。

【民生食品进口保障】2021年，深圳海关持续做好肉类、大米等生活必需品进口保障，优先安排现场检验和实验室检测，在主要口岸设立绿色通道。引入第三方检疫处理单位，妥善应对处置口岸冻柜积压问题。支持深圳市进境肉类指定监管场地建设，深圳盐田港进境肉类指定监管场地顺利通过总署验收。关区进口肉类总量居全国第三位，进口大米总量居全国第一位。

出口食品安全监管

【出口食品一体化监管模式】2021年，深圳海关以《实施出口食品生产企业备案的产品目录》为基础，根据历年出口情况、监督抽检及风险监测情况、口岸查验情况、境外不合格通报情况及企业实际情况等，将辖区出口食品产品种类按照风险从低到高分为A、B、C三级，同时根据企业质量管理体系运行情况、监督抽检和境外不合格通报情况等进行风险分析，将辖区内出口食品生产企业分为A、B、C三类。企业类别和产品级别两两组合，形成6个风险层次，海关根据不同风险层次确定相应企业核查频次。7月，上述食品"企业分类、产品分级、风险分层"一体化监管模式在深圳海关所属同乐海关试点，12月开始在全关区推广，在有效提高出口食品生产企业风险防控针对性的同时，有效降低企业核查频次。

【供港蔬菜安全监管】2021年，深圳海关与银川、昆明等17个备案种植基地所在直属海关建立协作共管机制，定期通报供港蔬菜原料供货情况和成品质量安全情况，保障供港蔬菜品种、数量充足。优化检测监测体系，运用大数据开展筛查分析，实施针对性抽检；结合企业信用记录，分类管理辖区内备案生产企业，根据具体情况动态调整监督检查频次，提升防控精准度。

【市场采购出口预包装食品试点】2021年，深圳海关推动深圳华南国际工业原料城市场采购出口预包装食品试点工作，明确试点企业要求、产品范围，规范监管流程，完成模拟申报和4批次实货测试。12月30日，市场采购出口预包装食品试点正式启动。

进出口食品安全宣教

【食品安全宣传周】2021年，深圳海关结合食品安全宣传周开展食品安全普法宣传，在新闻媒体上发布专题报道和食品安全科普知识，严把食品安全关相关工作举措被中央电视台《新闻联播》《新闻直播间》及《香港商报》《深圳晚报》报道。开展进出口食品企业视频线上培训和政策宣讲12次，396名食品进口企业人员参加。

【出口食品企业技术辅导】2021年，深圳海关依需求制订辅导计划，对出口量大、产品风险高、出口目的地国家（地区）法规标准更新频密、合规难度大的企业开展重点辅导，通过线上交流会、对外服务热线电话等方式答疑解惑。收集、筛选境外最新检验检疫措施等信息，每周通过微信、"钉钉"、电子邮件等渠道发布。针对输美水产品企业特定需求，"送教上门"讲解新规，确保酸菜鱼等新产品符合美国低酸食品注册、营养标签等最新合规要求并成功登陆美国市场，助力关区鲜菇产品首次成功出口泰国及马来西亚，辅导关区鱿鱼捕捞船首次符合欧盟卫生要求。

进出口食品安全信息化建设

【进口食品追溯与预警平台】2021年，深圳海关完善进口食品追溯与预警平台建设，与深圳市市场监督管理局进行系统对接，通过对食品 HS 编码、风险信息等数据分析，实现深圳地区海港口岸冰鲜及冷冻肉类、水产品无码追溯。

【供港蔬菜监管系统】2021年，深圳海关更新供港蔬菜监管系统，新增"供港蔬菜种植基地"管理模块，将供港蔬菜备案种植基地生产记录、出货信息、供货证明信息及属地海关监管信息纳入系统管理，保障供港蔬菜安全。

（撰稿人：杨　阳　张　强　张震寰
　　　　　周　超　赵　晨　谢牧陶）

商品检验

概况

2021年，深圳海关进出口商品检验工作坚持总体国家安全观，加强进出口危险化学品及其包装检验监管，查发进出口危险化学品不合格478批次，重量31万吨。强化固体废物监管，打击"洋垃圾"入境，鉴定后判定固体废物181批次。分类施策，做好进口大宗资源商品检验监管，严格落实总署进口原油"先放后检"监管模式，压缩通关时长30%；对进口液化天然气采用"先卸后报"监管方式，检验监管进口液化天然气1,234万吨；设立进口煤炭通关快速通道，压缩检测时长，加强质量安全风险监测，检验监管进口煤炭332.6万吨。严防工业品疫情输入风险，做好进口高风险非冷链工业品开展新冠病毒监测和预防性消毒工作，对高风险非冷链工业品落实采样1.86万份。完善进出口商品质量安全风险预警和快速反应监管体系，推进进出口商品质量安全风险管理，加强重点敏感商品检验，防范化解质量安全风险，查发进出口不合格商品2,843批，对825批货物实施退运或销毁。出台进口金属材料检验监管模式优化、进口航材目的地检验模式改革、成套设备"一企一策"、高新技术企业便利化等5项改革措施，提升通关便利化水平。打击进出口假冒伪劣商品，查发打假案件15例，查处货物数量886.4万件。推进"智慧商检"建设，研发上线"蓝盾知库"、进出口危险化学品和危险货物检验监管电子地图、危险化学品辅助检验智能机器人，提升监管效能。

进出口危险品及其包装检验监管

【进出口危险品及其包装检验监管措施】2021年，深圳海关为落实总署对进口危险化学品检验模式调整，出台17条细化措施，压紧压实工作责任。建立进出口危险品检验监管47个业务风险点和整改处置要求清单，覆盖危险品审单、查验、取样、处置、出证等危险品检验业务全流程，定期开展风险隐患排查。梳理深圳关区6类特别管控危险化学品重点企业清单，针对性加强安全监管。高密度、多轮次开展全关范围危险品检验工作质量检查，发现问题，及时整改。

【进出口危险品伪瞒报打击】2021年，深圳海关组织商检、风控、统计部门专家对进口化学品业务数据开展联合分析研判，对"硬化剂""环氧树脂硬化剂""固化剂"等伪瞒报高风险化学品实施布控，查获各类危险品伪瞒报案件14宗。

【进出口危险品及其包装检验监管队伍建设】2021年，深圳海关组织开展2批危险品检验监管资质培训及考试，新增危险品检验监管资质人员431人。组织1,481名同志参加总署危险品检验监管岗位练兵比武活动，获得优秀组织奖，2人进入全国百强。

进口固体废物监管

【进口固体废物属性鉴别】2021年，深圳海关坚决贯彻落实《关于全面禁止进口固体废物有关事项的公告》，禁止固体废物以任何方式进口。发挥实验室对打击"洋垃圾"技术支撑作用，加强固体废物属性鉴别。制定相关工作指引，强化固体废物属性鉴别流程管控。

【固体废物初筛】2021年，深圳海关建立固体废物初筛制度，由实验室在正式固体废物鉴别程序前对送检样品进行前期初筛排查，排除固体废物嫌疑货物可直接放行，不必进入周期较长的正式固体废物鉴别程序，减少疑似固体废物货物在口岸滞留时间。开展固体废物初筛606批次，排除固体废物嫌疑货物459批次，75.7%的样品排除固体废物嫌疑快速放行。

▲2021年8月12日，深圳海关所属大鹏海关退运18吨"洋垃圾"

进口大宗资源商品检验监管

【进口原油检验监管】2021年，深圳海关落实进口原油"先放后检"监管模式，进口原油经现场查检和取样后即可卸船、提离，将海关实验室检测、合格评定与码头卸货、转运作业从"串联"优化为"并联"，缩短油轮在港时间，解决港口泊位不足、罐容紧张、船舶压港等问题。安排专人跟进原油企业进口计划，统筹船期、疫情防控和检验监管要求，提前设计通关监管方案，提升通关时效。依托进出口石油化工产品质量安全风险监测点对进口原油进行安全风险监测，为快速验放提供有力技术支撑。

【进口天然气检验监管】2021年，深圳海关加强与液化天然气（LNG）进口企业联系沟通，对接企业进口计划，共享行业动态、气候天气变化等信息，掌握船舶航行、靠泊及卸载需求，提前制订检疫通关方案。前置实验室于业务现场，通过关企共建实验室开展检测分析，通过企业ERP系统及海关油气监管系统实时掌握天然气卸载进度及传输速率等，实现快速鉴定及出证。通过舱单申报与油气监控系统"入罐申请"联动确保快速卸货，以实际卸货数量缴税放行，减少企业改单、退税手续，帮助企业实现资金尽快回流，针对国际市场天然气价格波动及时调整进口决策。

【进口煤炭及其他矿产品检验监管】2021年，深圳海关提前对接掌握进口煤炭散货船舶靠港信息和企业进口计划，启动进口大宗散货快速通道，针对周末、节假日煤轮到港增多情况，实施预约加班，保证"到港即查"。就近建设煤炭检测实验室，提前获得煤炭检测项目CMA计量认证，将检测时长压缩在7个自然日内。加强进口煤炭质量安全风险监测，聚焦环保元素指标、外来夹杂物、放射性元素等重点检测项目，防止劣质煤炭进口。

高风险非冷链工业品新冠病毒采样监测与预防性消毒监督

2021年，深圳海关按照作业指令要求对进口非冷链物品在口岸环节开展新冠病毒采样作业，监督指导消毒作业单位对采样物品进行预防性消毒。区别业务作业场景不同需求，完善防护指引，做好现场人员安全防护工作。开展线上培训，提升现场人员能力水平。定期开展多部门联合视频检查，对现场作业进行监督指导，确保现场作业规范有序开展。

进出口商品检验模式改革

【进口金属材料检验监管模式优化】2021年，深圳海关根据企业诉求，组织专家赴企业实地调研打印机用钢丝绳、机加工用无缝钢管等金属材料类商品检验监管情况，形成优化金属材料检验监管模式建议供上级部门决策参考。组织召开进口金属材料取样送检工作会议，明确进口金属材料取样送检要求、检验标准和检验流程。

【进口航材目的地检验模式改革】2021年，深圳海关制订进口航材监管优化措施试行方案，进口航材具备相应适航证及满足我国民航局相关规定的前提下，无须等待检验，可直接投入生产使用，实现航材当日提离当日使用，监管验放进口航材420票，货值2,633万美元。

【支持港澳"药械通"落地粤港澳大湾区】2021年，深圳海关保障港澳"药械通"药品医疗器械通关，指导进口商对医疗器械标识说明、电气安全等国内外标准差异进行整改，通过美国医疗器械唯一标识系统数据库对首次进口器械的关键信息进行合格判定，强化安全质量监管。提前线上审核药械批复文件、报关单等资料，为部分紧急医疗需求器械开通绿色通道，实现"设备到库—安装调试—海关检验—

投入使用"无缝衔接。4—12月,保障临床急需使用9项进口药品、3项医疗器械通关,帮助150余名患者受惠医药创新成果。

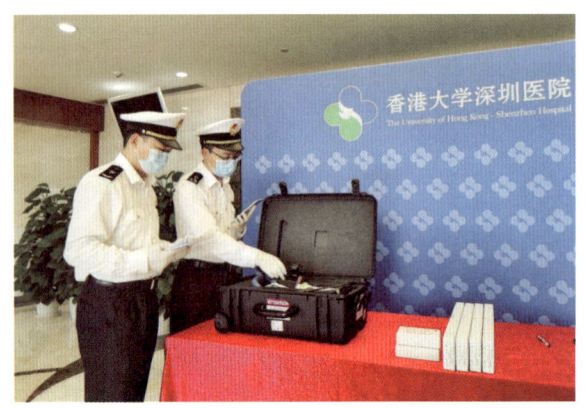

▲2021年4月2日,深圳海关所属福田海关关员对全国首批粤港澳大湾区医疗器械创新监管模式下进口药械实施检验

【创新实施"合格保证+符合性验证"监管模式】2021年,深圳海关针对深圳地区高新技术企业多、生产使用设备和料件进口量大的需求,对深圳市高新技术企业进口法检设备及料件试行采用"合格保证+符合性验证"检验监管模式,企业需向主管海关提交产品合规性自我声明及高新技术企业证书,主管海关进行符合性验证后完成合格评定,原则上不再实施现场检验。共有176票、货值2.68亿元的机电设备和料件通过该模式快速通关,压缩通关时间40%。

【进口成套设备"一企一策"】2021年,深圳海关针对重大项目进口成套设备货值大、数量多、周期长的特点,出台重大项目进口成套设备"一企一策"便利化监管措施。进口成套设备由口岸转场到使用地落实检查,免予强制性产品认证及能效标识入境验证,实行"一站式"和"随到随检"。与5家企业签订大型项目进口成套设备检验监管合作备忘录,涉及成套设备金额100亿元。

进出口商品质量安全风险管理

【风险监测】2021年,深圳海关优化信息采集机制,搭建总署一级风险监测点、深圳海关二级监测点和多个海关系统外哨点相结合的多层次、立体化风险信息采集网络,实现监管中发现的质量安全风险信息"应采尽采"。与深圳市卫健委、深圳品质消费研究院等机构建立商品质量安全信息互换、委托收集机制。通过目录外抽查、专项监测等方式主动对高风险敏感商品开展风险监测。规范进出口商品质量安全风险信息采集审核工作,确保采集信息录入及时完整准确。

【风险评估】2021年,深圳海关依托进出口工业品和消费品质量安全风险评估中心,加强风险评估方法和技术研究,综合运用贝叶斯法、风险矩阵法、层次分析法等多种评估方法开展评估。自主开发进出口商品质量安全和快速反应监管体系子系统(深圳海关),建立系统内置智能算法和专家组专项评估相结合的"二级评估"机制,提升风险评估时效性和精准性。对进口婴儿服装、汽车零部件等重点领域高风险商品开展专项风险评估,对相关商品进出口情况进行集中研判和风险布控，针对性加强检验监管。

【风险预警和处置】2021年，深圳海关运用风险评估结果，完善"政策性随机布控+精准布控"机制，针对性加强防疫物资、消费品、医疗器械、旧机电等重点敏感商品检验监管，提升风险布控精准度和质量安全监管效能。提出风险预警提示，通过"海关发布""12360服务"微信公众号等媒体发布消费预警信息8篇，向地方通报质量安全风险信息69批。

打击进出口假冒伪劣商品

【中国制造海外形象维护"清风"行动】2021年，深圳海关组织开展打击进出口假冒伪劣商品"清风"行动，重点对出口到迪拜、肯尼亚、埃塞俄比亚、土耳其、意大利、西班牙、中国香港等国家和地区的箱包、眼镜、手表、运动服装、鞋帽、手机等商品加强监管。完成打假案件15例，查处货物数量886.35万件，涉案货值1.33亿元。

【推动建立打假长效机制】2021年，深圳海关强化打假长效机制建设，建立假冒伪劣商品技术鉴定制度，与深圳大学合作开展"打击进出口假冒伪劣商品长效机制研究"项目研究，申请将"4种进出口商品假冒伪劣情形研究"作为署级科研项目立项。

智慧商检

【"蓝盾知库"系统】2021年，深圳海关加大商检领域科技应用，研发上线政务办公子系统（深圳海关）文库及智能搜索应用（商品检验）（简称"蓝盾知库"），整合包括法律法规、商品知识、检验标准、不合格案例等商检工作信息，通过具有推荐功能的全局搜索引擎，实现对不同岗位所需工作辅助信息的智能推送。借鉴互联网互动知识库模式，开放编辑权限，实现便捷的用户交互功能，快速增加数据库内容的同时支持在线业务交流和专家指导，提升进出口商品检验监管工作效能。

▲2021年5月31日，深圳海关商品检验业务专家开展"湾区蓝盾—质量安全监管链服务产业链"线上直播

【进出口危险化学品和危险货物检验监管电子地图】2021年，深圳海关研究上线进出口危险化学品和危险货物检验监管电子地图，借助可视化平台，直观反映危险品种类、防范措施、储存要求、不合格信息、主要企业名称、预警企业信息、特别管控危险化学品进出口情况等重点业务数据，动态掌握关区进出口危险品质量安全情况，实现关区进出口危险品检验业务

的监测、预警和共享。

【**危险化学品辅助检验智能机器人**】2021年,深圳海关研发危险化学品智能查验机器人,配置一线危险化学品查验现场,可在口岸现场复杂危险工作环境下实现自动巡检、危险化学品标签和安全数据单远程查验,实现部分可燃气体、有毒气体的现场自动监测,提高危险化学品现场查验工作的安全性及自动化水平。

（撰稿人：刘佳铭　许　桦　李　威
　　　　　陈宏中　诸　锐）

口岸货运监管

概况

2021年，深圳海关优化查验机制，深化分层查验改革、试点"一车多单"查验改革、探索固体废物初筛嵌入查验流程、创新"机动查验+先期机检"，显著提升监管效能。持续优化营商环境，"湾区组合港"被列入国家首批营商环境创新试点改革项目，推进海运卡口智能化、"湾区海铁通"项目改革，助力"湾区号"中欧班列常态化运行，保障跨境物流稳定畅通。扎实推进安全生产工作，成立深圳海关及其所属海关两级安全生产工作领导小组，建立安全生产大检查机制，关区危险品储存场所全部退出。筑牢货运渠道检疫防线，在全国海关率先落实高风险岗位人员封闭管理，建立两级疫情防控管控体系，强化疫情防控监控检查，在全国海关首创应用远程5G智能检疫系统提升检疫效率、降低关员染疫风险。全年监管进出境货车560.9万辆次，监管进出境船舶3.3万艘次，监管进出境货机1.3万架次。

完善监管机制

【机动查验】2021年，深圳海关完善机动查验工作机制，制定深圳海关货运渠道机动查验操作指引，建立季度通报、年度考核工作机制和机动查验绩效评估机制。统筹关区"直属海关+隶属海关"两级机动查验力量，货运渠道出动人次同比增长25.6%，查发异常情事近千起。建立"机动查验+先期机检"模式，各陆路口岸海关机动查验队伍在监管区内随机挑查车辆过机检查，在查验现场实施集中审像，查获走私碎钻、药妆、名贵洋酒、手机、名牌手表等多宗案件。

【人工检查实训中心】2021年3月30日，深圳海关在深圳湾口岸正式启用"人工检查实训中心"。该中心是深圳海关打造的货运一线检查岗位实训基地，位于深圳湾口岸，占地2,300平方米。该中心将智慧海关理念融入建设，通过打造"一二三四五"实训体系（围绕海关"中心工作"一个目标，融合"线上+线下"两种模式，融入"讲解+实操+互动"三种手段，涵盖"查验+检验+检疫+运输工具检查"四个条线，搭建"集中授课、设备实操、专题实操、模拟检查、初筛实验室"五个区域），实现全程无纸化教学；搭建实操区全真实战化操作场景，提供沉浸式实操体验；采用小班制教学模式，可同时容纳30名学员参加实训。

【固体废物初筛嵌入查验流程探索】2021年，深圳海关探索固体废物初筛嵌入查验流程，在口岸查验现场设立初筛实验室，配备再生塑料颗粒"五合一"初筛设备等专业设备，实现对颗粒性状、粉末、夹杂物、放射性、有害元素、有毒刺激性气味的综合判定，初筛异常有效率100%。

物流模式改革

【"粤港澳大湾区组合港"模式】2021年，深圳海关持续推进"深圳枢纽港+珠江沿线支线港"的"粤港澳大湾区组合港"模式拓展，与广州、珠海、中山、东莞、佛山、肇庆等多个城市港口实现联动。按照多式联运"一单到底"理念实施协同监管，从枢纽港进出口的货物可以在支线港一次性办理港口手续及海关通关查验手续，实现城际港口间物流协同和无缝衔接，在"功能组合、水路转运、数据协同、港口合作"上实现"多港合一"。新增启动实货运行线路12条，全年运行货物9.2万标箱，同比增长近3.5倍。"粤港澳大湾区组合港"被列入国家首批营商环境创新试点改革项目、2021年跨境贸易便利化专项行动复制推广项目，并纳入深圳市建设中国特色社会主义先行示范区2021年工作要点。

【"湾区海铁通"】2021年，深圳海关推出"湾区海铁通"项目，依托平盐铁路，推动中外运平湖物流中心与盐田港"场港联动+海铁联运"。推进物流一体化平台建设，集成海关监管、场站卡口、铁路运输、港口作业等全链条数据，实现"数据流、轨迹流、视频流"物流全链条实时管控，建成全关区进出口物流快速调拨模式。项目实施后，总体压缩货物转场滞港等待时间2~5天，出口货物1,102标箱，货值1.8亿元。

▲2021年8月26日，深圳海关所属笋岗海关助力"湾区海铁通"班列首发

【海运卡口智能化改革】2021年，深圳海关推进海运卡口智能化改革，实现海运出口提前申报集装箱货物在进闸卡口自动提示查验信息、自动推送调柜指令、自动判断并推送查验和场地信息，提升海运

港口周转效率，满足港口 24 小时运作需求。9 月 9 日，完成首票海运卡口智能化改革实车测试，实现码头进闸数据提前对接、入闸卡口即时提示中控信息，单票查验货物等待时间平均缩短 1 天以上。

【进口货物"船边直提"、出口货物"抵港直装"】2021 年，深圳海关推进进口货物"船边直提"、出口货物"抵港直装"改革，协调企业前置船公司提单交接等手续，推动码头公司做好"船边直提"拖车行驶路线、停靠位置等规划，提前申报、海关放行后，进口货物卸船直接提离、出口货物直接装船离境。在"i 深圳"App 开发"直提直装"业务线上办理模块，实现与码头联动对接，企业可无纸化在线办理"直提直装"业务。

口岸安全生产

【关区安全生产机制建设】2021 年，深圳海关建立完善关区安全生产工作机制，各部门单位全覆盖建立安全生产工作领导小组。建立安全生产责任制定期述职制度，每年两次组织隶属海关单位一把手向关领导现场述职或书面述职。建立安全生产风险隐患常态化排查机制，细化梳理 10 方面安全生产排查要求，形成各领域安全生产风险隐患排查表对照开展风险排查。推动关区监管场所优化整合，实现海空口岸涉危存储区域全面退出，减轻现场海关安全生产监管责任压力。建立关区超期存储危险品定期排查清理制度，全年监管区内超期存储危化品实现"动态清零"。

【核生化有害因子监测】2021 年，深圳海关制订货运口岸核辐射监测全覆盖工作方案，加强口岸进出境监管对象放射性物质监测。推进核辐射监测设备联网改造工作，对各口岸固定式核辐射监测设备进行信息采集，实时数据入网，依托核辐射监测应用系统对全关核辐射监测情况进行实时掌控。做好一线监管人员核生化有害因子监测工作业务培训，组织开展涉及核生化监测相关业务培训及涉恐演练 30 余次。核实处置核辐射报警 236 次，制发处置单 18 票，退运核辐射超标货物 4 批次。

口岸物流监管

【进出境运输工具监管】2021 年，深圳海关不断强化进出境运输工具监管，严格按照布控指令开展进出境船舶、航空器登临检查，在公路口岸全面上线推广应用驾驶员智慧验放设备及 5G 远程智能检疫设备，在海运口岸应用 5G 远程智能检疫系统，实现无接触式登临检疫，做好新冠肺炎疫情防控相关工作。年内监管进出境货车 560.9 万辆次、进出境船舶 3.2 万艘次、进出境货机 1.3 万架次。

货物监管

【货物口岸检查】2021 年，深圳海关优化"一车多单"查验作业模式，制定优化布控模式、规范装箱单申报、异常逐步升级作业等措施，选取部分高资信企业开展改革试点。加强大型集装箱检查设备应用，推动扩大智能审图系统可识别商品清单，加大对审像关员技能实训，探索将智能审图嵌入审像作业流程，机检直放率同比提高2.7个百分点。

【口岸货物新冠病毒防控】2021年，深圳海关坚持"人物同防"，按照总署布控指令要求做好进口冷链食品、高风险非冷链集装箱货物新冠病毒监测检测和预防性消毒监督工作，依托两级管控体系对作业现场个人防护、作业规范等方面开展全天候、全时段视频监督，通过岗前提醒、事中监督、事后复盘等持续强化制度执行刚性，针对薄弱环节定期提醒开展专项监督检查，定期开展联合检查和集中研讨，定期制发问题通报，并组织开展"回头看"，确保疫情防控各项规定落实落细落到位。

【集中封闭管理】2021年，深圳海关制订疫情防控高风险岗位工作人员封闭管理方案，成立机关及隶属海关两级工作专班，明确职责分工及工作要求，率先在全国海关完成高风险岗位人员封闭管理，年内保障集中封闭管理14批次、3,369人次。发挥党建引领作用，加强临时党组织建设，成立7批次、64个临时党支部，严格落实各项组织生活制度。建立健全集中封闭管理制度，建立处级领导进驻带班制度和集中封闭管理场所驻点联络员值班值守制度，完善应急处置工作指引和工作台账规范化建设指引，落实"一批次一台账"。开展现场调研50次、台账检查12次、系统抽查12次，督促相关单位落实各项封闭管理要求。

场所（场地）监管

【场所（场地）监管】2021年，深圳海关持续推进监管作业场所（场地）规范化管理。严格落实"双随机、一公开"监管，制定工作规范，明确监管作业场所（场地）巡查频率、巡查方式、内部复核、安全防护、巡查记录、结果公开等要求。对关区监管现场监控摄像头提示标识规范性进行全覆盖检查，规范场所（场地）建设。建立"视频监控+现场巡检+实地抽核"管控机制，严密、规范关区海运口岸货运监管作业场所行政通道管控。推进指定监管场地规范化管理，指导盐田港进境肉类指定监管场地顺利通过总署验收，关区5个进境原木指定监管场地完成达标整改并纳入总署名单。修订深圳海关监管作业场所行政许可操作规程，规范深圳关区监管作业场所行政许可和监督管理，办理行政许可业务35票。

特殊监管方式

【市场采购贸易监管】2021年，深圳海关联合地方政府建设市场采购贸易联网信息平台,完成信息平台与总署"单一窗口"数据校验工作,协助地方推动深圳市市场采购试点顺利落地。深圳关区以市场采购方式申报出口报关单230票,货值1.1亿元。

(撰稿人:朱连生　庄雅婷　孙志亮
　　　　杨佳旺　李思嘉　张松峰
　　　　陈　灏　周　岩　梁定康)

行李邮递物品监管

概况

2021年，深圳海关聚焦保安全、强监管、优服务三个重点，做好行李邮递物品监管工作。抓好行邮渠道疫情防控，推动完善旅检现场常态化疫情防控机制，加强寄递渠道"人物同防"，做好入境航空器终末消毒监督。建立打击治理"水客"走私长效机制，构建内外联动打私体系，强化打击"水客"走私综合治理，依托联合研判工作站提升寄递渠道打私水平，开展跨境电商进口走私"断链刨根"专项整治，保持正面监管高压态势。开展寄递渠道审单集约化改革，实现人力和监管资源的有效整合，通过智慧监管、畅通物流、助企纾困等系列措施推动跨境电商健康、有序、高质量发展。深化行邮渠道智能化改革，推广5G智能检疫设备，升级5G智能单兵应用，深化CT智能审图运用，开展旅客风险联合分析研判平台建设，打造智能高效的通关模式。开展口岸改造、口岸新建工作，配合地方政府完成福田保税区一号通道旅检场地建设，参与皇岗口岸重建、沙头角中英街第二通道建设、南澳客运码头新建工作，参与监管模式、场地布局等研究设计，助力深圳市"双区"建设。

行李物品监管

【进出境旅客口岸现场检疫监管】2021年，深圳海关通过严密流程管控、严格制度落实抓好进出境旅客口岸疫情防控工作。完善常态化形势下口岸疫情防控机制，制发10余份文件优化检疫通关流程细节，依托两级监控落实常态化抽查、定期通报、实时整改机制，确保进出境旅客口岸检疫监管措施执行有力。优化旅客检疫通关模式，在机场、深圳湾、蛇口口岸陆续上线智能检疫设备，完成深圳宝安机场海关旅客分流转运点和国际入境旅客现场两次搬迁工作，对深圳湾通关流程再造，优化旅检监管模式，提高流程控制效率。密切联防联控机制配合，与香港海关、边检、地方指挥部加强联系配合，与口岸相关部门积极协调联动，有针对性地做好监管资源调度和检疫工作安排，确保现场检疫通关有序顺畅。全面做好硬件保障，通过试点远程流调系统、封闭采样方舱、封闭式行李查验进一步升级安全防护措施，最大限度降低交叉感染风险。完善口岸应急处突快速响应机制，针对性制订更新完善疫情防控、暴力抗法等方面应急预案，开展旅检现场反恐桌面推演及应急处置培训，进一步提高干部专业化、规范化应急处突能力，确保旅检口岸防疫和通关平稳顺畅。

【打击治理"水客"走私】2021年，深圳海关建立打击治理"水客"走私长效机制，加强与地方政府、香港海关、拱北海关的沟通协调、信息共享，及时掌握走私态势，加强"水客"风险特征总结提炼。推进"智慧旅检"建设，运用5G智能单兵、太赫兹等科技设备实现精准识别、有效预警，初步形成"采集—分析—布控—推送—拦截"五位一体高风险旅客拦截体系，制订"一口岸一策"细化打击"水客"走私方案，针对疫情防控形势下打击"水客"走私工作进行专项培训，组织实操性训练，提升关员精准查发能力和现场迅速响应能力。积极配合地方公安、市场监管、税务等部门开展专项整治，形成打私综合治理格局，实现"打头挖根断链"执法效果。年内开展打击治理"水客"走私专项行动4轮11次，打掉"水客"走私团伙约70个。

【行邮渠道实训基地建设】2021年，深圳海关推动旅检实训基地、客运运输工具查验实训基地建设。在罗湖口岸开展旅检实训基地建设，初步完成硬件设施建设，以"现实+虚拟"模式全景还原旅客过关、行李过机、通道挑查等旅检工作现场工作场景，形成科学、规范的学习课程体系以及交流互动体系，聚焦实战能力，开展体验式教学，在业务现场组织实操性训练，提升现场调度、指挥、监控、处置能力。在深圳湾口岸科学规划教学场地，依托现代化科技手段，通过建设模拟卡口、采购实车教具、开发培训系统，采取"线上系统+线下教程"深度协同教学模式，形成科学、规范的学习课程体系以及交流互动体系，打造"查验过程实景化、查缉走私实战化、教学互动实时化"的特色客车查验实训基地，增加关员培训现实感、参与感、获得感，帮助一线关员不断提升自身技战水平，提高查验效能。12月27日，深圳海关完成"深圳海关客运运输工具查验实训基地"的验收工作。

快件邮件及跨境电商监管

【寄递渠道疫情防控】2021年，深圳海关严格落实寄递渠道"人物同防"要求，按照总署要求做好高风险非冷链货物物品的采样检测、监测及预防性消毒，对工作人员安全防护措施落实情况进行有效监督，督促快邮件监管场所强化从业人员落实疫情防控管理要求，确保寄递现场防疫安全。

【审单集约化改革】2021年，深圳海关开展寄递渠道审单集约化改革，集约人力、设备等监管资源，将原来分散在龙岗、惠州、蛇口、邮局4个现场海关的业务集中至邮局海关，实现跨境电商清单审单、汇总报关单放行结关、简化申报与海外仓企业备案等"一站式"办理。建立跨境电商专业审单队伍，规范审单工作流程及操作要求，提升企业规范申报意识及规范管理水平，关区整体退单率降至2.6%。完善寄递渠道"事前规范申报、事中重点审核、事后批量分析"风险管理模式，依托关企线上沟通渠道，让"数据多跑路，企业少跑路"，有效减轻企业负担。

▲2021年4月1日，深圳海关启动跨境电商审单集约化改革

【跨境电商业务发展】2021年，深圳海关推动跨境电商业务快速、规范、高质量发展。构建与跨境电商新业态相适应的监管模式，依托联合研判工作站实现一体化风险防控，建立"口岸+属地"联动机制提升电商货物查验效能，通过CT智能审图、智能仓库、智能分拣系统等先进设施，保障跨境电商货物即到即卸即验。"海陆空铁"全链条畅通物流渠道，全力支持新增航班、航线，依托中欧班列实现空铁联运，助力跨境电商货物顺畅"出海"。服务跨境电商企业拓展业务，面向企业开展跨境电商企业对企业（B2B）政策宣讲和海外仓业务流程解读，鼓励符合条件的企业参与试点，提供简化申报与海外仓备案手续"一站式"服务。以"关企互动直播间"线上宣讲方式开展政策宣讲，引导企业合法合规经营。制订专项工作方案，保障业务高峰期跨境包裹快速通关。

【联合研判工作站】2021年，深圳海关在所属邮局海关深化完善联合研判工作站建设，进一步整合缉私、风控、现场等优势资源，汇集多方数据信息，依托"线索一口收集、分析一体转化、联动一同出击"工作机制，推动形成寄递渠道快速联动打私模式，实现联合作战"短平快"。建立线索极速推送机制，密切内外协作，拓展兄弟海关、地方部门情报资源及专业战法优势，加强与重点目的地国家或地区海关、公安等部门的执法合作，实现摧网断链、围歼团伙的打击效果。全年，联合研判工作站查发典型案例255宗，查获《中华人民共和国生物安全法》实施以来全国海关首宗涉濒危动物刑事案件。

▲2021年12月1日，深圳海关在寄递渠道联合研判工作站开展业务研讨

【跨境电商进口走私"断链刨根"专项整治行动】2021年，深圳海关扎实开展跨境电商进口走私"断链刨根"专项整治，依托联合研判工作站多方协同综合研判，组建跨境电商税收风险联合研判专家组，聚焦"渠道、企业、商品"三张清单，对关区主要跨境电商企业实施关联性分析。专项整治行动自6月开展以来，截至12月底，查办跨境电商走私案件63宗，涉及案值1.5亿元。

智能化改革

【5G远程智能检疫设备研发推广】2021年，深圳海关在旅检渠道设计研发5G远程智能检疫设备，于8月初陆续在海陆空旅检现场正式启用。该设备可自助完成证件读取、健康码扫描、红外测温、"一码通"条码打印等检疫作业流程，平均通关时间压缩至5秒，并将旅客健康申报数据实时推送至地方"一码通"平台，实现对入境人员全程信息化作业、全程数据实时共享、全程闭环管理。该设备的运用改变了传统的旅客和关员"面对面"检疫方式，有效实现了"压、降、升"三个转变，即压缩旅客等候时间、降低关员与旅客交叉感染风险、提升旅客通关效率。

▲2021年8月3日，深圳海关在深圳湾口岸上线5G远程智能检疫设备

【5G智能单兵深化应用】2021年，深圳海关升级5G智能单兵设备，打造国门执法"智慧眼"。将5G智能单兵升级为2.0版本，打通6个业务系统，充分采集数据信息进行多维度交叉分析，构建监管对象的全景画像，提升风险定位识别能力。将传统单兵"PAD+执法记录仪+外接设备"三件套升级简化为"5G平板+智能眼镜"两件套，提升设备实用性、联动性。利用5G通信高带宽、低时延等优势，结合人脸识别、车牌识别技术对重点旅客、车辆进行识别，有效预警时间压缩至1秒以内，快速指导关员实施有效拦截，形成"机动防线"。5G智能单兵项目入选中国海关第一批"三智"国际合作示范

项目。

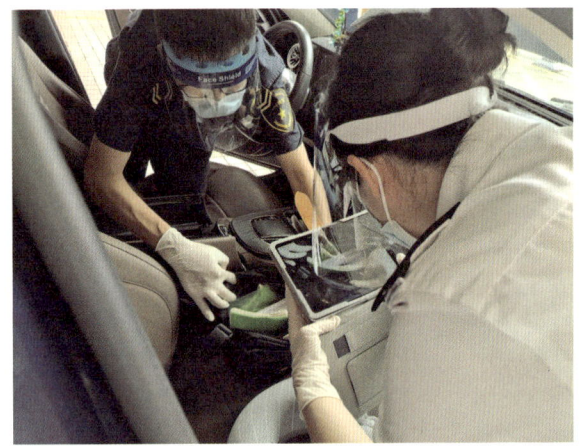

▲2021年8月20日，深圳海关客运渠道5G智能单兵2.0版上线运行

【CT智能审图】2021年，深圳海关深化CT智能审图运用，在寄递渠道CT设备上全面部署智能审图系统，通过提炼走私手法、优化审图算法，对快邮件商品实施自动识别预警，对海量包裹"自动审图、自动报警、自动下线"，平均每票货物从上线到放行耗时仅22秒。全面实施"非侵入式查验"模式，提升包裹快速验放能力。应用CT智能审图系统审图1,218万幅，依托CT智能审图系统查获毒品、枪支及配件等典型案件255宗。

（撰稿人：喻景彬）

政策研究与统计

概况

2021年，深圳海关不断深化"数据+研究"职能，强化政策研究力度、提升数据分析水平、夯实海关统计基础、加强数据安全管理，推动关区政策研究及统计工作高质量发展。聚焦服务中央决策和重大战略，立足"双区"建设，加强宏观经济和外贸进出口情况分析，多篇数据分析报告获上级领导批示。稳步推进署级课题研究，报送政策研究报告获上级领导肯定，一批课题研究成果在多项征文中获奖。加强统计数据质量管控，牵头全国海关贸易统计数据最终复核，开展数据质量"前、中、后"全流程控制体系建设，在全国海关复制推广。梳理关级系统数据资产，在全国海关率先完成直属海关关级系统业务数据分类分级实践。落实关地合作协议，提供深圳市、惠州市分行政区划外贸统计数据，服务地方外贸管理需要。

政策研究

【课题研究】2021年，深圳海关围绕对外贸易、产业经济、疫情防控和海关管理等多个领域重点难点问题，开展署级、关级课题研究。牵头完成3项、参与完成15项署级课题，其中1篇课题成果获评广东分署、中国海关学会广州分会"推进外贸高质量发展"论文评选一等奖。制定关级课题研究管理办法，开展46项关级课题研究，评选"十佳课题""人气课题""政研新秀"；多篇课题研究成果获上级领导及广东省、深圳市领导批示，获署级内部刊物采用13篇。参与全国海关"十四五"规划编制，多项建议被总署采纳；制定关区419项贯彻落实《"十四五"海关

▲2021年8月11日，深圳海关统计分析处一行到深圳市科技创新委员会开展课题研究和调研

发展规划》意见细化措施。推动组建覆盖全关区、涵盖全业务类别的分析研究队伍，建立拥有190余名成员的关区分析研究人才库，参与宏观经济研究和专题课题研究工作任务。

统计调查

【中国外贸出口先导指数】 2021年，深圳海关组织辖区内256家出口先导指数调查样本企业开展先导指数问卷调查12次，对调查结果及企业反映问题进行分析研判和处置，撰写关区出口先导指数调查运行报告，为促进外贸保稳提质提供决策参考。

【跨境电商统计调查】 2021年，深圳海关组织辖区内35家跨境电商样本企业参与总署跨境电商调研测算，参与完成海关总署和国家统计局在深圳市开展的跨境电商联合调研，协助总署完成跨境电商海关统计方法及数据公布等事项相关工作。

【进口货物使用去向统计调查】 2021年，深圳海关成立统计调查联络员队伍，组织辖区内191家企业参与总署进口货物使用去向统计调查，联系并指引样本企业填报调查问卷，收集整理企业提出问题建议，汇总报告总署，为编制我国2020年投入产出表提供基础性统计资料。

贸易统计

【统计数据审核】 2021年，深圳海关开发构建关区贸易统计数据审核模型，加强参数智能化提炼，审核关区报关单记录1,135万条，下发核查3,102条，关区数据准确率达到99%以上。牵头开展全国海关出口疫情防控物资统计数据审核工作，多次纠正出口口罩、防护服等申报错误，确保出口防疫物资统计数据质量。作为全国海关统计数据质量控制中心工作机制审核中心组长单位，牵头全国海关贸易统计数据最终复核工作，建立并推广数据审核作业规范和20个标准化作业清单，将统计数据质量控制工作重心从单条报关单记录审核逐步转向"宏观、中观、微观"三级管控，全年审核全国进出口大金额、大数量、禁止类等重点数据36万条，确保海关统计数据真实、准确、全面、及时。

【"智慧统计"项目应用研究】 2021年，深圳海关与深圳大学大数据实验室开展新技术应用合作，研究开发地方外贸分行政区划统计模块，强化多维度、个性化数据报表定制服务能力，实现深圳市、惠州市外贸数据分区统计。

【统计数据质量监督】 2021年，深圳海关组织修订管控不实贸易相关作业规范，定期分析研判管控方向和目标，建立并动态维护高风险企业和商品"两个清单"，制定细化4个工作指引，组织开展专题培训，出台多项措施加大关区不实贸易管控力度。开展对黄金简单加工进出口、白银手镯出口异常增长等异动数据的监控和处置，挖掘多条缉私线索，成功破获1起案值数亿元的出口某品牌手机骗税案件。关区4个集体、5名个人分别获评国家税务总局、公安部、海关总署、中国人民银行等四部委打击虚开骗税违法犯罪两年专项行动成绩突出的集体和个人；3个集体、7名个人分别获评国家税务总局、广东省税务局等五部门打击虚开骗税违法犯罪专项行动先进集体和个人。

业务统计

【统计指标完善】2021年，深圳海关完善业务统计自设指标，增加进出境货运车辆指标，规范海运进出境集装箱指标统计口径，全面反映关区业务运行状况。参与完成总署海关新型业务统计指标体系建设中检验检疫基础数据提取、指标运算业务逻辑设计、系统报表模板编制等工作。

【数据质量管控】2021年，深圳海关探索业务统计数据质量管控新方法，构建标准化和规范化的业务统计数据审核模式，开展异常波动数据指标溯源核查。通过线上培训、跟班培训、电话答疑等方式提高基层海关业务统计岗位工作人员业务能力，提升整体数据审核工作水平。全年审核业务统计数据8.9万条，开展数据核查100余次，关区业务统计数据准确率保持在99%以上。

【业务运行监测】2021年，深圳海关开展月度货运量、集装箱和运输工具等主要业务指标监测分析，撰写分析材料12期。作为总署"重点商品和业务运行异动监测机制"成员，开展全国重点进出口商品及业务运行异动监测，重点监测煤炭和天然气等大宗商品进口、"两高"产品出口等情况。

【业务分析深化】2021年，深圳海关针对苏伊士运河堵塞、深圳市"5·21"疫情、海运集装箱运价高企等社会经济热点，结合关区业务运行态势开展业务统计分析，为海关业务改革和发展提供决策支持。

统计数据运用和管理

【数据安全管理】2021年，深圳海关稳步推进数据安全管理和数据合规使用工作。通过组织专题学习、全员培训、理论研究等活动，强化数据安全管理宣传教育。根据总署业务数据分类分级标准，建立深圳海关关级系统数据资产清单，在全国海关率先完成关级系统业务数据分类分级工作。

【报关单申报项目调整】2021年，深圳海关牵头负责总署2020版报关单申报项

▲2021年5月11日，深圳海关统计分析处一行到深圳海关所属皇岗海关开展调研活动

目调整中的"报关单结构（版式）调整"工作，完成2020版进出口货物报关单和进出境货物备案清单版式设计任务。

【服务外贸发展】2021年，深圳海关聚焦国家经济安全、地方产业发展加大外贸调研力度，强化进出口监测分析和形势研判。开展企业调研800余家次，报送分析报告350篇，多篇报告获上级领导及广东省、深圳市领导批示，部分政策建议转化为地方稳外贸措施。参与总署重点产品调研、中国外贸情况分析等重大专题工作，监测分析中国与"一带一路"沿线国家（地区）、欧盟等主要贸易伙伴粮食、铁矿砂、新能源等主要产品的进出口情况。联合全球贸易监测分析中心（广东）成员单位，开展粤港澳大湾区外贸监测。监测关区外贸重点产业、重点产品、重点企业进出口变化，每月开展深圳市、惠州市外贸进度分析，研判关区外贸形势。在深圳海关门户网站主动向社会公众发布深圳市、惠州市外贸数据报表、统计分析文章等100余篇次，通过新闻媒体解读外贸进出口数据情况。

（撰稿人：王晓丽　李松梅　吴剑平
　　　　　张　昱　陈致力　林素娜
　　　　　钱怡青　郭兴宇　曹海波
　　　　　廖耿楠）

企业管理和稽查

概况

2021年，深圳海关推进报关单位备案、注销便利化，为企业提供便利化优惠措施，实施企业协调员联动式服务，以查发问题为导向开展稽查业务改革，组织重大专项稽查行动，完善分类核查工作机制，构建规范统一的属地查检业务运行流程，健全完善外勤执法廉政防控体系。

截至2021年12月底，深圳海关备案企业16.3万家，同比增长14.1%。培育新增AEO高级认证企业63家，高级认证企业总数357家。办结稽查作业1,108宗、核查作业3,959宗，开展贸易调查10宗、主动披露作业459宗、属地查检作业5.4万宗。企业管理和稽查各项业务绩效指标位居全国海关第一。

资质管理

【报关企业"许可"改"备案"】2021年，深圳海关贯彻落实国务院取消"报关企业注册登记"行政许可事项，利用门户网站、咨询电话、业务窗口、多媒体等多个渠道开展"全程无纸化""全程网办"政策宣讲，引导企业通过"单一窗口""互联网+海关""多证合一"等方式提交备案申请，报关单位"网办"比例达九成以上。

【报关单位全面纳入"多证合一"】2021年，深圳海关深入推进"放管服"改革，将报关企业备案纳入"多证合一"办理范畴，实现报关单位备案与市场主体登记"一窗受理、并行通办"。依托"深圳海关12360""海关发布""深圳市场监管"微信公众号等平台发布政策宣传指引，组织对3,000余家企业"点对点"开展主动服务引导，指导近500家企业通过"多证合一"办理备案手续。

【取消部分进口收货人备案】2021年，深圳海关按照总署发布的《关于取消进口肉类收货人、进口化妆品境内收货人备案的公告》有关改革事项要求，更新相关企业备案操作指引，联合报关协会、报检协会等社会组织举办政策宣讲会，向500余家企业宣讲海关改革措施。

【报关单位注销管理】2021年，深圳

海关依照国家市场监督管理总局、人力资源和社会保障部、商务部、海关总署、国家税务总局等五部门联合发布的《企业注销指引（2021年修订）》公告，修订出台企业注销办事指南，严格执行注销程序与时限要求，合规快速办理注销事宜，全年注销企业7,071家。

【做好报关单位备案管理新规实施准备】2021年，深圳海关做好总署《中华人民共和国海关报关单位备案管理规定》实施前各项准备工作，组织注册备案部门从规章体例、备案程序、经办要求等多方面开展政策解读及相关答疑工作，为新规实施做好准备。

信用管理

【AEO国际互认】2021年，深圳海关参与推进AEO国际互认，助力"一带一路"建设。受总署委托，开展与巴西AEO互认合作，推动中巴AEO国际互认安排实施。参与SAFE工作组信用监管国际互认规则制定等相关工作。派员参加澜湄国家海关政策联通线上研讨班和中东欧国家海关AEO线上研讨班，加强与AEO互认国家沟通交流。培育关区与"一带一路"沿线国家（地区）有贸易往来的24家企业通过海关高级认证。关区高级认证企业中与"一带一路"沿线国家（地区）有贸易往来的企业达158家，占关区高级认证企业总数的44.5%。

▲2021年9月2日，总署企业管理和稽查司、深圳海关联合召开中巴海关AEO互认安排实施磋商会

【海关企业信用管理制度改革】2021年，深圳海关作为海关信用管理制度改革工作专班成员，起草、修订操作规程、认证标准、企业指南等配套制度，《中华人民共和国海关企业信用管理办法》于9月13日顺利发布。

【"暖企计划"】2021年，深圳海关在2020年"优企计划"基础上，启动"暖企计划"，助力深圳外贸企业高质量发展。开展链式信用管理，对135家重点产业链的核心企业或集团企业优先开展培育和认证，引导上下游企业强化对认证标准的统一认识，将海关信用培育工作向产业链、供应链上下游辐射，推动形成高信用企业集聚效应。制定7大类30项高级认证企业通关便利化措施，包含优先办理、绿色通道、专人协调等，提高企业通关速度，降低企业贸易成本。

【深圳海关AEO高级认证实训基地】2021年，深圳海关升级打造AEO高级认证实训基地（以下简称"基地"），免费开展企业实训，提升关区企业合规管理能力。升级软硬件设施，实训终端增加至70个，图像捕捉场景增加至18个，实现中英文双语展示。依托基地实景，在中东欧国家海关AEO研讨班上在线向斯洛伐克、塞尔维亚、希腊、匈牙利和北马其顿等国家海关介绍基地情况，接待塞尔维亚、匈牙利、希腊等三国海关代表团到基地参观。基地获评2021年全国海关"'我为群众办实事'百佳项目"、深圳市"党建杯"机关创新创优竞赛一等奖和2021年深圳"劳模和工匠人才创新工作室"，作为"海关信用培训工作和培育工作的样板"被纳入总署培训体系。

服务企业

【帮扶措施】2021年4月13日和8月20日，深圳海关先后推出稳外贸稳外资措施2批28条，支持外贸企业高质量发展。主动对接有进出口活动的124家深圳市国家级专精特新"小巨人"企业，加强信用管理、技术性贸易措施、关税政策等方面的指导，帮助企业开拓"一带一路"国家（地区）等多元化国际市场。深圳海关支持企业复工复产帮扶行动荣获"第十八届深圳关爱行动百佳市民满意项目"。

【协调解决企业诉求】2021年，深圳海关实施企业协调员制度，企业协调员队伍由40人扩充至110人。开展中小微企业、高级认证企业受疫情影响情况等专项调研，涉及企业4,000余家，通过"中国海关信用管理"微信公众号、"深i企"诉求响应平台、企业协调热线等渠道收集外贸企业在进出口活动中遇到的问题，研究提出解决方案。

【政策宣讲与关企合作】2021年，深圳海关打造"关企互动直播间"政策宣讲品牌，开展线上、线下活动13期，为外贸企业解读主动披露、技术性贸易措施、知识产权等海关最新政策，惠及企业6,000余家。加强关地合作，联合深圳市商务局、税务局等开展市场采购政策宣讲，帮助中小微企业提高守法合规水平，用足用好政策红利。

▲2021年4月26日，深圳海关通过"关企互动直播间"对企业开展集成电路产业海关监管政策宣讲及合规引导

稽查业务

【稽查业务改革】2021年，深圳海关贯彻落实总署稽查改革工作部署，制定改革方案及机动稽查、贸易调查、快办案件、稽查人才库等4项改革配套制度，修订引入中介、审核规程、网上稽核查等3

项工作制度。围绕稽查重大查发的目标优化、完善后续监管体制，构建以促进稽查查发打击效能为导向的新型稽查"选、查、审、处"工作机制。

【重大专项稽查】 2021年，深圳海关围绕国门安全、税管征收、检验检疫等领域，组织开展专项稽查，加强指令下达前的联合分析研判，组建"砺剑"稽查组，强化作业中稽查部门与风控缉私部门联系配合，延伸和优化稽查作业链条，提升稽查打击力度，对违法企业形成有效震慑。全年组织开展行业性专项稽查行动13个，刑事立案43宗。

【"互联网+网上稽核查"】 2021年，深圳海关全面深化应用"互联网+网上稽核查"监管模式，通过建立应用模型，对抓取的企业ERP数据开展监管应用，为对接企业提供相关通关便利，实现企业规范管理。辖区内118家企业与海关对接系统，实现关区主要加工贸易、保税仓储物流、一般贸易供应链龙头企业全覆盖。12月，总署正式上线以深圳海关"互联网+网上稽核查"系统为设计原型的全国版"互联网+稽核查"系统。

【稽查实训基地】 2021年1月，深圳海关稽查实训基地暨企业规范管理示范基地正式投入使用。完成19期稽查干部"一站式"稽查业务培训。组织企业通过网络平台线上参观示范基地，体验海关稽查场景，为500余家企业提供培训服务。升级建设基地法治长廊、法治沙龙室等多个法治宣传教育主题设施，基地获评2021年"深圳市法治宣传教育四星级基地"。

核查业务

【核查标准化建设】 2021年，深圳海关协助总署对涉及商检、关税、统计及企管业务的13个核查项目的作业标准进行全面评估和修订完善，推进核查执法行为规范统一。

【核查分类改革】 2021年，深圳海关推进核查分类改革，对风险类和管理类核查指令实施不同作业管理模式，提升核查管理效能。发挥风险类核查"短平快"检查优势，查发关区企业经营异常情事，综合运用移交缉私、移交内勤办理等方式开展处置。优化管理类核查作业模式，多部门联合统一制订计划、下达指令，运用优先实施、捆绑实施等作业方式，加强指令统筹调度，突出管理类核查"日常体检"功能，推进企业管理体系整改完善。全年办结风险类核查757宗，管理类核查3,202宗。

【重点领域核查】 2021年，深圳海关推进跨境电商、进境粮食、保税进口水貂皮等重点领域专项核查，强化行业风险分析，创新"网上巡查"工作方法，发挥"稽查—核查—查检"执法联动机制，保持打击违法活动高压态势。全年专项行动排查出跨境电商企业、平台网址异常信息2,000余条，查发进境粮食、水貂皮违法违规情事2宗，其中加工贸易走私水貂皮违法情事为2018年海关机构改革以来关区核查部门查发的首宗走私刑事案件。

【联合执法】2021年，深圳海关分别与深圳市、惠州市市场监管局建立"双随机、一公开"联合执法工作机制，完善联合执法"一单两库"（"一单"指随机抽查事项清单，"两库"指市场主体名录库、执法检查人员名录库），开展跨部门联合执法，实现"进一次门、查多项事"。拓宽执法结果公开渠道，自主开发"i深关"功能模块并嵌入地方"i深圳"平台，便利企业和社会公众掌握海关业务办理情况，确保执法结果公开透明。全年与地方市场监管局对18家出口食品、化妆品、竹木草制品生产加工企业开展实地检查，对企业生产经营过程中的不规范事项提出现场整改意见。

▲2021年5月，深圳海关与深圳市市场监督管理局开展"双随机、一公开"联合执法

审核监督

【"审核标准化"改革】2021年，深圳海关开展"审核标准化"改革。针对稽查送审、"简快案件"判别与处置、审核流程、审核内容4个部分建立作业规范。制定审核报告参考模板、证据材料清单及法律依据、审核指南与负面清单等内容。

【稽查部门直接办理"简快案件"】2021年12月1日，深圳海关启动稽查部门直接办理"简快案件"改革。通过细化办理操作指引，建立移交与处置参考标准，制发指导意见书，科学指导一线关员办案。创新应用深圳海关"互联网+"移动办案模式，"受理立案—调查审理—送达执行"全流程线上办理。12月9日，深圳海关所属笋岗海关办结关区首宗稽查部门自主办理"简快案件"。

【防控业务廉政风险制度建设】2021年，深圳海关对企业管理和稽核查业务工作中易发生廉政风险环节进行梳理排查，围绕制度、科技、监督、教育4个方面修订出台防控业务廉政风险12项制度。

【全过程执法监督体系】2021年，深圳海关构建"事前—事中—事后"全过程执法监督体系。突出事前预防，对稽核查作业准备、实施、处理各环节12类风险进行详细"画像"，结合典型案例对执法人员进行提醒教育。强化事中管控，针对执法过程中的重点环节和重要动态，通过跟踪督办、系统管控、线上抽查、实地检查、个案汇报等方式，加强执法过程中的监督指导。加强事后检查，建立"直属海关—隶属海关—基层科室"三级执法检查体系，依托数据分析确定监督重点，统筹开展专项执法检查。

属地查检

【属地查检改革】 2021年，深圳海关开展属地查检业务模式改革，试点实施"由企及物"监管模式，将从事出口竹木草制品、食品、饲料、特殊物品及工业用食品添加剂等业务的135家企业纳入改革。开展"一站式"进口属地查检作业方式探索和试点，在企业自愿、货物可携带前提下，允许企业将符合条件货物全数运至属地集中区域实施查检。优化出境特殊物品、出境水果、进口机载设备、高新技术企业法检设备及料件属地查检方式，探索"并联作业""视频+现场""合格保证+验证"等作业方式。

【属地查检运行规范体系建设】 2021年，深圳海关加强属地查检运行规范体系建设，完善属地查检业务运行机制。按照"选、查、处"分离原则调整属地查检业务流程，制发属地查检作业指引及视频作业指引，规范作业全过程。建立属地查检作业执行情况日常监控制度，编制日常监控表单，增设未及时接单内控节点，监控抽查作业规范性、时效性，确保制度落实到位。

【属地查检智能化建设】 2021年，深圳海关开发上线属地查检智能随机模块，建立"作业类型+专业资质"二维随机选人机制，按照专业资质要求随机选取属地查检执法人员。开发智能登记、智能排期系统模块，确立以顺位排期为主、集约下厂和特殊情况加急为辅的智能排期规则，企业通过"i深圳"或"掌上海关"App线上向海关提出属地查检作业申请，海关线上接收申请并实现系统自动排期。开发上线企业信用管理子系统（深圳海关）涉检外勤模块，实现18项属地外勤作业"进系统、留痕迹、可追溯"。

【属地外勤作业疫情防护】 2021年，深圳海关制定属地外勤作业疫情防护及安全生产指引，明确13条疫情防控和7条安全生产措施，编制属地海关外勤人员个人防护标准对照表，建立属地外勤作业疫情防控工作台账，加强事前评估、事中防护和事后监督，构建"评估+防护+监督"体系。

（撰稿人：朱昱龙　庄一成　刘　杰　
刘诗敏　李志辉　张　飞　
陈囿兆　郭晓涵　曹明园　
彭君切）

查缉走私

概况

2021年，深圳海关坚决贯彻落实习近平总书记关于打私工作的重要指示批示精神，紧盯"中央关注、社会关切、群众关心"的突出走私问题，开展"国门利剑2021"联合专项行动，在关区主要旅检口岸因疫情暂停服务的情况下，侦办走私罪案460起，同比增长14%，排名全国缉私系统第一，案值101.8亿元；查办走私行为案件1,831起，排名全国缉私系统第三，案值6.3亿元；查办违规案件1.1万起，排名全国缉私系统第一，案值83.7亿元。在高频度、大规模行动中做到了"打胜仗、零感染、零事故"。

打击涉税走私违法犯罪

【打击"水客"及"水客货"走私】 2021年，深圳海关开展打击"水客"及"水客货"走私专项行动6轮12次，高频次、滚动打击钻石、化妆品、电子产品等走私。围绕行邮、货运、非设关地等重点渠道开展打击行动，立案侦办"水客""水客货"走私犯罪案件206宗，案值62.1亿。其中，"使命2021-25"打击"水客"走私专项行动现场查获涉嫌走私入境的高档手表70余只，价值近1亿元，为近年来查获现货价值最高案件。

【打击重点涉税商品走私】 2021年，深圳海关连续开展多轮针对精密测量仪器、洋酒、汽车零配件、医疗美容器械等行业性低报价格走私专项打击。立案侦办涉税走私犯罪案件336宗，案值93.4亿元，涉税17.3亿元。组织开展打击电子产品等重点涉税商品走私专项行动7次，出动警力1,300余人次，抓获犯罪嫌疑人124名，打掉手机、相机、笔记本电脑、集成电路芯片走私团伙35个，查扣手机2,000余台、半成品笔记本电脑约15万台、集成电路芯片15万余个，案值15.3亿元，涉税1.8亿元。

【打击跨境电商渠道走私】 2021年，深圳海关加大跨境电商渠道走私犯罪活动打击力度，深入开展跨境电商进口走私"断链刨根"专项整治行动，维护通关贸易秩序，促进新兴业态健康有序发展。立案侦办跨境电商走私犯罪案件8宗，案值2.7亿元，涉税3,819.6万元。4月14日凌晨，开展"使命2021-9"打击跨境电商走私专项行动，出动警力210余人，在广东深圳、广州、河源等地同步开展查缉抓捕行动，一举摧毁1个利用跨境电商渠道伪报贸易性质走私进口化妆品、奶粉等商品的走私链条，抓获嫌疑人17名，现场查扣涉嫌走私的各类化妆品价值约1,500万元，立案案值逾2亿元，涉税2,000余万元。

打击非涉税走私违法犯罪

【打击"洋垃圾"走私】2017年，我国正式颁布《禁止洋垃圾入境推进固体废物进口管理制度改革实施方案》。2021年1月1日起，全面禁止进口固体废物。2021年，深圳海关对"洋垃圾"走私持续高压严打，共刑事立案18起。在2020年侦办"污油水"走私案件成功经验的基础上，对关区内"污油水"走私活动开展滚动打击。9月18日，对涉嫌走私"污油水"的深圳某公司立案侦查，涉案"污油水"超1万吨，查证废塑料等固体废物750吨。

【打击象牙等濒危物种及其制品走私】2021年，深圳海关侦办罪案31起，查获象牙制品、穿山甲鳞片、犀牛角制品等涉案物品133.5千克，沉香手链、沉香手串、虎皮、羊角等制品及老虎尸体等共计6,262件。在打击野生动物犯罪"清风行动"中，连续破获多宗濒危动植物制品走私大案，首次查扣完整虎皮5张、老虎尸体1具，相关案件被总署列为"打击濒危物种走私典型案例"。另有穿山甲鳞片、犀牛角制品等各类濒危动植物制品174千克。

【打击文物走私】2021年，深圳海关会同深圳市公安局刑侦部门、深圳市文物研究所成立打击文物犯罪"113"工作室，建立"1+4"联合作战机制。开展专项行动，联合研判走私文物犯罪线索，深挖扩线后一举摧毁1个跨省文物走私犯罪网络，查获文物23件，其中国家一级文物1件、二级文物2件、三级文物1件、一般文物19件。

▲2021年5月14日，深圳海关缉私局开展"使命2021-13"打击走私专项行动，成功打掉1个跨省文物走私犯罪网络

刑事科学技术

【实验室综合信息管理新系统研发】2021年，深圳海关缉私司法鉴定中心率先在全国海关缉私系统研发实验室综合信息

管理系统。将繁琐的手工工作模式转化为统一的自动化工作流引擎，自动分配鉴定工作、自动判定鉴定结果、自动归档鉴定文书，达到鉴定业务协同开展、鉴定报告自动生成、鉴定流程精准回溯和鉴定数据智能复用效果，实现实验室信息化和智能化管理，降低实验室人员工作量和检验鉴定管理风险，提高实验室工作效率和质量控制水平。

【刑事科学技术能力建设】2021年，深圳海关缉私刑事技术部门创新培养模式，通过建立省内缉私刑事技术协作调研、实验室间比对平台，参加公安部、司法部、省公安厅等组织的一年一度实验室能力验证，开展内外部业务培训，引导干部针对技术前沿、技术疑难等方向开展技术研究，形成"实践—理论—实践"良性循环。

智慧缉私

【海陆空一体化缉私作战模式】2021年，深圳海关针对沿海非设关地走私活动特点，集成海陆空资源、手段、战法，探索构建海陆空一体化缉私作战模式，运用该模式，会同深圳、惠州地方执法部门在大鹏湾、大亚湾海域成功查发沿海非设关地走私案件40宗，其中刑事立案23宗，案值1.4亿元。

【"互联网+"行政案件智能办理系统】2021年，深圳海关结合新《行政处罚法》实施，继续深化"互联网+"移动办案新模式改革，实现由口岸一线向属地全面延伸。上线"行政案件智能办理模块""行政案件智能办理模块—简易程序和快速办理案件板块"，在全国海关率先实现普通程序案件和"一简一快"案件统一平台、智能化办理，办理普通程序案件3,189宗、"一简一快"案件1,443宗，总体办案时间缩减30%，案件办结率和执行完毕率100%，实现"减时间、优人力、减材料"效果，提升基层执法效率。深圳海关缉私局机关党委"党建引领科技赋能打造'互联网+'移动办案新模式"党建品牌获评中共深圳市直属机关工作委员会2021年度"党建+改革创新"优秀工作案例。

打击走私国际（地区）执法合作

【跨境控制下交付"深圳模式"】2021年，深圳海关践行"三智"理念，在联合研判工作"风险+情报+现场"模式基础上，接入多网数据搭建监控平台，根据毒品、濒危物种、武器弹药等不同类型物品，制定跨境控制下交付相应启动、执行机制，借助国际海关合作、警务合作、刑事司法协助和外交等途径，对走私违法行为实现联动打击，形成跨境控制下交付"深圳模式"，与13个国家（地区）执法部门开展控制下交付44次。11月30日，联合国环境署授予总署缉私局"亚洲环境执法奖"，表彰中国海关在与新加坡海关通过该模式联合打击走私濒危象牙案件中的贡献。

缉私法制建设

【缉私执法规范化建设】2021年，深圳海关大力推进缉私执法规范化建设。在刑事执法方面，加强法制部门与情报、侦查部门联动，开案前提出法制意见，参与指挥查缉、组织突审，将监督与审核功能前置，把好"证据关""程序关"和"法律关"。出台疫情期间强制措施、侦查终结后续事项处置等多项工作指引，与检法部门签订涉案冻品处置意见，与地方政府部门签订冻品归口地方处置办法，建立海关查获冻品归口地方处置机制。加强与检法机关沟通、配合，搭建"检察官办公室"等交流平台，增进与检法机关司法共识。在行政执法方面，承办办理行政处罚案件程序规定、行政处罚裁量基准等多项总署重要立法修法项目，制定固体废物行政处罚案件操作指引等多部规范性文件。健全关局两级案审会机制，优化疑难会商机制，形成"基层法制科—缉私局行政法制部门—缉私局案审会"梯次递进，集体审议、当面会商及书面审核等多形式并举的法制审核体系，严格规制自由裁量权行使。加强行政职能管控，形成多层级、全方位、常态化监控体系，以绩效促质效，关区行政普通程序案件一年内办结率99.6%，"一简一快"案件7天内办结率99.9%。

【稳步推进"两统一"工作机制试点工作】2021年，深圳海关在皇岗、文锦渡、惠州等海关缉私分局推行"两统一"工作机制试点。法制部门负责刑事案件统一审核、统一出口工作，统一负责办案流程管控，审核把关办案过程中的重点执法环节和重要措施、决定，统一负责对口衔接人民检察院、人民法院相关业务部门，进一步推动执法规范化建设，加强刑事执法办案内部监督管理，不断提高缉私局刑事执法水平和办案质量。

【刑事、行政执法绩效考评管理】2021年，深圳海关缉私部门优化刑事、行政执法绩效考评管理。刑事执法方面，修订刑事执法绩效考评办法，健全考评相关台账，确保对近年来已办结大要案"应考尽考"；梳理移送起诉积案数据，紧盯具有移诉条件积案，实时催办并跟踪侦办进展，确保刑事积案"应诉尽诉"。2021年度刑事执法质量考评排名为全国缉私系统第二。行政执法方面，加强事前预警监控，对超期案件进行提前预警提示，督促及时办结；发挥事中管控作用，每季度对标全国行政执法绩效重要指标情况，对关区内各单位绩效排名情况进行测算、通报，督促办案部门查摆问题，切实整改；强化事后执法监督，加强对"一简一快"案件执法监督管理，适时开展年度执法检查，防风险、提质效。普通程序案件一年内办结率同比提升1.1%，"一简一快"案件7天内办结率提升0.9%、240天执行完毕率提升0.1%。

综合治理

【**推动完善地方打私责任体系**】2021年，深圳海关依靠地方党委政府统一领导，推动将反走私综合治理工作纳入地方疫情防控、社会治安管控和经济发展全局中统筹推进。主动加强联系沟通，以日常信息通报、工作专报形式提示案件反映敏感区域、薄弱环节、行业风险、问题疑难等，向深圳市、惠州市政府通报反走私动态信息30余篇，强化专项综合整治，助力制定形成多项规范制度，有效厘清各部门职责边界，解决业务衔接"堵点"问题。

【**推动多领域合成作战**】2021年，深圳海关与地方公安、海警等多部门协调联动，多手段同步上案，开展联合行动50余次，查获现货价值2亿元，刑事立案19起。联合深圳市公安局、深圳市税务局、中国人民银行深圳市中心支行严厉打击出口骗退税等虚假贸易行为，建成全国首个"警税合成作战中心"，上线全国首个"区块链+四部门信息情报交换平台"，逐步探索形成"四部门合成作战"模式，开展联合专项行动，率先实现出口骗退税行政转刑事案件的突破。

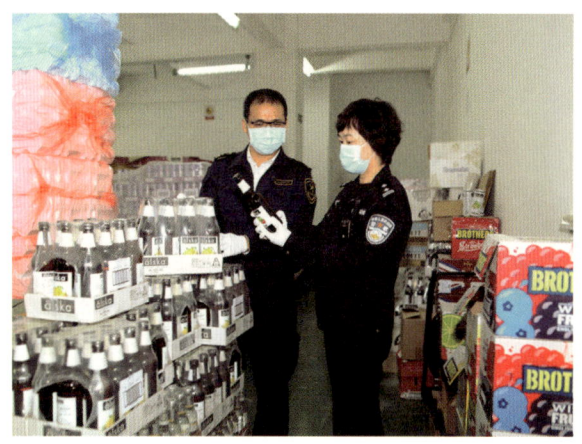

▲2021年3月11日，深圳海关缉私局联合蛇口海关、南山公安分局开展"海啸-1"专项行动

【**推动重点部位及行业整治**】2021年，深圳海关积极推动和参与地方反走私综合治理，会同地方相关部门和行业协会，加强重点渠道、重点区域综合整治，参加非设关地及中英街、华强北清查整治10余次，参与的华强北整治工作得到全国打私办的充分肯定。与检察机关、金融监管部门建立走私、洗钱犯罪同步审查机制，以双罪名移诉案件4起。以钻石走私系列案件为切口，会同上海钻石交易所等行业协会，推进钻石行业性治理。

（撰稿人：丁　蓓　闫　磊　许　可
　　　　　李越洋　肖　林　汪雪莲
　　　　　宋雨倩　张少文　陈姝彤
　　　　　赵　臻　黄　晨　蔡　罡）

科技发展

概况

2021年,深圳海关践行"五关"建设要求,扎实推进科技兴关,统筹关区科技条线"一处六中心"技术资源,围绕中心工作持续发力,强党建、抓创新、促发展、增保障、优检测、保安全。加强科技工作管理,全力支持关区业务改革和信息化建设,做好各类重点项目建设,落实"我为群众办实事"系列工作。强化科技引领,积极推进"三智"海关建设及总署重点工作,深入推动"样板间"建设,探索5G智能单兵在更多业务场景的应用。严抓实验室管理,完善实验室安全管理制度。夯实科技基础,确保安全运行,为关区政治建设、改革发展提供坚实保障。

信息化建设

【新冠肺炎疫情防控信息化支撑】2021年,深圳海关持续推动科技抗疫建设,做好新冠肺炎疫情防控科技支撑工作。建设"一人一档""应检尽检"等内部防疫功能板块,实现内部疫情防控精细化管理,提高管理效能。升级"一码通"系统支持前端智慧检疫设备,降低一线干部疫情暴露风险。建设科技抗疫统一后台,提升科技抗疫设备效能和利用率。

【科技兴关"样板间"】2021年,深圳海关依托科技兴关"样板间",推出"视频一站通",实现海关业务掌上办、视频办。整合9大类17项视频办事需求,构建"身份验核+视频连线+后续监督"线上作业新模式,推动监管服务从"掌上可办"向"掌上好办"升级。依托5G、VR等技术,基于总署音视频网闸和视频会议终端,实现海关办公网络与互联网间的高清视频传输,企业使用手机直接与关员视频连线,全程视频存储,确保安全规范管理。开发分类归档、业务关联地图定位等功能,建立一体化视频监管数据库,实现电子数据线上取证等全链条管理。"视频一站通"在单证验估、进口商品标签提离技术整改、属地查检作业、食品监管、保税货物日常监管5个业务领域开展应用推广,海关作业效率平均提高3倍以上,节约作业成本30%,节约企业时间、物流等成本近60%，其中食品出口业务平均可节约企业查验预约等待时间80小时。

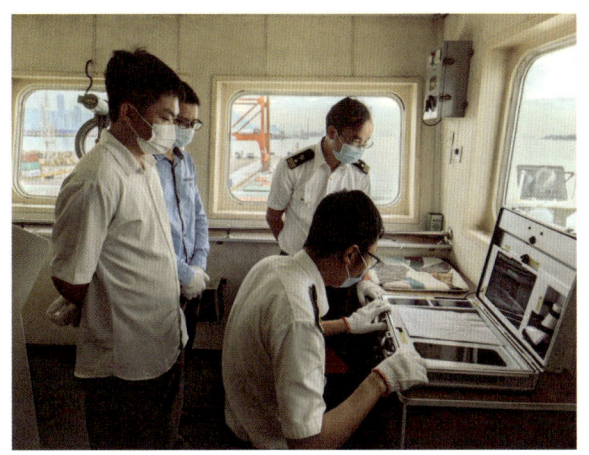

▲2021年9月3日，深圳海关科技人员在沙头角海关中英街现场测试5G智能单兵系统运行情况

【智能审图】2021年，深圳海关完成智能审图信息化平台（一期）程序部署及集中审像应用更新工作，制订试运行工作方案，完成平台图像上传、算法申请、算法下载等功能试运行，为后续算法研发、算法分类部署等工作提供保障。完成智能审图算法部署工作5次，算法种类囊括了常见商品、货物，提高了对国家重点管控物品的识别效率，优化对防疫物资、生物制剂等的识别效果。

【海关大数据应用】2021年，深圳海关持续深入推动大数据治理工作。推动具备条件数据规范入池，完成集中审像、后勤仓储管理等6个业务系统的15个数据库数据入池。丰富大数据应用场景，在业务运行监测平台开发上线"新冠疫苗出境监控指标""口岸海关查验时效展示指标"等21个指标，以接口方式为5G智能单兵、查验管控模块等系统提供数据支撑。

【"互联网+网上稽核查"】2021年，深圳海关推广应用"互联网+网上稽核查"系统，完成系统建设验收，并全面推广应用，对接企业120余家。

【智慧云卡口】2021年，深圳海关探索基于新一代云平台的高并发、高可用智慧云卡口系统。首创多进程、高并发集群模式，研发"SaaS模式下可弹性扩展负载均衡集群和集群间无缝切换算法"，在福田、坪山海关试点应用，日均验放车辆165辆次，前端采集平均耗时2.1秒，验放逻辑执行平均耗时500毫秒，卡口设备集成度和兼容性得到有效提升。

【重点项目建设和推广】2021年，深圳海关积极探索建设关区物流一体化平台，在全国海关率先探索关区物流管控"数据流、轨迹流、视频流"深度融合，满足关区物流要素快速流转需求，实现物流监控工作中监管与服务有机统一。年底，平台在"湾区海铁通"线路试点应用。探索构建拥有自主知识产权的新一代技术平台，建成包括"基础应用框架及代码生成、应用程序自动构建及发布、可灵活扩展的微服务运行环境"的新一代开发部署框架。

信息系统管理

【信息系统整合】2021年，深圳海关加快信息系统整合，从需求分析、项目建议书编制、深化设计、上线、验收等各环节把好审核关，落实系统整合及功能整合具体要求。完成原检验检疫系统关停并转工作，整合改造系统6个、停用保留查询功能系统5个、停用系统56个、事业单位自管系统13个、转为署级系统1个。

【信息系统安全管理】2021年，深圳海关做好重要活动网络安全保障工作。制订专项保障方案，开展网络安全自查和关区公共区域LED屏幕网络安全情况排查，落实安全管理措施。加强监控，封网运行，做好"零报告"和人员值班值守，未发生网络安全事件。做好2021年度网络攻防演习，未发生业务系统被攻破情况，做到整体"不失分""零攻破"。开展信息系统等级保护测评，确保信息系统从物理安全、网络安全、主机安全、应用安全、数据安全和安全管理等各方面符合国家等级保护要求。

【信息系统运行管理】2021年，深圳海关落实信息系统运行保障工作。依托"8800"技术热线、服务请求工单，高效服务各部门单位技术保障需求，3个工作日内办结率99.63%。协调指挥处理三级技术故障101起，发送全关故障通报45条，维护公告41次。做好应用账号授权清理工作，排查清理账号1,393人次，删除已下线授权应用10个。申请成为总署新一代运行管理平台首批试用单位，探索智能化、图形化运行监控。

【信息化应用项目管理】2021年，深圳海关制定信息化应用项目管理实施细则，深化系统应用、优化完善系统流程，加强关级项目查重、论证，落实项目报备报批制度，依托科技管理子系统落实项目规范管理要求。依托科技管理子系统绩效评估模块开展2021年度信息化应用项目绩效评估，完成14个参评项目主管部门自评、用户满意度问卷调查、客观指标收集、考核小组专家打分等工作。

【信息化基础资源管理】2021年，深圳海关围绕科技创新和安全运行，统筹做好关区网络系统管理和建设。构筑"高带宽、低时延、智能化5G网络+WiFi无线网络"体系，加强各口岸业务现场5G和无线网络信号覆盖。完成深圳宝安国际机场D航站楼、坪山综合保税区、惠州港海关网络升级改造。落实"我为群众办实事"要求，升级科技信息综合楼互联网，网络带宽提升4倍。加强网络安全保障，在不间断运行情况下完成全关7个机房14台核心交换机的系统版本升级。全面梳理关区信息系统机房资源，明确机房分类管理要求。制定核心机房基础环境故障处理指引和巡检指引。助力科技抗疫，成立科技抗疫项目技术攻关小组，完成技术实施方案设计和50台设备安装。推动总署"十四五"海关科技发展规划相关目标在深圳海关落地，在总署新一代基础设施云平台的统一框架下开展深圳海关区域节点建设。

实验室技术能力建设与管理

【实验室新冠病毒检测能力建设】2021年，深圳海关加强新冠病毒检测实验室能力建设，配置 49 台/套新冠病毒检测相关仪器设备，完成保健中心、动植检中心两个新冠病毒检测实验室的升级改造工程，优化实验室布局，保健中心实验室核酸日检测能力从 1,000 人份提升到 1,500 人份，动植检中心核酸日检测能力从 600 人份提升到 800 人份。

【实验室建设】2021 年，深圳海关整合相关实验室技术力量，依托 2 个水生动物 OIE 国际参考实验室、5 个国家检测重点实验室和 2 个司法鉴定机构，在濒危野生动植物物种资源鉴定、毒品检测、精神类药物检测、毒素检测、枪支鉴定、个体识别等检测鉴定领域进行开拓研究和实践，在检测能力和检测精度等方面积累了大量经验，创新的检测技术和方法处于全国领先水平。

【实验室安全管理】2021 年，深圳海关进一步加强实验室安全管理。建立统一的实验室安全管理制度，制定印发实验室安全管理规范。组织成立实验室安全管理专家组，开展多种形式的实验室安全监督检查工作。开展应急演练，提升应急处置能力，2021 年 12 月 14—15 日，组织关区新冠病毒检测实验室生物安全应急演练和危险化学品安全应急演练，展示实验室职业暴露、新冠病毒样品溢洒生物安全事件以及盐酸泼洒和丙酮泄露化学安全事件的应急处置。

科研管理与科技创新制度机制

【"科创+海关"合作模式】2021 年，深圳海关与深圳市科创委签署《推进科技创新合作备忘录》，在产学研用、技术攻关、科技抗疫、"三智"合作与研究、科技管理体制机制先行示范等方面深化合作，打造"科创+海关"合作模式。双方将定期组织联席会，滚动更新重点合作事项，建立科技创新合作长效机制。开展互动调研，首次将海关科技创新需求纳入《深圳市科技创新"十四五"规划》，内容涵盖研发境外风险监测预警技术、国门风险识别与检测技术、智能监管与应急处置技术等方面。

【四位一体科技创新模式】2021 年，深圳海关探索"海关+地方+高校+企业"四位一体科技创新模式试点应用。争取科技资源，获得深圳市科创委 5 项科技抗疫专项支持，与地方高新科技企业共同开展以口岸为应用场景的多种关键技术研发。引入智力支持，通过科研合作等手段，加强与深圳大学、香港城市大学深圳研究院等院校科技交流。加强合作，联合华为公司推进科技兴关"样板间"建设，探索新技术、新装备在更多海关业务场景中的应用。依托四位一体科技创新平台成功孵化 5G 智能单兵、"视频一站通"等项目，提升海关监管效能。

【业务科技一体化】2021 年，深圳海关积极推动业务科技一体化建设，提升海关管理、海关监管智能化水平。科技部门主动引导需求，畅通双向呼应渠道，以开展科技人员跟班作业为抓手，第一时间掌握现场痛点，建设"关政企"信息化模块，联动海关、园区企业和管委会，实现审批事项"一次申请、联合审批"的创新型服务模式。推动"科技供给"与"业务场景"深度融合，实现科技创新"由点到面"的推广应用，建设智慧港区、智慧园区，建设"视频一站通""关区物流一体化平台"，结合前沿技术推进关区内物流监控机制建设，强化物流管控，推动业务模式优化升级。

【"揭榜挂帅"科研项目】2021年，深圳海关组织科研团队"揭榜"总署科技发展司"揭榜挂帅"科研项目，获批主持1项、参与3项，占本年度总署"揭榜挂帅"总立项8项的50%。其中，动植检中心主持的项目"水生动物病原eDNA监测及应用"拟建立11种水生动物病原体检测方法，在有效防范疫病传入前提下，压缩检测周期，提高通关速度和效率。

海关科技队伍建设

【科技部门及人员状况】2021年，深圳海关科技部门包括"一处六中心"，即科技处，中国电子口岸数据中心深圳分中心、信息中心，以及食品检验检疫技术中心、动植物检验检疫技术中心、工业品检验检测中心、深圳国际旅行卫生保健中心，截至2021年年底，共有在编人员约400人，其中副高级职称151人、正高级职称54人。

【科技人员跟班作业活动】2021年，深圳海关统筹各部门科技力量，开展跟班作业活动，395人次参加，前往31个隶属海关、技术中心，涉及岗位超过100个，覆盖关区所有业务类型。跟班作业活动共解决50个困扰基层的科技问题，基层一线满意率100%。

【海关科技成果评定】2021年，深圳海关主持的科研成果荣获广东省科技进步奖二等奖1项，深圳市科技进步奖二等奖2项，中国检验检测学会科学技术奖一等奖2项、二等奖1项；参与的科研项目荣获新疆维吾尔自治区科学进步奖三等奖1项。获得总署2021年度科研项目立项8项，位居全关海关前列；获评深圳市2021年度"科技抗疫"专项项目5项。在2021年度海关系统首次科技成果评定中，深圳海关15项科技成果获奖，其中二级成果4项、三级成果11项，获评项目数量位居全国海关第一。

【科普与宣传】2021年，深圳海关广泛开展系列科普和宣传活动，依托新媒体等宣传科技工作成效。组织参加全国海关科普讲解比赛。围绕"百年回望：中国共产党领导科技发展"主题，开展海关科技周宣传活动，回顾深圳海关科技发展情况，从"发展历程""科技先锋""科技战疫""重大成果"4个方面宣传1976年开始计算机应用以来的科技发展，特别是信息化建设成就。围绕"网络安全为人民,网络安全靠人民"主题,依托门户网站、弹窗提醒、短信推送和视频动画等多渠道开展宣传,普及网络安全知识,提升网络安全意识。国家网络安全宣传周期间,开展网络安全管理规定等5项制度的专题宣讲,解读制度条款和工作要求。

(撰稿人:王　路　王成涛　吕　亮
　　　　李展章　吴　炎　罗练海
　　　　姜　羽　徐思齐　唐　硕
　　　　黄志东　阎顺成　尉荃溪
　　　　彭桂华　曾运松　熊　伟)

第五篇

综合保障

政务管理

概况

2021年，深圳海关围绕中心工作，强化全关政务管理，提高政务运转质效，保障重点工作部署落实。完善"第一议题"制度，加强督查督办，推动全关深入贯彻落实习近平总书记重要指示批示精神和党中央决策部署。夯实机要保密、办文办会、值班应急、政务信息、新闻宣传、政务公开、档案管理等政务工作基础，提高机关运转效能。加强机关作风建设，进一步贯彻落实中央八项规定精神，持续整治形式主义官僚主义问题，推出49项具体措施为基层减负。理顺口岸协调工作机制，跟进深圳口岸重要规划建设，推动打造"平安、效能、智慧、法治、绿色"五型口岸。深化国际合作，发挥全国海关首任"三智"专联组秘书处作用，推进"三智"海关建设，服务"一带一路"高质量发展。统筹协调关区疫情内部防控工作，严密内部防控体系，依托科技手段建立协调联动、平战结合的疫情内部防控机制，保障队伍安全。完成41件议案提案办理工作，代表委员满意率100%。

督查督办

【"第一议题"督办】2021年，深圳海关把贯彻落实习近平总书记重要指示批示精神作为首要政治任务，完善"第一议题"制度，建立健全政治要件管理台账和推动落实工作机制，开展"第一议题"制度落实情况"回头看"，打造传达学习、研究部署、任务分解、推动落实、督办反馈、成效评估的闭合管理链条。

【综合性督查检查考核】2021年，深圳海关围绕为基层减负，严格规范对基层单位实施实地督查检查考核（以下简称"督检考"），建立督检考项目备案制度，制定年度督检考正面清单，实施综合性督检考工作机制，实现一般情况清单之外无检查，常规性督检考定期汇总一次性开展，全年精简实地督检考80%以上。

【作风整治】2021年，深圳海关针对基层反映突出问题，出台深入治理违反中央八项规定精神突出问题35项措施和持续解决形式主义问题为基层减负14项措施，聚焦精简规范工作协调机制、压减基层数据材料报送、精文简会、优化督查检查考核调研等持续为基层减负。组织开展"指尖上的形式主义"专项整治，对微信等网络工作群实行动态备案管理。在所属前海海关建设基层减负监测点，建立情况直报机制，持续发现和解决困扰基层的"四风"问题。

公文处理

【收文办理】 2021年，深圳海关优化收文办理流程，建立7×24小时应急值守机制，保障重要紧急文件即来即办。健全收文退文机制，严格文件初审。优化简报以及抄送类、转发类公文收文办理流程，简化批办流程，提高公文流转效率。建立收文办理沟通协调机制，提升拟办意见准确度，实现文件精准分发。结合疫情形势变化，动态调整文件交换疫情防控措施，保障公文安全高效流转。

【公文质量提升】 2021年，深圳海关持续强化公文审核。开展全关性公文培训、公文能力提升行动、专题培训27场次。实行"退文查错"工作法，定期通报提醒，推动全关举一反三及时纠正公文差错，提升公文质量。

【精简文件】 2021年，深圳海关大力推进精简文件工作，实行发文配额管理，建立发文报备预审核机制，提高发文计划性；制定发文指引和发文负面清单，将精简文件的要求延伸至所有二级单位，全年发文数量持续压减。

会议管理

【会议管理制度修订】 2021年，深圳海关修订完善会议管理办法，进一步明确会议召开原则、会议计划、会议分类、会议规模、会议议程、会议纪律等要素，创新会议形式，鼓励以视频形式召开会议，使会议管理更加精准规范。

【会议室规范化建设】 2021年，深圳海关持续规范各隶属单位视频会议布局，实现标准场景全关全覆盖，对机关会议室的软硬件进行更新升级，满足会议使用需求。

【精简会议】 2021年，深圳海关加强对会议计划执行的监督检查，从严审批，压缩会议规模，改进会风，完成会议数量"只减不增"的目标。

信息工作

【政务信息编报】 2021年，深圳海关编报各类政务信息5种1,292期，聚焦疫情防控、促进外贸稳增长、筑牢国门生物安全防线、服务深圳"双区"建设、优化口岸营商环境、打击粤港澳跨境走私等重点工作，反映深圳海关工作情况，辅助领导决策。全年政务信息工作排名全国海关第一，获评全国海关政务信息先进单位、深圳市党政信息工作先进单位，2人获评全国海关政务信息工作先进个人，1人获评深圳市党政信息工作先进个人。

【互联网信息编报】 2021年，深圳海关围绕党中央、国务院领导关注重点和社会舆论热点，编报互联网信息2,000余篇。健全互联网工作机制，建立"机关—隶属单位"两级互联网信息队伍，保障工作高效开展。深圳海关获评全国海关互联网信息先进单位，1人获评全国信息工作先进个人，1人获评全国海关互联网信息工作先进个人。

【完善信息工作机制】 2021年，深圳海关完善信息工作管理办法，优化信息考评，发挥正向激励作用。组建重点信息工作专班，实行每周信息会商机制，"线上+线下"开展会商40余次，完成重点专题稿件50余篇。实行月通报和提醒函制度，定期通报关区信息工作情况，评选优秀信息员，强化信息工作质量管控。

【信息工作能力提升】 2021年，深圳海关深入开展信息"提质、强基、织网"三大工程，提升信息队伍整体能力水平。结合实战开展信息培训，定期开展分析研究类信息工作能力提升专项行动，分条线、分载体精准提升信息编撰能力。

新闻宣传

【主流媒体宣传报道】 2021年，深圳海关注重新闻宣传的重点策划，加强与宣传部门和中央及省市重点媒体的沟通联系，强化正面宣传和舆论引导。聚焦中国共产党成立100周年、党史学习教育、疫情防控、促进外贸稳增长、打击"洋垃圾"走私、服务"一带一路"建设等中心工作组织宣传，在中央及省市重点媒体刊发报道深圳海关相关工作情况4,589篇（次），其中《人民日报》（含海外版、客户端）20篇次、新华社19篇次、中央电视台《新闻联播》36篇次。

【专题宣传】 2021年，深圳海关策划开展专题报道，深入宣传深圳海关贯彻落实习近平总书记重要指示批示精神成效。4月8日，《人民日报》报道深圳海关织牢国家生物安全防护网。4月17日、5月2日、5月16日、8月12日，中央电视台《新闻联播》先后播出深圳海关强化疫情防控，全力守护国门安全、促进外贸稳增长、助力粤港澳大湾区加速融合、服务中欧班列发展等情况。《南方日报》《深圳特区报》等就深圳海关推出惠企措施，以及打击"洋垃圾"、濒危动植物种及其制品走私等开展系列报道。组织参与拍摄深圳市纪录片《红色深圳 风华正茂》，在《中国国门时报》进行连载报道，讲述九龙关护产起义红色故事。

应急值守

【值班工作规范化和信息化建设】 2021年，深圳海关探索开展5G远程应急指挥，组合运用智慧屏、无人机、VR、AR等新技术，提高值班工作信息化水平。全关各单位严格落实值班工作要求，认真执行机关三级值带班、基层单位二级值带班制度，做好值班安排，稳妥完成全国

"两会"等重要时期值班工作。持续开展值班能力提升工程，通过视频直播形式将值班应急培训从线下搬到线上，进一步规范值班操作，工作经验被总署编入《海关值班工作交流》。

【值班检查】2021年，深圳海关保持值班业务条线上下联通畅顺。全面细致开展值班岗前培训，确保在总署的值班抽查中均能按规范作答。丰富值班检查内容，增加值班检查频次，重要时间节点组织全关隶属单位开展值班视频点名，通报情况、明确要求。

【应急演练】2021年，深圳海关按照应急预案明确的频次，有计划、有重点地组织开展关级应急演练13批次，扩大演练参与方和参加人员的覆盖面，丰富演练处置场景和应对措施的涉及面，增加演练的真实性、随机性和突发性，真正模拟实战状态，锻炼队伍，提高处置应对和协同作战的能力。同步强化应急演练总结评估，优化应急响应物资资源配置，检验完善应急预案，加强关区应急队伍建设。

【值班信息报送】2021年，深圳海关建立值班信息快审快核和快速响应机制。全年上报值班信息366期，为上级部门了解重大突发事件情况、进行科学决策提供参考。

保密管理

【保密制度建设】2021年，深圳海关强化保密工作基础建设，建立保密指导性文件库，形成保密管理制度"一张清单"。加强微信工作群保密管理，健全微信工作群和群主管理制度。完善定密管理、机关单位场所管理、网络保密管理等保密要求，筑牢保密安全防线。

【保密检查】2021年，深圳海关做好年度保密自查自评工作。完善保密自查自评清单，采取各单位自查、后台检查、实地抽查相结合的方式开展保密风险隐患大排查，聚焦社交媒体保密管理、互联网邮箱、信息系统等进行专项检查，发现问题立行立改。依托平安建设工作机制，制定保密条线安全检查工作指引，开展常态化保密风险排查整治。

【涉密岗位和人员管理】2021年，深圳海关组织做好涉密岗位和涉密人员的分类确定，更新报备涉密岗位和涉密人员。严格执行涉密人员上岗、在岗、离职离岗等保密管理规定，抓好涉密人员日常教育培训、监督管理、脱密期管理等。深圳海关办公室机要科获评全国海关机要保密工作先进集体，1人获评全国海关机要保密工作劳动模范。

【保密教育】2021年，深圳海关强化全员保密宣传教育，依托短信推送、网站专栏、网络新媒体等宣教平台开展保密提醒教育，提升全员保密意识。围绕庆祝中国共产党成立100周年组织开展保密密码专题宣传教育活动，开展"党旗飘扬，保密护航"主题保密宣传教育作品征集，择优向总署报送宣教作品5份。结合

"4·15"全民国家安全教育日，组织开展全国保密知识竞赛、密码知识专项答题活动，全关 7,500 余人次参加。

档案管理

【归档工作】2021 年，深圳海关完成 2020 年度 5,804 件文书档案归档工作。建立档案"公开利用+审批利用"机制，结合疫情防控需要推出档案无接触查询服务。扎实有效做好疫情防控档案资料的收集、整理、保管和利用，完成 2020 年 729 件疫情防控资料汇编，发挥档案资料参与历史、见证历史的特殊作用。全方位记录深圳海关干部的抗疫经历，3 件疫情防控见证物获国家博物馆收藏、5 件获中国海关博物馆收藏。深圳海关陈列馆纳入"海关系统红色档案资源"。

【红色档案利用】2021 年，深圳海关围绕中国共产党成立 100 周年主题，在关区开展红色档案征文活动，深入挖掘深圳海关红色档案资源，共向总署报送红色档案征文 22 篇，其中 6 篇红色档案故事获总署选编。

【国际档案日活动】2021 年，深圳海关以国际档案日、新修订《档案法》实施为契机，组织开展第 14 个国际档案日"档案话百年"主题系列宣传活动。组织开展新《档案法》知识应知应会测试，开展"讲述深关历史，传承深关精神"活动，教育引导干部了解深圳海关历史，增强档案意识，形成良好氛围。

政务公开

【政务公开管理】2021 年，深圳海关围绕基层政务公开标准化、规范化，依申请公开，政策文件宣传解读等方面强化政务公开管理。编制深圳海关本级机关主动公开基本目录，明确应主动公开的信息类型及责任单位。开展政务公开培训，定期开展检查通报，提升关区政务公开水平。

【政府信息公开】2021 年，深圳海关组织隶属海关编制、公开 2020 年政府信息公开年报，接受社会监督。汇总现行有效的深圳海关公告，通过门户网站集中公开。受理政府信息公开申请 66 件，积极运用新媒体面向公众开展海关政策解读，发布政策解读稿件 203 篇。

【12360 海关热线】2021 年，深圳海关推进 12360"智慧热线"建设，在"深圳海关 12360"微信公众号中嵌入"智能客服"功能，线上自动解答群众常见通关问题 3.4 万条。围绕企业关注重点，强化政策宣传解读，引导企业自助办理业务。完成与 12345 热线归并工作，实现热线服务"一网通办""一网统管""一网协同"，全年人工接听咨询电话 9.9 万次。

【门户网站管理】2021 年，深圳海关按照国务院政府网站建设标准做好门户网站管理。调整优化统计数据发布模块，以图标、图解等可视化方式展现贸易数据。制作"中欧陆海快线沿线国家通关协调咨询专题服务""深数半月坛政策解读云视频场景式服务"等专题栏目。全年通过深圳海关门户网站公开行政许可结果信息10,773条、行政处罚结果信息1,685条、政府采购类信息637条、拍卖公告53期。

信访工作

【信访制度建设】 2021年，深圳海关制定依法分类处理信访诉求清单，建立信访部门分流导入、业务部门承接处理、法制部门积极参与的工作机制，进一步规范信访办理。

【信访办理】 2021年，深圳海关开展"治理重复信访、化解信访积案"专项工作，"一办到底、终结销案"，从实从细处理落实工作。推行"党建+信访"模式，打造信访工作党建品牌，坚持"热心、耐心、细心、精心、暖心"的"五心"工作作风，落实"民意必听、民情必问、有诉必应、接诉必办、办结必评"的"五必"责任制；推行"网上办、马上办、简易办、督促办、闭环办"的"五办"便民措施，融合门户网站、微信公众号、"i深圳"等线上智慧服务渠道，变走访为网上信访，提升办理质效。共办理信访事项72件，及时受理率、按期办结率均为100%。

口岸协调

【口岸建设】 2021年，深圳海关强化口岸协调，推动关区口岸建设发展。理顺口岸协调机制，推动皇岗口岸重建领导小组常态化运转，出台加强口岸协调工作8项措施。组织开展新皇岗口岸行邮监管模式创新课题研究，取得阶段性成果。密切跟进皇岗口岸取消货检功能、莲塘口岸24小时通关2项调整安排，推动深圳湾口岸货运出口查验台等6个重点项目纳入深圳市陆路口岸功能调整及品质提升一期工程。开展深圳铁路口岸专题研究，提出工作建议获国家口岸管理办公室和深圳市口岸管理部门采纳，深圳铁路口岸得以保留。推动深圳妈湾口岸妈湾港和蛇口口岸联用通码头等9个泊位顺利通过对外开放验收。参与深圳口岸"补短板、强弱项、优功能、治乱象"专项整治行动，推动补齐口岸建设短板。

【"单一窗口"推广应用】 2021年，深圳海关持续推进"单一窗口"功能完善和推广应用。落实海关查验信息推送试点推广工作，实现关区水运口岸海关查验通知信息、吊柜信息通过"单一窗口"推送。承接深圳航空物流公共服务平台建设试点任务，完成深圳航空物流公共服务平台开发，做好上线试运行准备。

国际及港澳台地区交流合作

【"三智"建设】 2021年，深圳海关发挥全国海关首任"三智"专联组秘书处作用，协助总署强化"三智"工作顶层设计，建立"三智"海关建设工作机制，加强"三智"理念宣传。孵化7个"三智"项目，打造深圳海关拳头产品，其中"5G智能单兵应用"获评全国海关第一批"三智"国际合作示范项目。

【中欧陆海快线沿线国家（地区）通关协调】 2021年，总署在深圳海关设立中欧陆海快线沿线国家（地区）通关协调咨询点。4月7—9日，深圳海关承办第六次中欧陆海快线海关通关便利化合作工作组会议，讨论通过中欧陆海快线通关协调咨询工作办法，与4个中欧陆海快线沿线国家（希腊、匈牙利、北马其顿、塞尔维亚）海关建立联系渠道。协调解决我国与中东欧国家（地区）货物通关问题25件。

【国际交流】 2021年，深圳海关各业务领域专家30余人次参加世界海关组织、世界动物卫生组织、国际电工委员会等国际组织线上会议活动，以及输华农产品视频检查等。接待以色列海关专员来访，双方就海关监管、风险防控、业务改革等方面内容进行交流。与泰国驻广州总领事馆召开视频会议，宣传推介"三智"理念，探索运用科技智能手段加强合作。依托AEO高级认证实训基地与"一带一路"国家（地区）交流共建，接待中东欧3国（希腊、匈牙利、塞尔维亚）海关代表团参观访问，参加澜湄国家海关政策联通和中东欧国家海关AEO线上研讨班，通过直播实景展示我国AEO认证制度。

【外事管理】 2021年，深圳海关完善外事工作制度，规范开展线上外事活动。加强外事人才队伍建设和培养，选拔外事人才，完善外事人才库建设，干训结合，增强外事外语人才语言能力和团队凝聚力。

疫情内部防控

【疫情内部防控体系建设】 2021年，深圳海关按照"统分结合"原则，制订内部防控工作方案、指引、应急预案等，构建办公、人事、后勤保障等多部门各司其职、协调联动的内部防控组织体系，形成防控合力。

【疫情内部防控动态调整机制】 2021年，深圳海关针对属地突发疫情事件多、应急保障要求高的实际，提前准备，积极建立不同场景下的内部防控工作动态调整机制，实现"应急响应、流调溯源、密接排查、人员管控、物资保障、业务支援"全链条覆盖，妥善应对处置突发疫情。

【科技赋能抗疫】 2021年，深圳海关建设"疫情防控专题"网页，集最新文件、疫情态势、快捷服务等功能于一体，实现疫情内部防控信息和防控要求"一窗浏览"。推出"应检尽检"系统，实现全关区干部职工核酸检测"一人一档"信息化管理。

（撰稿人：申辰辰　江　畅　杨　帆
　　　　　李　萍　汪绍文　沙孚烨
　　　　　张　轩　洪学毅　袁逸伦
　　　　　高　扬　黄继亮　曹　硕
　　　　　廖　敏）

财务管理

概况

2021年，深圳海关牢固树立"过紧日子"思想，统筹疫情防控、深圳湾口岸实施24小时通关、皇岗口岸改造、智慧监管、智慧纪检、智慧缉私、食品安全战略工程等各项工作，为保民生、保运转、保发展做好综合保障。

税费财务管理

【关税和进口环节税】2021年，深圳海关征收关税和进口环节税净入库1,893亿元，同比增长15.11%。

【"财关库银"横向联网】2021年10月25日，深圳海关"深圳国库税款退库联网"项目上线试运行，在全国海关首创税款退库无纸化试点改革。

预算管理

【部门预算编制】2021年，深圳海关按照"过紧日子"要求，开展关区部门预算编制工作。坚持系统观念，加强全面统筹，调整优化结构，大力压缩一般性支出，集中有限财力优先保障民生需求，重点保障维持关区机构正常运转的必需支出及业务改革发展支出，着力推进预算精细化、科学化、规范化管理。

【部门预算批复及公开】2021年，深圳海关严格执行《中华人民共和国预算法》及其实施条例，按照总署关于预算公开相关要求，履行主体责任，完善预算管理机制，改进工作方法，有序完成38家独立预算的所属单位年度部门预算对外公开，提高部门预算透明度，促进廉洁政府建设。

【预算绩效管理】2021年，深圳海关项目支出绩效自评实现全覆盖，涉及二级项目209个。完成2020年绩效自评，涵盖二级项目190个。制发预算绩效管理办法、项目支出绩效评价管理实施细则、深圳海关预算绩效运行监控管理实施细则等3项制度，完善预算绩效管理制度体系。

【建立"过紧日子"长效机制】2021年，深圳海关将厉行节约工作划分到每个季度，常态化对办公费、各单位食堂成本、通讯费、有线电视费等支出开展数据分析，核对凭证资料。开展专项检查5次、实地突击检查2次，对发现问题迅速整改。一般性支出比上年下降20%。

【部门预算执行】2021年，深圳海关在预算大幅压减形势下，综合运用签订承诺书、业务预警、约谈督导、定期通报等多种手段狠抓预算执行，提高财政资金使用效益，提升预算执行质量。一般公共预算财政拨款总体预算执行率和当年预算总体执行率达到历史最高水平。

【缉私部门财务保障】2021年，深圳海关全力做好缉私部门管理体制调整后的财务保障，认真贯彻落实海关缉私部门管理体制调整工作实施方案。在预算安排上加大对缉私部门保障力度，项目经费预算向缉私警察倾斜。会同缉私部门加强资金筹措力度，安排专项经费重点保障署级挂牌大要案侦办、办案场所设施建设以及重点信息化建设，根据总署缉私警务装备标准化、体系化和专业化要求，全力落实缉私部门警务装备保障要求。持续优化完善缉私警察财务管理，制定相关财务管理办法，强化预算约束，严格支出管理，加强预算执行，定期开展评估。

部门决算管理

【部门决算编报】2021年，深圳海关通过远程汇编汇审方式，开展2020年深圳海关部门决算编报工作，按时保质向总署报送2020年海关部门决算编报说明和分析报告，顺利通过财政部会审。

【部门决算批复及公开】2021年，深圳海关严格执行《中华人民共和国预算法》及其实施条例，按照总署关于决算公开相关要求，扩大部门决算公开机构范围，完成所属37家独立核算单位2020年度部门决算对外公开，公开质量进一步提升。

国库集中支付管理

【零余额银行账户管理】2021年，深圳海关强化零余额账户管理，持续推进全关零余额账户"立改销"工作，健全完善零余额账户信息集中动态管理机制，开立莲塘海关零余额账户。根据预算管理级次调整情况，完成惠州海关及所属事业单位、惠州港海关及所属事业单位共5家单位零余额账户信息变更。

【资金支付动态监管】2021年，深圳海关根据支付动态监管新形势新要求加强零余额账户资金支付动态监管，制定印发国库集中支付管理工作规范指引，明确和统一国库支付业务流程，强化职能管理。梳理日常支付事项清单，整理形成国库集中支付常见疑点信息及建议措施、关于加强公务卡使用管理工作的提示发基层单位参照执行。严格支付凭证信息填写和公务卡强制结算目录执行监督检查。开展资金支付专题培训，针对性加强对基层单位国库支付工作重点环节的指导监督，推动防范支付风险，保障财政资金安全。

涉案财物管理

【走私冻品移交处置工作机制】 2021年，深圳海关与深圳市海防与打击走私委员会办公室加强联系沟通，建立深圳海关查扣冻品移交地方处置机制，明确双方职责分工、权利义务、经费保障等，全年顺利移交地方处置冻品52.6吨。

【陆生野生动植物制品移交工作机制】 2021年，深圳海关与深圳市林业局加强联系沟通，建立健全移交相关工作机制，成为广东省内首个建立移交机制的直属海关。

【规范涉案财物管理】 2021年，深圳海关把涉案财物仓库管理纳入安全生产风险隐患排查重要内容，加强日常管理，强化实地检查，督导对发现问题立行立改、逐个销账。建立海关查获走私冻品、濒危动植物及其制品移交地方处置机制，相关涉案财物由地方归口处置政策顺利落地。深入开展关区涉案财物专项清理，对库存2年以上的货物物品全面清理，库存下降至历史最低值。

企事业财务管理

【海关系统全民所有制企业改制】 2021年，深圳海关顺利完成国有企业公司制改革工作。组织相关单位全面梳理企业基本情况，专题研究落实措施，制订改制实施方案。严格按照相关规定，落实企业公司制改革涉及的审批程序、注册资本、资产评估等事项。9月，完成深圳动植物病虫防治研究所的变更备案工作。10月，完成惠州市大亚湾鑫海检验鉴定技术咨询服务部、深圳海悦招待所的工商注销工作。

【国有企业经济效益月报】 2021年，深圳海关根据总署关于编报国有企业经济效益月报相关工作要求，每月按时通过财政部统一报表系统向总署报送企业经济效益月报。

【国有企业财务会计决算编报】 2021年，深圳海关根据总署关于编报国有企业财务会计决算相关工作要求，完成所属国有及国有控股企业、实行企业化管理的事业单位2020年度企业财务会计决算工作。

基建管理

【艰苦地区边关生活设施保障】 2021年，深圳海关认真落实总署决策部署，向总署报送三门岛海关边关生活设施保障能力提升工程项目的可行性研究报告，围绕发电机房和油罐区改造、关史馆修缮、办公楼天面修缮、厨房修缮、给排水改造、安全隐患消除、"四小"设施等10个工程提出提升改造可行性建议，11月获得总署批复。

政府采购

【海关系统政府采购】 2021年，深圳海关严格落实各项要求，提高采购质效。加强基层指导，编准、编实2021年政府采购预算。编制2021年大额采购项目实施计划，用好政府采购计划管理系统，做好前置审核，做到"应采尽采"。合理设置各部门单位支付条款，有效防范财政资金支付风险。开展月度采购代理机构绩效考核，对履约情况较差的机构予以通报提醒。

固定资产管理

【国有资产报告编报】2021年，深圳海关根据财政部、海关总署要求，开展国有资产报告编报培训，指导预算单位完善资产卡片信息，采取有效措施提升资产数据准确性，高质量完成2020年度行政事业性国有资产报告编报工作。

（撰稿人：邓　晓　刘　谨　孙　莉
　　　　　杨　锐　杨　露　李　劲
　　　　　李润铭　邱　霞　张华堃
　　　　　罗小斌　雷雨烟）

督察内审

概况

2021年,深圳海关以"督落实、审责任、评成效、控风险"为主线,揭示问题与解决问题"两手抓",凸显督审专门监督作用。坚持"专项督察+点题督察+交叉督察"相结合,推动重大决策部署落实落细。全力配合国家审计和总署2021年度专项审计,建立问题整改定期督办机制,压紧压实责任,稳步推进审计查出问题整改工作。开展领导干部经济责任审计,探索"巡审联动"模式,提高审计质效,充分发挥审计对"一把手"和领导班子监督作用。深化HLS2017内控平台应用,落实内控前置审核制度,强化三级内部风险响应机制运行,提升风险防控水平。高质量完成2018年机构改革后全国海关首个技术性贸易专题评估,持续推进执法评估指标体系建设,建立评估弱项指标管理清单,及时跟踪评估弱项指标改进情况。加强督审兼职队伍建设,健全兼职督审人员遴选、使用、考核机制,充实兼职督审人员库,选派人员参加署级和关级督察审计项目。

配合国家审计

【完善工作机制】2021年,深圳海关完善配合国家审计协调联络机制,实行审计调取资料和取证事项台账管理,专人跟进、定期更新,全面掌握国家审计涉及深圳海关事项。加强分析研判,编制配合国家审计工作的动态信息,发挥好参谋助手作用。注重建立审计整改长效机制,压实审计查出问题整改责任,推动问题立行立改,强化从根源上解决问题,防止问题屡审屡犯。

【配合年度审计】2021年,深圳海关完成配合审计署对总署2020年度预算执行等情况审计、署领导经济责任审计、关税及进出口环节税征管等情况审计、2021年度预算执行等情况审计项目共4个。发挥督审部门牵头作用,强化部门间联系配合,严把资料审核关,按时保质向总署报送审计资料。

督察监督

【重大决策部署督察监督】2021年,

深圳海关落实督察项目清单式管理要求，优化督察延伸、督察复盘、后续督察工作方法，编写督察工作指引，综合运用视频督察、现场督察、数据分析等方式开展监督，提升督察工作效果。组织开展"进境水果、食用水生动物检验检疫""高风险货物风险监测和预防性消毒""优化口岸营商环境及促进跨境贸易便利化措施""严把进出口商品检验关""外来物种入侵防控"等督察项目，重点围绕疫情防控工作开展常态化监督，着力发现问题、解决问题。

【督察整改】2021年，深圳海关以督察项目问题整改清单为抓手，坚持问题导向、责任倒逼、考核问效，推动整改工作落到实处。紧盯问题整改，采取数据核对、单证核验等方式验证问题整改情况，形成督察整改情况报告。开展督察问题整改"回头看"，实地检查评估整改情况和制度执行情况，督促整改措施落到实处。

【督察项目清单】2021年，深圳海关根据总署2021年度重大政策措施落实情况跟踪督察重点项目清单，建立机关层级督察项目清单和隶属海关单位层级点题督察项目清单，组织开展关级督察4项、点题督察64项，加强评估和督导，及时发现和纠正工作中的偏差和不足。深化督察协作机制，根据业务类型特点，选取部分口岸海关和属地海关开展交叉督察。

审计监督

【经济责任审计】2021年，深圳海关落实审计全覆盖要求，坚持任中审计与离任审计相结合，加大任中审计比例。以领导干部履职尽责为主线，聚焦贯彻习近平总书记重要指示批示精神，落实党中央、国务院重大决策部署情况，落实总署和深圳海关两级工作会议、全面从严治党工作会议等工作部署情况，围绕领导干部履行经济责任重点领域和重点环节，对部分隶属海关单位主要领导干部开展经济责任审计，着力揭示典型性、普遍性、苗头性问题或风险。统筹审计项目分类同步开展，探索对事业单位实施"党政同审"。制定经济责任审计操作指引和质量管控机制，规范审计监督工作流程。积极探索"巡审联动"模式，选取4个项目作为试点，审计组与巡察组协同进驻被检查单位，开展联合研判，共享查发线索，被审计单位一次性接受检查、一次性提供材料，减轻基层负担。

【专项审计】2021年，深圳海关组织开展年度专项审计自查工作，检查各部门单位落实重大决策部署、贯彻执行中央八项规定及其实施细则精神、强化监管优化服务等情况。运用年度专项审计核查重点操作指南，通过调阅资料、分析电子数据、抽核纸质单证等方式开展自查，对15个隶属海关单位自查情况开展现场验核。

【审计整改】2021年，深圳海关采取书面复核、实地验证和"整改回访"等方式，推动审计查出问题真改、实改、改到位。压紧压实被审计单位整改责任，举一反三、标本兼治，推动完善制度、加强管理、规范执法。注重审计成果转化，梳理近3年总署对直属海关单位开展的审计项目，结合分析关区审计中多发、易发问题，建立深圳海关审计案例库，组织各隶属海关单位、业务职能部门和监督部门对照开展常态化自查自纠，及时堵塞风险漏洞。

【非执法领域风险防控】2021年，深圳海关构建"以职能为基础、以风险为主线，精准防控与复核验收相结合"的非执法领域风险防控模式，建立健全"清单+台账"排查工作机制，滚动推出非执法领域风险隐患排查清单，组织各隶属海关单位开展自查自纠，推动公务车辆管理系统优化、关区统一耗材管理系统建设。开展海关实验室建设专项审计调研及海关实验室能力建设情况专项调研，梳理分析关区实验室人、财、物及业务数据，检查规划布局、能力建设、效率效益、收费管理等情况，排查实验室管理、安全生产、设备、资产、采购等方面存在的薄弱环节和风险隐患，推动提升实验室管理水平。

内控建设

【内控机制建设】2021年，深圳海关承接署级课题"完善内控前置审核制度"的研究工作，参与编写《中国海关内控机制建设回顾与前瞻》。强化内控节点体系建设，优化更新关区内控节点岗位落实清单，推动开展基层自控和职能监控。加强风险源头防控，落实内控前置审核制度，探索前置审核项目事后跟踪机制，对关级改革措施、制度规范和信息化应用项目开展内控前置审核，提出完善意见183条。突出问题风险导向，强化"基层科室、隶属单位、机关内控办"三级内部风险响应机制运行，提升基层风险防控水平。

【HLS2017内控平台应用】2021年，深圳海关持续深化HLS2017内控平台应用。组建系统测试专家组，开展HLS2017内控平台新功能测试，向总署提出优化系统功能建议84条。推出企业信息、商品归类等方面组合查询模型，推动各部门单位应用系统开展自查自纠，发挥科技控权作用。总结平台应用经验，编写移交稽核查、缉私线索工作指引，推广典型案例，提高平台应用效能。

【内控培训指导】2021年，深圳海关强化内控人才队伍建设。采取送教上门、跟班实训、远程培训等方式，开展内控工作专题培训和应用指导。依托"深关e课堂"、新录用公务员岗前培训班、执法一线科长培训班、内控业务专题培训班等平台，扩大内控业务培训覆盖面。实施"机关内控办+隶属海关单位"内控共建机制，对内控节点和HLS2017内控平台应用成效排名靠后的隶属海关单位开展"点对点"培训，指导推动各隶属海关单位提升内控工作质效。

执法评估

【年度执法评估成效】2021年，深圳

海关通过数据分析、问卷调查、调研座谈等方式，组织开展"进境快件监管情况""促进跨境贸易便利化措施落实效果阶段性情况""进出口食品监管情况"等3个关级专题评估项目。牵头完成署级评估项目"全国海关技术性贸易措施应对情况专题评估"。关级专题评估项目"促进跨境贸易便利化措施落实效果阶段性情况"评估报告获评2021年度直属海关优秀自选专题评估报告。

【"云擎"平台应用】2021年，深圳海关加大"云擎"平台应用力度，完善"指标池+两表"评估模式，梳理搭建执法评估指标77个，丰富完善指标模型"基础表"和"展示表"。在"云擎"平台发布共享指标41个，获其他直属海关运用780次。选取海关业务领域代表性指标，开展执法评估指标分析，查找发现政策制定、现场执行、系统智能化方面存在的问题和风险。

（撰稿人：刘　兴　何文富　张苑宁
　　　　　张馨元　陈楚翔　罗　浩
　　　　　莫　婷）

离退休干部工作

概况

2021年，深圳海关坚持深入贯彻落实习近平总书记对老干部工作的重要批示指示精神，用心用情解决老干部急难愁盼问题。坚持以党建为引领，组织引导离退休干部发挥政治优势、经验优势、威望优势，为海关事业和社会发展增添正能量。坚持稳中求进，开创离退休干部工作新局面，获中国老年报社颁发的"庆祝建党100周年和党史学习教育宣传工作优秀奖"。截至12月31日，共有离退休干部3,623人，其中离休人员14人、退休人员3,609人；离退休党员2,286人。

离退休干部党建工作

【政治建设】2021年，深圳海关加强离退休干部政治理论学习及思想政治建设，推出"党课'微课堂'"书记项目，以《习近平谈治国理政》（第三卷）为主要内容，制作PPT课件32辑，以提问、互动、研讨等方式为老同志讲党课，党支部主动约学52次，听课人数1,089人次。举办2期离退休干部党支部书记专题培训班，126人参加培训。打造"'党言党语'周周学"党建学习品牌，组织离退休干部以书画创作形式把党建知识和传统文化有机结合，摘抄党建知识，通过"深关长青树"微信公众号向离退休干部推送8期63条党建应知应会知识。在深圳海关长青老龄大学实现"支部建在班上"，建立23个临时党支部，实现党组织建设全覆盖。加强离退休干部党支部品牌创建工作，2个离退休干部党建品牌获评关区党建示范、培育品牌。

【党史学习教育】2021年，深圳海关以"1+6"模式（1个方案加"听、看、说、写、展、传"6个模块），组织离退休干部开展党史学习教育。老同志创作各类文艺作品306件；6名老同志"红心向党"故事入选"100个深关奋斗故事"；组织6批老同志152人次参观爱国主义教育基地；举办各类主题讲座、座谈会、"薪火相传"等活动22场；组织200名老同志摄制《唱支山歌给党听》视频，献礼中国共产党成立100周年；为196名老党员颁发

"光荣在党 50 年"纪念章；组织 5 个老干部双职工家庭开展"金婚"活动，传承良好家风。开展"我为群众办实事"实践活动，解决群众急难愁盼问题 16 个。

服务与管理

【待遇落实】2021 年，深圳海关认真落实好离退休干部各项待遇。组织 38 名离退休干部代表，参加关区工作情况通报会。为离退休干部订阅党报党刊 1,089 份。走访慰问离退休干部及家属 1,201 人次，协助办理离退休干部丧葬事宜 39 人次，对 15 名特困老同志、遗属进行帮扶救困。组织 2,483 名离退休干部健康体检。组织 4 场老年人健康养生讲座，为 75 名离退休干部进行义诊，解决就医难问题 5 人次，协助 5 名离退休干部成功申请深圳市残联的医疗救助。

【精准服务】2021 年，深圳海关制定离退休干部"一人一策"精准服务工作方案及相关措施，把 48 名离休、高龄、患重病、失独等"特殊"离退休干部纳入精准服务范围，以"363"模式（"3 个卡"——联系卡、信息卡、问需卡，"6 个清"——个人情况清、同住人员信息清、亲属联系方式清、困难需求清、帮扶职责清、解困措施清，"3 个送"——送医、送学、送服务）落实服务措施，为老同志送餐、送医、送学，累计服务 9,883 人次。构建"1+3+N"（1 个集中康养点、3 个居家养老点、N 家养老机构）养老服务体系，与 4 家养老机构签订协议，解决离退休干部及干部职工家属养老后顾之忧。组织 594 名老同志免费检测核酸。

【网格管理】2021 年，深圳海关制定离退休干部网格管理工作规范，29 名离退休干部工作人员作为网格员，按照职责分工，每名网格员联系 3~4 个离退休党支部或群众小组并进入相关微信群。坚持"三多三做"（多听老人言，做老干部的贴心人；多替老人想，做老干部的知心人；多解老人困，做老干部的暖心人）工作法，及时了解离退休干部思想动态和困难，为离退休干部解疑释惑、解决实际困难。

教育与宣传

【老年大学】2021 年，深圳海关加强老年大学标准化建设。开设教学班 27 个，学员 1,625 人。开设"开学第一课""校长讲党课"课程，把政治思想教育元素融入老年教育。编写的京剧、朗诵、民乐

▲2021 年 9 月 23 日，深圳海关长青老龄大学京剧班被列为深圳市老年大学"十大实训基地"之一

器等 5 门课程入选深圳市老年大学 50 门精品课程。开办的京剧课程入选深圳市老年大学"十大实训基地",面向全市招生。开创离退休干部"我行我秀"线上直播平台,分享学习、生活、专业等知识,举办 24 期直播活动。参加广东省内海关、广东分署主题书画比赛,8 名老同志获奖。参加福田区庆祝中国共产党成立 100 周年系列活动乒乓球混合团体赛,荣获亚军。

【信息宣传】2021 年,深圳海关加大离退休干部工作动态、亮点、先进典型等宣传力度,宣传稿件被《人民日报》、新华社、"学习强国"、《中国老年报》《中国国门时报》、"广东省老干部""深圳老干部""金钥匙""鑫海桑榆"等国家级、省级、市级、总署、关区及其他媒体采用 243 篇次。

(撰稿人:韩暖雄)

第六篇

隶属海关

皇岗海关

【概况】皇岗海关是隶属于深圳海关的副厅级海关，办公地址是深圳市福田区福田南路22号。辖区包括皇岗口岸和福田口岸，主要承担进出境人员、车辆、货物及行李物品等的监管和检验检疫、查缉走私、进出口货物和物品的关税及其他税费的征收、统计分析和海关业务咨询等工作，以及深圳地区国际展会及深圳口岸进出境展览品的监管、免税品一级监管仓的监管，以及监管车辆备案管理等工作。

1989年12月，皇岗海关正式开关。2007年8月，皇岗海关由正处级升格为副厅级，增加福田口岸各项海关业务。2018年4月，原皇岗出入境检验检疫局转隶至皇岗海关。2020年2月，皇岗口岸、福田口岸旅检业务暂停服务。

2021年，皇岗海关监管进出口货物2.94万亿元，监管进出境车辆167.73万辆次，税收入库469.79亿元。保障6.75万家企业、日均近5,000辆次重车快速通关。办理行政案件1,008宗。

2021年，皇岗海关内设10个处室、81个科室，在编干部职工850人。

【政治建设】2021年，皇岗海关严格落实"第一议题"制度，并对落实情况重点督办、跟踪问效。10个党总支和77个党支部认真组织学习习近平总书记在庆祝中国共产党成立100周年大会上的讲话，多种形式庆祝中国共产党成立100周年，扎实开展党史学习教育。推进"我为群众办实事"实践活动，办成46项重点项目，6项入选深圳海关"百佳民生实事"。推进融合式党建，成功创建总署党建培育品牌1个，深圳海关基层党建示范品牌2个、培育品牌3个，"四强"党支部16个，融合式党建"样板间"13个。

【业务建设】2021年，皇岗海关作为深圳关区陆路口岸危险化学品唯一通关限定口岸，承担关区90%危险化学品通关业务，完成795家企业危险化学品资料预审7,340份，实行"快查、快处、快放""先提离后处置"机制，查验危险化学品8,911票，同比增长79%，及时退运不合格危险化学品370票。深入开展"国门利剑"行动，运用金属探测门、手持式金属探测仪等设备加大查验力度，遏制货车司机走私行为，查发相关情事43宗。开展"龙腾行动2021"，查扣侵权嫌疑货物414批次、550.12万件。发挥"监控+机动"尖刀作用，自主布控查获异常情事480宗，机动查发异常情事160宗。严厉打击"洋垃圾"走私入境，查获固体废物案件41宗，全部退运。捍卫国家政治安全，查获非法出版物等货物34万件，移交全国首宗非法印刷涉外出版物刑事案件。

▲2021年11月18日，皇岗海关查获涉嫌逃避出口商品检验的车用尿素60吨

【队伍建设】2021年，皇岗海关持续增强关处科三级管理效能，"政工+政务"深化党建业务融合，"督察+督办"强化责任跟踪问效，"组宣+信宣"实现成果共享，"处置+车管+监控"协同口岸管理，发挥"一切管理到科室"导向作用。深入推进"现场监管与外勤执法权力寻租"专项整治，常态化开展纪法警示教育，建立"复核+复盘"机制，加强风险防控和业务管控，持续净化执法环境。抓好内务规范和作风养成，在"小切口"上持续发力，严格落实班前班后会制度。坚持人力资源"全关一盘棋"，抽调48名业务骨干支援深圳宝安机场、深圳湾、蛇口、大鹏等海关参与口岸疫情防控工作，并动态做好支援人员轮换。其中15人表现突出，分别被授予个人三等功、嘉奖等奖励。皇岗海关机关党委被评为深圳海关党建专项工作"理论学习示范点"，物流监控二处查验一科被评为全国"扫黄打非"先进集体，物流监控一处查验一科党支部（"战旗"党支部）被评为全国海关基层党建培育品牌，全年25个集体、211人次受到深圳海关及以上表彰奖励。

【综合保障】2021年，皇岗海关持续提升口岸软硬件能力，全面加强口岸公共卫生核心能力建设，在货运、旅检渠道新增脱卸区、消毒间等功能用房15个，开展全要素复通关演练、专题业务培训等11次，切实做好旅检口岸复通准备。落实关心关爱，做好干部职工健康管理、防护用品、速干衣裤物资采购配发等保障工作。

【口岸新冠肺炎疫情防控】2021年，皇岗海关坚持"外防输入、内防反弹"疫情防控总策略，落实"人、物、环境"同防，严守口岸疫情防控防线。检疫跨境司机167.73万人次，协助地方核酸检测41.59万人次。进口高风险非冷链货物采样60批，保障公务豁免人员通关2.66万人次，完成国内首次用于疫苗研发的奥密克戎毒株入境的通关保障。

▲2021年1月6日,皇岗海关关员对驾驶员智慧验放设备等进行环境采样

【口岸检验检疫】2021年,皇岗海关坚决贯彻落实习近平总书记关于食品安全"四个最严"要求,查获来自日本核辐射地区等未准入境食品、化妆品28批次。支持香港赛马跨境业务发展,在深圳关区首创对赛马运输车辆随行人员开展"远程流调"无接触式检疫,保障马夫1,900余人、赛马5,810匹次快速通关。

【优化口岸营商环境】2021年,皇岗海关365天24小时为6.75万家进出口企业提供通关服务,办理跨境车辆备案6.26万票,解决企业年审临期等问题2.58万个。进口通关时间比2017年压缩92.3%。优化固化促外贸稳增长措施28项,围绕企业关心的通关、查验、处置等业务环节问题举办"线上+线下"服务宣讲会。"一展一策"帮扶展览品企业,全年监管国际展会6场。办理退税6,000万元,盘活1.87亿元免税品返仓重调。

▲2021年12月28日,皇岗海关关员在中国高新技术成果交易会现场进行业务咨询解答

【推进皇岗口岸重建】2021年,皇岗海关提出"三智"口岸建设、查验"三场合一"(扣车、验车、机检场地合一)等建议,获深圳市政府重点关注。积极对接市重建部门,推动"口岸重建与科创区建设统筹规划""车辆进出境分层通关"议题进展,提前谋划通关车辆口岸机检监管方案。

(撰稿人:尹　维　侯思中)

深圳宝安机场海关

【概况】深圳宝安机场海关是隶属于深圳海关的正处级海关，办公地址是深圳市宝安区机场道1006号。辖区包括空港物流园、机场保税物流中心、空港旅检现场、福永客运码头4个监管区域，主要负责深圳航空口岸各项海关业务，以及与机场配套的国际货站、空港通关货物周转站、码头、保税监管场所的监管工作。

1993年4月，深圳机场海关成立，2019年2月更名为深圳宝安机场海关。

2021年，深圳宝安机场海关监管进出境货物65.14万吨，货值199.66亿元。监管进出境客运航班765架次、货运航班1.67万架次。行政立案363宗。

2021年，深圳宝安机场海关内设24个科室，在编干部职工251人。

【政治建设】2021年，深圳宝安机场海关落实"第一议题"制度，建立"发现问题—分析问题—解决问题"闭合回路，形成长效机制。开展党史学习教育，融汇"四史"开设"五堂红色课"（红色讲学课、红色阵地课、红色走读课、红色云端课、红色精品课），举办"学史·铸魂"红色讲坛6期，开展"一支部一品牌"创建活动，创新党史学习品牌24个，培育"学习之星"24人。推动"我为群众办实事"清单100%按期完成，办成实事51件，2个实事案例（"深圳机场D航站楼口岸紧急改造项目""为企业送上'开业礼包'助力卫星厅顺利启用"）入选深圳海关"百佳民生实事"。研究制定党委全面从严治党主体责任清单，每季度召开党风廉政建设例会，制定运用监督执纪"第一种形态"实施细则。

【业务建设】2021年，深圳宝安机场海关定期召开旅检、货运片区风险研判会，分析业务运行中可能遇到的风险点，研究针对性防范措施。完成危险品暂存仓库移出海关监管场所改造，承办深圳关区危险化学品应急处置现场演练，18人获进出口危险货物及其包装检验监管资质。完善"风险+情报+现场"联合打私机制，压实科长复查复验职责，累计查获固体废弃物走私案件6宗、象牙等濒危物种及其制品走私案件125宗，查获出口侵权货物14批次。

【队伍建设】 2021年，深圳宝安机场海关制定"八个一"（一场动员仪式、一次岗前培训、一次监控观摩、一堂心理辅导课、一个"安心包"、一组一支部、一项谈心谈话机制、一名驻群心理咨询师）举措，全流程跟踪封闭管理人员动态，做好工作、生活、心理等各方面保障。推进内务规范强化月活动，重点针对窗口服务、内务规范等开展督察。空港旅检入境行李物品监管岗获评第20届全国青年文明号，1人获深圳青年五四奖章，1人获评2020—2021年度深圳市优秀共青团员，深圳宝安机场海关团总支获评2020—2021年度深圳市直机关工委系统五四红旗团支部（团总支），1人获评深圳市直机关工委优秀党务工作者。

【综合保障】 2021年，深圳宝安机场海关建立疫情防控物资动态预警机制，加强数据分析比对，根据疫情和业务变化动态调整库存量。落实关党委关心关爱措施，为封闭管理工作现场、集中居住场所提供无接触式防疫物资配送，配送各类物资152批次、36.82万件。贯彻落实"过紧日子"要求，压减非刚性行政运行支出和非重点项目支出。

【口岸疫情防控】 2021年，深圳宝安机场海关制定疫情防控工作指南、旅检闭环工作总指引、物流闭环工作总指引等，开展日常疫情风险监测120次，组织航线、变异病毒风险分析15次。优化封闭管理模式，建立疫情监测、"一机一策"、闭环复盘、实景练习、档案标准管理业务单证等工作机制，共13批、942人次参与封闭管理工作。坚持"多病共防"，检出深圳关区2021年入境旅客首例恶性疟疾病例，检出疟疾病例8例、登革热病例2例。

▲2021年5月10日，深圳宝安机场海关关员进行机边监管

【通关便利措施】 2021年，深圳宝安机场海关制定促进跨境贸易便利化措施21条，出台提升通关时效10项措施。保税物流中心工作日"延时关闸"，对电子元器件、高端集成电路等推出预约查验、下厂查验等便利措施。落实航材免退税政策，开通绿色审核通道，优先办理、即来即审，

▲2021年1月1日，深圳宝安机场海关关员引导放行非工作时间申请留闸车辆

受理 1,845 票申请。实施 7×24 小时预约通关服务，建立审单、查验、卡口联系配合机制，为鲜活货物"保鲜"，监管进口生鲜冷链类货物 1.56 万吨，同比增长 153%。

【支持新业态发展】2021 年 4 月，深圳宝安机场海关为第 34 届国际橡塑展提供"驻场+免担保"服务，验放 50 吨进口展品，为企业减免展览品进出口保证金约 200 万元。8 月，联合南沙海关，助力深圳航空通过保税融资租赁的"空中客机"A320 首次顺利在深圳宝安国际机场交付，为粤港澳大湾区中心城市间首单飞机融资租赁异地委托监管业务。

（撰稿人：任　禾　刘晓春　陈　爽　黄思怡）

深圳湾海关

【概况】深圳湾海关是隶属于深圳海关的正处级海关，办公地址是深圳市南山区东滨路2019号。辖区为深圳湾口岸，承担深圳湾口岸进出境人员、货物、运输工具、行李物品监管，出入境检验检疫，征收关税、其他法定由海关征收的税费，查缉走私，开展贸易统计及办理其他各项海关业务的职责。

2007年7月，深圳湾海关正式开关。2018年4月，原深圳湾出入境检验检疫局转隶至深圳湾海关。2020年1月，深圳湾口岸成为深圳关区唯一同时开放客货运业务的陆路口岸。

2021年，深圳湾海关监管进出境车辆180万辆次，检疫进出境旅客、跨境司机约357万人次，转诊或处置新冠肺炎疑似病例1.4万人次。

2021年，深圳湾海关内设39个科室，在编干部职工495人。

【政治建设】2021年，深圳湾海关认真落实"第一议题"制度，深入推进政治机关建设，扎实开展党史学习教育，开展集中学习研讨101次，开展党委理论中心组学习21期、交流研讨13次，开设专家讲堂授课2次，宣讲党的十九届六中全会精神8次。研究制定重点民生项目19项，打造"为民办实事"工作室特色品牌，形成"办实事"典型案例66个，其中6例入选深圳关区具有代表示范作用的民生实事成果。培树深圳海关"四强"党支部3个，基层党建品牌1个。强化"红树林""红色圳能量"等战"疫"品牌示范引领，旅检三科党支部通过全国海关基层党建示范品牌复核。

【业务建设】2021年，深圳湾海关保障通关旅客需求，服务"两会"港籍代表、援助巴布亚新几内亚医疗队等公务人员高效通关。货运渠道共查获案件1,147宗、案值3.37亿元，同比分别增加22.94%、17.83%，其中，查获走私固体废物4.2吨，查获濒危野生动植物及制品案件7宗，查获进口不合格食品案件16宗。联合深圳湾海关缉私局侦破的"使命2021-13"跨境电商渠道走私出口文物案是公安部部督案件。

【队伍建设】2021年，深圳湾海关大

力宣传疫情防控中涌现的先进典型，1个集体获评深圳海关疫情防控先进基层党组织，关团委获评"深圳市直机关工委系统五四红旗团委"，1个集体获评全国青年文明号，1人获评广东省优秀党务工作者，3人获评深圳海关疫情防控优秀共产党员，4人获评深圳海关百名"身边学习榜样"，4个科室获评深圳海关内务规范"样板间"。

【综合保障】2021年，深圳湾海关建立义务消防员队伍，开展日常巡查、定期检测。开展消防安全知识培训2次，开展反恐业务培训4次、反恐应急演练4次、反恐巡逻检查10次。试点应用移动式辐射探测车，增配生化防护服、核生化监测设备等反恐防护安全装备。

▲2021年12月10日，深圳湾海关出境小车道旅检关员列队上岗

【口岸疫情防控】2021年，深圳湾海关召开党委会和疫情防控指挥部会议115次，主要负责同志定期听取监控检查工作和安全防护工作汇报，跟进推动问题整改。细化梳理疫情防控作业流程对照检查清单，明确岗位职责要求和流程规范，领导班子成员常态化开展检查61次，发现问题立行立改、逐一挂账销号。三人小组、监控科室以及各科室安全防护监督员形成监督合力，制发检查通报10期，督促提醒相关责任单位74次，持续筑牢口岸疫情防控防线。

【智慧海关建设】2021年，深圳湾海关积极推动"三智"海关建设，试点场地智能管控样板间，试点应用无人机巡场，上线使用"深关陆路通"、智慧检疫设备、5G远程智能检疫设备、5G智能单兵系统等科技设备，通过科技管理子系统信息化工程管理模块对"货运进境一道监控室监控设备改造项目"进行全程管理。

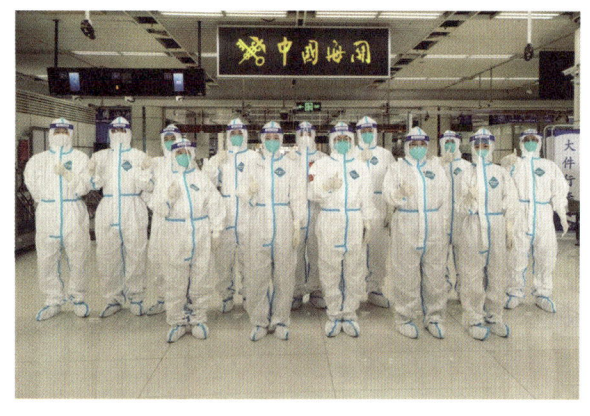

▲2021年7月6日，深圳湾海关旅检入境封闭管理一组召开班前会

【打击侵权货物】2021年，深圳湾海关落实"龙腾行动2021"及粤港澳联合执法行动要求，对676批次货物开展知识产权保护，扣留侵权货物599批次，同比增长137%，办结案件64宗，案值728万元。

（撰稿人：王泰来　宗晓健）

罗湖海关

【概况】 罗湖海关是隶属于深圳海关的正处级海关，办公地址是深圳市罗湖区和平路罗湖口岸联检大楼。辖区为罗湖口岸，负责罗湖口岸进出境旅客行李物品监管、"客带货"监管、免税店及免税商品监管、进出境人员卫生检疫、传染病监测和卫生许可、卫生监督、进出境动植物检疫和监督管理等工作。

罗湖海关的历史可追溯到1911年设立的深圳车站支关以及1914年设立的罗湖支关。中华人民共和国成立后，罗湖口岸的海关业务由九龙海关行李监管处承担。1986年12月，罗湖海关设立。2018年4月，原罗湖出入境检验检疫局转隶至罗湖海关。

2021年，因新冠肺炎疫情影响，罗湖口岸暂停通关服务。

2021年，罗湖海关内设28个科室，在编干部职工399人。

【政治建设】 2021年，罗湖海关严格落实"第一议题"制度，"清单式"督办落实。推进党史学习教育，创建"百年罗湖桥红色基因传承"学习宣传品牌，建立含上千张老照片的图库，推出"那些年"图说系列新媒体文章6期，举办"关史讲堂"4期。落实"我为群众办实事"重点民生实事项目19项。开设融合式党建开放课，17名支部书记走上讲台交流经验，"一对一结对"加强支部建设。开展多轮覆盖全员的纪法警示教育，配合上级巡视和审计整改，全面检视重点工作，对发现的问题立行立改。推进清廉海关建设，制订落实全面从严治党工作重点任务分工方案，做好特约廉政监督员调整、增聘等工作，主动接受社会监督。

【业务建设】 2021年，罗湖海关密切关注疫情防控形势及口岸复开要求，全方位做好口岸复开软硬件准备。强化疫情防控，收集编制新冠病毒变异株信息速报。制订"学童、豁免、遣返、外交人员"等人群突发事件保障方案。与罗湖口岸管理办公室口岸管理处、罗湖出入境边防检查站探索建立联防联控机制。加强监管打私，推进"监控指挥+联合打私"双中心建设，丰富旅客监管及重点人员数据库，探索构建"远、中、近"三级水情（"水客"情况）指标，畅通内、外渠道扩宽情报来源，与罗湖海关缉私分局等部门联合查办打击走私大案要案。加强人力资源保障，组建青年突击队、打击"水客"专家组，根据不同通关模式开展岗位设置分析，做好人力资源测算和专项培训演练，开展培训684次，开展疫情防控、反恐应急、消防安全等演练66次。做好通关专项保障，开展演练培训53次，配备71项防疫物资装备、调试223台设备，强化与口岸各部门沟通协作，顺利完成口岸复通关保障任务。服务辖区企业，指导免税企业建立内部"责任到人、双人复核"盘点机制，监管协助企业退回烟草制品、香化类制品、酒类等高价值积压免税品。

【队伍建设】2021年，罗湖海关推行"红苗计划""成长档案"培育人才，评选罗湖海关青年榜样、劳动榜样、妇女榜样，培树先进典型，22名干部荣立三等功，100名干部获深圳海关嘉奖。用好文明执法、应急处置操作指引汇编及典型案例教材，加强案例式、场景式培训演练。做好新干部初任培训管理，严格队伍管理，强化疫情内部防控。开展内务规范月、准军强化月等活动，加大违纪问题纠察问责力度，严格纠治酒驾醉驾，紧盯队伍思想动态。落实关心关爱，"一对一"收集外出支援干部、闭环管理干部的工作生活困难，及时排忧解难。办好系列民生工程，重建员工活动中心，丰富"解忧超市"商品品类，优化员工备勤室，建设"汇心园"，开设24小时"电话援助专线""视频辅导专线"服务干部职工。2005年，罗湖海关荣获第一届"全国文明单位"荣誉称号，至2021年连续六届保持这一荣誉。

【综合保障】2021年，罗湖海关推进安全生产专项整治三年行动，完善各类应急预案并开展专项演练，与口岸责任部门研究建立包括安全自查、安全检查、安全巡查、联席会议、联合检查、联合演练的"三查三联"工作机制，成立专责小组开展实地检查85次，查发、整改安全隐患问题129项，更新制度措施12项，推出罗湖海关安全小知识系列视频17期。加大保密管理和培训，维护数据安全。厉行节约，严格落实"过紧日子"要求，减少水电、办公经费、食堂用餐支出。完善资产调配管理机制，专人专责开展资产清查盘点。

【新冠肺炎疫情防控】2021年，罗湖海关动态完善新冠肺炎疫情防控方案，以及26个业务指引、9类应急预案。开展全员防护服穿脱演练及实战式演练培训，提升疫情防控及应急处置能力。与深圳市疾控中心、罗湖区疾控中心、罗湖口岸管理处等单位密切沟通联系，深化联防联控机制。"巡查+监控"加强场域管理，送教上门开展预防性消毒培训。开展内部防控风险排查，压实干部职工个人主体责任。制发疫情防控每日小知识66期，组织开展专题讨论活动，提升干部职工疫情防控风险意识。

▲2021年9月7日,罗湖海关关员开展新冠肺炎疫情防控职业暴露应急处置演练

【监管打私】2021年,罗湖海关推动"监控指挥+联合打私"双中心建设工作,探索构建联动打私"1+4+3"(1个监控指挥中心+4个现场科室+3支骨干队伍)快速立体反应机制,提升"风控、运控、查控"合成管控能力。与罗湖海关缉私分局共建联合研判工作站,探索完善"风险+机动+情报+处置+现场"打私工作机制,共同经营专题线索,多次对口岸外围摸排。参与"使命2021-25"打击"水客"走私专项联合行动,查获高档手表一批。深化反走私综合治理,与罗湖海关缉私分局、罗湖出入境边防检查站、罗湖区海防打私办、罗湖公安分局、罗湖市场监管局等多部门建立信息共享、联合打私、合成作战机制,开展联合行动1次,成功打掉一批私货仓库及"以车代库"车辆,查获奶粉、药品、月饼等货物。

【旅检实训基地建设】2021年,罗湖海关推进深圳海关旅检实训基地建设,清理开辟近400平方米的场地,制订完善建设方案,构建以中心区域为主训练场、各外设功能区域为专题拓展训练场的"1+N"框架,其中"1"包括模拟现场、综合演练、研讨教学三个功能分区,"N"主要有罗湖海关出入境监管现场、联合打私中心、负压隔离室、初筛室、心理咨询室等,一体化构建多维、立体、复合式的实

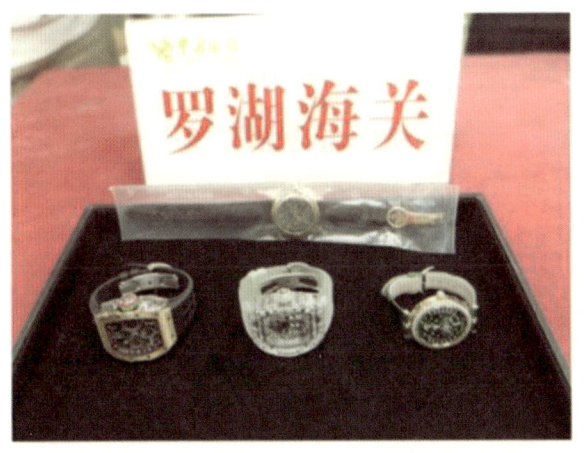

▲2021年11月5日,"使命2021-25"打击"水客"走私专项联合行动查获的高档手表

▲2021年10月29日,建设中的深圳海关旅检实训基地

训情境。同时,搭建初、中、高三级分类的课程大纲、提炼3本操作指引汇编、编纂3本典型案例教材,形成旅检实训课程体系。

(撰稿人:王 娜 刘天昇 刘 淼
　　　　吴 娜 张 琳 樊文琦)

文锦渡海关

【概况】文锦渡海关是隶属于深圳海关的正处级海关，办公地址是深圳市罗湖区新安路3号。辖区为文锦渡口岸，主要承担文锦渡口岸监管、征税、统计、卫生检疫和动植物检疫等职责。

文锦渡海关的历史可追溯到1938年3月九龙关在边境路口设立的文锦渡分卡。1938年3月，文锦渡支关设立。中华人民共和国成立后，九龙关接管委员会接管了文锦渡支关。1985年2月，文锦渡支关改称文锦渡海关。2018年4月，原文锦渡出入境检验检疫局转隶至文锦渡海关。2020年1月，受新冠肺炎疫情影响，文锦渡海关旅检业务暂停。

2021年，文锦渡海关监管进出口货物355.74万吨，货值2,357亿元。监管进出口车辆80.06万辆次，征收税款202.23亿元。查处案件356宗、案值7,303.13万元，移交缉私部门18宗，查获走私案件18宗。

2021年，文锦渡海关内设23个科室，在编干部职工292人。

【政治建设】2021年，文锦渡海关认真落实"第一议题"制度，深入推进政治机关建设，通过"学、悟、讲、比、做"等多种方式，扎实开展党史学习教育。依托关党委党建联系点制度、机关党委党建工作汇报、党支部书记述职评议考核机制，压紧压实党建主体责任，新增"四强"党支部1个、党建培育品牌1个、融合式党建"样板间"4个。开展警示教育月活动及"现场监管与外勤执法权力寻租"专项整治工作，制订"1+4+67"整改方案，细化1张任务分解表，聚焦货运监管、行邮监管、检验检疫、单证审核4个领域，明晰67项重点整治任务，开展纪法警示教育378次。

【业务建设】2021年，文锦渡海关推行"两步申报"，受理"两步申报"报关单31.6万票。优化"一车多单"（同一运输工具/舱单下，关联多份报关单）查验模式，压缩查验环节时间。设置供港农产品专用台位，综合运用机检、更改卸货方位、轻卸轻装等措施减少货物破损，实行供港农产品"先行退运后处置"模式，压缩查验环节作业时间。成立联合研判工作站，运用"风险+情报+现场"机制，综合运用"云擎"系统等大数据工具，自主构建数据分析模型15个，提高监管打私的精准度和科学性。处置各类查验异常情事2,016宗，查获走私固体废物案件4宗、濒危动植物及其制品走私案件5宗，查获货车司机走私案件19宗，立案查处知识产权侵权案件15宗。

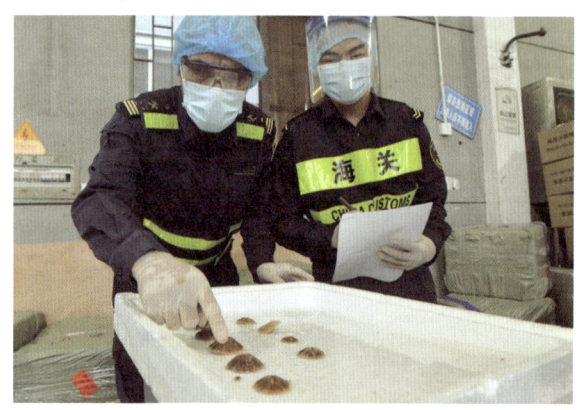

▲2021年4月19日，文锦渡海关关员查获非法出口石珊瑚1,265株

【队伍建设】2021年，文锦渡海关聚焦封闭管理人员，建立对口帮扶机制，制发工作生活记录表，及时了解封闭管理人员的健康、思想状况，收集困难和诉求，发放"健康监测包"、居家运动器材等，开展"云庆生"活动6场次、缓解压力授课5场次。慰问重病干部家属，发动关区干部职工爱心捐款，传递组织关心关爱。1个集体、1名个人获得省级奖励，2个集体、3名个人获得市级奖励，6个集体、111人次受到深圳海关表彰奖励。

【综合保障】2021年，文锦渡海关上线文锦渡海关后勤保障管理系统，实现后勤管理"一本账"。开展公务用车管理、办公用房面积调整、公有住房管理等落实中央八项规定精神自查整改工作，制发完善公务用车、基建修缮、非政府采购、固定资产相关管理规范细则4个。带头厉行节约、反对浪费，扎实推进节约型机关建设，采取有效措施做好节能减排监督管理，严格把控能源资源消费量。

▲2021年11月20日，文锦渡海关关员查验供港生鲜产品

【启动通关服务中心】2021年，文锦渡海关整合企业申报、查验、处置链条中各环节衔接点行政资源，实现通关业务"一次受理、一次审批、一次办结、一次咨询"。创新"集中办公+采取预约"模式实施业务分类办理，对于常态化办理事项实行集中现场办公，对紧急或较少发生的对外办理事项采取提前预约方式，由相关科室按照预约时间派员到现场办理。动态收集企业反馈评价，复盘运行模式，全面评估行政效能，不断调整优化。累计开具载货清单3,243本、检验检疫处理通知书706份，缩短相关事项办理时间。

【创新普法执法工作】 2021年,文锦渡海关积极落实"谁执法谁普法"责任制,采取"点题式"普法模式,线上线下同步搭建关企沟通平台,畅通企业"点题"、海关"答题"、破解"难题"普法链条,累计开展"点题式"普法活动5期,推动解决业务难题17个。以进境鲜活商品监管为试点,整合形成标准化执法业务操作指引与作业流程清单,开展货运渠道监管、免税品监管的法治监督检查,推进"教科书式执法",提高案件办结率。

▲2021年7月23日,文锦渡海关开展"点题式"普法活动

(撰稿人:刘　宁　杨安顿　陈　晨　　　金　毅　周冬子　党延刚　　　熊　洁)

沙头角海关

【概况】 沙头角海关是隶属于深圳海关的正处级海关，办公地址是深圳市盐田区沙深路79号。辖区包括沙头角口岸及沙头角边境特别管理区，主要承担沙头角口岸各项海关业务，以及沙头角边境特别管理区进出区海关工作。

沙头角海关的历史可追溯到1899年设立的沙头角关厂，至今已有120余年历史。1985年2月，沙头角海关正式对外办公。2018年4月，原沙头角出入境检验检疫局转隶至沙头角海关。2020年，受新冠肺炎疫情影响，沙头角口岸旅检业务暂停。

2021年，沙头角海关监管进出口货运量25.33万吨，监管进出境运输工具48.55万辆次，验放进出境棺柩280具。

2021年，沙头角海关内设21个科室，在职干部职工228人。

【政治建设】 2021年，沙头角海关开展"第一议题"学习69次，党委理论中心组学习28次。聚焦管用实效、利企便民、服务发展，形成78项年度重点任务目标，明确责任、压茬推进。深入开展党史学习教育，建立健全"每日一梳理、每周一汇报、每月一小结"工作机制，贯穿全年、融合推进。围绕互动式研讨、沉浸式学习，用好深圳市党史馆、中英街博物馆等红色教育基地开展实地教学，扎实开展"我为群众办实事"实践活动，围绕国门安全、便民利企、暖心聚力三大工程，推出重点民生项目23项，通过清单式管理逐项落实落地，建立长效机制，将"人民海关为人民"的理念转化为思想自觉和行动自觉。

【业务建设】 2021年，沙头角海关积极承接重点改革项目落地，完成深圳市2轮陆路口岸功能调整事项，试点"深关陆路通"小程序、"一车多单"查验作业模式细化。落实深圳海关2批次稳外贸稳外资措施，解决"零配件复进口"等通关疑难问题27个。落实机检直放、优先查验、即来即查、快查快处等措施，加强通关服务指导。检疫监管沙头角口岸跨境货车司机24.65万人次。坚决防范外来生物入侵，截获外来入侵物种33批次。监管供港电力126亿千瓦时，作为2021年深圳关区唯一开放的金伯利进程毛坯钻石进口指定口岸，监管进口毛坯钻石 4,562.4 克拉。

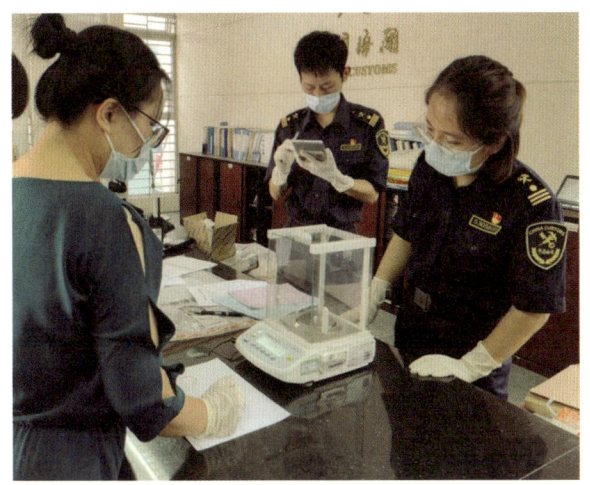

▲2021 年 8 月 6 日，沙头角海关办理深圳关区首票金伯利进程毛坯钻石进口业务

【队伍建设】2021 年，沙头角海关落实全面从严治党主体责任，积极配合派驻纪检组工作，强化协同发力，深入推动"不敢腐、不能腐、不想腐"一体建设。切实抓强内控监督，抓早抓小抓苗头，提升工作敏锐性和风险识别精准度。落实中央八项规定及其实施细则精神，防止"四风"反弹。强化正面典型培树，持续深化"强基提质工程"，成功创建 1 个深圳海关"四强"党支部、1 个深圳海关基层党建示范品牌、1 个融合式党建"样板间"，2 人获评深圳海关"身边学习榜样"、1 人获评深圳海关疫情防控优秀共产党员。

【综合保障】2021 年，沙头角海关严格落实"过紧日子"要求，按照"保民生、保运转、保改革"原则，从严就高保障防疫物资需求，严控一般性支出，盘活闲置资产，坚决制止餐饮浪费，实现全年一般性支出下降。积极参与沙头角口岸重建工作，参与中英街品质提升工程，推进综合改革项目进程。

【中英街综合治理】2021 年，沙头角海关实施"火车头"（中英街镇内与港方物品进出境通道）进区货物申报，完成中英街南广场、桥头街、"火车头"等 17 个位置实时监控视频接入中英街监管现场。加装太赫兹（人体安检仪器）设备，试点运用 5G 智能单兵设备。构建"监控—现

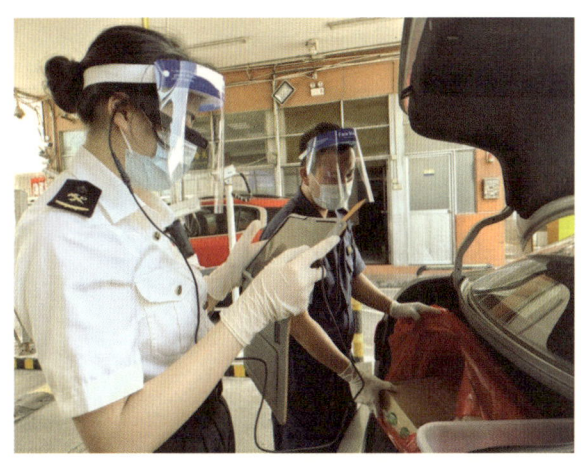

▲2021 年 8 月 19 日，沙头角海关正式上线运行中英街 5G 智能单兵设备升级项目

场—机动"联动监管网，推广海关监管规定告知书制度，综合运用好自愿放弃、征税、退运等手段，发挥"风险+情报+现场"联合研判工作站效能，配合沙头角海关缉私分局开展"靖街"端窝打点系列专项行动 4 次，推动建立中英街管理局、沙头角海关、沙头角边防检查站、盐田公安分局、边海防打私办、大鹏海关缉私分局六方联动工作机制，打击遏制夜间走私活动，实施退运 1.36 万次，铲除盘踞在中英街"水客"团伙 6 个，逮捕 38 人，查获走私铂金 31 千克，案值 2,200 万元。

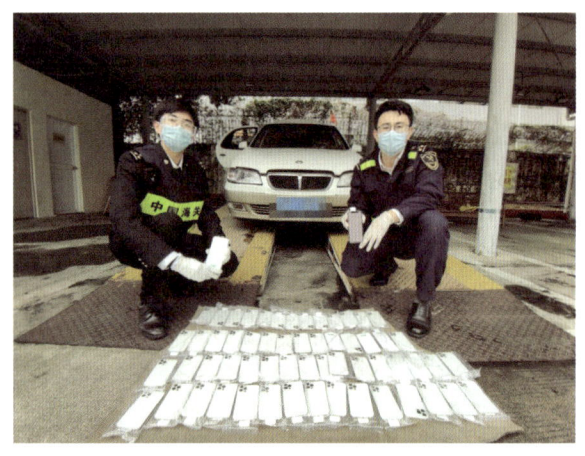

▲2021年3月8日，沙头角海关关员在中英街入境车道查获小车夹藏手机

【打私工作】2021年，沙头角海关严厉打击"洋垃圾"入境、濒危动植物及其制品走私。承办口岸监管环节涉恐突发事件应急处置实战演练，完善多部门联勤联动联系配合机制，明确多方职责，协调边检、公安、生态环境等多部门参与联合演练。全年查发各类行政案件1,481宗、刑事案件2宗，查获濒危动植物及制品3,385件，查扣侵权货物8,371件，查获"洋垃圾"走私案件2宗。

【新冠肺炎疫情防控】2021年，沙头角海关坚持"人、物、环境"同防，加强体温监测、健康审核和巡查流调，科学调整现场布局，实现"5G远程流调"。规范医疗废弃物转运及环境安全管理，上线跨境货车司机智慧测温验放试点，完善建设卫生检疫功能用房、检疫场地，实现正常跨境货车司机无接触验放。对入区货物、物品进行预防性消杀，对进出区居民、旅客100%体温监测。建立"现场监督员、监控科、三人小组、专家组"四级检查机制，规范医疗废弃物转运及环境安全管理，制订应急预案，开展应急处置演练28次。

▲2021年6月18日，沙头角海关关员开展疫情防控工作

（撰稿人：马　强　孙秋平　肖　贤）

蛇口海关

【概况】蛇口海关是隶属于深圳海关的正处级海关，办公地址是深圳市南山区怡海大道59号。辖区包括深圳西部港区的蛇口、妈湾、赤湾三大集装箱码头及沿线散货码头、蛇口邮轮中心、前海综合保税区，主要承担深圳西部港区的招港、赤湾、妈湾、太子湾游轮母港等作业区各项海关业务，以及前海湾保税港区监管工作。

1981年11月，蛇口分关设立。1985年2月，改称蛇口海关。2018年4月，原蛇口出入境检验检疫局、原深圳出入境检验检疫局前海湾保税港区办事处转隶至蛇口海关。

2021年，蛇口海关监管进出口货物货值1.59万亿元，监管进出境集装箱1,202万标箱，征收税款209.53亿元。

2021年，蛇口海关内设23个科室，在编干部职工378人。

【政治建设】2021年，蛇口海关严格落实"第一议题"制度，开展党史学习教育，围绕学习贯彻习近平总书记在庆祝中国共产党成立100周年大会上的讲话开展专题党课，迅速传达学习党的十九届六中全会精神，坚持从百年党史中汲取智慧和力量。推进"我为群众办实事"活动走深走实，"粤港澳大湾区组合港""ICT产业链服务中心"等15项重点民生项目落地见效。深入开展"现场监管与外勤执法权力寻租"专项整治，排查风险点，梳理风险清单并逐项落实整改，持续压缩权力寻租空间。认真做好巡视整改、配合总署常规巡视、经济责任审计等工作，推动长效化机制落地。

【业务建设】2021年，蛇口海关统筹推进口岸疫情防控和促进外贸稳增长工作，外贸进出口1.59万亿元，同比增长32.13%，集装箱吞吐量1,202万标箱，同比增长8.17%，两项指标均创历史新高。保障国家粮食安全，助力中粮集团小麦进口量翻番，口岸大米进口量全国第一。严厉打击"洋垃圾"走私，查获并退运固体废物22票448吨。强化知识产权海关保护，查获侵权货物1,113批次、225.3万件。开展打击治理"水客"走私专项行动，严密货运、旅检、电商各渠道实际监管，查获一批涉毒涉赌涉税重大案件。

【队伍建设】2021年，蛇口海关落实强基提质各项工作要求，不断加强基层组织建设，蛇口海关机关党委获评深圳市首批机关党建（政治建设）专项工作示范点，前海湾保税港区监管一科党支部获评深圳市先进基层党组织，综合业务科党支部获评深圳海关"四强"党支部，4个党支部入选深圳海关100个融合式党建"样板间"。着眼疫情防控常态化抓好练兵用兵，4名党员干部入选100个"身边学习榜样"。持续深化文明创建，荣获"全国五一劳动奖状""广东省学雷锋活动示范点"荣誉称号，多个集体获评"广东省青年文明号标兵号"、首届"深圳青年五四奖章"等省市级荣誉。

【综合保障】2021年，蛇口海关加强疫情防控设备配置和物资采购，相关设施、物资采购程序合规、数量充足，有效提升口岸应对重大疫情卫生检疫能力。做好集中封闭管理场所的综合服务保障，协调资源满足保障专班工作人员居住、餐饮等生活需求及其他封闭管理物资需求，推动集中封闭规范化运作，落实好关心关爱一线集中封闭管理人员各项措施。

【口岸疫情防控】2021年，蛇口海关严守口岸疫情防线，试点5G远程智能检疫设备实施登临检疫，登临检疫船舶4,721艘次，"歌诗达·威尼斯号"等多艘船舶的疫情档案被中国海关博物馆征集。做好高风险作业人员集中封闭管理，运作14批次、轮战523人次。做好进口冷链和高风险非冷链货物的采样监测和预防性消毒、综合保税区跨境货车管理、进出口防疫物资监管和疫情内部防控等工作。

▲2021年3月1日，蛇口海关关员检疫进口高粱

【优化营商环境】2021年，蛇口海关着力保障供应链稳定畅通，推进"粤港澳大湾区组合港"拓点延线成网，新增佛山、肇庆、中山、珠海等组合港航线12条，进出口吞吐量达5.84万标箱，相关做法被列入国家口岸办公室进一步深化跨境贸易便利化改革措施。深化"三智"建设，助力妈湾智慧港正式开港，成为大湾区首个5G绿色低碳智慧港口。实现查验指令智能分拨，落地海运卡口陆路化改革。保障邮轮中心澳门双向、香港单程航线有序运行，确保中国首艘进口远洋邮轮"招商伊敦号"顺利通关。积极支持粮食、水果等扩大进口。

【园区新业态发展】2021年，蛇口海关积极对接深圳前海深化改革方案，推进前海综合保税区二期封关运作，助力园区优势产业实现3个再升级。助力ICT产业链服务中心再升级,荣耀、朗华、阿里云等新进驻企业迅速放量,形成"原料供应—设备检验—终端销售—售后维修"产业生态链。助力跨境电商个性化服务中心再升级,支持全球免税品集散中心落地前海综合保税区,贸易值73.29亿元。助力全球中心仓业态再升级,保税储备粮仓进口大米22.89万吨。

▲2021年8月26日,深圳前海综合保税区二期正式封关运作

【打击走私】2021年,蛇口海关深化"风险+情报+现场"联合研判机制,与蛇口海关缉私分局建立联合研判工作站,自主侦破2起列入"海啸"系列的重大涉税案件,打掉走私团伙3个,案值超1.7亿元。开展打击跨境电商进口走私"断链刨根"专项行动,在跨境电商出口渠道查获大麻叶、黄金、铟锭、筹码等多个典型案件。

(撰稿人:陈 璇)

大鹏海关

【概况】大鹏海关是隶属于深圳海关的正处级海关，办公地址是深圳市盐田区进港二路22号。辖区包括盐田港口岸、盐田海鲜码头、下洞码头、沙鱼涌码头、大亚湾核电站专用口岸，承担辖区进出境船舶监管、进出口货运监管、卫生检疫、动植物检疫、税收征管、查缉走私等海关业务。

1992年11月，大鹏海关设立。2018年4月，原盐田出入境检验检疫局转隶至大鹏海关。2019年1月，沙头角海关及原龙岗出入境检验检疫局对大亚湾核电站专用口岸各项业务划入大鹏海关，剥离"两仓"业务。

2021年，大鹏海关监管进出口货运量4,980万吨，价值1.8万亿元，征收税款145.1亿元，完成全球最大单体集装箱码头盐田港、全国最大LNG（液化天然气）枢纽港的货物通关监管工作。

2021年，大鹏海关内设14个科室，在编干部职工244人。

【政治建设】2021年，大鹏海关认真落实"第一议题"制度，深入推进政治机关建设，扎实开展党史学习教育，结合庆祝中国共产党成立100周年，组织读书会3次，开展党史知识接力学、红色精神接力述、红色经典接力诵系列活动，制定"我为群众办实事"清单27项。1个支部获评深圳海关融合式党建"样板间"，4个支部获评深圳海关"四强"党支部，复核通过深圳海关党建示范品牌1个、创建深圳海关党建培育品牌1个。细化全面从严治党42项重点任务，深入贯彻落实中央八项规定及其实施细则精神、坚决纠治"四风"，制定4方面16条具体落实措施。开展"现场监管与外勤执法权力寻租"专项整治，召开专项推进会1次、企业座谈会23次，调研企业26家。

【业务建设】2021年，大鹏海关深化"惠盐组合港""深赣组合港""盐莞组合港"应用效能，服务超1.7万标箱货物以"组合港"模式出口。创新"湾区海铁通"模式，与"中转集拼""直提直装""港区内中转集拼""东西港区一体化"等改革项目叠加运作，服务盐田港106条航线平稳运行，吞吐量1,416万标箱。建立监测体系，定期观测评估口岸"营商环境优化、监管力度强化、执法环境净化、业务运行变化"情况，选择盐田港口岸通关的进口高级认证企业数量同比增加42%、出口高级认证企业数量同比增加33%。完善现场查验应急支援工作机制，完善案件办理、场所监管、查验管控等各类业务操作指引和工作手册。加强口岸反恐维稳，落实核辐射监测全覆盖工作，强化应急队伍建设，开展反恐演练。

【队伍建设】2021年，大鹏海关深化"鹏关号动车组""蹲苗行动计划"，激发科室（支部）班子和青年干部干事创业的积极性。完成2021届新录用公务员初任培训任务，增加各类专业资质人才86人。对执法一线人员"精准画像"、动态管理。定期开展内务规范、纪律作风督察。大力培先树优，大鹏海关工会委员会获评深圳市市直机关、事业单位先进职工之家，1名干部被国家税务总局、公安部、海关总署、中国人民银行评为虚开骗税违法犯罪两年专项行动先进个人，1名干部获评广东省"扫黄打非"先进个人，1名干部获评深圳市2021年优秀共产党员，1个支部、2名党员、1名团员分别获评深圳海关新冠肺炎疫情防控工作先进基层党支部、优秀共产党员、优秀共青团员，70余人次受到不同层级表彰奖励。

【综合保障】2021年，大鹏海关创建"国门生态安全监管创新工作室"，推动国门生态安全的科普普法、执法实训、监管创新。动态更新安全生产、综合治理等领域"清单"，全年保持安全"零事故"。开展思想动态调研和心理辅导，慰问患病员工、离退休干部。落实"过紧日子"要求，大幅压减一般性支出，全力做好疫情防控和海关执法保障。

【口岸疫情防控】2021年，大鹏海关建立健全"登临检疫、冷链监测、环境监督、内部防疫"四位一体疫情防控体系，定期开展口岸疫情风险研判，强化应急演练。优化登临检疫、冷链监测作业流程，检出7票14个冷链货物阳性样品。强化口岸卫生监督和检疫处理监督，压紧压实口岸生产经营单位主体责任，确保医疗废弃物规范收集处置。建立"监控+三人小组+安全防护监督员"的安全防护监督体系，14批次、329人次参加高风险岗位集中封闭管理工作。参与地方政府流调溯源，有力应对处置盐田港码头工人染疫情事。

▲2021年6月20日，大鹏海关关员对"海洋石油202"轮进行锚地检疫

【提升监管打私效能】2021年，大鹏海关强化全员打私意识，落实"国门利剑

2021"行动部署,现场查获走私刑事案件23宗,其中走私洋酒案10宗,查获走私可卡因100千克。查获涉嫌"洋垃圾"和固体废物走私案件8宗,其中罪案3宗,查获涉嫌濒危物种及其制品走私案件6宗。自主分析查获出口食品逃检案件7宗,向公安部门移交涉嫌出口骗退税刑事案件7宗。采取知识产权保护措施787批次,查扣嫌疑侵权货物110批次、466.79万件。查获违反一个中国原则货物包装600件、问题地球仪约2,600套。

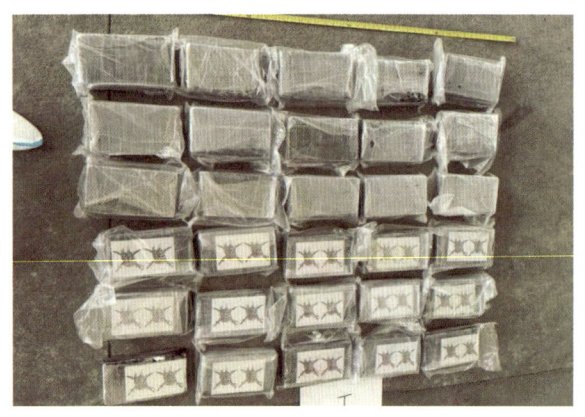

▲2021年1月20日,大鹏海关关员查获走私进口可卡因100千克

【筑牢国门安全防线】2021年,大鹏海关严防外来有害生物入侵,截获松材线虫330批次、5,384柜,拦截各类检疫性有害生物879批次,有力守护国门生物安全。落实食品安全"四个最严"要求,查获不合格冻肉、加工食品644票,销毁和退运处置冻肉678.7吨,查出1,100吨伪造检疫证明进口冷冻水产品,查获一批新城疫病毒核酸阳性的冻禽肉。

▲2021年3月10日,大鹏海关关员查获走私出口国家一级保护植物水杉1,500株

【支持新业态发展与产业集聚】2021年,大鹏海关助力盐田港建设"华南跨境电商首选港",为高级认证企业提供优先吊柜、优先查验便利措施,跨境电商快速航线增至14条。采取"先卸后报"模式监管服务全国最大LNG枢纽港1,234万吨LNG通关,支持保障重点民生物资供应。强化关地合作,助力打造盐田港智慧冷链产业园,推动Y3封闭式冷链查验场申报验收,拓宽冻肉、乳制品等民生产品的进口通道。监管进口冻肉货值同比增长10.38%、冷链乳制品货值同比增长120.36%,推动冷链产业在盐田港口岸集聚。

(撰稿人:吴银婷)

莲塘海关

【概况】 莲塘海关是隶属于深圳海关的正处级海关，办公地址是深圳市罗湖区罗沙路4011号。辖区为莲塘口岸，主要承担莲塘口岸进出境人员、货物、运输工具、行李物品监管，出入境检验检疫，征收关税及其他法定由海关征收的税费，查缉走私，开展贸易统计及办理其他各项海关业务的职责。

2020年8月，莲塘海关设立。因新冠肺炎疫情原因，2021年，莲塘海关先行开通货运通关服务，旅客和客运车辆通关服务暂未开通。

2021年，莲塘海关监管进出境车辆50.3万辆次。

2021年，莲塘海关内设18个科室，在编干部职工190人。

【政治建设】 2021年，莲塘海关认真落实"第一议题"制度，深入推进政治机关建设，扎实开展党史学习教育，深入学习习近平总书记在中国共产党成立100周年大会上的重要讲话、党的十九届六中全会精神，采取"线上+线下""集中+分散""班前+班后"等方式，开展"打卡深圳红"、读书笔记评选、"星火课堂"等活动。开展"我为群众办实事"实践活动，查验现场"微光服务台"、"扶智·助学"定点帮扶、"马上就办"党员示范服务专窗等落地见效。实施"党建学习室支部风采硬装"和"党建队伍能力提升软装"两项工程，制定"建设合格支部—创建'四强'党支部—争创党建品牌"三步走规划，促进党建分工、岗位责任、业务成效有机融合。完成12个基层党支部的创建和合格支部验收工作，1个党支部获评深圳海关基层党建培育品牌，1个党支部获评深圳海关融合式党建"样板间"，1个党支部获评深圳海关隶属单位融合式党建"样板间"。

【业务建设】 2021年，莲塘海关运用智能5G远程流调系统，上线"驾驶员智慧验放"功能模块。强化"人、物、环境同防"，持续做好进口高风险非冷链集装箱及货物核酸检测及预防性消毒。联合深圳市口岸单位落实疫情防控主体责任，协调罗湖区建设完善脱卸方舱、医学排查室等基础设施。落实稳外贸稳外资措施12项，分类解决企业问题建议16项，"一企一策"助力解决企业退税、国宝"中华鲟"回家等问题。深化"情报+风险+现场"作业机制，提升"风险建模+缉私侦查+实货判定"效能。7月9日，查获涉嫌走私进口高档红酒等，案值1,800万元。

▲2021年7月9日，莲塘海关关员查获涉嫌走私进口高档红酒

【队伍建设】2021年，莲塘海关落实个人防护培训机制，通过关长讲堂、专家讲堂等形式开展培训42期。综合分析各类专业资质人员的储备和使用情况，加强紧缺人才培养，113人次获得相应资质。结合一线疫情防控人力需求开展人力轮换，纠治酒驾醉驾，开展常态化干部队伍督察。擦亮"巾帼别样红""莲心家园""青莲说"等工青妇品牌，综合业务科获评深圳市巾帼文明岗。

【综合保障】2021年，莲塘海关着力做好服务保障，为户外工作人员配发夏季款防护服，安排采购急救防暑药品，按需采购室外遮阳棚、隔断设施等。对办公区、食堂、车队、仓库开展全面"地毯式"安全生产隐患排查，实现问题隐患"清零"。在货运出入境司机候查室安装配备联网电脑和打印机，为有需要的司机配备"爱心包"。

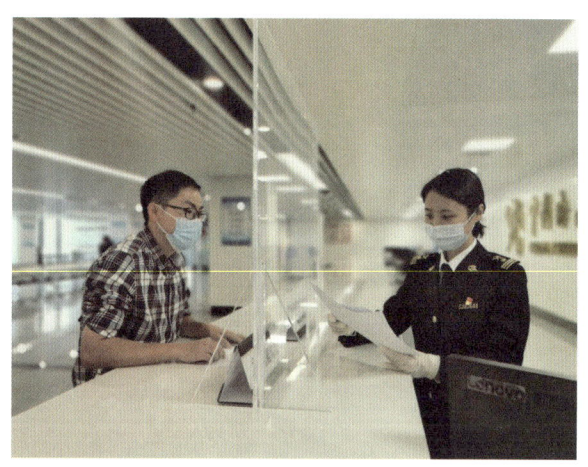

▲2021年3月9日，莲塘海关关员在党员示范服务专窗为企业办理业务

（撰稿人：肖惠文）

大铲湾海关

【概况】 大铲湾海关是隶属于深圳海关的正处级海关,办公地址是深圳市宝安区新安六路大铲湾口岸大楼。辖区为大铲湾口岸,主要负责大铲湾口岸进出境船舶监管、进出口货运监管、卫生检疫、动植物检疫、税收征管、查缉走私等海关业务。

2008年6月,大铲湾海关正式办理货物通关业务。2008年7月,开始办理小型船舶进出境海关手续,并拓展一般贸易进出口、进料来料加工出口、合资合作设备进口、陆路水路转关出口等业务。2012年2月,大铲湾海关正式开关。2019年1月,原大铲湾出入境检验检疫局转隶至大铲湾海关。

2021年,大铲湾海关监管进出口货运量80.62万吨,进出口额380.22亿元,监管进出境船舶1,010艘次,征收税款9,408万元(含船舶吨税),办理各类案件138宗。

2021年,大铲湾海关内设7个科室,在编干部职工74人。

【政治建设】 2021年,大铲湾海关认真落实"第一议题"制度,深入推进政治机关建设,扎实开展党史学习教育,建立常态化学研机制,开展政治理论学习研讨375次。建立领学带学、促学考学机制,邀请深圳市委宣讲团成员做专题宣讲,打造"铲关大讲堂""党史大事记长廊"等平台,制定重点民生项目清单11项,帮助企业解决一批难点、堵点问题。关注干部职工思想动态,开展思想动态调研,关领导与干部开展谈心谈话全覆盖,邀请深圳海关"阳光驿站"开展心理团辅、亲子教育讲堂等活动,开展"机关进基层,我为一线打call"主题党日活动,成立封闭管理人员服务志愿队,解决封闭管理人员实际困难,引导封闭管理人员正确面对压力。推动融合式党建,1个党支部获评深圳海关党建培育品牌,2个党支部获评深圳海关"四强"党支部和先进基层党组织。推进清廉海关建设,开展"现场监管与外勤执法权力寻租"专项整治,深入开展纪法警示教育,排查廉政风险,常态化推动整改落实。配合总署巡视,组织开展巡视巡察及审计整改"回头看"。

【业务建设】2021年,大铲湾海关先后承担新舱单系统试点、海运出口分类通关改革试点、运输工具监管改革、国际贸易"单一窗口"、查验监管集中改革等多项改革试点,上线全国首个水运新舱单系统。开展"国门利剑""清风"等专项行动,查获违法入境固体废物4批次、出口濒危野生植物家具制品1批次、出口不合格防疫物资及卫生用品2批次。强化综合治理,与深圳市宝安区应急管理局签订全面加强进出口危险化学品安全监管合作备忘录、与深圳海警局宝安工作站签订联合打私合作备忘录,建立信息共享、联动治理机制。深入落实"风险+情报+现场"作业机制,与蛇口海关、蛇口海关缉私分局成立"两关一局"联合研判工作站,查获涉嫌走私进口冻品15.7吨。制定促进跨境贸易便利化措施20条、稳外贸稳外资措施11条,进、出口整体通关时间比2017年分别压缩84.6%和97%。聚焦支持"中国制造","一对一"精准帮扶大型设备出口,快速验放出口大型设备485件,货值近1亿元。创新"共享泊位"等举措,突破外贸泊位和堆场不足等瓶颈,助力码头新增国际航线10条,集装箱吞吐量177.6万标箱。支持企业以"包船出海"模式整租集装箱出口应对疫情影响,叠加"提前申报""抵港直装"等便利化措施提升通关效能,出口货物73航次、5.8万标箱。研究确定进境水果在大铲湾口岸分流3条路径,推出24小时预约查验、随到随检等便利化通关措施,缓解深圳口岸进口水果旺季的通关压力。对特种集装箱企业量身定制服务方案。1月21日,大铲湾海关作为深圳关区H2018新一代通关管理系统3.0版首个试点单位,顺利切换运行新系统。

▲2021年2月20日,大铲湾海关关员监管装载机出口

【队伍建设】2021年,大铲湾海关坚持培优树先,促进正向激励,对日常工作中表现突出的同志及时通报表扬,大力宣传干部先进事迹,提升干部职工荣誉感。强化干部监督管理,党委成员通过月考核、参加党支部组织生活、述职评议等方式,督促科级领导干部落实全面从严治党责任。培育令行禁止准军作风,制发队列训练大纲,坚持准军事化队列训练每周一练。组织开展内务规范"样板间"实地参观交流活动,分享样板间创建经验,定期组织开展内务督察,通过视频监控、现场检查等方式对现场科室内务规范、值班秩序及食堂厉行节约情况开展督察。

【综合保障】2021年,大铲湾海关全

面统筹资金安排，从紧从细制定年度预算安排，优先保障疫情防控物资需求和重点业务需求，完成信息机房环境监控系统等重点工程建设，严控办公设施维修维护，严控新增资产，发挥预算资金使用效益。预估防疫物资需求量及物品种类，完善防疫物资储备仓库，严把物资采购流程关、质量关、使用规范关。落实"过紧日子"要求，每月分析车辆运行费用，动态监控车辆燃油量，加强食堂就餐成本核算，多措并举制止餐饮浪费。定期巡查内保消防，动态维护内保消防风险隐患及整改措施清单，立行立改风险隐患32项。制发固定资产管理工作指引，明晰固定资产管理职责，规范固定资产采购、申领、使用及报废流程，维护固定资产的安全和完整，提高资产使用效益。

【口岸疫情防控】2021年，大铲湾海关落实"一船一评估一方案"和"一口岸一方案"要求，创新建立疫情防控核心制度体系，严格落实口岸防控措施，有效应对3起船员紧急救治突发情事，全力保障18次、70名船员有序换班。完善负压隔离室等口岸基础设施，优化查验场地改造和穿戴脱卸区建设。作为深圳海关试点，全力推动5G远程智能检疫系统上线运行，实现船舶远程无接触登临检疫。打造海港口岸特色船舶登临检疫实训室，最大化模拟船舶登临实景，提升关员及采样人员实操水平。加强其他重点传染病的排查处置，强化动植物疫情口岸检疫监管，严防其他传染病及重大动植物疫情经口岸传入。

▲2021年5月14日，大铲湾海关关员登临检疫入境船舶

【医疗废弃物移运中遗撒专题演练】2021年11月23日，大铲湾海关与卫生检疫处联合开展医疗废弃物移运中遗撒应急处置演练，演练视频获选在总署2021年度口岸新冠肺炎疫情防控突发事件应急处置汇报演练中播出。

（撰稿人：付　琦　林艾罗猛）

三门岛海关

【概况】三门岛海关是隶属于深圳海关的正处级海关,办公地址是惠州市大亚湾经济技术开发区澳头街道大三门岛妈湾村2号。主要承担珠江口以东,广东、福建及以北沿海各港口来往港澳小型船舶及所装载货物的中途监管工作,并可对进境小型船舶所载货物、舱室施加封志,必要时派员随小型船舶至目的港。

▲2021年3月23日,三门岛海关关员开展中途监管登临检疫

三门岛海关的历史可追溯至1899年设立的三门关卡,负责缉私及办理征税业务。1999年1月,深圳海关驻三门岛办事处设立,恢复中断近20年的来往港澳小型船舶中途监管业务。2019年1月,驻三门岛办事处正式更名为三门岛海关。

2021年,三门岛海关监管进出境来往港澳小型船舶3,731艘次,其中进境1,850艘次、出境1,881艘次。

2021年,三门岛海关内设5个科室,在编干部职工78名。

【政治建设】2021年,三门岛海关开展"第一议题"学习66次,深入推进政治机关建设,扎实开展党史学习教育,利用关史馆、古城墙等红色资源开展主题党课活动3次,开展专题调研7次,参观"深圳东江潮红色博物馆VR云展览"1次,完成"我为群众办实事"8个重点项目、21项海岛民生实事。组织开展党史学习教育专题组织生活会,党委班子成员到所在支部讲授党课9次,参加联系点党支部组织生活会16次。开展岛关精神品格讨论,提炼"坚定、坚强、坚韧、坚守""四坚"岛关品格。监管一科党支部党建品牌"海岛尖兵"获评深圳海关融合式党建"样板间"。

【业务建设】2021年,三门岛海关使用物流链可视化管理系统功能,通过海图轨迹回放审查分析机制，结合相关业务管理系统，对监管船舶及货物开展全面分析，建立风险船舶名单数据库。开展外来生物监测工作，在岛上设置20个外来生物监测点，包括14个实蝇监测点和6个林木害虫监测点。

▲2021年5月30日，三门岛海关关员开展首次外来有害生物监测收虫作业

【队伍建设】2021年，三门岛海关从中途监管业务、风险布控环节、处置领域3个方面14个重点，排查出3个廉政风险点和4个高风险岗位，制定3项内控制度机制和3项长效协同机制。通过党委会、"三会一课"、岛关学堂开展纪法警示教育36次，关心关爱干部，建设"团结之家"，开展24次关、科两级谈心谈话。三门岛海关获评惠州市"最佳志愿服务站点"，1人获评惠州市"学雷锋标兵"。

【综合保障】2021年，三门岛海关船艇执行出航任务141航次，处理海上应急突发情况1次，完成岛上发电机组维保、抢修43台次。协助开展疫情防控、救生、消防演练等7次，组织开展"地毯式"安全隐患检查34次，排查隐患并完成整改，全年无安全生产事故。申报"深圳海关开展边关生活设施保障能力提升工程项目"，获得总署批复，改善海岛边关一线员工生活环境。

【红色资源保护运用】2021年，三门岛海关充分运用关史展览馆、防空洞、古城墙等红色资源开展党史学习教育。挖掘岛关历史，修复"海关井"等历史遗存，增设监控雷达介绍牌。结合百年历史，提炼"四坚"岛关品格，挖掘三门岛海关护产起义以及原756监管艇船长钟小龙光荣事迹2篇红色故事，其中三门支关护产行动故事被收入总署《追寻红色记忆 传承红色基因》海关档案故事100篇。利用岛上关史展览馆、古城墙、"祖国眼睛"等红色资源，开展场景式教育和组织生活20余次。

（撰稿人：李业南　肖春林　范　拓　周文祥）

西九龙站海关

【概况】西九龙站海关是隶属于深圳海关的正处级海关，办公地址是广深港高铁西九龙站口岸（香港油尖旺区）内地口岸区，备勤基地位于深圳市福田区福强路1011号。辖区为广深港高铁西九龙站口岸地下二、三、四层内地口岸区域，主要承担广深港高铁西九龙站口岸旅客行李物品监管、进出境列车监管、动植物检疫、卫生检疫、税收征管、查缉走私等海关业务。

2018年3月，西九龙站海关设立，同年9月西九龙站海关正式开关运行，是全国首个高铁口岸海关，也是全国首个在香港实施"一地两检"模式的内地海关。

2021年，受新冠肺炎疫情影响，西九龙站口岸全年暂停公共服务，仅开放地下四层工作人员通道，对进出内地口岸区的港方工作人员及物品、物资、列车实施检疫和监管，监管列车5,906列次。

2021年，西九龙站海关内设科室17个，在编干部职工212人。

【政治建设】2021年，西九龙站海关认真落实"第一议题"制度，深入推进政治机关建设，以"学思践悟"深入开展党史学习教育，推动13项重点民生项目落地生根。持续擦亮"四最"党建品牌，打造"一支部一品牌一项目"，实施"书记项目"破解党建业务融合难题，推进基层党建强基提质，西九龙站海关机关党委"四最"通过全国海关党建培育品牌复核认定。与总署国际合作司开展联学联建，交流探讨融合式党建、关际合作等。每季度开展党支部正负面清单评价，推动支部强在科上。充分发挥支部战斗堡垒作用和党员先锋作用，派出近九成党员干部接续轮战驰援18个海关，开展"西九堡垒""西九先锋"评选，营造争先创优氛围。

▲2021年10月19日，西九龙站海关监控片区党支部与总署国际合作司党支部第四党小组开展联学联建活动

【业务建设】2021年，西九龙站海关

以"科技+创新"双赋能,试行"远程检疫监管"模式,依托音视频监管设备,通过视频监控、实时对话、远程指令等方式,对进出西九龙站口岸内地口岸区的港方工作人员及行李物品实施全程无接触式检疫监管。推动西九龙站海关口岸现场改造,改造方案纳入深圳市口岸优化工程。与风控分局、缉私部门合作分析数据4万余条。

【队伍建设】2021年,西九龙站海关开展一线干部集中封闭管理13批次,派出干部支援兄弟海关新冠肺炎疫情防控工作10批次。针对60%以上干部长期在外支援的实际情况,建立分散式管理体系。落实落细关心关爱,每周开展队伍思想动态摸查,每月与受援单位开展交流,每季度问卷调查,建立问题清单,及时解决干部关切问题。构建"1+4+3"青年干部培养机制,以个人画像为1个基点,明确领导岗位、职级晋升、业务专家、海关达人4个培养方向,设置导师制、平台展示和考核测评3种培养方式。精细化培养新入职干部,量身定做"学习包",帮助干部成才。开展普法、垃圾分类、文明餐桌等志愿服务活动62次。西九龙站海关工会获评2017—2020年度全国群众体育先进单位,旅检大厅机检判图岗获评深圳市直机关工委系统青年文明号,1人获评全国海关优秀公职律师。

【综合保障】2021年,西九龙站海关精准保障现场业务,完成地下四层通道作业区优化及红外自助测温设备升级改造、负压隔离室安全隐患整改、监控室回迁基地、空气消毒机等专用设备采购安装。做实做细民生实事,从衣食住行4个方面全力保障封闭管理工作,克服高铁运输困难,完成应急生活物品及防疫物资输送。做好新入职干部集中培训期间的通勤接送、制服及防护物资配发等工作,帮助适应新工作环境。设立"心心相映"便民角,配备血压计、温度计等生活用品,为干部健康监测及日常生活应急提供便利。

【联合共建动植物初筛实训基地】2021年,西九龙站海关通过合作共建产学研平台,与中科院华南植物鉴定中心签署联合共建合作方案,利用西九龙站海关动植物初筛室设立联合实训基地,开展现场鉴定和实操培训,促进海关专业执法人才培养和科研成果应用转化。利用华南植物鉴定中心实验室设立联合实验室,快速鉴定查获的濒危动植物及其制品。

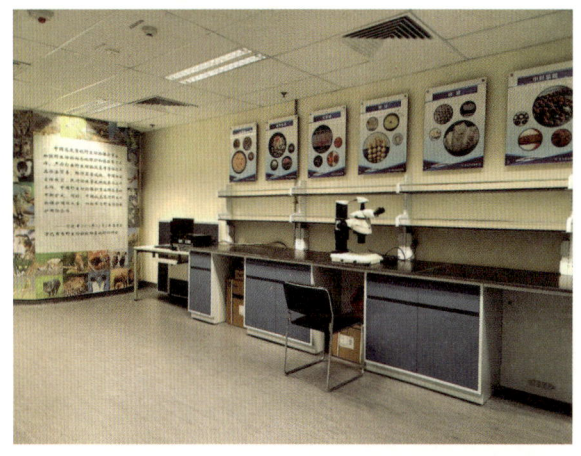

▲2021年12月13日,西九龙站海关与中科院华南植物鉴定中心联合设立实训基地

(撰稿人:杨嘉冕 徐 佳 梅 皓 蔡丰帆)

深圳邮局海关

【概况】深圳邮局海关是隶属于深圳海关的正处级海关，办公地址是深圳市宝安区航站四路2002号。集中承担深圳关区ABC类快件及跨境电商电子报关数据审核，以及深圳地区快邮件监管、跨境电商零售进出口监管、一般贸易监管等业务。

深圳邮局海关的历史可追溯至1951年设立的九龙海关驻邮局办事处。2019年1月，深圳邮局海关设立。

2021年，深圳邮局海关监管一般贸易货物158.1万票、邮件2,282万件、快件4,143万票、跨境电商商品3.5亿票。征收关税及进口环节税26亿元，其中征收行邮税2.2亿元。查获刑事案件59宗，办理"两简"案件216宗。

2021年，深圳邮局海关内设科室12个，在编干部职工175人。

【政治建设】2021年，深圳邮局海关认真落实"第一议题"制度，深入推进政治机关建设，扎实开展党史学习教育，通过党委会、中心组学习、例会开展学习。以融合式党建为引领，建立党建结对共建机制，与国安局、职能部门、院校等在扫黄打非、理论研究、通关服务上互学互帮、双向合作，"铸魂、锻骨、磨锋、亮剑"党建案例获评第一批全国海关基层党建创新案例，监控科党支部获评深圳市直机关工委系统先进基层党组织，多个党支部获评深圳海关"四强"党支部、深圳海关融合式党建"样板间"。选拔理论学习、新媒体技术骨干等组建"红苗宣传队"，探索线上播报、微视频等学习载体，推送播出"党史上的今天"等每日学习栏目280余期，"送教进支部"24次。深挖深圳邮局海关故事，采访退休干部，撰写《小小邮包的监管进化史》入选"100个深关奋斗故事"。落地12项"我为群众办实事"实践活动重点民生项目，"寄药易"项目入选全国海关"'我为群众办实事'百佳项目"。

【业务建设】2021年，深圳邮局海关推进跨境电商集约化审单改革，集中办理深圳关区邮件、快件、跨境电商零售进出口、跨境电商企业对企业直接出口、跨境电商出口海外仓清单等审单业务。全面推广C类快件通关一体化改革，申报票数居全国首位。开展eWTP（世界电子商务贸易平台）"数字清关"改革，丰富税款延期缴纳担保形式，助力高信用企业便利通关。持续推进"两步申报""提前申报"等改革，出口提前申报率稳定在96%以上。登临检疫全货机超1,000架次，测温机组人员超3,000名。开展"国门绿盾2021"行动，在全国首次截获钟角蛙等外来物种。建设深圳海关知识产权边境保护实训基地，对7,465批次、753.7万件货物采取知识产权执法措施，联合深圳海关缉私局查获团伙走私雪茄、奢侈品、化妆品刑事案件6宗，案值超1,000万元。查获电信卡案件88宗8万张、赌博用具2.2万件，查发枪支配件20余件。

▲2021年5月25日，深圳邮局海关关员在UPS亚太转运中心开展全货机登临检疫作业

【队伍建设】2021年，深圳邮局海关常态化开展队列集训会操，以"视频+现场"督查窗口作风、内务规范，通报整改发现问题。优化人才选拔机制，强化队伍建设正面导向，1人获评全国海关百名优秀执法一线科长。快邮件监管二科获评全国"五一巾帼标兵岗"，快邮件监管一科获评广东省"巾帼文明岗"。1人获评全国海关个人一等功，1人获评深圳市"扫黄打非"先进个人，1人获评深圳市知识产权保护工作先进个人，122人次获得各级别表彰。

【综合保障】2021年，深圳邮局海关建立"人+财+物+技术+场所环境"大综合保障机制，拓宽财政资金及物资保障渠道，聚焦重点民生项目和衣食住行，后勤保障"点滴"服务10万余次，发放防疫物资488批次，开展技术运维1,776次，开展全关性安全检查17次，改造办公用房12间，保障业务顺畅、生产安全、环境暖心、系统稳定，让干部职工感受到"家"的温暖。

【联合研判工作站建设】2021年，深圳邮局海关会同缉私、风控分局等多部门持续深化完善"风险+情报+现场"机制，创建跨境控制下交付"深圳模式"，开展跨境控制下交付40次，查获毒品40余千克、象牙30余千克、濒危植物1,200余株

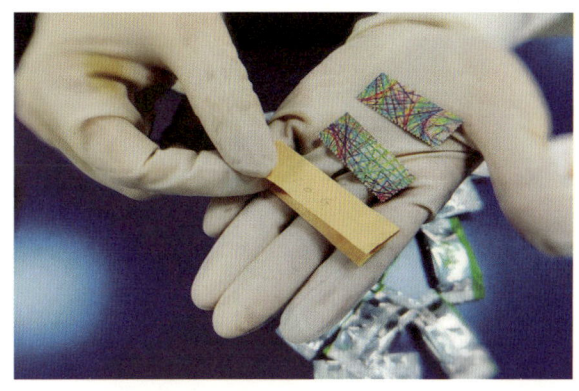

▲2021年4月2日，深圳海关联合研判工作站在深圳邮政国际运营中心查获新型毒品"邮票"（LSD致幻剂）20份

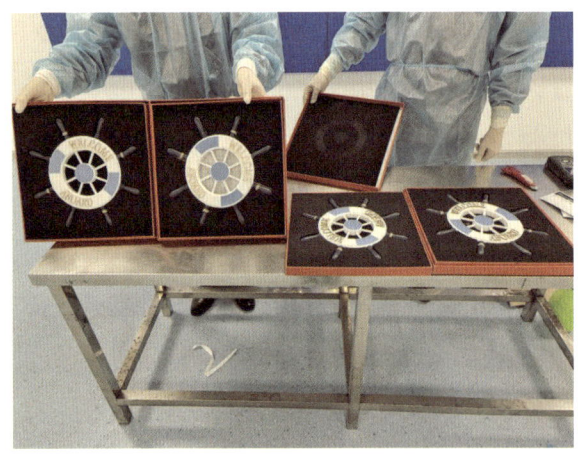

▲2021年10月26日，深圳海关联合研判工作站在UPS亚太转运中心查获夹藏在工艺品中的冰毒，毛重6,079克

等。向粤港澳大湾区情报中心和全国快件情报中心推送成案线索，协助抓获犯罪嫌疑人70余名，"清邮"行动获评全国海关打击毒品走私十大典型案例。联合研判工作站拓展到稽查领域，助力查获重大走私医疗美容器械刑事案件。查获典型案件255宗，其中毒品案108宗，涉案商品超80千克，查获箭毒蛙案件为《生物安全法》实施以来全国首宗涉濒危动物刑事立案，查获罂粟种子案件为深圳海关外来物种首宗刑事立案。

【全球跨境快邮集散中心】2021年，深圳邮局海关聚力全球跨境快邮集散中心建设，推动DHL南中国快件枢纽启动建设、UPS亚太转运中心"一机双屏"智能化改造、深圳国际快件运营中心配置AMR智能机器人，支持圆通、日本OCS等行业龙头企业顺利在深开通业务，助力深圳机场国际货邮吞吐量连续4年创下新高，达65万吨，同比增长26.8%。

（撰稿人：林申婕　章　珺　景　阳）

梅林海关

【概况】 梅林海关是隶属于深圳海关的正处级海关，办公地址是深圳市龙华区梅观路10号。集中承担深圳关区机检查验的审像、查验作业集中管控，以及机动查验、复查复验工作。

1996年3月，梅林海关正式办理海关业务，主要负责加工贸易、关区车辆备案管理两大业务。2005年，梅林海关增加保税仓、出口监管仓、转关接驳、跨境快速通关、"属地申报，口岸验放"、区域通关组合运行模式、稽查等业务职能。2016年11月，梅林海关进行功能化转换，成立深圳海关查验管控中心，负责深圳海关大型集装箱检查设备联网集中审像，货运查验行为规范性管控，机动查验和复查复验工作。

2021年，梅林海关开展查验管控货物2.14万票。

2021年，梅林海关内设13个科室，在编干部职工143人。

【政治建设】 2021年，梅林海关严格落实"第一议题"制度，深入学习贯彻党的十九届六中全会精神，开展学习研究66次，建立常态化跟踪督办机制。深入推进党史学习教育活动，党委书记讲"集体党课"，组织"红心向党"党史知识竞赛、演讲比赛，开展"党史百年天天读"活动296期，2篇故事入选"100个深关奋斗故事"。开展帮困扶弱走访慰问4次，开展"口岸行、办实事"调研5次，组织"实事怎么办"大讨论，举办"我为群众办实事"擂台赛，解决企业群众急难愁盼问题12个，推进18项重点民生项目落实。制定深化融合式党建工作6方面20项任务，完善支部党建品牌梯队建设，2个支部分

▲2021年11月11日，梅林海关举办"我为群众办实事"擂台赛

别被评为深圳海关党建示范品牌、"四强"党支部，2个支部荣获隶属单位融合式党建"样板间"。细化全面从严治党工作8个方面36项重点任务，健全工作督导机制，将监督考核与支部考核挂钩，保障责任落实。一体推进巡视巡察整改，坚持"当下改"与"长久立"并重，推进4方面17项重点任务落实。

【业务建设】2021年，梅林海关建立"机检、管控、机动"三位一体管控机制，发挥机检查验功能，严厉打击跨境司机走私行为。依托"风险+现场+情报"综合研判机制，建立风险主导、上下联动、跨关区作战的机动查验机制，开展不定时、不定点、不打招呼、直插现场机动查验106次。聚焦"制度+科技"深化查验管控改革，依托5G单兵平台探索中英街小车道查验管控。开展非法输港食品、医疗物资专项管控，查发走私食品222吨、走私防疫物资案件31宗。查发侵权案件24宗，涉及侵权物品3万件。查发固体废物案件6宗12吨、可卡因100千克、黄金15.8千克、濒危黑珊瑚目6千克，查获危险化学品逃检案件4宗。专人专岗全天候开展进口冷链、高风险非冷链商品的新冠病毒采样、预防性消毒监控。

【队伍建设】2021年，梅林海关开展纪律作风纠察，规范准军队列训练，评选内务规范"红旗榜"，持续打造准军建设"样板间"。深挖身边热源，挖掘宣传"身边榜样""劳动榜样"事迹，评选"梅林之星"10名，1人荣获2021年第三季度"广东好人"、深圳市文明市民（道德模范）。组建兴趣小组，开展拥军、荣退座谈会。常态化开展谈心谈话，及时掌握基层思想动态。依托机检查验实训中心，组织参与岗位练兵和技能比武，组织全关干部参加深圳海关各级培训86期，提升队伍政治能力和业务水平。

【综合保障】2021年，梅林海关贯彻"过紧日子"要求，科学统筹年度财务工作。扎实开展"我为群众办实事"实践活动，解决办公环境卫生、设施设备维护、饭堂餐饮供应等三大类11项民生实事问题。强化安全生产管理，签订关区年度社会治安综合治理目标管理责任书，开展各类安全生产全面检查，查发并整改隐患，强化内保消防、电气线路、极端天气、公务车辆和食品卫生等重点领域的安全防范。与口岸管理单位、街道办联合开展消防应急演练。严格落实疫情防控工作，完善应急物资管理，按要求配发关员防疫物

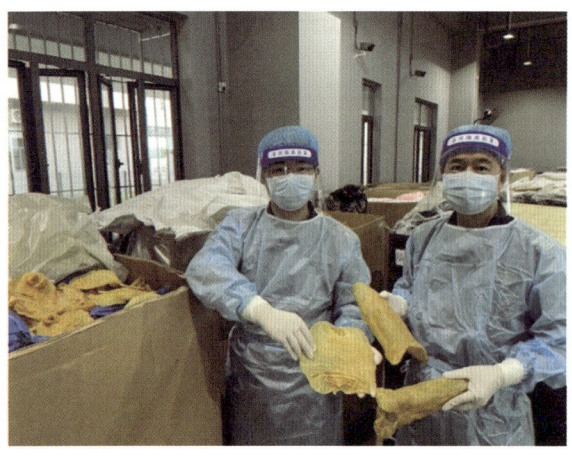

▲2021年3月31日，梅林海关关员在深圳湾口岸开展机动查验工作

资，做好办公区域进出人员管控、体温监测、外来人员登记管理、日常消毒清洁工作。

【智能审图】2021年，梅林海关深化H986智能审图系统实战应用，参与总署集中工作，配合做好智能审图系统完善、算法升级。推进"车体智审"实战应用，完成项目建议书编报。针对关区"水客"走私态势，拓展智能审图目标物识别清单，筛选机检图像推动智能审图算法深度学习。发挥"智审+人审"串联优势，提升机检查验效能，通过智能审图查获走私案件186宗。

【机检查验实训中心应用】2021年，梅林海关深化机检查验实训中心应用，完善软硬件建设，拓展应用场景，搭建进口冷链食品、高风险非冷链集装箱货物新冠病毒模拟采样现场，提升关员疫情防控监督检查业务能力。结合新风险态势更新典型案件库和培训教材，深化"线上+线下"深度协同模式，职能部门、现场查验关员依托实训中心开展线下实训11期，参训人员400人次。

【进口商品"物防"专项监控】2021年，梅林海关成立疫情防控业务管控专项工作组，开展进口冷链食品和高风险非冷链货物新冠病毒采样作业和预防性消毒作业（即"物防"）监控检查，强化"物防"事前、事中、事后的管控，与卫生检疫处、动植物检疫处、口岸监管处等职能部门开展联合研判，强化管控合力。紧盯重点国家、重点商品、人员防护、作业规范，明确管控重点，发现问题及时提醒现场纠正，保障口岸防疫安全。

（撰稿人：李诗雨　李　照　尚　璇）

福强海关

【概况】福强海关是隶属于深圳海关的正处级海关,办公地址是深圳市福田区福强路1011号。集中承担深圳关区刑事案件计税、减免税管理和单证验估工作。

2019年1月,福强海关设立,主要承接原深圳海关现场业务处职责,历经加工贸易监管、业务转型调整、关税业务集中审核3个发展阶段。

2021年,福强海关审核全通报关单2.6万票、事中验估报关单8,730票、事后验估报关单2.2万票,办理减免税业务2.4万票,办理刑事案件计税1,204宗。

2021年,福强海关内设科室8个,在编干部职工88人。

【政治建设】2021年,福强海关认真落实"第一议题"制度,深入推进政治机关建设,围绕庆祝中国共产党成立100周年和党史学习教育,线上线下开展红色资源参观、"学党史、知党恩、跟党走"主题活动、晨读微课堂等专题学习教育近百次,开展"书记开讲""党章青年说""老党员说党史""巾帼思享会"等特色研学交流活动。解决企业急难愁盼问题10个,完成重点民生项目11个,"减税降费'民生大礼包'利企惠民""'三度'发力为基层干部暖心蓄能"2个项目获评深圳海关"百佳民生实事"。深化"强基提质工程",完善党支部正负面评价体系和支部书记述职制度,"结对子"开展支部互助互鉴。压茬推进党建品牌逐级争创和先进典型培树,减免税管理科党支部获评深圳海关"四强"党支部、隶属单位融合式党建"样板间",1人被评为市直机关工委系统优秀党务工作者,2人被评为深圳海关"身边学习榜样",《栉风沐雨"入世"路》入选"100个深关奋斗故事"。制定并落实48项全面从严治党重点任务,运用"制度+科技"手段提升人工审核岗位执法、廉政风险排查效能,逾千人次参与纪法、警示教育。配合总署常规巡视,完成巡视、巡察、审计整改任务,梳理形成8方面45条长效措施。

【业务建设】2021年,福强海关建立业务领域执法规范化管控机制15个,依托验估业务月度联席会议明确疑难、争议问题处置原则23项。完善工作管理体系,优化6类61个作业条线操作指引。"月度分析+专项核查+日常抽查"多维度开展业务质量监控分析。完善"以企为本"作业模式,推行全国首个进口水果差别化价格管理试点,4家企业纳入试点范围。创新"信任式"单证审核模式,压缩验估环节耗时。开展验估时效月度专项分析评估,建立业务突增情况下的人力应急机制和业务协调工作机制。深化"互联网+海关",网上办理验估、减免税业务。配合总署、商务部做好RCEP协议实施工作及线上培训,近5万人次参训。

【队伍建设】2021年,福强海关建立新提任科级领导干部跟踪问效机制,开展跨科室、多岗位应急支援锻炼,紧固"选育管用"链条。落实基层减负措施7项、民生实事12件,分层、分类常态化开展谈心谈话。建立专家梯队培养机制。丰富"福强求知讲堂"特色研学平台教学形式、内容,形成"强关微课堂"等教培子品牌,4个研究成果在海关内外部平台获奖。

【综合保障】2021年,福强海关优化待办事件处置流程,实现机关科室"能办尽办",开展微信群清理,落实精文减会要求,建立节能及安全生产网格化管理工作责任制。完成固定资产全面清理。

【税收风险防控】2021年,福强海关建立"智慧纪检+税收风险防控"联合研判工作机制和关内业务板块互联工作机制,开发"云擎"模型48个,实现多角度、多层级风险排查,助力破获洋酒、汽车轮胎2起走私案件,总案值近5亿元。深化"互联网+属地纳税人"管理系统推广应用,完成23家企业ERP系统数据对接,建立系统应用及监管工作机制,加强对接企业监管。

▲2021年3月31日,福强海关联合关税处推广"互联网+属地纳税人"管理系统

【科创产业扶持】2021年,福强海关联合深圳市社会组织管理局,推动"51+23"家民办非企业享惠培育计划,推进海

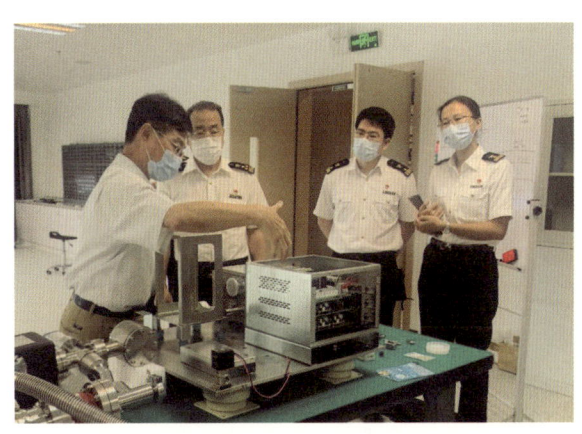

▲2021年8月6日,福强海关关员到河套深港科技创新合作区(深圳园区)指挥部调研

关科研流动监管模式与深圳市科创委设备共享平台管理对接,为93批次科研设备办

理快速流动共享。多平台推送 24 类政策"大礼包",为深圳河套深港科技创新合作区(深圳园区)、光明科学城等重点区域科创单位提供个性化政策辅导,为重点实验室、大科学装置等重点项目建设所需的 298 批科研物资提供快速免税担保进口。定制"一产一策"方案,服务智能显示、集成电路、新能源等高新产业发展,设立进口疫病卫生研究仪器绿色审核通道,推动进口航材纳入"减免税快速审核"试点。

(撰稿人:叶青青)

沙湾海关

【概况】沙湾海关是隶属于深圳海关的正处级海关，办公地址是深圳市福田区深南大道2006号。作为深圳海关的运行管控中心，集中承担深圳关区业务、政务运行质量和运行时效的管控职责，协助开展应急指挥处置工作。

2017年11月，深圳海关运行管控中心设立，承接原深圳海关驻经济特区办事处职能。2018年12月，沙湾海关设立，承担深圳海关运行管控中心工作职责。

2021年，沙湾海关对深圳关区业务运行流程、管理时效和规范操作开展实时、事中、过程管控，推动优化关区业务管理机制流程，辅助决策指挥和应急处置108次。

2021年，沙湾海关内设科室12个，在编干部职工65人。

【政治建设】2021年，沙湾海关严格落实"第一议题"制度，深入推进政治机关建设，扎实开展党史学习教育，结合庆祝中国共产党成立100周年，打造党史学习教育长廊，完善"塔台赋能站"软硬件设施，完成3批13项"惠民实事"。推进"强基提质工程"，培树身边先进典型，擦亮"深关塔台"党建品牌，在总署口岸监管司"学用讲堂"作交流发言。在深圳海关"5个100"系列评选中，2个支部获评融合式党建"样板间"，1个支部创建经验入选优秀案例，2名干部获评100个身边学习榜样和"青年榜样"提名，"先行先试的深圳经验——运行管控中心创业记"入选"100个深关奋斗故事"。

▲2021年9月15日，运行管控中心参加"塔台之星"授旗仪式

【业务建设】2021年，沙湾海关聚焦总署关注重点、职能部门管控需求和现场业务运行态势，在运行管控指挥平台上线运行新增指标48个。强化"中心+隶属海

关"两级协同管控，建立疫情防控监控检查"中心+现场"在线联系、研判会商和联络员机制，实现信息互通共享、问题实时干预。建立"中心+属地"稽查作业两级管控模式，指导12个稽查单位加强自控。夯实3项基础制度机制，发挥专家在疫情防控监控检查、重点专项管控中的运行审核、专业裁定、辅助决策作用，对运行管控疑难问题及时开展跨部门联合研判，参与相关部门联席会议通报运行风险，实现对风险动态的研判预警。开展特殊监管区域区内流转业务专项管控，加快数据核实筛查速度。

▲2021年10月29日，运行管控指挥中心关员开展通关领域运行管控

【队伍建设】2021年，沙湾海关将从严管理与正向激励贯穿干部队伍建设全过程，从严抓好队伍内部疫情防控管理。扎实开展准军训练、仪式教育和内务督察，制定13项细化措施。开展运控大练兵，关党委委员跟班作业，开展实地调研78次，举办运控大讲堂10期。倡导"快乐工作、健康生活"理念，设立健身角，开展健康讲座、心理辅导和义诊、趣味运动会等活动，做好老同志、生病干部、新生儿家庭慰问，用心用情做实做细关心关爱。队伍干事创业氛围浓厚，45人次获深圳海关以上表彰奖励。

【综合保障】2021年，沙湾海关严格落实"过紧日子"要求，一般性支出大幅下降。做好固定资产常态化管理，坚持按期盘点、每月抽查，做到"账账相符、账实相符"。成立平安建设和安全生产领导小组，做好日常巡查、专项检查、联合排查，以"现场实操+视频直播"方式，开展全员安全教育培训，有效提升全员消防安全意识、消防处置与逃生能力。

【疫情防控监控检查】2021年，沙湾海关对接总署、现场，建立疫情防控三级监控指挥机制，对各业务现场常态化开展音视频连线检查。成立专项工作组，围绕安全防护、登临检疫等重点，以"实时+事后""全面+重点"的方式开展疫情防控视频监控，与职能部门联合检查93次。将特殊监管区域、实验室安全防护等纳入疫情防控视频监控检查，建立指标对疫苗通关情况实时监测预警，助力深圳关区首批出境新冠病毒疫苗高效通关。推动深圳关区疫情防控应急指挥中心落地，对疫情突发事件实现一点接入、信息集成、协调沟通、跟进落实、及时反馈，处置相关应急事件11次。

(撰稿人：吴嘉维　罗永乐　钟上悦
　　　　　傅哲纯　谭　畅)

南头海关

【概况】 南头海关是隶属于深圳海关的正处级海关，办公地址是深圳市宝安区新安三路28号海关大厦。集中承担深圳关区加工贸易内勤作业。

1983年1月，南头海关设立，主要负责监管经南头检查站进出特区管理线的运输工具、货物、旅客行李物品，征收关税和查缉走私，并办理其他海关业务。2016年11月，负责集中办理深圳关区加工贸易企业手（账）册设立、变更、核销等业务。

2021年，南头海关办理加工贸易手册设立、变更、核销业务分别为3,014票、1.3万票、3,195票，办理加工贸易账册设立、变更、核销业务分别为72票、2.71万票、545票，向辖区3,049家加工贸易企业办理各项海关业务。

2021年，南头海关内设科室8个，在编干部职工99人。

【政治建设】 2021年，南头海关严格落实"第一议题"制度，认真开展中心组学习、"三会一课"，推动干部加强政治理论学习，锤炼党员党性修养。深入推进政治机关建设，扎实开展党史学习教育，结合庆祝中国共产党成立100周年，组织"学史鉴史，知廉守廉"、经典研习社"学习进行时"等系列主题活动。开展"我为群众办实事"实践活动，推进完成13项重点民生项目，为企业、群众办实事74件。将党建品牌"软实力"转化为抓班子、带队伍、促工作的"强动力"，完善1个机关党委品牌及8个支部品牌及工作法，1个支部获评深圳海关党建示范品牌，1个党支部获评融合式党建"样板间"，2个支部获评深圳海关"四强"党支部，1个故事入选"100个深关奋斗故事"，1人入选深圳海关100个"身边学习榜样"。

【业务建设】 2021年，南头海关完善随机派单工作机制，简化核销、外发加工等业务手续，压缩办理手（账）册设立、变更业务时间。以"制度+科技"提高手册设立、变更业务自动通过率。全面推广企业集团加工贸易监管模式，对12个集团44家企业适用企业集团加工贸易监管模式，便利企业集团统筹调配使用生产资源，降低经营成本。搭建大数据模型对深圳关区所有特殊区域外加工贸易企业进行风险赋值，对高风险企业重点审核和差别化处置。通过"互联网+网上稽核查"系统抓取数据，对试点企业进行日常监控，定期开展评估，持续优化完善系统应用。推动4家企业参与加工贸易残次品管理改革试点，提出改革建议，做好政策支持，帮助企业节约成本逾3亿元。

▲2021年4月22日，南头海关关员在创维集团宣讲企业集团加工贸易监管模式

【队伍建设】2021年，南头海关建立年轻干部人才库，注重在疫情防控等急难险重工作中发现和培养干部。开展队伍思想动态调研，及时解决员工关心问题。压紧压实内部疫情防控责任，确保业务队伍平安。积极培优树典，及时表彰、通报表扬疫情防控表现突出者48人，评选季度党员之星44人次，评选聘用员工"每月之星"24人次。开展科室量化考核，突出结果运用，与科长月考核、科室优秀指标挂钩，激励创先争优。加强对工青妇群团组织的领导指导，完成工青妇群团组织换届及补选，组织开展集体生日、球类运动会、困难员工捐款、探望生病员工、慰问退休干部等活动。

【综合保障】2021年，南头海关贯彻落实中央八项规定及其实施细则精神，厉行节约，优化支出结构，优先保证单位疫情防控、安全生产等重点工作的资金需要，切实提高资金使用效益。加强公务用车监督管理，严格执行公务用车定点加油、定点保险、定点维修等制度。完善应急物资装备储备库管理。抓实安全生产工作，完善检查清单、问题清单、整改清单，健全"排查—整改—评估"全链条安全管理闭环。

【严打走私】2021年，南头海关深入开展"国门利剑2021"专项行动，建立行业、企业信息库，涵盖企业注册信息、信用等级、进出口情况、涉案情况等内容。联合深圳海关风控分局开展加工贸易商品风险研判，查发2家企业涉嫌非法倒卖进口保税料件刑事案件，涉案货值1,027万元。建立跟班学习制度，与同乐海关建立协调配合机制和风险联合研判机制，强化协同配合。

▲2021年3月11日，南头海关关员在企业实地核实企业产品单耗

【服务企业】2021年,南头海关制定12项帮扶措施,为受疫情影响无法正常执行合同的加工贸易企业延长手(账)册核销期限,为首次开展加工贸易及办理手册二次延期的企业减免担保,免除高级认证企业全工序外发加工保证金,助力深圳关区加工贸易进出口值同比增长14.6%。开展加工贸易禁限类政策调整专题调研,引导企业提前调整生产策略,转变进口方式享受保税政策。精准指导企业转型开展加工贸易,联合属地海关对沙头角退区企业、专精特新"小巨人"企业等召开专项宣讲会6次。建立"问题清零""预约加班"工作机制,"一对一"精准帮扶百余家重点企业,助力某企业在深圳关区首次开展加工贸易整车制造业务,并通过中欧班列出口新能源汽车。

(撰稿人:王　进　刘家会　许晓京
　　　　　林泽斌　蔡莉华)

福中海关

【概况】 福中海关是隶属于深圳海关的正处级海关，办公地址是深圳市福田区深南大道2006号。集中承担深圳关区企业注册备案、行政审批核批、企业认证受理、原产地签证等业务。

2019年2月，福中海关正式开关，在深圳海关办公大楼、深圳市行政服务大厅两地办公。

2021年，福中海关办理报关单位备案业务4.2万件，受理海关监管货物仓储审批39票，帮助企业享受关税减免约35.7亿元。受理特殊物品出入境检疫审批1,811票，受理进境（过境）动植物及其产品检疫审批2.4万票。办理留学回国人员购国产免税车1,635票。签发各类原产地证书53万份。

2021年，福中海关内设科室8个，在编干部职工68人。

【政治建设】 2021年，福中海关通过党委会、形势分析及工作督查例会等开展"第一议题"学习64次，建立"第一议题"落实情况表，动态更新完善，持续跟踪督办，每月通报，形成闭环。深入推进政治机关建设，认真开展庆祝中国共产党成立100周年系列活动和党史学习教育，创新"听说读写演"方式，举办"学史·铭记·奋进"主题分享会等特色活动，各支部开展学习研讨70余次。党委班子主讲专题党课9次，各支部开展专题党课活动25次，拍摄制作微党课3个，组织"身边学习榜样"分享会，《"在一起"——1+1的力量》入选"100个深关奋斗故事"。确定"我为群众办实事"民生项目15项，办成民生实事71项，深入基层征求群众意见建议30次。实施"党建+重点任务攻坚""党建+学习实践活动""党建+模范机关创建""党建+重要课题研究"四大工程，推动党建工作高质量发展。认真履行全面从严治党主体责任，明确全面从严治党重点任务40项，每季度跟进落实。组织开展"纠四风、保廉洁"活动，召开党员大会进行廉政承诺。开展"窗口态度作风建设大讨论""优化营商环境、窗口服务永远在路上"专题党日活动、"第一粒扣子"警示教育等，丰富"莲心廉意"廉政文化品牌内涵。

【业务建设】2021年，福中海关制定"暖企计划"措施16条，实行"邮寄办、网上办、延后办、容缺办"业务大厅办事制度。原产地证全程网上办理，智能审核原产地证书，持续推进原产地证书"企业自助打印"。压缩进口水果许可证平均初审时间，完成深圳地区首批新冠病毒疫苗出口审批。推行企业备案"全程网办""不见面办"便利举措，创新试点科研用特殊物品"换证直批"审批快捷通道。通过热线电话、新闻报刊、微信公众号等渠道加强政策宣传，帮扶符合条件的失信企业修复信用。设置专人、专岗、专线，加强与深圳市政府部门协调联动，为企业拟改制上市、申请专项资金、科学技术奖励等提供信函办理服务，编写咨询服务问答书，优化对外咨询服务。

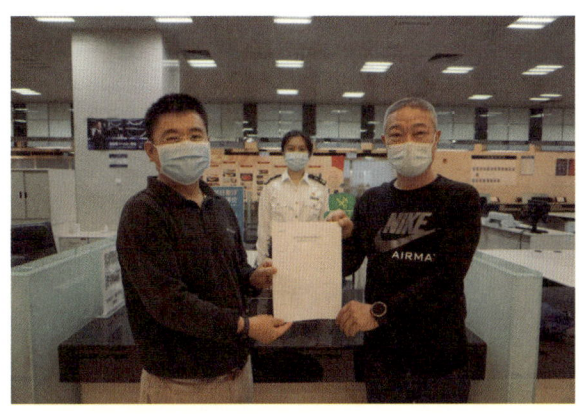

▲2021年11月19日，福中海关办理《中华人民共和国海关注册登记和备案企业信用管理办法》实施后深圳关区首票失信企业信用修复

【队伍建设】2021年，福中海关实施人才培养工程，举办政治理论轮训、法治培训、"福中讲堂"等各类培训54期。通过"金钥匙""深青小筑"等微信公众号平台宣传身边典型，弘扬福中正能量，5人次获评深圳海关"身边学习榜样"、深圳海关"优秀妇女工作者"、深圳海关"最美家庭"、深圳海关"青年榜样"提名奖等荣誉。

【综合保障】2021年，福中海关强化防疫物资保障，完善应急物资储备库，全年调配各类防疫物资超2万件。优化通勤服务，疫情形势严峻期间组建23个互助小组，解决干部通勤问题。加强消防检查，成立安全工作专责小组，开展"地毯式"、全覆盖排查，逐项挂号销账。合理规划财务支出，积极推广无纸化办公、压缩纸质报刊征订。

【维护国门安全】2021年，福中海关严厉打击"洋垃圾"非法进口，共核实进口固体废物企业206家次，下调信用等级2家，限制申请认证企业38家。细化进境（过境）动植物及其产品检疫审批操作指引、核对要点，核查"准入名单"，严把进口食品、农产品准入关，完成深圳关区首批新冠病毒疫苗出境卫生检疫审批。开展"国门利剑2021"专项行动，针对重点商品、重点渠道走私动态加强分析研判。加强防疫物资出口质量监管，严格核查企业资信情况，落实违法出口防疫物资企业联合惩戒措施。

【深化"放管服"改革】2021年，福中海关落实企业"多证合一""注销便利一体化"改革，办理"多证合一"报关单

▲2021年12月31日,福中海关关员在业务大厅开展RCEP政策宣讲

位备案96票、"注销便利一体化"注销2,226票。落实"证照分离"改革,利用"窗口+热线"对外咨询模式"一对一"指导企业合规申报,推进报关企业注册登记"许可"改"备案"工作。开展RCEP改革专题研究,做好RCEP协定实施各项工作。

(撰稿人:马诗华)

前海海关

【概况】 前海海关是隶属于深圳海关的正处级海关，办公地址是深圳市南山区东滨路4335号。辖区为深圳市南山区，承担辖区进口目的地检验、出口产地、组货地检验检疫及后续监管、属地纳税人管理工作，对口协调深圳市南山区。

2019年4月，前海海关设立。

2021年，前海海关签发原产地证书5,334份、签证金额28亿元，征收税款6.4亿元，企业享受关税减免优惠8,553.8万元。完成入境检验检疫1,106批，出境检验检疫1.74万批。办结稽查作业94宗，主动披露44宗，减免企业滞纳金1,555.5万元。办结核查作业257宗。

2021年，前海海关内设10个科室，在编干部职工94名。

【政治建设】 2021年，前海海关组织"第一议题"学习48次，中心组集中学习12次，扎实开展党史学习教育，结合庆祝中国共产党成立100周年，建立党委、支部、党员三级联动学习机制。推进基层党建高质量发展，2个支部分别获评深圳海关、隶属海关融合式党建"样板间"，2人获评深圳海关100个"身边学习榜样"，技术性贸易工作组事迹入选"100个深关奋斗故事"。参加首届"新时代全国机关基层党建新成就"评选，进入"十佳作品奖"入围名单，参选作品获评2021年度深圳市"党建杯"机关创新创优竞赛二等奖。

【业务建设】 2021年，前海海关联合关税处采取"总担保+属地申报+口岸验放"等形式，减免税货物担保核销233份，货值逾2.01亿元，核销担保金额2,819.9万元。采用"合格保证+符合性验证"检验监管模式，对某生物公司进口的疫苗生产线设备当天快速验放。服务重点工程项目建设，快速有序验放24批货值704万美元的进口设备，减少工程船滞港费用超100万元。推广企业集团加工贸易监管模式改革试点，推进创维集团、招商局重工集团进行试点，每年为企业节约保税料件调拨物流成本540万元，节省保税料件流转时间。推进企业自查结果认可模式改革，完成深圳海关与深圳市市场监督局联合开展的首单核查执法作业。开发

"码上办"小程序，试行属地查检线上预约登记，进一步压缩通关时间。打造出境宠物检疫监管"样板间"，服务辖区有出境需求的养宠人士。

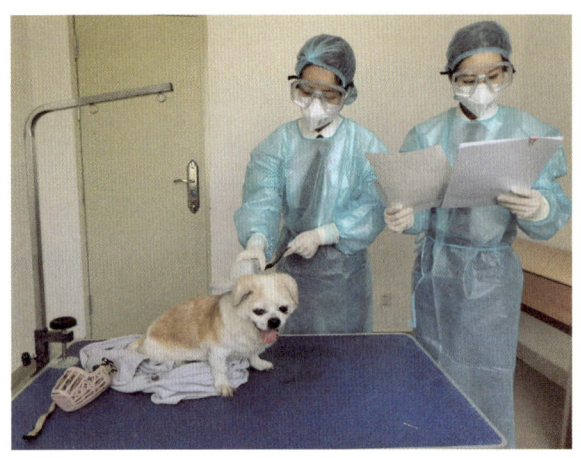

▲2021年2月24日，前海海关关员现场检疫出境宠物

【队伍建设】2021年，前海海关严格落实新冠肺炎疫情防控各项措施，通过"三人小组"、纪律作风纠察等方式开展监督，持续做好内部疫情安全防控。制订并完成年度教培计划，超680人次参与培训。组织干部参加危险品检验资质、动植物检疫岗位资质、加工食品签证官岗位资质考试，取得相关资质30人次。打造"深圳市机关事业单位工会劳模和工匠人才创新工作室"，同步申创"广东省女职工创新工作室"。

【综合保障】2021年，前海海关加强防疫物资储备库管理，保障储备物资正常使用。落实"过紧日子"要求，加强财务管理，推进"光盘行动"，设置"光盘行动监督员"岗位，大幅减少厨余垃圾。推进业务技术用房功能设施维修改造重点工程项目，改善办公环境，加装电梯、增设停车位、完善办公设施、加贴窗户防晒膜、搭建公共广播系统等，并通过深圳市无烟机关评审。

【技术性贸易工作】2021年，前海海关推动无人机和医疗器械2个国家级技术性贸易措施研究评议基地落户深圳市南山区，指导基地完成全国同类产品涉及的通报评议。参加第五届世界无人机大会并发表主旨演讲。充分运用WTO规则推动国外降低无人机技术准入要求，促成国外正式生效的无人机远程识别法规采纳我方意见5条，并对3条作出解释说明，为我国无人机产业节约一次性设备投入、研发成本近2亿元。推动相关国家删除及调整有害物质种类和限量要求，维护我国企业市场权益。

【企业认证培育】2021年，前海海关建立与深圳市南山区政府的联席会议机制，将辖区AEO企业纳入深圳市南山区"绿色通道"重点企业名单。通过"调研+摸底""培育+辅导""创新+总结"等方

▲2021年1月19日，前海海关关员对辖区新能源企业开展AEO高级认证

式,建立"百家重点培育企业库",探索链式信用管理模式,对重点产业链上的一系列优质企业开展针对性政策宣讲,实施精准辅导,精准对接大族激光、江波龙电子等产业集群"链主"企业,助力其顺利通过认证。完成8家新增企业、15家重认企业的认证工作,辖区高级认证企业数量达63家,在深圳海关排名第二。

(撰稿人:龙　皓　吕　侠　肖　鸾　陈安祺)

同乐海关

【概况】同乐海关是隶属于深圳海关的正处级海关，办公地址是深圳市宝安区新安二路140号、深圳市宝安区新安三路28号。辖区为深圳市宝安区，承担辖区进口目的地检验，出口产地、组货地检验检疫及后续监管、属地纳税人管理工作，对口协调深圳市宝安区。

1994年10月，同乐海关设立，主要负责经同乐"二线"管理站进出深圳经济特区的陆路运输和铁路运输货物监管。2002年5月，负责宝安区加工贸易企业和出口监管仓库、保税仓库的外勤业务。2012年5月，增加受理企业认证管理、综合业务窗口通受通取事项。2017年3月，对口协调区域调整为深圳市宝安区、光明新区，增加受理企业认证的申请并实施认证、办理窗口通受通取事项。2018年4月，原宝安出入境检验检疫局转隶至同乐海关。

2021年，同乐海关签发原产地证书3.22万份。完成出入境检验检疫货物9,470批，查发涉检一般行政案件10宗，通过属地查验查获固体废物案件6宗。办结稽查作业163宗、核查作业360宗，主动披露77宗，刑事立案11宗。

2021年，同乐海关内设13个科室，在编干部职工143人。

【政治建设】2021年，同乐海关坚持落实"第一议题"制度，开展专题学习82次，通过中心组扩大学习、基层支部调研、联系点走访宣讲等多种方式，加强理论研讨和经验交流。深入推进政治机关建设，开展庆祝中国共产党成立100周年系列活动，扎实开展党史学习教育，为企业解决问题1,000余个，"暖企基地"项目入选全国海关"'我为群众办实事'百佳项目"。抓好常态化疫情防控，大力促进外贸稳增长，落实全面禁止进口固体废物部署，正面监管和后续稽查持续发力，严厉打击"洋垃圾"走私，严格执行国门生物安全监测计划，把好国门安全防线。

【业务建设】2021年，同乐海关推行"一站式"属地查检改革，实现货物"即调离即查验"，引导企业使用智慧排期系统叠加"提前申报"、实时出证，实现"随报随检"，利用"电子审单+远程视频"减少实地查验次数。对高新技术企业进口设备、材料及进口航材实施便利化措施，运用"合格保证"检验监管模式缩短产品投产周期，高效验放近4亿元货物。综合企业质量管理体系运行情况、监督抽检及风险监测分析情况，进行企业分级、产品分类、风险分层，对食品企业差别实施绿色通道等快速通关措施，切实为企业减负。针对进口观赏鱼、供港花苗等产品实施智慧检验监管，检出不合格观赏鱼4批。扩大"互联网+稽核查"应用范围，助力5家企业联网对接，通过验收。推广企业集团加工贸易监管模式，助力2家企业通过审批，为企业减轻税负359.23万元。

▲2021年1月25日，同乐海关关员检验检疫监管出口种苗花卉

【队伍建设】2021年，同乐海关持续加强执法一线科长队伍建设，健全年轻干部"选育管用"全链条机制。通过"个人单训+科室集训"方式开展队列训练。持续加大纪律作风纠察力度，强化个人防护、办公秩序、考勤纪律等方面的日常管理和监督检查。扎实开展"现场监管与外勤执法权力寻租"专项整治活动，常态化开展警示教育。

▲2021年5月5日，同乐海关举行升国旗仪式

【综合保障】2021年，同乐海关采购疫情防控物资22批次，参与调配疫情防控物资24批次。全年开展安全生产风险大排查16次，整改安全隐患。厉行节约"过紧日子"，压减关区水电费、差旅费等一般性支出。

【服务外贸发展】2021年，同乐海关大力培育海关高级认证企业，开设"关企互动直播间"，全方位解读海关企业信用管理政策，针对优质企业拟定个性化培育方案，助力10家企业通过高级认证。办结新申请高级认证指令12条，辖区内AEO企业81家。开展国外技术性贸易措施跟踪监测、分析研判，成功推动泰国延长电池标签新规半年过渡期、越南缩减电池认证检测范围，为企业节约运营成本上亿元。优化原产地证服务，实现规范申报证书电子"秒签"，为出口企业获得进口国关税优惠约 3 亿元。依托深圳海关企业规范管理示范基地，为 700 余家企业提供多节点、全链条、多视角、全方位的实景示范指导，入选全国海关"'我为群众办实事'百佳项目"，并获评 2021 年深圳市法治宣传教育四星级基地。

【打击走私】2021 年，同乐海关建立"四关一局"（同乐海关、前海海关、笋岗海关、西沥海关、南头海关缉私分局）协同打私工作机制，综合运用联席会议、疑难会商、合成作战、"风险+情报+现场"等工作模式，开展"国门利剑 2021"等专项行动，移交缉私刑事立案 11 宗，在农产品、美容仪专项稽查中，查发移交缉私刑事立案 7 宗。依托稽查实训基地与缉私部门，建立常态化交流培训机制，进一步理顺案件及线索移交、处置工作流程，建立跟班作业机制，深度参与缉私实战，协助深挖扩线。

（撰稿人：孙颖婷　陈震亮）

布吉海关

【概况】布吉海关是隶属于深圳海关的正处级海关，办公地址是深圳市龙岗区龙岗大道木棉湾新村。辖区为深圳市龙岗区横岗街道以西片区，主要承担辖区进口目的地检验、出口产地、组货地检验检疫及后续监管、属地纳税人管理等工作，对口协调深圳市龙岗区横岗街道、南湾街道、平湖街道、布吉街道、吉华街道、坂田街道等6个街道。

1983年7月，布吉海关设立，主要负责监管经布吉"二线"管理站进出深圳经济特区的运输工具、货物、旅客行李物品，征收关税和其他税费，查缉走私并办理其他海关业务。1986年5月，接管宝安县的布吉、龙华、观澜、石岩、公明等镇的加工贸易企业监管业务。2010年12月，负责龙岗区加工贸易企业后续监管工作。2019年1月，原龙岗出入境检验检疫局部分检验检疫业务划入布吉海关。

2021年，布吉海关签发原产地证书超2万份，为企业减免关税约2.14亿元。监管出口水果49.85万吨、供港蔬菜52.29万吨。办结稽查作业75宗，移交走私刑事立案3宗、行政案件16宗。办结核查及定期管理作业255宗，完成进口工业品目的地查验674票。

2021年，布吉海关内设10个科室，在编干部职工123人。

【政治建设】2021年，布吉海关严格落实"第一议题"制度，落实工作权责清单，依托党委会、形势分析会等及时开展督查督办，形成"贯彻—落实—跟踪"的闭环。扎实开展党史学习教育，搭建"党史天天学""红色放映厅""重走奋斗路""布关讲堂"等学习阵地，深入挖掘提炼身边典型或优秀案例，2名干部分别获评深圳海关"身边学习榜样"和"劳动榜样"，2个案例入选"100个深关奋斗故事"，2个民生实事成果入选深圳海关"我为群众办实事"实践活动"百佳民生实事"。推进"四强"党支部建设，推动"三会一课"、主题党日活动等制度有机融合，2个支部获评深圳海关"四强"党支部、2个支部获评融合式党建"样板间"。

【业务建设】2021年，布吉海关以"防风险、强改革、优服务"为主线，全面做好关区各项业务工作。持续推进跨境贸易便利化，设立企业专属海关顾问，推广"提前申报""两步申报"，分类做好通关引导。优化建设深圳海关唯一"稽查执法规范样板间"，依托"样板间"在提升后续监管效能、规范稽查执法操作、推行稽查作业标准化、提高稽查队伍素质等方面做出有益尝试，推动稽核查业务指标全面达标。落实口岸与属地风险联动协同监管改革试点，优化属地查检作业模式，在保障品质安全的前提下最大限度压缩通关时长。

【队伍建设】2021年，布吉海关深入推进人才建设"五个工程"，重点抓好青年干部"选育管用"全链条培养。加强压力传导，累计开展警示教育241次。科学运用监督执纪"四种形态"，及时解决苗头问题。深入推进准军事化海关纪律部队建设，实行内务规范交叉检查制度，保障疫情防控措施落实。1个科室荣获2021年广东省"扫黄打非"先进集体。持续发挥群团纽带作用，积极开展关心关爱活动，做好疫情防控一线支援干部、员工生日、退休干部、生病住院员工等慰问260人次。

【综合保障】2021年，布吉海关从严落实"过紧日子"要求，优先"保运转、保民生"。开展"暖心"行动，回应干部职工合理诉求，改善员工午休条件和餐饮质量，加强对办公环境和设施的修缮管理，做好支援干部、新入职关员的后勤保障。

【促外贸稳增长】2021年，布吉海关创新"政府+海关+企业+智库"组织模式，推动全国首个移动通信（5G）技术性贸易措施评议基地顺利通过总署专家评审，集中攻关国外技术壁垒，利好相关企业近百亿产品出口。联动职能处室，签署深圳关区首个属地海关与地方政府合作的知识产权全链条保护合作协议。增AEO高级认证企业6家，促进大型加工企业纳入企业集团加工贸易监管改革，为企业减免资金占用达4.31亿元。

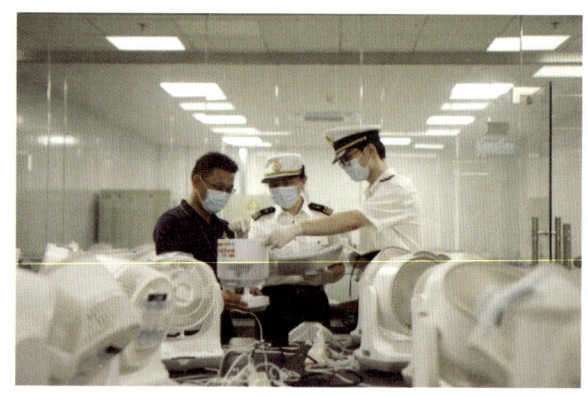

▲2021年8月2日，布吉海关关员调研辖区小家电企业

【后续监管效能提升】2021年，布吉海关在专项稽查、打击"洋垃圾"走私以及严控新业态走私风险等方面持续发力，"四关一局"（布吉海关、观澜海关、龙岗海关、坪山海关、沙湾缉私分局）关警联合打私模式在深圳海关推广。牵头承担非贸付汇主动披露、长期未稽核查加贸企业主动披露专项工作，为华为等龙头企业减免滞纳金超1.1亿元。完善涉检异常处置等工作制度，完成机构改革后辖区首单属地查验异常情事移送缉私处置案件。

【筑牢安全防线】2021年，布吉海关制定疫情防控和安全生产6类16项落实措施，制发疫情防控"随身宝"。成立安全生产工作领导小组和专责检查小组，制订检查工作方案和检查目录清单，明确5方面71个检查项目，滚动更新、跟踪整改。创新"核查+查检"模式，构建"属地监管企业、口岸验证产品、风险联动协同"新出口监管模式。落实"两段准入"改革，组建进口商品检验工作专班，科学评估相关商品风险等级，综合运用预警、布控等手段严密全链条监管。

【市场采购新业态落地】2021年，布吉海关协助地方建设完善市场采购贸易联网信息平台，推进深圳市唯一试点华南城市场采购贸易市场落地运营。主动对接深圳眼镜城、油画产业基地等产业聚集地，积极参与预包装食品市场采购出口改革，解决中小企业预包装食品试点、异地通关等疑难问题101个，支持培育深圳优势、特色产业采用市场采购贸易方式出口。新增出口备案企业249家，出口额超1亿元。

【粤港澳大湾区"菜篮子""果篮子"建设】2021年，布吉海关探索供港果蔬分级分类监管模式，结合企业信用情况、产品风险、质量管理水平、原料质量水平等开展动态监管，全面提升产品质量监测水平，实现供港果蔬从产地种植、原料来源、农残检测、包装出货等关键环节全流程追溯。加强与地方疫情防控部门的沟通联系，帮助企业顺利取得"供港码"，保障疫情期间供港果蔬安全稳定供应。推进供港贸易便利化措施，解决企业装卸点作业疑难，协调内地果园基地与出口企业签订供货协议，新增对接果园基地38个，新增火参果、油柑果等10个品种供港。

▲2021年8月25日，布吉海关关员查验出口水果

（撰稿人：阮　晴）

笋岗海关

【概况】 笋岗海关是隶属于深圳海关的正处级海关,办公地址是深圳市罗湖区北站路5号。辖区为深圳市罗湖区,主要承担辖区进口目的地检验、出口产地、组货地检验检疫及后续监管、属地纳税人管理工作,同时承担清水河供港活畜检疫监管业务,对口协调深圳市罗湖区。

笋岗海关的历史可追溯至1983年1月设立的九龙海关驻笋岗车站办事处。1991年3月,改称为笋岗海关。

2019年1月,笋岗海关承担清水河供港活畜检疫监管工作。笋岗海关所辖清水河中转仓是全国唯一的活畜中转仓,活畜经汽车运输到清水河供港活畜中转仓,经检疫合格后,由香港运输车辆接驳出境。

2021年,笋岗海关监管进出口货物8.12亿吨(含供港水),进出口货值601.31亿元,其中保税物流516.61亿元,征收税款2.01亿元。办结稽查作业86宗,办结主动披露6宗,完成核查指令230个。移交缉私部门行政立案18宗、刑事立案4宗。

2021年,笋岗海关内设11个科室,在编干部职工158人。

【政治建设】 2021年,笋岗海关坚决落实"第一议题"制度,深入推进政治机关建设,开展庆祝中国共产党成立100周年系列活动,扎实开展党史学习教育,微信推送"百年党史·天天读"栏目191期,举办"春笋说"专题读书班、方言接龙诵读会,掀起党的十九届六中全会精神学习热潮。落实"我为群众办实事""三个走进",关党委调研82次,办结重点民生项目。促进融合式党建,打造深圳海关"四强"党支部1个,建设深圳海关融合式党建"样板间"2个。

【业务建设】 2021年,笋岗海关应用信息化集成手段,协调场站、铁路、码头等各方资源,打造"湾区海铁通"一体化物流监管链条,开展以铁路运输为纽带的多式联运业务,将"湾区号"国际班列始发地拓展到深圳海运港口及公路口岸,实现监管"场港联动""直提直装",压缩转场滞港等待时间,出口7,302标箱,货值12.64亿元。打造一流服务窗口,以企业需求为导向,多措并举为企业解决通关疑难问题，对高级认证企业提供"一企一策""一对一"定制式、预约式服务。完善"先入后报""入仓即退税"等仓储便利监管政策的实际应用，强化出口监管仓库和保税仓库监管业务。开展专项稽查、核查行动，保持打击走私高压态势，引导企业用好"互联网+稽核查"政策红利，做好企业信息采集，加强关区企业动态管理。开展口岸与属地检验检疫监管模式改革试点，验放供港食品1,418批次，同时强化与企业的沟通协调，保障供港活畜安全稳定供应。畅通线上预约渠道，主动与过境旅客对接，同步进行单证审核、临床检验工作。完成香港宠物兔出境检疫工作，共检疫出境宠物57批，助力辖区出境食用水生动物中转场取得资质。

【队伍建设】2021年，笋岗海关狠抓准军建设，开展纪法和警示教育学习246次、纪律作风纠察48次。注重青年干部培养，报送青年理论研究课题2项，4人成为深圳海关动物检疫专家组成员，1个家庭获评深圳海关"最美家庭"。加大关心关爱力度，加强对疫情期间酒店隔离和居家隔离人员的关心慰问，保障队伍整体稳定向好。

【综合保障】2021年，笋岗海关全面落实"过紧日子"要求，开展能源资源节约工作。强化预算执行，健全、落实重大财务事项集体审批制度，做好财政资金用款计划编报，提高财政资金运行效率和使用效益，保障业务办公及后勤保障各项需求。统筹推进疫情防控与安全生产工作，成立疫情防控预备梯队及封闭轮岗支援队，保障业务稳定运行。加强防疫物资管理，配足应急防控所需及常态使用量的物资储备，做好办公区域消毒。定期开展安全隐患排查，抓好重点安全隐患的整改落实，防范各类事故发生。

【服务"湾区号"国际班列】2021年，笋岗海关建立联合业务推介、研讨机制，强化与地方政府、出境地海关联系配合，支持国际班列开通路线6条。建立业务快速协调机制，保障龙头企业优先办理，深挖运能潜力，拓展进口货源，开行国际班列123列，装载车厢5,882节、货物7.86万吨、货值31.91亿元。助力全国首批、粤港澳大湾区首列中老（老挝）国际班列于2021年12月3日顺利开行。

▲2021年5月15日，笋岗海关关员快速验放首列"湾区号"海铁联运出境中欧班列

【创新监管模式】2021年，笋岗海关以"一平台"——保税服务平台为基础，着力打造"五中心"——保税商品展示中心、保税商品鉴定中心、保税研发设计中

心、保税加工制造中心和保税金融服务中心，集展销、研发、加工、检测、金融服务于一体，构建完整的珠宝玉石业务监管服务链条，开展保税产品展会19次，货值11.8亿元，平台进境货物365批次、货值13.35亿元，出境99批次、货值12.3亿元，内销296批次、货值0.99亿元。推进全国首个自用型珊瑚专用保税仓库设立、验收和物流账册设立，实现全流程统一办理，压缩整体通关时间，监管入境珊瑚5批次、货值4,143.31万元。

▲2021年3月24日，笋岗海关关员查验自用型珊瑚保税仓申报的进口珊瑚

【提升监管效能】2021年，笋岗海关开展"国门利剑2021"专项打私行动和"蓝天2021""攻坚21"、打击"洋垃圾"进口、打击跨境电商进口走私"断链刨根"等专项稽查行动，办结深圳关区首宗稽查部门自主查发的"快办"案件。办结稽查作业86宗，查发不合格货物16批次。落实知识产权全链条保护要求，深入开展知识产权保护暨"龙腾行动2021"等专项行动。引导企业用好"互联网+稽核查"政策红利，开展"暖企计划"，为辖区3家高级认证企业完成重认工作。

【筑牢供港活畜安全防线】2021年，笋岗海关构建6道防线（三公里预检、入仓检疫、卸车检查、巡仓检疫、出仓检疫、监装施封），实现到仓活畜"零停留"，快检快放，保障供港活畜安全稳定供应。检疫供港活畜2.26万批、80.8万头。督促各中转仓落实防疫主体责任，严格执行"1110"（一天一清洗、一天一消毒、一周一扫除、当天零存栏）制度，采集环境样本423次、汽车样本1,058次。

（撰稿人：张欣欣　陈玉婷）

福田海关

【概况】 福田海关是隶属于深圳海关的正处级海关，办公地址是深圳市福田区国花路1号。辖区为深圳市福田区及福田保税区，主要承担辖区进口目的地检验、出口产地、组货地检验检疫及后续监管、属地纳税人管理工作，以及福田保税区各项海关业务，对口协调深圳市福田区。

1996年5月，福田保税区海关正式开关，监管全国唯一与香港直连直通的海关特殊监管区域。2018年4月，原深圳出入境检验检疫局福田保税区办事处转隶至福田保税区海关。2019年1月，福田保税区海关正式更名为福田海关。

2021年，福田海关监管福田保税区进出口货物总值4,447亿元，监管进出境运输工具16.22万辆次，监管进出区运输工具26.24万辆次，税收净入库62.4亿元，保税区内存有建账的加工企业及仓储物流企业138家。

2021年，福田海关内设17个科室，在编干部职工167人。

【政治建设】 2021年，福田海关以"第一议题"为核心，坚持问题导向和跟踪问效，以实际行动践行"两个维护"。完善中心组学习制度，将党委理论中心组学习范围扩大至各支部书记，开展集中学习。创新"党史上的今天"每日海报、"百名党员分享百个党史故事"微视频、"云端学习堂"微电台等宣教形式，搭建全方位学习平台。致力于学习成果转化，领导班子带头下基层调研座谈4次，收集问题121条，形成并推进完成重点民生项目清单。推进融合式党建"样板间"建设，1个支部获评深圳海关融合式党建"样板间"，2个支部获评隶属单位融合式党建"样板间"，1个支部获评深圳海关"四强"党支部。

【业务建设】 2021年，福田海关研发运行深圳关区首套5G远程智能检疫系统，完善驾驶员智慧验放设备功能。建设"互联网+稽核查"样板间，通过线上系统拓展后续监管方式，承担深圳关区近一半网上稽核查作业。参与深圳海关"科技样板间"试点工作，将属地查检、场所监管、稽核查等业务纳入试点范围，综合运用"视频一站通"系统优化"零接触"查验、稽核查等作业模式，提高作业效率，节省企业成本。开展打击"洋垃圾"走私及知识产权保护"龙腾"行动，查获涉嫌走私固体废物超21吨，查扣侵犯知识产权货物超57万件。

【队伍建设】2021年，福田海关组建"青年突击队"开展跟班作业，保障疫情防控一线人力资源。注重专业资质培养，28人考取进出口危险货物及其包装监管资质，4人考取加工食品签证官资质。用心用情做好"暖心事"，利用"心灵战疫"电台录制"抗逆力"小课堂等节目帮助一线干部职工缓解身心压力，备好清凉糖水、小毛巾等暖心物品，将组织关爱落到细微处。

【综合保障】2021年，福田海关全面落实"过紧日子"要求，水电、差旅、培训、车辆等费用支出均比2020年下降。强化技术服务，对于技术设备问题，第一时间派专人跟进落实并持续跟踪，处理各类技术设备或网络问题1,900余次，维修技术设备60多台，保障业务现场正常工作的开展。完成3,000余项固定资产的实物清点核实，以及4批次固定资产实物的报废处置。

【特殊监管区域打击走私】2021年，福田海关构建"属地管控—口岸打击—后续监管—信息联动—从严惩处"五位一体监管防护网，遏制特殊监管区域伪瞒报走私势头。配套制定与缉私情报部门合署办公等机制，提高布控查发成效。力推"清存量、控增量"，排查重点企业。定期对保税区围网设施和区内情况开展巡查，查发备案仓库地址不符、企业搬迁等异常情事45宗。多维打击司机携带走私等违法行为，查获涉嫌走私燕窝、奢侈品、电子元件等物品。共立案143宗，其中走私立案5宗、行政违规立案138宗，总案值10.1亿元。

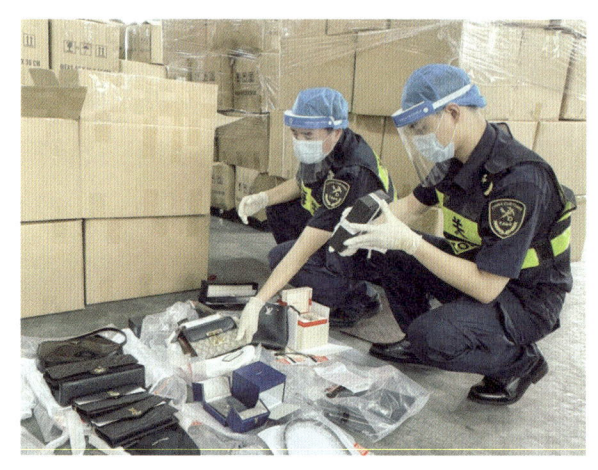

▲2021年8月7日，福田海关联合梅林海关、风控分局查获燕窝、奢侈品等涉嫌走私物品

【落实惠企政策】2021年，福田海关开展"关长接待日"活动12次，结合企业协调员、热线电话等渠道为企业纾难解困。做好企业精准培育，辖区高级认证企业数量达56家。通过开展"分送集报+汇总征税""全球中心仓"等模式，减少企业资金占用。发挥"口岸+属地+特殊监管区域"区位优势，通过预约通关、延时关闸等"一企一策"保障企业货物快速通关。

【助力科创合作区发展】2021年，福田海关联合深圳市地方政府部门开展福田保税区基础设施改造，完善硬件条件，优化整合货运通道和查验场地，建设一号通道临时旅检大厅和跨境电商查验中心等。入驻深港科技创新合作区"e站通"，实现5大类42项海关业务"一站式"办理。启用一号通道信息系统，支持海关预审核、黑/白名单管理等六大功能。精准对接辖区内南方科技大学量子研究院及专精特新"小巨人"企业等重点企业及机构17家，提供"一对一"通关指导与服务，支持18家科研机构建立账册，助力超4亿元科研设备进区。推动关地合作，促成深圳海关与深圳市福田区政府签订合作框架协议，与福田区工信局签署海关统计数据共享及安全使用协议并开展首次数据交互。

▲2021年2月9日，福田海关关员快速验放无人驾驶技术研发用中巴车

（撰稿人：姜慧欣）

梅沙海关

【概况】梅沙海关是隶属于深圳海关的正处级海关，办公地址是深圳市盐田区明珠大道15号。辖区包括深圳市盐田区、大鹏新区，主要承担辖区进口目的地检验、出口产地、组货地检验检疫及后续监管、属地纳税人管理工作，以及盐田综合保税区各项海关业务，对口协调深圳市盐田区、大鹏新区。

2016年3月，盐田综合保税区海关设立。2018年4月，原深圳出入境检验检疫局盐田综合保税区办事处转隶至盐田综合保税区海关。2019年1月，盐田综合保税区海关更名为梅沙海关。

2021年，梅沙海关监管进出口货物1,704.96亿元，征收税款44.54亿元。其中，盐田综合保税区进出口888.52亿元。出口监管仓库和保税仓库进出口686.15亿元，区外企业进出口131.29亿元。

2021年，梅沙海关内设12个科室，在编干部职工109名。

【政治建设】2021年，梅沙海关认真落实"第一议题"制度，深入推进政治机关建设，依托"线上+线下"双线学、"自学+研讨"交叉学、"走出去+请进来"互动学等模式推动党史学习教育，打造"初心课堂""读党史、忆初心、悟原理"读书班、红色广播等学习品牌3个，开展"青年大学习——一起学党史"专题学习16期，2人入选深圳海关100个"身边学习榜样"、3个故事入选"100个深关奋斗故事"。研究确定重点民生项目清单11项，具体措施45条。与深圳市共建深圳关区首个党群活动中心"司机之家"，建设集"海关服务日""关企直通车""关见一刻"等便民利企功能于一体的梅沙海关"为民服务"实践基地。扎实开展"现场监管与外勤执法权力寻租"专项整治工作和巡察整改工作，建立科室风险自查、纪法警示教育常态化、执法一线科室培训常态化3项长效机制，制定11个工作指引规范，建立1个转化机制，推动专项整治整改与内控工作深度衔接。聘用第三届特约监督员11人，实施政务服务"好差评"管理。

【业务建设】2021年，梅沙海关搭建海关与地方政府联席会议、"关企直通车"

2个平台，细化落实暖企惠企、稳外贸稳外资54项措施，支持食品简单加工、区仓联动、"全球修"等16条利企措施落地，支持民族品牌延伸维修产业链条，货值5.27亿元。指导企业以"保税间流转"方式助力货物搭乘中欧班列，出口液晶电视等货值1,353.2万元。支持企业开辟国产服务器物流配送新路径，缓解企业1.6亿元资金压力。支持辖区新冠病毒检测试剂盒生产企业出口，出口新冠病毒检测试剂盒4,881余万人份。办理主动披露作业28宗，协助企业减免滞纳金858万元。推广仓储分类监管，实现海外仓、保税仓、普通仓"三仓"入区合一，跨境电商网购保税进境6,875.67万元，电商中心仓进出仓1.19亿元。开展"净园行动Ⅲ"等专项行动，查获违法违规案件123宗，其中涉嫌刑事案件4宗。查办侵权案件12宗，查扣侵权货物26.4万件。

【队伍建设】2021年，梅沙海关开展队列训练、内务规范"样板间"创建，严肃考勤纪律和会议纪律，建立常态化督察机制。强化协管员管理，做好疫情期间队伍关心关爱。将资质培训与年度考核挂钩，支持做好"大培训、大练兵"，新增危险化学品、卫生监督、动植检、食品安全监管等岗位资质87人次。

【综合保障】2021年，梅沙海关落实"过紧日子"要求，压减非急需、非刚性等一般性支出。完成防疫物资采购62批次、6万件。规范防疫物资使用管理，定期盘点核对防疫物资投入、领用及库存情况。

【推动"MCC盐田"落地】2021年，梅沙海关推动"MCC盐田"（国际中转集拼分拨中心）落地。实现"港、区、仓、厂"互联互通，助力构筑"一区多功能，一仓多形态"一体化物流分拨中心，形成区外出口监管仓库、保税仓库和区内保税物流、港区物流联动互补格局，MCC监管货值3.2亿元。

▲MCC国际中转集拼分拨中心外景

【推动特殊区域"互联网+保税"无账册试点】2021年，梅沙海关在盐田综合保税区推行"互联网+保税物流"无账册监管模式试点，综合保税区企业依托"报关单+WMS数据"自主申报保税货物的进出转存销，无须开通账册，实现以报关单为基础全流程通关，节省约50%申报时长，切实降低经营性成本。试点货值131亿元，退还试点企业保函3.46亿元，试点应用"分送集报"货物总值275.3亿元。

（撰稿人：刘　畅　杨　帆）

观澜海关

【概况】观澜海关是隶属于深圳海关的正处级海关，办公地址是深圳市龙华区民治街道民康路1号。辖区为深圳市龙华区，主要承担辖区进口目的地检验、出口产地、组货地检验检疫及后续监管、属地纳税人管理工作，对口协调深圳市龙华区。

2019年3月，观澜海关设立，辖区内有海关注册企业1.51万家，含高级认证企业15家。保税监管场所3个，其中进口保税仓1个、出口监管仓2个。

2021年，观澜海关签发原产地证书8,517份，签证金额31.3亿元。办结稽查作业114宗、核查作业206宗。办结主动披露作业11宗，减免企业滞纳金9万元。

2021年，观澜海关内设12个科室，在编干部职工90人。

【政治建设】2021年，观澜海关通过及时学、系统学、专题学、深入学，强化理论武装。严格落实"第一议题"制度，开展党委"第一议题"学习79次。扎实开展党史学习教育，完成重点民生项目21项，办成办好为民服务实事44项。与企业管理和稽查处加强"七互"（意见互商、人员互动、整改互促、经验互帮、信息互通、改革互研、廉政互提）上下联动，与哈尔滨海关所属漠河海关开展"促思想、促精神、促经验、提质量、比成绩"互鉴共促，与辖区企业"三享三帮"（分享学思践悟、分享管理经验、分享成效成果，帮助解难题、帮助梳短板、帮助促廉洁）。成功创建"听诊器""解语花""瞄准镜"等11个贴合业务特点的党建品牌。落实全面从严治党主体责任，确定38项全面从严治党重点任务。

【业务建设】2021年，观澜海关参与"国门利剑2021""蓝天2021"等专项行动，查获出口濒危物种"东非黑黄檀木"及禁止进口的旧压力容器等旧机电产品，共检出不合格产品53批次。与深圳市龙华区建立信息通报机制形成监管合力，及时通报辖区涉危险化学品企业相关资质和仓储安全情况3次。对符合相关条件的进口货物，允许运至相关隶属海关集中查检区域进行查检，实现通关业务"一站式"办理，货物"即到即检"，确保通关"零延时",全年试点集中查验77批次。

【队伍建设】2021年,观澜海关实施科级领导干部亮点工作报备制度,科级领导干部聚焦抓重点、强弱项、促创新、保廉洁、提宣传5个方面每季度展示工作亮点,通过"晒成绩"实现"争先进、促发展"目标,把好干部及时选出来、用起来。加大对先进人物的塑造宣传力度,发挥榜样力量,1人获评龙华区"五一巾帼标兵",1人获评深圳海关"优秀妇女工作者"。发挥好各业务条线专家作用,鼓励干部走上讲台,举办"澜关大讲堂"12期,引导干部向专家学习、争做专家。

【综合保障】2021年,观澜海关落实疫情防控队伍管理要求,做实做细人文关怀,发起爱心顺风车,新建阅读角、更衣室等一批民生项目。清理盘点1,148件固定资产,确保资产管理到位、使用合理。开展"光盘行动",设置能源资源管理员,水电油经费均比2020年减少。

【打私工作】2021年,观澜海关依托东部片区"四关一局"(布吉海关、观澜海关、龙岗海关、坪山海关、沙湾缉私分局)机制,关警协作,疏通稽查查发异常情事移交缉私部门转刑事案件通道。查发走私涉罪行为10宗,案值1亿元,涉税超2,000万元。通过自主分析,一天内查获3宗加工贸易企业涉嫌非法倒卖进口保税水貂皮刑事案件。

【关地合作】2021年11月24日,深圳海关和龙华区政府签订合作协议,内容涵盖深化技术性贸易措施、推动构建进口消费品产业集群、扩大海关AEO高级认证企业受惠面等11个方面。对专精特新"小巨人"企业实行"属地海关—对口协调区域企业—对口区政府"层面的联系配合机制,开展"助苗"行动,为企业诉求提供综合解决方案。

▲2021年3月25日,观澜海关关员为企业办理内销征税税款担保业务

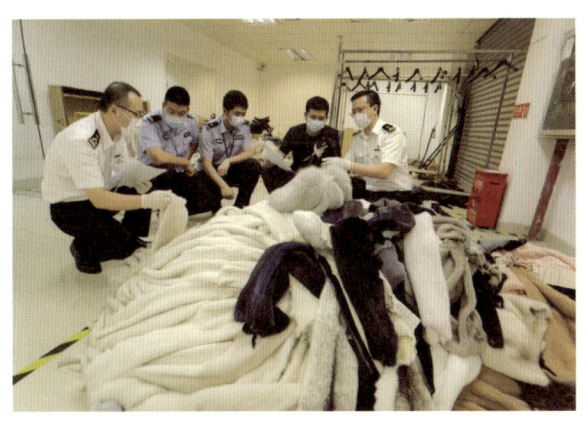

▲2021年8月23日,观澜海关关员在加工贸易渠道查获涉嫌走私水貂皮

(撰稿人:方国权 刘艳新 沈昊 张梦娜 陈媛玲 钟莹波 祝瑞博)

西沥海关

【概况】西沥海关是隶属于深圳海关的正处级海关，办公地址是深圳市光明区华夏路100号光明商会大厦14、15层。辖区为深圳市光明区，主要承担辖区进口目的地检验，出口产地、组货地检验检疫及后续监管、属地纳税人管理工作，对口协调深圳市光明区。

2019年3月，西沥海关设立，承担原同乐海关光明监管科、原深圳出入境检验检疫局光明新区办事处职责。

2021年，西沥海关签发原产地证1.03万份，征收税款8.03亿元。办结稽查作业86宗、核查作业142宗、主动披露作业9宗，移送缉私15宗。

2021年，西沥海关内设9个科室，在职干部职工72人。

【政治建设】2021年，西沥海关通过党委会、理论学习中心组、月度例会坚持"第一议题"学习，落实落细124项重点工作。深入推进政治机关建设，扎实开展党史学习教育，结合庆祝中国共产党成立100周年，开展"党史天天学"研讨，推出《"沥"史日记》漂流活动，交流学党史心路历程。组织"沥"人红五月、走进科学城等系列活动，推出"我为群众办实事"3大工程11项举措。落实派驻纪检组加强对"一把手"和领导班子监督责任措施，开展纪检监督工作会商，推动问题落实改进。梳理廉政风险点并制定防控措施，推动全面从严治党各项工作落细落实。1个党支部获评深圳海关党建培育品牌、隶属海关融合式党建"样板间"，1个党支部获评深圳海关"四强"党支部。

【业务建设】2021年，西沥海关全面推广"提前申报""两步申报"改革，区内企业进、出口整体通关时间分别较2017年压缩超过60%、80%。试点出口检验检疫口岸与属地风险联动协同监管改革，放行货物5,236批。实施高新技术企业"合格保证+符合性验证"检验监管模式，实现进口法检自用设备及料件凭资料直接快速验放。组织"暖企计划""专精特新"专场惠企措施宣讲会，为企业解决具体问题46项，惠及企业700余家。与深圳市光明区工信局联合建立AEO认证培育库，建立重点培塑企业名单库，筛选专精特新"小巨人"企业和AEO高级认证企业，针对性定制知识产权保护综合策略，新增高级认证企业5家。创新跨直属关区"口岸

▲2021年4月22日，西沥海关对辖区企业开展企业信用管理培育

直通、属地查验"监管协同模式，助力某企业从多个口岸进口货物快速通关。针对高新生物医药企业反映的相关问题，实施"并联作业""视频＋现场""精准检疫"等模式，试点一次下厂同时完成多个作业内容。

▲2021年11月12日，西沥海关关员检验出口危险化学品

【队伍建设】2021年，西沥海关制定年度精神文明建设工作要点，参与深圳市光明区文明城市创建，督导光明区石围社区开展精神文明建设。组织参加"红心向党迈征程""红心向党青春建功——青年理论研究"等活动16次。组织棋牌、书法、球类兴趣小组活动，丰富职工业余文化生活。慰问留深过年单身干部和参与一线抗疫人员。组织临聘人员评选"每月之星"，开展"五四""八一"慰问活动。西沥海关获评深圳市无烟党政机关、深圳市光明区2021年度公共机构节水型单位，1人获评深圳海关"身边学习榜样"。

【综合保障】2021年，西沥海关牢固树立"过紧日子"思想，落实中央八项规定精神，加强财务管理，根据疫情防控、安全生产、业务运行、厉行勤俭节约等要求，制定细化措施，保障业务运行、民生保障、防疫物资采购、安全生产等，确保资金规范使用，压缩全年支出。

【服务光明科学城发展】2021年，西沥海关建立"关地企"直联机制、党建结对共建机制，解决企业急难愁盼问题23个。助力4所高校获得减免税主体资格，协助应急通关5批新冠病毒研究设备，保障重点项目顺利落地。参与深圳海关与深圳市科创委首批合作事项筹备谋划，"三个赋能"（做实政策保障，培育科技研发

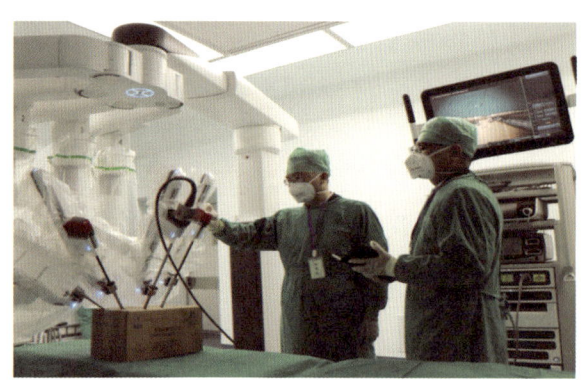

▲2021年5月7日，西沥海关关员查验光明科学城进口设备

潜能；聚焦精准帮扶，蓄积科技创新势能；强化前瞻布局，凝聚科技发展动能）助力深圳市光明科学城高质量建设发展案例入选深圳海关"百佳民生实事"。

（撰稿人：李俊杰）

龙岗海关

【概况】龙岗海关是隶属于深圳海关的正处级海关，办公地址是深圳市龙岗区清林路77号。辖区为深圳市龙岗区园山街道以北片区，主要承担辖区进口目的地检验、出口产地、组货地检验检疫及后续监管、属地纳税人管理工作，对口协调深圳市龙岗区园山街道以北片区。

2019年1月，龙岗海关设立，原龙岗出入境检验检疫局业务划入龙岗海关。

2021年，龙岗海关办结稽查作业88宗、核查作业281宗、主动披露作业76宗。移交缉私部门查发涉税刑事案件5宗，监管跨境电商出口车辆超4,800辆，查获申报不符268批，查发侵权货物115批、4.6万件。

2021年，龙岗海关内设10个科室，在编干部职工114人。

【政治建设】2021年，龙岗海关落实"第一议题"制度，通过党委会、中心组学习、形势分析例会学习75次，结合实际研究部署相关工作。深化班子自身建设，制发加强对"一把手"和领导班子监督的落实措施清单。扎实开展党史学习教育，制发"一个方案、一份分解表、一张清单"，强化"关、科、干部"层级联动。扎实推进"现场监管与外勤执法权力寻租"专项整治，通过调研企业86家，召开座谈会31次，制定57项防控措施，推进"我为群众办实事"实践活动，完成18项重点民生项目。深耕融合式党建，形成党建业务相互促进的良性循环，新增全国海关基层党建示范品牌1个、深圳海关基层党建培育品牌1个、"四强"党支部1个、融合式党建"样板间"1个。获评全国海关微党课最佳创意奖1个、深圳市"党建杯"机关创新创优竞赛一等奖1个、深圳市直机关工委机关党建优秀工作案例1个。

【业务建设】2021年，龙岗海关牵头对深圳关区跨境电商企业开展"断链刨根"专项稽查行动，成功铲除某跨境电商"根部"企业和走私团伙，查发刑事案件3宗，涉案货值9,000万元。建立机动查验工作机制和跨境电商样本企业"三单一库"（高风险电商企业名单、高风险跨境车辆名单、高风险物流企业名单、高风险商品库），提高布控精度。

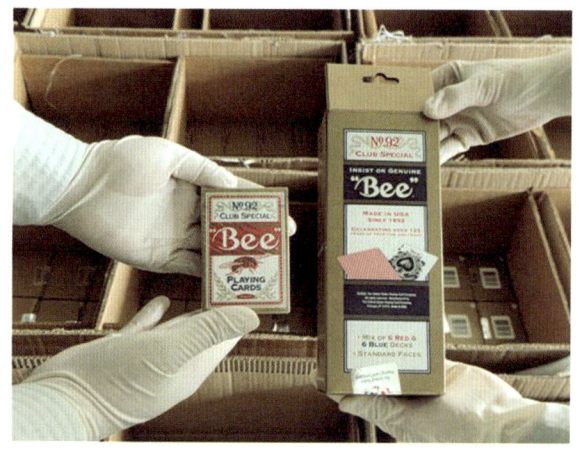

▲2021年11月24日，龙岗海关关员在跨境电商渠道查获出口侵权扑克牌

【队伍建设】2021年，龙岗海关强化准军队伍建设，通过日常提醒、节假日重点人员检查、视频抽查、队列训练等方式，把准军要求融入工作和生活中。多层次开展培训，设计并开展线上培训4个模块20项，完成10名2021年新录用公务人员初任培训。发挥工青妇组织作用，打造有温度的集体，开展节日主题活动、集体生日会、"龙关大讲堂"、"云跳绳"等活动，与北京中医药大学深圳医院进行合作共建，联合开展健康讲座2期，关心关爱干部职工身心健康。

【综合保障】2021年，龙岗海关组织开展内部人员感染疫情桌面推演，通过更新疫情防控手册、编写属地外勤作业安全防护指引、关领导带队"三人小组"进行"实地+视频"检查等方式，从严从细做好疫情防控。不折不扣落实安全生产，完善突发事件应急管理体系建设，关领导带队开展"地毯式"突击检查13次，梳理整改安全隐患问题，以"回头看"防止问题反复。

【AEO高级认证实训基地】2021年，龙岗海关推进"三智"合作试点，完善AEO高级认证实训基地建设，打造AEO国际互认窗口，依托实训基地开展互动式认证培育，辖区新增高级认证企业5家。实训基地被全国海关认证技术委员会专家组评价为"海关信用培训工作和培育工作的样板"，并纳入全国海关企业认证人员培训体系。

▲2021年4月9日，第六次中欧陆海快线海关通关便利化合作工作组赴深圳海关AEO高级认证实训基地参观调研

【促进外贸新业态发展】2021年，龙岗海关推动跨境电商集约化审单改革顺利落地，拓展立体式物流渠道，助力龙岗跨境电商运营中心开通中欧班列、海运航线、跨境电商B2B直接出口等出口通关业务，满足出口物流多元化需求，跨境电商出口货值突破100亿元。指导企业参与加工贸易集团保税监管改革首批试点，帮助解决龙头企业子公司之间保税料件流转难

题，实现物资共享共用，集中办理内销征税，外发加工免交担保，节省企业物流成本500万元，减少资金占用超3,000万元。落实出境竹木草、供港种苗花卉的生产、加工、存放单位注册登记改革，约30家企业不再强制要求注册登记。推进出口检验检疫口岸与属地风险联动协同监管改革，共有9家试点企业享惠。承办全国海关首场"贸易便利化与技术合规海关大讲堂"。

▲2021年7月31日，龙岗海关助力跨境电商货物出口实现陆海联运

（撰稿人：李佩虹　李俊杰　周何琦）

坪山海关

【概况】坪山海关是隶属于深圳海关的正处级海关，办公地址是深圳市坪山区丹梓大道13号。辖区包括深圳市坪山区、坪山综合保税区，主要承担辖区进口目的地检验、出口产地、组货地检验检疫及后续监管、属地纳税人管理工作，以及坪山综合保税区各项海关业务，对口协调深圳市坪山区。

2001年，深圳海关驻深圳出口加工区办事处设立。2018年4月，原深圳出入境检验检疫局坪山办事处转隶至深圳海关驻深圳出口加工区办事处。2019年1月，坪山海关设立。2021年，坪山海关增加坪山综合保税区各项海关业务。

2021年，坪山海关监管坪山综合保税区进出口货物总值675.19亿元，征收税款45.38亿元，办结行政处罚案件17宗。

2021年，坪山海关内设11个科室，在编干部职工82人。

【政治建设】2021年，坪山海关认真落实"第一议题"制度，深入推进政治机关建设，扎实开展党史学习教育，开展党史学习笔记100天分享活动，走进企业和基层一线开展各类调研150余次，推动实施"我为群众办实事"重点民生项目14个，1个项目获评深圳海关"我为群众办实事"实践活动"百佳民生实事"，《从出口加工区到综合保税区的奋斗征程》获评"100个深关奋斗故事"。深化"强基提质工程"，与自贸处、关税处建立结对共建工作机制，1个党支部获评深圳海关"四强"党支部，2个支部被评定为深圳海关融合式党建"样板间"，1个党组织获评深圳海关基层党组织融合式党建优秀工作案例，1个工作室获评"深圳市机关事业单位工会劳模和工匠人才创新工作室"。

【业务建设】2021年，坪山海关开展"清园"专项行动，建立"一企一档"信息库和电子地图。试点"互联网+保税物流"监管模式，实现保税货物与非保税货物的集拼分拨作业。开展保税维修专项评估清理行动，制定"一企一方案"。办理涉检主动披露作业，"加强信用监管，引导高级认证企业主动披露漏报特许权使用费"监管案例获评坪山区"十大信用监管案例"。开展"使命2021-4"打击黄金走私及骗取出口退税专项查缉行动，刑事立案1宗，总案值达2.8亿元，该案已纳入公安部打击涉税犯罪"百城会战"行动。查发手表钢带侵犯商标专用权案件1宗。

【队伍建设】2021年，坪山海关严格落实疫情防控各项要求，开展专项风险排查150余次。严格落实准军建设要求，定期下发专项督查情况通报，打造深圳海关内务规范"样板间"1个。1人获评深圳海关"优秀妇女工作者"，1人获评深圳海关"身边学习榜样"。

【综合保障】2021年，坪山海关细化落实"过紧日子"要求，优先保障重点业务和疫情防控物资需求，发放各类防疫物资11.22万项。压紧压实非刚性支出，紧控办公设施维修维护，严控新增资产。

【支持坪山综合保税区建设】2021年，坪山海关配合深圳市政府推进坪山综合保税区园区硬件设施和信息化系统建设，开发应用"关政企"系统、"云卡口"管理系统、车辆动态智能监控系统、无人机智能巡区系统，实施"智慧园区"管理，助力坪山综合保税区顺利通过国家验收组的现场验收。支持荣耀研发中心及保税仓库落户坪山，以重大项目牵引区域产业发展。

【服务科研设备进口通关】2021年，坪山海关联合关税处、综合业务处，提出总担保叠加属地申报口岸验放方式办理减免税设备进口的解决方案，开通绿色通道担保放行，缩短科研设备进口通关时长。

与中芯国际（深圳）签订进口成套设备检验监管合作备忘录，实施口岸直通、目的地检验监管的创新模式，大幅缩短通关时间。

【优化营商环境】2021年，坪山海关帮扶专精特新"小巨人"企业，1家"小巨人"企业通过AEO高级认证，实施"集中申报纳税"等优惠政策每月为企业缓解资金压力900万元。推进"暖企计划"，向企业宣讲辅导"主动披露"制度和容错机制，3家龙头企业通过AEO高级认证。参与"口岸与属地风险联动"改革首批出口特殊物品试点，试点企业通关效率提升。专题研究并办理深圳海关首票集装箱国际运输海关登记业务。推广原产地证书全流程线上办理，实现原产地证书"秒签"，自助打印。辅导光器件进口企业，采取"预约查验+视频查验"模式对光器件进口原材料随到随检，监管光器件出口货值13亿元。

【赋能新能源汽车出口】2021年，坪山海关设立深圳关区首个进出口新能源汽

▲2021年1月18日，坪山海关关员深入出口整车生产线开展技术性贸易调研

车质量安全风险监测点，采集研判风险信息和风险预警，建立信息共享机制，引导企业做好质量管控、合规应对，规避风险。联合福州海关及隶属宁德海关、中国化学与物理电源行业协会、比亚迪、华为技术、宁德时代等11家单位开展远程视频评议，助力新能源汽车生产企业应对技术性贸易措施，相关意见作为中方议题在2021年11月TBT例会上向欧盟反馈，获欧盟回复。出口新能源汽车赋能工作室申报"深圳市劳模和工匠人才创新工作室"。

（撰稿人：王超群　尹观军　闵山峰　张晓莉　徐勋虎　赖伟达）

惠州海关

【概况】惠州海关是隶属于深圳海关的正处级海关，办公地址是惠州市仲恺新区仲恺大道279号。辖区为惠州市"三区两县"（惠城区、仲恺高新区、惠阳区、博罗县、龙门县），主要承担辖区企业管理、进出口商品检验、动植物检验检疫、食品化妆品检验、稽核查、快件监管、跨境电商、加贸通关等海关业务，对口协调惠州市。

1988年9月，惠州海关设立，隶属于黄埔海关。2002年9月，由黄埔海关划归深圳海关管辖。2018年4月，原惠州出入境检验检疫局转隶至惠州海关。

2021年，惠州海关监管供港活猪3.32万头、蔬菜1,805批次，监管出口水生动物644批次，监管供港澳冰鲜禽肉3,587批次，检验进出口危险化学品3,718批，检验出口危险货物包装1.05万批次。

2021年，惠州海关内设2个副处级办事处、14个科室和2个科级事业单位，在编干部职工240人。

【政治建设】2021年，惠州海关认真落实"第一议题"制度，深入推进政治机关建设，扎实开展党史学习教育，结合庆祝中国共产党成立100周年，开设专题学习课程，组织全关192名党员干部参加总署"党在我心中"党史知识竞赛。开展红色电影展播、红色歌曲播放、红色故事录制、打卡"惠州红"等系列活动，制作党史宣传展板、宣传墙，录制"我想对党说"微视频，立体展示宣传党史学习教育情况。完成25项"我为群众办实事"工程。开展党务、业务干部跨部门、跨专业交流，实施"书记项目"22个，1个支部获评"四强"党支部，2个支部通过深圳海关层级党建品牌复核，复核评定惠州海关党建品牌3个，1个支部获评深圳海关融合式党建"样板间"，2个支部获评隶属单位融合式党建"样板间"，入选"100个深关奋斗故事"1篇，发展新党员2名，评选"身边学习榜样"2名。深入开展"严纪律树形象以优良作风庆祝建党100周年"工作，强化纪律作风学习教育和纪法教育，组织开展全关队列考核，以"现场纠察+视频倒查"方式开展内务检查12次。

【业务建设】2021年，惠州海关优化进口非内销保税食品原料检查模式，缩短作业时间。建立"机关+基层""口岸+属地""海关+企业"全方位联系配合机制，推行进口成套设备"一站式"检验。结合WMS系统技术手段，通过"互联网+稽核查"，进一步扩大ERP应用范围。开展企业信用"链式"培育，推动地方激励政策与海关AEO认证结果叠加，推进2个集团8家企业获得高级认证资质。推广企业集团加工贸易监管改革，扩大试点范围，在3个集团17家企业开展内销征税、保税料件调拨、外发加工、货物自主存放等业务，涉及货值38.4亿元，节省物流、报关等费用132.2万元。推动残次品销毁流程改革，对4家纳入全国首批加工贸易残次品管理改革试点的企业取消逐批监销核查模式，缩短处置周期。推行"清单核放"和"汇总统计"申报模式，支持惠阳跨境电商分拣清关中心发展。

▲2021年5月10日，惠州海关关员在辖区企业查验成套进口设备

【队伍建设】2021年，惠州海关加强干部监督管理，办好"日知"讲堂，组织教育培训3,665人次。积极落实疫情防控关心关爱措施，慰问支援一线人员，开展线上慰问31次。惠州海关获评惠州市抗击新冠肺炎疫情先进集体，1个部门获评惠州市三八红旗集体，1人获评惠州市抗击新冠肺炎疫情先进个人。

【综合保障】2021年，惠州海关通过规范公车管理、优化能耗管控、合理膳食搭配，压减各项支出。完善安全生产例会制度，成立安全工作专责小组，定期开展分析研判，组织开展各业务领域的安全生产风险隐患排查整治专项行动等33次。

【新冠肺炎疫情防控】2021年，惠州海关修订疫情防控应急预案，规范操作指引，实施个人防护分级分类，细化现场监管、外勤作业、抽样送样等人员防护措施，医疗废物定点投放、第三方定期回收、后勤人员定时消毒。定期充实疫情防控物资储备，组建有医学专业背景的后备队伍支援一线口岸。协调推进跨境货物集中转运及货车司机闭环管理，降低跨境疫情输入风险。

【"国门利剑2021"】2021年，惠州海关联合缉私部门和地方公安机关，破获"使命2021-06"特大走私、贩卖珍贵濒危动植物及制品犯罪网络案，查获虎皮、象牙制品、犀牛角等一批珍贵动植物及其制品，查获涉嫌走私入境的葡萄酒2,000余支，打掉走私团伙1个，9名犯罪嫌疑人全部到案。在进口快件渠道，查获含濒危物种成分的禁限类物品525票。在出口跨境电商渠道,查获侵权货物超3万件,主要为鞋箱包、手机及其配件、手表等。

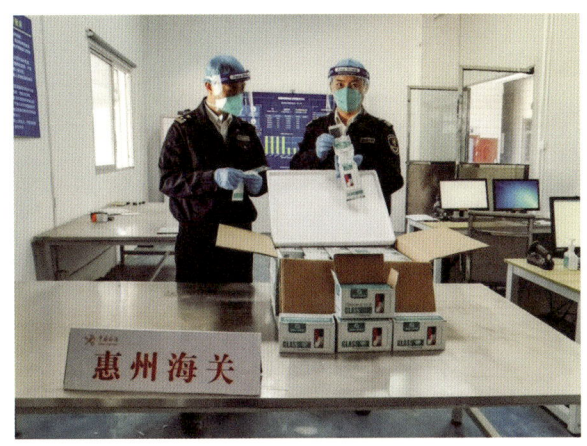

▲2021年11月29日,惠州海关关员查获侵权产品

【关地合作暖企惠民】2021年,惠州海关支持粤港澳大湾区(广东·惠州)绿色农产品生产供应基地发展,监管出口农产品货值近2亿元。推广供港蔬菜每月集报通关模式,减少企业申报工作量。推动危险化学品闭环监管,助力辖区出口危险货物包装(纸箱类)就近完成性能检验,压缩检测周期,减少企业跨地市送样成本。

▲2021年11月3日,惠州海关关员在供港蔬菜种植基地现场取样

【惠州海关后勤管理中心】2021年,惠州海关通过后勤管理中心优化通勤车线路,启用公务车辆调度管理系统,完成惠州海关执法、机要应急、通勤等各类业务派车4,554辆次,事业用车145辆次。加强食堂管理,落实疫情防控措施,安装就餐隔离挡板、落实分时段就餐要求,食材不定期送检,并制止浪费行为。做好固定资产清查工作,重新清点、规范放置,完成316套资产报废的实物处置,完成91台(套)闲置资产的调剂使用。发放制服装备2,500余件。开展安全生产隐患排查16次,消除安全隐患80余项,确保消防系统、中央空调主机、发电机、电梯等大型设施设备处于良好运行状态。

【惠州海关综合技术中心】2021年,惠州海关加强对综合技术服务中心的支持指导,实验室完成检测2,126批次、检测样品4,096个、检测项目15,612项、体检91,687人次。综合技术服务中心参加各类能力验证23项,其中A类7项、B类2项、C类14项,结果均为满意。综合技术服务中心取得中国合格评定国家认可委员会批准的国家实验室(CNAS)认可、中国认证认可监督管理委员会批准的国家级计量(CMA)认证,以及总署批准的进出口商品检验鉴定机构、广东省农业农村厅批准的农产品质量安全检测机构(CATL)以及香港机电工程署认可的核证团体(HKLAS)资质。综合技术服务中心实验室可检测类别19大类,认可参数1,200

项，主要包括食品、化妆品、工业品及动植物产品。综合技术服务中心发挥国家数码电子产品检测重点实验室（惠州）、国家供港食品检测重点实验室（惠州）的优势，为企业产品研发和质量控制，以及供港农产品的卫生质量安全提供技术支撑。

（撰稿人：白铃榕　朱事康　蓝惠宾）

惠州港海关

【概况】 惠州港海关是隶属于深圳海关的正处级海关，办公地址是惠州市大亚湾区石化大道中418号。辖区包括惠州地区各水运口岸以及大亚湾石化工业区，主要承担辖区原油等大宗散货、进出境船舶监管，出口产地、组货地检验检疫及进口目的地检验等工作。

1985年8月，澳头海关设立。1992年7月，更名为惠州港海关。2018年4月，原大亚湾出入境检验检疫局转隶至惠州港海关。

2021年，惠州港海关监管进出口货物4,244万吨，货值1,221.12亿美元。检验进出口危险化学品1,278批、3,401.8万吨，货值1,020.4亿元。监管进出境船舶3,490艘次、集装箱4.34万标箱，签发原产地证书4,994份，总金额17.2亿元。

2021年，惠州港海关内设8个科室、1个正科级事业单位，在编干部职工92人。

【政治建设】 2021年，惠州港海关严格落实"第一议题"制度，开展党委会学习55次、中心组学习8次。开展党史学习教育，推进"1+2+3+N"系列活动：组织"一"系列教育培训，通过"集中+分散""线上+线下"等方式强化学习教育，着力打造关科两级学习品牌，推送"晨晚课"555期，组织参观红色基地、观看红色舞台剧等活动6批次、86人次；抓好对外对内"两"方面的成果转化，以"暖企行动"和"民生实事"为抓手，制定"我为群众办实事"活动重点民生项目13项52条措施，开展"走进地方政府""走进服务对象""走进基层一线"系列走访70人次，召开关企座谈7次、干部座谈2次；开展"三"项成果展评，组织党课评比、故事分享会、知识竞赛等活动丰富学习形式、检验学习成效；做好"七一"前后"N"项党建重点工作，修订并严格落实"三重一大"决策制度、党委议事清单。配合做好总署巡视工作，确定52项整改任务、176条整改措施、36项长效机制。

【业务建设】 2021年，惠州港海关推广进口原油"先放后检"检验监管模式，石化实验室、煤炭实验室取得CNAS、CMA认证。"点对点"开展政策宣讲，理顺保税油进、出、转、存机制，首开保税燃料油外供"先供后报"试点加注业务，外供燃料油382批次、71.4万吨。开设"特快专窗"，做好政策辅导和企业需求配对分析，为两个保税仓库扩容13万立方米，监管进口原油、煤炭、水泥2,950.6万吨、255.5万吨、59.7万吨。就总署批准建设"石油化工产品技术性贸易措施研究评议基地（惠州）"项目，建立基地建设运营、指导考核、联系配合等工作机制，组建专家库，组织完成6项通报评议、1次贸易特别关注，收集国外技术性贸易措施动态信息969条。就以色列工业化学品注册法草案、甲苯规范评议等通报提出评议措施14条。

【队伍建设】2021年，惠州港海关开展内务规范强化月和准军队列训练。组织开展167期培训班，覆盖人员达3,306人次，制定激励干部担当作为措施12条，组建"党员先锋队""青年突击队"支援船舶登临作业。加强培先树优，1个支部获评疫情防控先进基层党组织，1人获评深圳海关优秀共产党员，2人获评100个"身边学习榜样"、《从"小渔村"到"大油城"》入选"100个深关奋斗故事"。1人获评广东省"学雷锋"岗位标兵，创建复核16个"党员示范岗""党员先锋岗"。获省市集体、个人荣誉8个。

【综合保障】2021年，惠州港海关做好厉行节约，水电费、差旅费、培训费、集中工作费、车辆费、办公费、报刊杂志费、宣传费8项一般性支出同比均下降。做好行政经费、事业经费、税收、保证金等审核。

【"暖企行动"】2021年，惠州港海关实施"暖企行动"推行15条惠企措施。开设"特快专窗"推动新造集装箱"出海"扩容，做好政策辅导和企业需求配对分析，快速验放新造集装箱4.07万个，总价值13.7亿元。联合地方政府、企业开展实地调研、召开专题座谈会等5次。

▲2021年10月15日，惠州港海关关员核对进口原油流量计数据

【支持"包船出海"通关业务】2021年，惠州港海关支持服务惠州港国际集装箱码头有限公司新开通美国、英国"包船出海"航线22船次，货物吞吐量1.87万标箱。融入"湾区组合港"模式，做到单证审核日清日结、中控货物即到即查、甩柜改船即来即办，监管进出口3.28万标箱，同比增长128.6%。

【优化登临检疫模式】2021年，惠州港海关坚持"多病共防"，组建一线、预备、应急三支梯队作业队伍。在持续完善

"一船一档一案"工作机制的基础上,提出"登临前'一船一案'前置风险研判+异常情况对应预案迅速处置+后续专家组监控倒查复盘作业流程并开展风险评估"三段式监管,进一步优化登临检疫模式,确保全程闭环管控,成功处置外轮核酸阳性病例检出事件。完成封闭管理场所升级改造和验收,建立封闭管理工作台账,做好集中封闭管理场所的后勤保障、设施完善、场所消杀、日常监控和巡查,以及封闭人员的日常配餐服务等工作。

【惠州港海关综合技术服务中心】2021年,惠州港海关加强对综合技术服务中心的支持领导,完成检测1,023批次、检测样品1,595个、检测项目22,357项。积极组织参加各类能力验证24项,其中A类2项、B类22项,结果均为满意。推进"国家石油和生物能源检测重点实验室"标准化建设,检测能力涵盖进出口矿产品(煤炭)、石油及其产品、化工产品等。综合实验室通过"CMA+CNAS"二合一现场扩项评审,完成17个检测项目的扩项和12个检测标准的变更工作,石油及煤炭实验室并入综合实验室。综合实验室面向社会提供主要作用于石化区货物贸易结算方面的第三方检测服务。开展密度、水分、辛烷值、闪点、热值、芳烃含量等检测业务达169项。

(撰稿人:杨龙毅 吴孝樊 吴雨霏 钟 欢)

惠东海关

【概况】惠东海关是隶属于深圳海关的正处级海关，办公地址是惠州市惠东县新平大道625号。辖区包括惠州市惠东县、大亚湾经济技术开发区（不含大亚湾石化工业区），主要承担辖区进口目的地检验、出口产地、组货地检验检疫及后续监管、属地纳税人管理工作，以及惠东县车检场监管工作。

1992年1月，九龙海关驻惠东办事处设立。1997年5月，惠东海关设立。2017年，惠东海关由综合型海关转型为以稽查业务为主的属地型海关，兼有车检场查验监管业务。2018年4月，惠州出入境检验检疫局惠东办事处转隶至惠东海关。

2021年，惠东海关监管供港活猪34批次、1,320头，供港冰鲜猪肉、禽肉、熟鸡及蔬菜1.43万吨、货值3.72亿元，税款入库3,391万元。签发原产地证书1,033份。办结稽查作业75家、核查作业235宗、主动披露作业49宗。

2021年，惠东海关内设9个科室，在编干部职工60人。

【政治建设】2021年，惠东海关认真落实"第一议题"制度，深入推进政治机关建设，扎实开展党史学习教育，研究制订党史学习教育工作方案和任务分解表，梳理16项39条具体落实措施，依托线上线下渠道，组织开展专题党课4次、党史知识测试5次、支部特色主题党日活动60余次。扎实开展"我为群众办实事"实践活动，完成建设工间操系统等8项民生实事。以党委会、中心组学习会、班子会等形式学习传达习近平总书记在庆祝中国共产党成立100周年大会上的讲话精神、十九届六中全会精神，通过集中学习和个人学习相结合方式，开展指定书目学习和党史"四个阶段"研讨。开展"青年领学党史"分享会、"强国有我 希望寄予青年"专题读书交流会、红色电影展播等活动，打造"青年心向党"学习品牌，引领党员干部深学深悟。

【业务建设】2021年，惠东海关制定稳外贸稳外资10条措施，推进AEO认证工作，召开宣讲培育会2次，对有诉求的6家大型企业上门精准辅导60余次，对辖区3家专精特新"小巨人"企业开展针对性帮扶。支持地方重点项目建设，协助惠东县成功申报国家外贸转型升级基地（鞋类），持续关注"太平岭核电""新材料产业园"等地方重点项目进展，成立配套工作小组，及时解答相关进出口政策问题。主动协调解决企业通关问题，针对供港鲜活产品特点，制定全天候预约通关机制。推荐辖区2家企业作为深圳海关进口粮食附条件提离试点企业，节省通关成本。推进检验检疫监管模式改革，探索涉检业务属地改革，推进属地查检试点工作。制发落实"国门利剑2021"工作方案，开展"攻坚21"深入打击"洋垃圾"走私行业性专项稽查行动。组建"砺剑"稽查组，查获某企业国内料件加工成品顶替保税成品出口案件，案值697万元。

【队伍建设】2021年，惠东海关组织开展内务规范"红旗榜"评选和"样板间"创建，坚持内务督察制度常态化。开展"准军训练周训"，举办各类二级培训合计47期，积极组织参与岗位练兵和技能比武。常态化开展谈心谈话，落实对支援惠州港海关口岸一线工作人员的关心关爱，及时了解思想动态，组织开展入户慰问5次。组织干部职工座谈会1次，征求意见诉求17条并积极回应。丰富员工业余生活，组织兴趣小组、志愿者服务及系列体育活动等，提升员工满意度和获得感。

【综合保障】2021年，惠东海关贯彻"过紧日子"要求，科学统筹年度财务工作，全面完成全年预算执行指标任务及节能指标考核。强化安全生产管理，与各科室签订责任书，划定安全责任区域，通过开展安全生产培训、消防演习、安全生产检查等方式，排查整改安全隐患。开展燃气、电动车、宿舍安全等重点领域专项整治，整改优化消防、安防、监控及燃气设施。设置危险化学品存放仓库，协调地方政府对口岸配电房及口岸监控系统进行安全整改。落实封闭管理，对来访人员进行分类管理，设立关区外的企业临时等候区。

（撰稿人：余　翔　林　涵　黄桂婷）

第七篇

事业单位和社会团体

深圳海关后勤管理中心

【概况】深圳海关后勤管理中心（以下简称"后勤管理中心"）是隶属于深圳海关的正处级事业单位，办公地址是深圳市福田区福强路1011号。主要承担深圳海关机关办公、生活基础设施设备的使用维护及服务，干部职工集体宿舍和住宅小区的生活服务、幼教服务，干部职工食堂、招待所等机关内部生活服务，仓储及单证业务管理、卫生除害处理，机关公务车辆管理及社会化通勤用车服务保障，关区政府采购和后勤管理中心非政府采购执行，重大会议及重大公务活动的服务保障，全关节能减排的数据统计和台账管理，所属经济实体的管理等工作。各后勤管理分中心负责各驻点隶属海关后勤保障工作，包括公务用车、食堂管理、单证、电子车牌安装及仓储业务点管理，制服装备领用分发、固定资产实物管理、物业管理督导，以及各隶属海关公务接待服务保障工作及聘用员工日常管理。

1995年，九龙海关机关服务中心设立，后更名为深圳海关机关服务中心。2016年2月，深圳海关机关服务中心和机关服务处合并成立深圳海关后勤管理中心。2019年5月，原深圳出入境检验检疫局机关服务中心转隶至深圳海关后勤管理中心。

2021年，后勤管理中心内设11个科室、25个后勤管理分中心，在职干部职工256人、聘用人员1,322人。

【政治建设】2021年，后勤管理中心坚持以党的政治建设为统领，推动党建工作高质量发展，从严落实"第一议题"制度，强化政治机关意识，开展理论学习中心组学习12次、第一议题学习79次；坚持落实"党政同责、一岗双责"，毫不放松抓好疫情防控、安全生产、制止餐饮浪费等重点工作，确保习近平总书记重要指示批示精神和党中央重大决策部署落实落地。持续深化强基提质，建立党委"1+2+3"党建工作法，完善"一支部一品牌"，第一党支部获评隶属单位融合式党建"样板间"和深圳海关基层党建培育品牌，第三支部成功创建深圳海关"四强"党支部。党史学习教育有成效，构建"幼有善育"综合服务体系、升级"无忧工程"等入选深圳海关"百件民生实事"，中心自选"26+9"项民生实事均落实落地，固化制度机制8项；入选"100个深关奋斗故事"2篇，培树"身边学习榜样"1人。

【内部疫情防控】2021年，后勤管理中心抓实抓细疫情防控，严格做好疫情期间辖区物业管理、餐饮住宿、车辆保障和后勤队伍管控，保障核酸检测样品运输2,213趟次，所辖食堂供餐保障109.04万人次，完成会务保障3.43万人次，机关办公区、生活区来访人员登记9.64万人次，规范开展口岸消毒处理2.98万次。规范做好西丽生活区、梅沙A区两个高风险岗位工作人员集中封闭管理场所改造，完成高风险岗位封闭管理人员、集中居住观察人员的供餐及住宿保障服务共计1.18万人次。后勤管理中心所辖14个生活区荣获地方"无疫小区""无疫示范小区"称号。

▲2021年3月6日，后勤管理中心工作人员协助开展涉疫样品转运工作

【民生实事】2021年，后勤管理中心扎实开展"我为群众办实事"活动，建立"幼有善育"综合服务体系，探索"1+2+N"（办好1个海关幼儿园、开好"幼小托管班和素质教育班"、推进N项"幼有善育"惠民服务项目）教育模式，开办寒暑假留园班、课后托管班，择优推介社会教育机构，持续做好幼儿晚托服务，切实解决抗疫一线干部职工幼儿托管的后顾之忧。整合后勤资源成立食品加工配送中心，打造一体化"中央厨房"，不断丰富疫情期间干部职工的"菜篮子"。引入"U点巴士"公交定制线路2条。依托"无忧生活"惠民服务平台，应季推出惠民项目69项。

【安全生产工作】2021年，后勤管理中心成立平安建设领导小组、安全生产领导小组，进一步完善安全生产"1+3+6"（1套台账、3张清单、6项机制）工作体系，落实安全生产专项整治三年行动突出问题隐患和制度措施"两个清单"，滚动更新安全检查内容清单及检查指引5次，包含102项检查内容和11个领域的检查指引，建立中心领导巡查、安全工作专责小组专项检查、各科室自查自纠的检查督导机制，聚焦重点领域组织开展安全风险隐患排查整治工作18次，中心班子带队检查61次，中心安全检查小组开展检查103

次，各科室开展安全检查1,443次，督办隐患整改12次235项，组织开展安全培训275次、应急演练57次。

▲2021年11月12日，后勤管理中心组织开展消防安全知识培训及灭火实操演练

【涉案财物管理】2021年，后勤管理中心、财务处理顺濒危动植物及其制品移交流程，推动建立在库货物清理处置长效机制，配合处置部门对库存2年以上的涉案财物进行专项清理，完成2年以上库存货物出仓6,747票。升级配备涉案货物仓库人脸识别、指纹锁等安全设备，与总署监控指挥中心、深圳海关管控中心联网，做到仓库视频监控无死角、全域24小时远程可视，打造"智慧仓储"。

【采购管理】2021年，后勤管理中心健全与采购需求部门、采购执行部门的协调配合机制，统筹采购项目分类实施，结合中心业务实际将中心采购项目分为工程类、办公保障类、办公耗材类、物业类、食堂类、车辆类、仓储类、消防器材类、卫生除害类、其他业务类等10类，分别由相关科室牵头负责统筹资金立项委托采购等，降低非执法领域廉政风险及采购成本。

【经济实体管理】2021年，后勤管理中心成立工作专班，印发专项工作方案，明确任务书、路线图、时间表，确保人员妥善安置、口岸业务平稳、股权转让合规。依法依规完成3家"僵尸企业"的清算注销、2家全民所有制企业公司制改制，推动3家国有企业改革、1家培训疗养机构改革。推进检疫处理业务脱钩工作，跟进脱钩企业产权集中转让工作，相关检疫处理业务平稳衔接

【落实"过紧日子"措施】2021年，后勤管理中心坚决制止餐饮浪费行为，所辖办公区食堂成本下降、厨余垃圾量下车辆油耗、人力资源等方面措施25项，对托收项目进行分类统筹，确保把有限降。制定办公材料、工程修缮、资产配置的资金

▲2021年6月10日，后勤管理中心联合运行管控中心志愿者开展食品反浪费监督

用于保运转保民生,从严从紧压缩一般性开支。提倡修旧利废,延长资产使用寿命,调剂闲置资产200余件。

(撰稿人:王丽君　冯　旭)

深圳海关信息中心

【概况】深圳海关信息中心（以下简称"信息中心"）是深圳海关所属公益一类事业单位，办公地址是深圳市福田区福强路1011号深圳海关福强办公区内A座。主要承担深圳海关信息系统运行维护、信息化科技项目开发建设、机房运行维护管理、关区现场技术设备、技术保障等工作。

2007年10月，信息中心设立。

2021年，信息中心开发海关信息化系统20余个，受理工单58,945份，主动监控和预警发现并快速处理故障258次，协调指挥处理三级以上技术故障约100起。完成视频会议技术保障770余次，完成深圳海关15个隶属关5,700多个监管作业场所"联接海关总署摄像头的编码和OSD名称批量更新"专项工作。

2021年，信息中心内设8个科室，在职干部职工64人。

【政治建设】2021年，信息中心认真落实"第一议题"制度，扎实开展党史学习教育，推进党建强基提质，信息中心第一党支部获评深圳海关100个融合式党建"样板间"、深圳海关基层党建培育品牌，申报的"科技自立自强打造高质量海关'四强'党支部"荣获深圳市"党建杯"机关创新创优竞赛二等奖，第九届广东省市直机关"先锋杯"工作创新大赛决赛三等奖，3个党支部的"我为群众办实事"项目入选深圳海关"百件民生实事"。培育先进榜样，1人获"广东省五一劳动奖章"，1人获深圳海关"最美家庭"称号，2人入选深圳海关100个"身边学习榜样"，并初创"智关E路劳模创新工作室"。

【业务建设】2021年，信息中心对深圳宝安机场新国际入境现场等10项工程改造，开展技术指导、网络调试及铺设熔接深圳市政府政务专网光缆等工作；处置3次因施工单位造成海关主干网络线路中断事件，组织罗湖海关机房搬迁工作；完善深南路和福强路办公区机房双中心架构，建立深圳海关第一套MYSQL 8.0物理集群，优化审像系统存储空间近70T。

【队伍建设】2021年，信息中心树立重实干重实绩的用人导向，选拔配备在疫情防控期间工作表现突出的七、八级管理岗位干部。加强专业技术人才队伍建设，发挥专业人才引领作用。建立"一加一"科研帮扶机制，鼓励专业技术专家带领其他干部共同参与科研项目，着力打造一支政治过硬、素质精良、技术精湛的高水平专业技术人才队伍。稳步推进事业单位改革，完善岗位制度，执行岗位聘用制度，完成全体事业编制人员聘用合同首次签订工作，推动由身份管理向岗位管理转变。

▲2021年12月30日，信息中心紧急搭建移动办公系统新平台

【综合保障】2021年，信息中心承接科技业务工作87项，涉及卡口、视频、物流监控、网络、通信、运控、部分系统建设运维等，承接12项软件开发运维工作。攻坚关区重点项目，开展智能审图技术运维支持工作，推进新算法在深圳海关更新部署及试点应用，持续做好智能审图在深圳海关监管业务领域的推广应用。落实总署关于检疫处理业务脱钩要求，按期完成检疫处理业务脱钩信息系统改造。做好智慧云卡口项目试点和推广应用工作，保障提升深圳海关作业监管信息化水平。推进文库及智能搜索应用（商品检验）、进出口商品质量安全风险预警和快速反应监管体系子系统、实训系统等重点项目，完成H2018系统关区推广应用技术保障。承担耗材管理系统项目实施工作，推动审计发现问题整改、非执法领域廉政风险防控。

【科技抗疫】2021年，信息中心集合研发力量，开发测试"应检尽检"系统并全面上线，推进核酸预约、检测、反馈信息"端到端"的集成、互联与共享。协同调试5G远程智能通关系统在福田海关货运入境通道试点上线应用，实现无接触式体温复测与流行病学调查，降低职业暴露风险。自主研发内置校准红外体温筛查系统，技术发明获国家专利。推动改进研发宽视野太赫兹成像探测设备，提高设备分辨率和抗干扰性能，在沙头角海关旅检通

▲2021年8月3日，5G远程智能检疫设备在旅检现场全面启用

道试用,降低口岸检疫接触感染风险。在福强办公区开展电梯无接触智能感应按键试点改造,降低办公场所按键接触引发的交叉感染风险。启动深圳海关基础设施云平台建设工作,构建科技抗疫和科技兴关深圳海关"样板间"项目统一后台系统。

【国门安全科技防线】2021年,信息中心应用科技创新,对食品安全追溯预警平台实施5次功能变更,在原食品追溯管理、快速检索、预警提示、决策技术支持功能基础上,新增冷链食品追溯数据定制化查阅、风险预警信息可视化和"i深圳"App追溯信息查询三大应用服务场景,强化平台服务效能,提升食品安全智慧监管水平。开发完善进出口商品质量安全风险预警和快速反应监管体系子系统(深圳海关),并实现大数据入池。推动自主研发的核辐射监测车在深圳湾、蛇口、盐田等口岸试用,提高口岸核辐射监测的覆盖率和查发率。完成深圳市网络安全攻防演练、应急演练及中国共产党成立100周年网络安全重点保障工作。

【科研成果】2021年,信息中心组织申报各层次科研项目11项,其中总署科技项目1项、深圳市科技项目10项。参与申报的4项深圳市第一批科技抗疫专项课题获得深圳市立项。申报各类标准和技术规范38项,其中信息技术工程标准获立项29项,深圳市地方标准获立项2项,6项标准获得深圳标准领域专项资金资助。申报各类科技奖项8项,其中总署科技成果评定3项、广东省科学技术奖3项、深圳市科技进步奖2项。2项科技抗疫技术发明获国家专利。获得深圳市科技进步奖(社会公益类)二等奖1项。推进完成3项国家重点研发计划课题的绩效评价工作,1项国家自然科学基金项目提交验收,3项深圳市科技项目通过验收,2项地方标准提交送审稿。

▲2021年7月23日,信息中心自主研发的核辐射监测车在蛇口港完成阶段试点任务

(撰稿人:杨碧芳 李珺 吴绍精 莫燕妮)

深圳海关食品检验检疫技术中心

【概况】深圳海关食品检验检疫技术中心（以下简称"食检中心"）是深圳海关所属正处级事业单位，办公地址是深圳市福田区福强路1011号深圳海关福强办公区11—15楼。主要承担出入境食品及食品添加剂、食用农产品、化妆品的检验检测、评价鉴定工作，承担食品、化妆品、农产品体系审查及其他应检物的委托检验、检测及鉴定工作，承担风险分析，科研与技术开发、服务，提供技术咨询及培训，开展标准制修订工作。食检中心有实验室面积1.1万余平方米，各类检测设备2,893台（套），设备总价值2.84亿元。

2005年3月，深圳出入境检验检疫局食品检验检疫技术中心设立。2018年4月，转隶至深圳海关。2019年5月，更名为深圳海关食品检验检疫技术中心。

2021年，食检中心完成法检样品2.05万批次、31.75万项次，检出不合格样品317批次。完成委托样品2.72万批次、40.46万项次，完成快检样品17.13万批次、24.05万项次。

2021年，食检中心内设9个部门，在职干部职工304人，博士研究生5人、硕士研究生36人、本科149人，正高级职称12人、副高级职称28人。

【政治建设】2021年，食检中心认真落实"第一议题"制度，扎实开展党史学习教育，构建理论学习解析、工作分解推进、跟踪督促检查、从严整改落实的工作机制。强化基层党的建设，持续深化融合式党建工作，打造"讲武堂"群众性学习教育平台，推出21节特色课程，参加学习350余人次。

【法定检测保障】2021年，食检中心以重点实验室和总署风险验评实验室建设为抓手，新增检能144个方法、1,286个项目，确保重点产品、项目"检得全"。通过能力验证活动43次171项，其中国际能力验证活动13次38项、国内能力验证活动30次133项。利用新仪器、新技术开发检测450种农药的高通量检测方法，大幅提高效率、降低成本。对接《香港食物内除害剂残余规例》（以下简称"香港'规例'"）要求，在海关系统率先开发360项除害剂全覆盖检测技术体系，完成供港蔬菜 614 批次、8.43 万项次检测。以"瘦肉精"为检测重点，保障进口冻肉质量安全，完成 1,236 批次进口冻肉检测以及 182 批次月饼等应节食品检测。针对大宗粮谷滞港现象，开展真菌毒素绿色通道检测服务，完成 14 批次、39 项次的大宗粮谷快速检测任务，确保疫情期间重要生活保障物资的快速通关。为深圳海关缉私部门打击化妆品、葡萄酒及蒸馏酒走私提供技术咨询和服务。

拓"一带一路"沿线国家（地区）市场。承担国家市场监管总局、广东省等省市政府专项业务，承担深圳市 3 区 8 街道（即南山区的蛇口街道、南头街道、南山街道，光明区的公明街道、马田街道，以及坪山新区的坪山街道、龙田街道、坑梓街道）的食品安全快检任务，为食品安全社会共治提供技术保障与服务。

▲2021 年 12 月 7 日，食检中心技术人员检测供港蔬菜农药残留

▲2021 年 5 月 21 日，食检中心荣获深圳经济特区建立四十周年"年度最具影响力检验机构奖"

【市场开拓】2021 年，食检中心研发建立输泰水果 134 种农药残留检测技术方法，开展出口泰国蔬果 COA（农药残留检测报告）检测任务，提供 232 批次、3,224 项次检测服务，助力 2 万余吨葡萄、柑橘等新鲜果蔬顺利出口泰国。经印度尼西亚农业部等效性考核，成为首批印度尼西亚官方认可实验室，为企业食用农产品出口印度尼西亚扫清技术性贸易壁垒，为输印尼水果、蔬菜等农产品提供 3,250 批次、10.80 万项次检测服务，助力企业开

【科研成果转化】2021 年，食检中心参与修订国家标准 3 项，主持总署科研项目 2 项、省部级科研项目 3 项、深圳市科研项目 1 项，获批海关技术规范 6 项，发表论文 9 篇，参与深圳市食品安全潜在风险调查研究 1 项。食检中心"国家重点研发计划项目科研攻关工作组"获深圳海关 2021 年度集体记功奖励，科研成果"基于稳定同位素技术的进口农产品产地溯源"入选"2020 年中国核农学十大进展"。食检中心被认定为"深圳市科普基地"。研

▲2021年11月25日,食检中心获批"深圳市机关事业单位工会劳模和工匠人才创新工作室"

究项目"农产品快速检测技术研发及应用"获中国检验检测学会科学技术一等奖,"香港'规例'检测技术体系研究及应用"获中国检验检测学会科学技术二等奖。

(撰稿人:朱叶平　窦　媛)

深圳海关动植物检验检疫技术中心

【概况】深圳海关动植物检验检疫技术中心（以下简称"动植检中心"）是深圳海关所属正处级事业单位，办公地址是深圳市福田区福强路1011号深圳海关福强办公区7—11楼。主要承担出入境动植物、动植物产品及其他检疫物的检疫实验、隔离检疫、物种资源鉴定、研究咨询与检疫风险分析工作，科研与技术开发、服务，提供技术指导，开展有关检验检疫方法标准的制定和修订工作以及市场委托检验、鉴定等非法定检验检疫、鉴定工作。

1999年10月，深圳出入境检验检疫局动植物检验检疫技术中心设立。2018年4月，转隶至深圳海关。2019年12月，更名为深圳海关动植物检验检疫技术中心。

2021年，动植检中心内设4个实体实验室和4个综合部门，有OIE参考实验室2个，是海关系统内仅有的两个OIE国际参考实验室。有国家重点实验室5个、深圳市重点实验室1个，与中国水产科学研究院共建国内首个"外来水生动物疫病研究中心"。

2021年，动植检中心完成检测22.50万份、30.21万项目数，同比分别增长94.26%、68.24%；其中法定检测业务20.89万份、25.39万项目数，同比分别增长108.88%、61.72%；市场委托业务1.61万份、4.82万项目数，同比分别增长1.86%、113.62%。

2021年，动植检中心共有在职干部职工108人，研究员资格17人、副高级职称以上42人，博士13人、硕士34人。

【政治建设】2021年，动植检中心认真落实"第一议题"制度，扎实开展党史学习教育，深化强基提质，不断建强基层党组织战斗堡垒。中心第一党支部获评深圳海关隶属海关融合式党建"样板间"、深圳海关基层党建培育品牌，中心第三党支部获评深圳海关疫情防控先进党组织，2人获评深圳海关疫情防控优秀共产党员。中心获深圳海关集体记功3次，2个项目入选深圳海关"我为群众办实事"实践活动"百佳民生实事"，报送的《国门生物安全》的坚定守护者》入选深圳海关"100个深关奋斗故事"，1人获深圳海关100名"身边学习榜样"称号，1人获深圳海关"青年榜样"提名奖。党建引领助推人才队伍建设,搭建"章桂明劳模和工匠人才创新工作室",建立老专家与青年干部"一对一"传帮带机制。近年来,动植检中心获省部级科技奖励6项,青年干部参与"十三五"等项目10项、发表论文50余篇、制定标准15项、获得发明专利18项。

【新冠病毒核酸检测】2021年,动植检中心集合党员干部为代表的骨干,跨实验室组建新冠病毒核酸检测队伍,持续优化检测流程,重新设计并完成单向流动实验室改造,降低交叉污染风险,完成各隶属海关送检的进口商品新冠病毒核酸样品检测16.41万份。检出新冠病毒核酸阳性9批次15样份,总署根据动植检中心提供的信息,对相关境外企业采取紧急预防性措施8次。

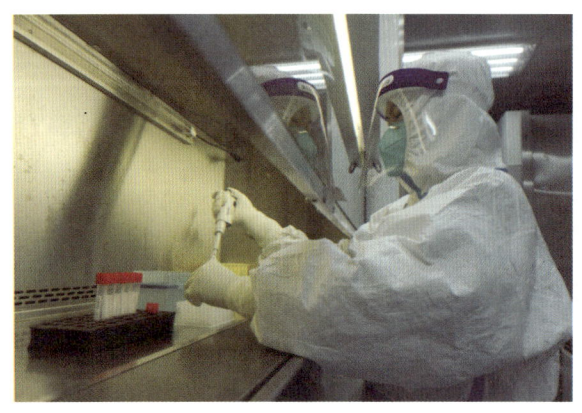

▲2021年11月25日,动植检中心工作人员开展进口商品新冠病毒核酸检测

【维护国门生物安全】2021年,动植检中心组织杂草、昆虫、真菌、线虫和细菌等专业的技术专家,对深圳海关所辖17个关区分别开展检疫性实蝇监测、入境口岸监测调查、外来有害杂草监测、林木害虫监测、油菜茎基溃疡病监测和红火蚁监测,实现关区国门生物安全监测全覆盖。完成全国口岸首次检出鉴定2次,分别是进口原粮中检出外源基因3批次,以及鉴定出外来物种钟角蛙。非贸渠道截获14种外来入侵物种。检出进境动物产品重大疫病10余次,包括一类动物疫病H9亚型禽流感病毒、非洲猪瘟病毒,以及对虾白斑病毒等多种水生疫病病毒等。检出39种植物检疫性有害生物及微生物共1,121种次。通过监测成果促成地方主管部门发布朱红毛斑蛾等警示通报9份。

▲2021年4月22日,动植检中心工作人员开展国门生物安全监测工作

【配合打击濒危野生动植物及其制品走私】2021年,动植检中心梳理犀牛角、穿山甲、海马等动物及其制品,以及珍贵濒危木材等常见截获物的鉴定方法500多属2,000余种,同比增长66.67%。受理深圳关区物种鉴定16,000余份样品,鉴定出象牙制品、虎及虎制品等列入《濒危野生

动植物种国际贸易公约》（CITES）附录Ⅰ、附录Ⅱ及国家重点保护动物物种395批次、8,600余份样品。动植检中心下设的司法鉴定所获评2020年度深圳市优秀司法鉴定机构和"优秀文书"奖，并获评诚信等级A级。

▲2021年12月7日，动植检中心工作人员对疑似兔属动物制品进行物种鉴定

【科研制标成果】2021年，动植检中心11项"十三五"国家科技计划课题、子课题通过验收。上报总署成果评定3项，实现专利转让1项。参与立项国家"十四五"重点项目1项，承担深圳市科技计划项目1项。海关技术规范制修订项目立项6个。参与IPPC国际标准制修订4项。获2021年度深圳市科学技术二等奖和第十二届梁希林业科学技术二等奖。发挥高级专家领军作用，持续推进"章桂明劳模和工匠人才创新工作室"创建工作，研究员余道坚作为中方海关总署代表参加国际植物检疫措施标准亚太区域研讨视频会，参与讨论国际标准草案修改意见，研究员刘荭连任2021—2024届OIE水生动物卫生标准委员会委员。

（撰稿人：方　莹　朱崧琪）

深圳海关工业品检测技术中心

【概况】深圳海关工业品检测技术中心（以下简称"工业品中心"）是深圳海关所属正处级事业单位，办公地址是深圳市南山区蛇口工业八路289号。主要承担海关化验及鉴定业务，包括进出口石油、化矿金、危险化学品、机电、轻纺、玩具、珠宝等产品的检验检测鉴定工作，以及进出口商品质量安全风险验证评价工作，与业务相关的科研与技术开发、技术支持、检验检测标准和规范的制定和修订等工作。同时，承担委托检验检测和鉴定业务，提供检验检测体系管理和技术的指导、培训、咨询等服务。

1999年10月，深圳出入境检验检疫局工业品检测技术中心设立。2018年4月，转隶至深圳海关。

2021年，工业品中心检验受理送检产品19,614批，检出不合格873批。

2021年，工业品中心内设12个部门，在职干部职工89人，其中博士6人、硕士31人，研究员13人、高级工程师45人。

【政治建设】2021年，工业品中心认真落实"第一议题"制度，扎实开展党史学习教育，持续深化"强基提质工程"，第四党支部获评深圳海关基层党建培育品牌、深圳海关100个融合式党建"样板间"，党建案例入选深圳海关融合式党建优秀工作案例，4个支部的6个"我为群众办实事"案例入选深圳海关具有代表性及示范作用的民生实事成果，2个案例获评深圳海关"我为群众办实事"实践活动"百佳民生实事"。培育先进典型，1人获评深圳海关100个"身边学习榜样"，初创"谢堂堂劳模和工匠人才创新工作室"。

【科技发展】2021年，工业品中心荣获广东省科技进步二等奖1项、中国检验检测学会科学技术奖一等奖1项，获得总署科技成果评定三级成果2项，2项国家重点研发计划的子课题顺利通过绩效评价验收，主持或参与完成总署科研课题4项，主持或参与完成国际标准1项、国家标准1项、海关技术规范7项，获得发明专利2项、实用新型专利17项。

【固体废物属性鉴定】2021年，工业品中心推进建设国家进口废橡胶塑料属性鉴定重点实验室，通过总署科技发展司核查验收。加强与生态环境部相关实验室的业务交流合作，统一固体废物鉴别依据标准，提高鉴别结论的一致性。修订细化固体废物属性鉴别规程作业指导书，针对化矿金、石油、轻纺和机电等4类产品分别制定固体废物属性现场鉴别及取样工作指引。建立鉴定中心及实验室两级专家集体研判机制，开通实验室与现场指导专线，提高鉴别准确性。承接深圳关区外固体废物属性鉴定业务。完成固体废物属性鉴定602批次，累计检出固体废物179批次，检出率29.73%。

▲2021年5月12日，工业品中心检验人员对固体废物属性进行集体研判

【配合打击走私】2021年，工业品中心开展"国门利剑2021"行动，建立快速鉴定机制，优化商品鉴定及价格鉴定流程，压缩鉴定周期。完善内部实验室及外部专家库两级专家鉴定机制，提高鉴定准确性。培养一专多能人才，争取微量物证鉴定等司法鉴定资质，满足涉案鉴定工作需求，完成缉私及处置涉案物品鉴定906批，同比增长25.83%。

【液化天然气检验计量】2021年，工业品中心优化检验计量，推动液化天然气快速通关，通过对接液化天然气企业进口计划，提前制订高效快捷通关方案，实现计量过程无纸化作业。通过油气监管系统进行远程计量，实时采集分析数据，及时掌握液化天然气的装卸进度。完成1,206万吨液化天然气的检验计量工作，同比增长25.67%。

▲2021年3月18日，工业品中心检验人员登轮开展液化天然气检验计量

（撰稿人：王　刚　江　帆　杨左军
　　　　　李　许　陈向阳　彭　杰）

深圳国际旅行卫生保健中心（深圳海关口岸门诊部）

【概况】深圳国际旅行卫生保健中心（深圳海关口岸门诊部）（以下简称"保健中心"）是深圳海关所属正处级事业单位，办公地址是深圳市福田区皇岗口岸生活区1号综合楼。主要承担传染病监测与健康体检、旅行医学咨询、预防接种，卫生检疫技术支持和指导，卫生检疫技术科研制标管理，世界卫生组织国际旅行卫生合作分中心职责，并参与卫生检疫和旅行医学国际技术交流合作工作。

1999年10月，深圳出入境检验检疫局国际旅行卫生保健中心设立。2018年4月，转隶至深圳海关。

2021年，保健中心完成传染病监测体检2.42万人次，检出传染病164例；疫苗接种1.4万剂次；检出14例口岸重点关注传染病；完成出入境人员新冠病毒样品采集19.08万管，开展新冠病毒核酸阳性样本基因测序，检出新冠病毒变异株59例。

2021年，保健中心内设12个部门，在职干部职工55人。

【政治建设】2021年，保健中心认真落实"第一议题"制度，扎实推进党史学习教育，组织开展中心组学习15次，编发学习材料4册，党委委员撰写心得体会或调研报告6篇。加强组织建设，开展支部委员补选工作，开展新任支部书记任职谈话和支部委员党建知识培训，配齐配强支委班子。推进第四党支部获评市直机关工委先进基层党组织、深圳海关融合式党建"样板间"。做好巡视巡察整改工作，制定整改任务方案明确班子整改责任，细化88项措施。发展党员1名，培养发展对象1名。加强作风建设，细化11方面任务，制定19项措施，抓实措施落实。开展"现场监管与外勤执法权力寻租"专项整治工作，自查确定重点关注岗位，制定操作规程，进一步防控风险。

【新冠肺炎疫情防控】2021年，保健中心完成出入境人员样品采集19.08万管，关警员采样55.13万人次，完成新冠病毒核酸检测41.71万份，完成血液新冠抗体检测1.89万份。保健中心卫生检疫中心实验室开展新冠病毒核酸阳性样本基因测序，检出新冠病毒变异株59例，其中B.1.1.7（Alpha）变异株2例、B.1.351（Beta）变异株8例、B.1.617.2（Delta）变异株36例、奥密克戎（Omicron）变异株13例，涉及世界卫生组织关注的所有新冠病毒变异株。落实"两点一线"集中封闭管理工作，派出参与封闭管理采样护士14批共计61人，224人次参与封闭管理。

【传染病监测体检】2021年，保健中心配合落实总署境外防线和"国际旅行健康服务网"建设，规范出入境监测体检业务管理，梳理法定、非法定体检对象、体检项目及收费，严格按照规定开展体检并签发证书。落实筑牢口岸检疫防线，完成传染病监测体检2.42万人次，同比增长44.97%，检出传染病164例，检出率为0.68%，其中艾滋病病毒抗体阳性14例、梅毒87例、传染性肺结核1例、乙型肝炎57例、丙型肝炎5例。推进跨国企业海外员工健康管理服务，专人负责大型跨国企业员工出国体检、咨询及出境前健康教育，与企业海外员工健康部门建立联络机制，推送海关传染病防控公共服务平台、疫情信息及防护措施。

【预防接种与医学咨询】2021年，保健中心做好黄热病、霍乱、麻疹等疫苗接种及健康宣教，提供国际旅行医学咨询1.21万人次，疫苗接种1.4万剂次，其中，黄热病疫苗接种2,100剂次。签发《预防措施或疫苗接种国际证书》5,724本，发放抗疟疾药品425份。加强疟疾、登革热、艾滋病、埃博拉、中东呼吸综合征等重点关注疾病的健康教育，为维和部队执行任务提供国际旅行医学保障，为200余名维和官兵完成传染病监测体检及疫苗预防接种工作。

【口岸其他传染病检测】2021年，保健中心检出14例口岸重点关注传染病，包括疟疾阳性9例、登革热阳性2例、诺如病毒阳性1例、轮状病毒阳性1例、水痘带状疱疹病毒阳性1例。开展口岸消毒效果评价138批次，检测样品744份。鉴定口岸送检鼠类样本22批次、62只，蚊类样本83批次、863只，蠓蠛样本61批次、890只，形态学鉴定总计166批次、1,815只。开展病媒生物携带病原体检测25次，总检测项目180余项。

【实验室建设】2021年，保健中心开展实验室质量控制，下属卫生检疫中心实验室和医学检验实验室均组织参与室间质评，即多家实验室分析同一标本，并由外部独立机构收集和反馈实验室上报的结果，以此评价实验室操作的过程。通过实验室间的比对判定实验室的校准、检测能力，并监控其持续能力。制定室内外质量控制、监督和控制操作程序，有效保证实验室检测结果的可靠性。其中，中心医学检验实验室参加卫生部临床检验中心、中国疾控中心艾滋病参比实验室、上海市临床检验中心组织的能力验证和室间质评等活动，参加的项目包括血液、尿液、痰液、分泌物、粪便等5大类标本，涉及血细胞形态、血型、生化、肿瘤标志物、微生物、寄生虫形态等，取得满意结果。卫生检疫中心实验室作为CNAS认可实验室，有媒介生物、医学样品以及生物有害样品等3大类26项检测项目通过认可。参加6次国家卫生健康委临床检验中心组织的新冠病毒核酸检测能力验证，均获满分。

（撰稿人：甘　鑫　叶健忠　叶　颖
　　　　　刘　君　刘婷婷　赵纯中）

中国电子口岸数据中心深圳分中心

【概况】中国电子口岸数据中心深圳分中心（以下简称"数据分中心"）是深圳海关所属正处级事业单位，是中国电子口岸数据中心的分支机构，受深圳海关和中国电子口岸数据中心双重领导。本部办公地址是深圳市福田区福田南路2号，在深圳市行政服务大厅窗口、深圳海关咨询服务中心、各隶属海关现场等34个驻点均有派驻人员办公。主要承担深圳地区电子口岸应用项目及联网企业的技术支持、操作培训、热线值班，及时收集、报告项目运行情况，深圳地区电子口岸系统运行、维护管理，电子口岸专网分中心节点的网络系统和信息安全保障工作，深圳地区电子口岸政务卡、企业卡入网的身份鉴别、录入、制作等工作，协助做好中国国际贸易"单一窗口"标准版深圳地区推广运维工作，承担海关信息系统项目开发、运行维护职责。参与地方电子口岸应用项目建设，做好相关技术支持。

2002年12月，中国电子口岸数据中心深圳分中心设立。

2021年，数据分中心多渠道受理企业咨询10.8万宗，热线接通率98.2%，受理电子口岸制卡业务7.2万件，企业线上办理率达85%，受理注册入网企业22万家，传输处理企业通关单证52亿票。监测、阻断互联网攻击12.1万次，处理通关现场技术运维工单5.4万宗，工单处置率100%。

2021年，数据分中心内设11个部门，在职干部职工218人。

【政治建设】2021年，数据分中心认真落实"第一议题"制度，扎实开展党史学习教育，牢牢把握"政治机关、科技部门、服务窗口"属性定位，推进"党建红+科技蓝"融合式党建。探索运用党群"1+N"工作法，1名党员骨干带着N名党员群众一起学、一起干、齐心办，形成互融、互促、互比的良好氛围。数据分中心第三党支部获评总署"书记项目"、深圳海关融合式党建"样板间"、深圳海关"四强"党支部、深圳海关基层党建培育品牌。"华山·数智空间"工作室获评"深圳市机关事业单位工会劳模和工匠人才创新工作室"。数据分中心95198服务热线获评深圳市直机关工委系统青年文明号。3件疫情防控见证物被国家博物馆、中国海关博物馆收藏，《一张电子口岸卡》编入总署《追寻红色记忆　传承红色基因》海关档案故事100篇。2名员工分别获评深圳市直机关工委优秀党务工作者、优秀共青团员，2名干部职员分别获评深圳海关"身边学习榜样""青年榜样"。

【科技赋能改革创新】2021年，数据分中心打造海空领域"通关+物流"平台，构建物流一体化平台，上线首条试运行线路"湾区海铁通"模块，海铁联运出口货物货值约1亿元。全国首批试点建设航空物流公共信息平台，加强各类市场主体之间信息互通，实现通关、物流协同，提高作业效率，降低物流成本。全国首创"深关陆路通"小程序，无须见面跨境司机即可实时接收查验进度信息和协作要求，有效降低陆路口岸作业人员染疫风险，访问量780万次。全国首创"船边直提""抵港直装"业务掌上办，减少码头重复吊柜作业时间，实现海关顺势监管。"i深关"上线140项掌上办功能，服务50万人次。承办署级和关级"互联网+稽核查"项目，完成123家企业ERP/WMS技术对接，稽核查作业时间平均缩短80%以上。全国首创进出口危险化学品监管电子地图，提升关区进出口危险品检验业务智慧化水平。查验信息推送功能实现6个海运口岸全覆盖。助力启动"数字清关"试点，提升寄递渠道监管质效。落地署级、关级信息化应用项目19个，2个关级信息化应用项目绩效考核优秀，取得9项国家知识产权。

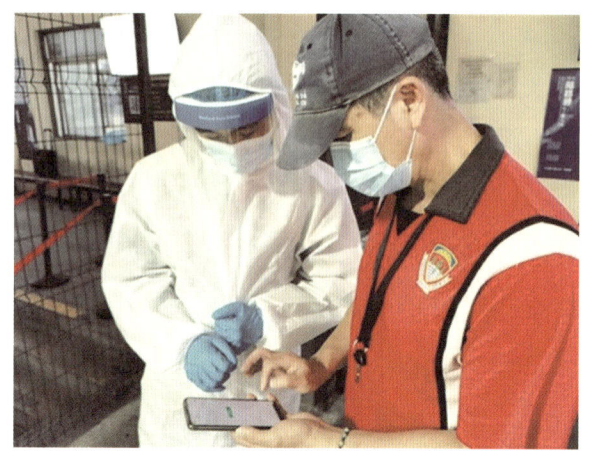

▲2021年1月27日，数据分中心研发的"深关陆路通"小程序上线

【赋能企业成长】2021年，数据分中心出台赋能企业成长13条意见，以"好产品+好服务"连接关区进出口企业，助力外贸稳增长。推出AEO高级认证企业服务、"专家在线坐诊"服务，多渠道受理企业咨询10.77万宗，处理时长缩短1分钟，95198热线接通率98.3%。优化电子口岸窗口"易办"套餐服务，推出"特色专窗""企业成长宝典""短信提醒"等服务，提升企业办事效率。加大惠企政策供给，"深数半月坛"举办直播课堂31期67场次。助力跨境电商、市场采购新业态发展，全方位做好"6·18""双11"等大促期间的技术保障。传输处理企业通关单证52亿票，为企业减负超53亿元。

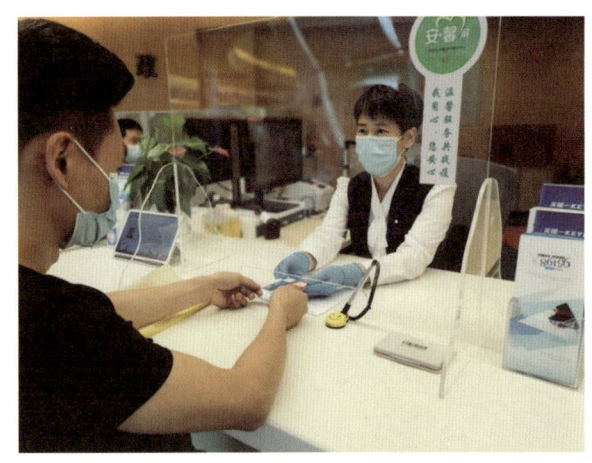

▲2021年6月,数据分中心驻市行政服务大厅电子口岸工作人员服务企业通关

【现场运维保障】2021年,数据分中心推广"小数同学"等自助运维、远程运维、智能运维模式,高质效完成关区现场技术运维保障工作,完成深圳宝安机场D航站楼转场搬迁、总署专项整治巡视组入驻、科技兴关"样板间"、"来港易"等100项关区重大专项技术保障工作,办结工单5.4万票,开展技术巡检9,250次,保障各类会议3,065次。

【筑牢网络安全防线】2021年,数据分中心完成公安部、深圳市公安局组织的网络攻防演习,顺利完成"两会"、中国共产党成立100周年、十九届六中全会等重大节点网络安全保障工作,监测、阻断互联网攻击12.1万次,封禁IP 2.6万个,筑牢网络安全防线。完善数据安全技术防护体系,加强数据安全管控能力。

▲2021年4月10日,数据分中心技术人员开展全国攻防演习安全巡检工作

(撰稿人:梁宇笛)

深圳海关学会

【概况】 深圳海关学会（以下简称"学会"）于1987年2月正式成立，主要负责组织开展群众性理论研究工作。第一至第六届学会的性质为社团组织，在深圳市民政局登记，独立运作。第七届学会转变为海关内部专门从事政策理论研究的群团组织，由所在直属海关党委管理，业务上仍受中国海关学会（以下简称"总会"）和中国海关学会广州代表处（以下简称"分会"）指导，由办公室负责学会联络工作。

2021年，学会有会领导3人，秘书处在职干部2人。

【"飞龙杯"文化品牌】 2021年，学会以"飞龙杯"征文为抓手，通过分阶段推动、收集选题、座谈指导、走访发动等，提升征文数量。建立起了千余人的群研人才库，涵盖各部门单位。邀请总会和分会专家开展培训4场。制作评审工作手册，组织初评、评审及复审等，确保论文推荐工作有序开展。组织参与各级各类征文活动6次，征集主题和综合类论文456篇，数量居全国海关第一。获总会奖励7篇，获分会奖励26篇。向《海关研究》荐稿48篇，刊发15篇。在开展征文活动的同时，注重引导各部门单位加强理论研究成果的运用。

【修志专项工作】 2020年10月，经深圳海关党委研究决定，成立以关长为主任的编纂委员会，下设关志办并启动《深圳海关志（1997—2020）》的编纂工作，关志办编辑部与学会共同办公，学会副会长吴云任编辑部主编，秘书处工作人员参与修志工作。组织开展各类线上线下培训100余次，培训参与修志干部1,000余人次。编辑部经过4审4改，完成近1,000万字的基础资料和稿件的审核，形成100余万字初稿。

（撰稿人：尹新颜）

第八篇

荣誉榜

2021年深圳海关获评省部级及以上荣誉名单

荣誉集体

全国五一劳动奖状　蛇口海关

全国五一巾帼标兵岗　邮局海关快邮件监管二科

第20届全国青年文明号　深圳湾海关旅检大厅综合处置岗

机场海关空港旅检入境行李物品监管岗

2017—2020年度全国群众体育先进单位　西九龙站海关

"七五普法先进集体"　法规处

全国"扫黄打非"先进集体　行邮处

第五批全国"扫黄打非"进基层示范点　邮局海关监控科

广东省2019—2020年脱贫攻坚突出贡献集体　机关党委

广东省巾帼文明岗　邮局海关快邮件监管一科

广东省第七批学雷锋活动示范点　蛇口海关

2021年度广东省青年文明号标兵号　蛇口海关前海湾保税港区监管综合岗

全国打击虚开骗税违法犯罪两年专项行动成绩突出集体　统计分析处贸易统计科

广东省"扫黄打非"先进集体　布吉海关稽核查三科

荣誉个人

中国好人榜　陈芳

全国巾帼建功标兵　陈芳

2020年全国"扫黄打非"先进个人　潘俊嘉　汤小松

全国打击虚开骗税违法犯罪两年专项行动成绩突出个人　丁蓓　唐佳伟　李诗哲

打击虚开骗税违法犯罪两年专项行动成绩突出个人（海关系统）　曲显文　朱运民

全国公安机关成绩突出个人　陈斯龙

2020年度查处重大侵权盗版案件有功个人　朱阳东　乔金峰

2项技术发明获国家发明专利授权　李军

2020年广东省"扫黄打非"先进个人　郑伟　邹晓

广东省2019—2020年脱贫攻坚突出贡献个人　薛博文

广东省"优秀党务工作者"　陈慧敏

广东省优秀共产党员　陈慧敏

2021年深圳海关疫情防控工作先进基层党组织和优秀共产党员名单

先进基层党组织名单

空港旅检第一临时党支部

空港旅检第二临时党支部

机场海关入境旅检检疫专班第二临时党支部

深圳湾海关旅检和冷链监管专班第二临时党支部

蛇口海关登临检疫与冷链监管第一临时党支部

大鹏海关集中封闭管理专班第三批临时党支部

大铲湾海关船舶监管科党支部

惠州港海关船舶监管科党支部

优秀共产党员名单

皇岗海关　汤文明

皇岗海关　潘建英

深圳湾海关　杨谨铖

罗湖海关　冯　硕

罗湖海关　孙亚茹

沙头角海关　董孝昆

西九龙站海关　杨东方

西九龙站海关　张守明

福中海关　敬　挺

前海海关　许汉枢

机场海关　刘黎军

机场海关　彭　辉

机场海关　蔡浩帆

深圳湾海关　吴海波

深圳湾海关　陈　俊

罗湖海关　秦　峰

文锦渡海关　吴晓雁

蛇口海关　宫　正

蛇口海关　刘开鑫

大鹏海关　卢振江

大鹏海关　龚　冉

大铲湾海关　吴世超

西九龙站海关　张　伟

邮局海关　黄　仕

惠州港海关　刘朝辉

第九篇

大事记

2021年深圳海关大事记

1月

▲3日　深圳海关所属邮局海关在进境邮件渠道截获钟角蛙1只，此物种为全国海关首次截获的外来物种品种。

▲4日　关领导陈小颖、谭华带队到顺丰集团调研并签署关企合作框架协议。

副关长涂琳陪同深圳市委书记王伟中一行到前海深港现代服务业合作区调研并座谈。

中国—毛里求斯自贸协定1月1日正式生效后，深圳海关所属福中海关为外贸企业签发关区首份中国—毛里求斯自贸协定项下原产地证书。

▲5日　关领导陈小颖、涂琳带队到福田海关调研，并与福田区委书记郑红波座谈。

副关长夏新生陪同广东省副省长张新一行在深圳湾口岸调研并座谈。

▲6日　深圳海关所属邮局海关启动寄递渠道集中审单改革试点。

▲7日　受总署动植物检疫司委托，深圳海关首次对厄瓜多尔输华香蕉果园及包装厂开展视频检查，这是我国首次对厄瓜多尔输华香蕉果园实施线上审查。

▲14日　深圳海关19个集体被命名为"2019—2020年度深圳市直机关工委系统青年文明号"。

▲22日　深圳海关缉私局建立全国缉私系统首个无人机作战模式，应用无人机辅助开展"使命"系列大要案侦办3次，合计案值8.8亿元，涉税2.5亿元。

▲27日　深圳海关印发《深圳海关关于简化报关单随附单证的公告》（深圳海关公告2021年第1号）。

深圳海关创新推出"深关陆路通"小程序，实现跨境车辆查验信息掌上推送。

▲28日　深圳海关缉私局联合深圳市公安局、青岛海关开展"使命2021-3"专项行动，查证走私燕窝等高档滋补品350余吨，初估案值近14亿元，涉税4亿元。

深圳海关信息中心案例"以'走在最前列标准'打造湾区贸易'深圳样本'"荣获第八届广东省市直机关"先锋杯"工作创新大赛"岗位创新项目"第一名，课题组负责人荣获广东省五一劳动奖章。

▲29日 深圳海关"口岸与属地风险联动协同监管"第二阶段改革试点有序推进并释放红利，试点启动1个月来，新增的35家试点企业已有21家完成"体检式"核查并启用新监管模式，截至当前，共覆盖51家企业。2020年8月以来，为试点企业节省成本60余万元，减少预约查验等待时间超1,400小时，同时节省海关人力600余人次。

2月

▲1日 深圳海关在全国率先上线进口货物"船边直提"、出口货物"抵港直装"掌上申报功能。

▲2日 深圳海关2021年关区工作会议以视频会议形式召开，关长、党委书记陈小颖作讲话。会议总结了深圳海关2020年工作，分析了形势，明确了2021年工作的总体要求和具体任务。

深圳海关2021年全面从严治党工作会议以视频会议形式召开，党委书记、关长陈小颖总结回顾了2020年全面从严治党工作，分析了当前关区全面从严治党工作面临的形势，部署了全面从严治党工作8个方面重点任务。

▲3日 深圳海关所属笋岗海关监管验放首趟"湾区号"载运海铁联运过境货物进境中欧班列。

▲5日 关长陈小颖以视频会议方式参加广东省省长马兴瑞在广东分署主持召开的交流座谈活动。

关长陈小颖参加广东省副省长张新在深圳主持召开的调研座谈会。

▲25日 关长陈小颖参加深圳市深入学习贯彻习近平总书记出席深圳经济特区建立40周年庆祝大会和视察广东、深圳重要讲话、重要指示精神专题研讨班。

深圳海关召开2021年打击走私工作会议。关长陈小颖全面分析了当前关区反走私形势，部署了打击走私5方面重点任务。

3月

▲1日 副关长涂琳参加国务院发展研究中心党组书记马建堂一行在深圳主持召开的调研座谈会。

深圳海关移动服务应用"i深关"上线一年取得积极成效。自2020年3月1日上线以来，"i深关"共推出23大模块140项服务，平台访问量约41万。

深圳海关缉私局联合深圳市公安局、深圳市税务局、中国人民银行深圳市中心支行开展"使命2021-4"专项行动，查证走私出境黄金约113千克，案值约2.8亿元，涉及骗取出口退税1,000余万元。

▲3日 深圳海关缉私局开展"使命2021-5"打击钻石走私专项行动，案值近20亿元，涉税逾3亿元。

▲5日 深圳海关相关集体、个人获评国家级、省级、市级荣誉。

▲9日 深圳海关召开2021年政治工作会议。党委书记、关长陈小颖对2020年

关区政治工作取得的成绩给予充分肯定，要求全关上下提高政治站位，切实增强做好政治工作的使命感和责任感。

▲10日　深圳海关保障2021年全球首场大规模珠宝保税展销会开幕。监管放行参展珍珠733.3千克，货值2,036.42万元。

▲12日　深圳海关召开"现场监管与外勤执法权力寻租"专项整治工作动员部署会，党委书记、关长陈小颖作动员部署讲话。

▲16日　深圳海关举办中欧安智贸项目华为专场推介会。

▲17日　深圳海关保障全国首个自用型珊瑚专用保税仓库在深圳设立运营。

▲18日　深圳海关打击"水客"行政诉讼案例入选广东省高级人民法院、广东省电视台"护航大湾区"系列报道典型案例。

▲18—19日　深圳海关开展党委理论学习中心组（扩大）学习，专题学习习近平总书记在党史学习教育动员大会上的重要讲话精神、中央指定学习材料和全国"两会"精神。

▲26日　关领导陈小颖、涂琳、谭华到深圳市南山区政府调研并签订合作框架协议。

深圳海关首创"保险+质押"关税保证保险风险缓释模式试点正式落地，某供应链管理公司与中银保险深圳分公司签订完成全国首票"保险+质押"关税保证保险单，担保额度2,000万元。

▲30日　深圳海关缉私局成功扩线1起走私冻品案，案值1.5亿元。

4月

▲2日　关领导陈小颖、贝景波、谭华到深圳市罗湖区政府调研座谈。

▲6日　深圳海关所属福田海关对全国首批粤港澳大湾区创新监管进口药械开展目的地检验，首批药械共31套，价值115.33万元。

▲8日　总署国际合作司一级巡视员刘健陪同希腊驻华大使馆一等秘书海茨彼得洛斯·乔治、匈牙利驻华大使馆一等秘书杜安珂、塞尔维亚驻华大使馆代办伊万·坎迪亚斯一行到盐田港参观考察。

▲8—9日　第六次中欧陆海快线海关通关便利化合作工作组会议在深圳召开。会议就建立通关协调咨询点，推动中国—中东欧国家海关信息中心建设，深化经认证的经营者（AEO）互认、海关行政互助协查、"智慧海关、智能边境、智享联通"（"三智"）试点等领域的务实合作等议题开展交流。

国务院办公厅在深圳组织召开电子证照推进工作交流会，研究扩大电子证照应用范围和全国互通互联有关工作。总署科技发展司、广东分署、深圳海关有关负责同志参加。

▲9日　深圳海关获批成立无人机、医疗器械、石油化工产品3个国家级技术

性贸易措施研究评议基地。

▲14日　深圳海关所属蛇口海关完成全国首票进口邮轮报关单查验及放行。

深圳海关所属前海海关保障我国首座10万吨级深水半潜式生产储油平台"深海一号"能源站设备进口。

▲16日　关领导陈小颖、徐建华、王晶洗、栗晋斌、王味冰、涂琳、夏新生，巡视员林国忠、李立源、彭海平到深圳市宝安区政府调研。

▲19日　深圳海关党委理论学习中心组集中学习研讨习近平法治思想。

深圳海关所属文锦渡海关在出口货运渠道查获伪瞒报石珊瑚1,265株。活体石珊瑚被列入《濒危野生动植物种国际贸易公约》（CITES）（2019）附录Ⅱ，且被核准为我国二级保护动物。

▲20日　深圳海关所属邮局海关在过境快件中查获冰毒约3,200克。

深圳海关所属邮局海关快邮件监管二科获评全国五一巾帼标兵岗。

▲21日　关领导陈小颖、涂琳到惠东县政府与惠州市委书记胡洪、市委常委余金富座谈。

深圳海关所属皇岗海关物流监控二处查验一科荣获2020年度全国海关"扫黄打非"先进集体。

▲25日　深圳海关所属蛇口海关获评全国五一劳动奖状。

▲26日　深圳海关所属邮局海关荣获2020年全国"扫黄打非"先进集体。

▲28日　深圳海关缉私局组织开展"使命2021-11"打击"水客"走私专项行动，案值3.6亿元，涉税近6,200万元。

关长陈小颖会见东莞市委书记梁维东、市长肖亚非。

5月

▲1日　深圳海关跨境电商审单集约化改革全面落地，当天共监管跨境电商清单146万票。

▲6日　深圳海关会同深圳市商务局、坪山区政府，完成对坪山综合保税区预验收。

▲8日　关领导陈小颖、贝景波、王味冰、涂琳到深圳市福田区政府调研并签订合作框架协议。

▲11日　副关长谭华陪同深圳市代理市长覃伟中、副市长吴以环一行到深圳海关所属深圳湾海关调研疫情防控工作。

▲12日　深圳海关在全国海关首次应用自身测序平台实现对新冠病毒精准溯源。

▲13日　深圳海关牵头编写的《进出境集装箱场站植物检疫防疫体系建立》《出境集装箱植物检疫规程》《进境集装箱植物检疫规程》3项国家标准被国家市场监督管理总局（国家标准化管理委员会）批准公布，弥补了我国在集装箱检疫方面的空白。标准于2021年11月1日起实施。

▲14日　深圳海关缉私局联合深圳市公安局开展"使命2021-13"打击走私专

项行动，一举摧毁了1个涉及陕西、广东及港澳地区的文物走私网络，现场查获涉案文物35件，其中国家一级文物1件、二级文物2件、待鉴定文物32件。

▲15日　深圳海关所属笋岗海关监管"湾区号"首趟海铁联运出境班列开行。

深圳海关所属梅沙海关完成首家高科技种苗花卉生产企业注册登记。

▲19日　深圳海关召开"现场监管与外勤执法权力寻租"专项整治工作领导小组（扩大）会暨廉政风险防控专班工作推进会。关长陈小颖强调，要进一步压实责任，深化风险排查，突出"当下改"与"长久立"，确保专项整治取得实效。

▲20日　深圳海关主持的科研项目"入境固体废物标准体系及检验鉴别关键技术"获评广东省科技进步奖二等奖。

▲23日　广东省副省长李红军到蛇口集装箱码头调研指导疫情防控工作。深圳市委常委、副市长黄敏，广东省疾控中心主任邓惠鸿，招商局集团副总经理邓仁杰等陪同，深圳海关所属蛇口海关参加调研。

▲30日　深圳市副市长艾学峰一行到机场口岸调研检查疫情防控工作。深圳海关所属机场海关参加调研。

▲31日　关领导陈小颖、涂琳会见深圳市委常委、前海管理局局长张勇一行。

副关长夏新生陪同深圳市委常委、副市长艾学峰一行到深圳湾口岸调研疫情防控工作。

6月

▲1日　深圳海关创新试点科研用特殊物品"换证直批"审批模式，对粤港澳大湾区内重大科研项目及重点支持的科研机构实行正面清单管理，对清单内同一使用单位、同一产品，在原特殊物品卫生检疫审批单有效期届满30日前，海关依申请做符合性审批后直接核发新审批单，审批手续当天办结。

▲2日　总署党委委员、广东分署主任张广志与深圳海关所属机场、大鹏海关进行视频连线听取疫情防控工作汇报。

▲3日　深圳市委常委、副市长艾学峰到深圳国际快件运营中心调研疫情防控工作。深圳海关所属邮局海关参与调研。

▲4日　副关长谭华在盐田港陪同广东省副省长陈良贤调研港口疫情防控和船舶滞港情况。

▲7日　深圳海关缉私局开展"使命2021-15"专项打击测量仪器走私专项行动，案值约3.2亿元，涉税约3,100万元。

深圳海关缉私局开展"使命2021-18"打击农产品走私专项行动，案值5亿元，涉税约2,600万元。

深圳海关缉私局开展"使命2021-19"打击走私及骗取出口退税专项行动，案值5.6亿元，涉税6,500万元。

▲15日　深圳海关稽查部门开展打击跨境电商进口走私"断链刨根"专项整治行动。截至当前，已对跨境电商企业开展

稽查作业 12 宗，移交缉私部门处理 2 宗，涉及案值共计 8,967.12 万元。

▲16 日　深圳海关所属深圳湾海关查验三科获评广东省"扫黄打非"先进集体。

▲23 日　深圳坪山综合保税区顺利通过联合验收组验收。

▲25 日　国务院联防联控机制综合组到深圳海关所属大鹏海关现场调研，重点了解防控措施落实情况，对冷链食品卸载的全流程、高风险暴露人群的防护措施进行调研。

▲28 日　深圳海关所属蛇口海关保障妈湾码头、口岸联用通码头 9 个泊位通过对外开放验收。

深圳海关会同黄埔海关完成"盐田—东莞组合港"首票出口实货测试。

▲30 日　党委书记、关长陈小颖主持召开关区党史学习教育推进会，听取关区党史学习教育开展情况汇报，并就下一步推进工作提出要求。

党委书记、关长陈小颖主持召开"现场监管与外勤执法权力寻租"专项整治工作推进会，总结前一阶段工作成效，并对下一步工作进行部署。

深圳海关举办系列活动庆祝中国共产党成立 100 周年。

深圳海关 4 个集体与 8 名干部获得 2020 年全国、广东省及深圳市"扫黄打非"先进集体及先进个人荣誉称号。

深圳海关所属前海海关陈芳获评"中国好人"称号。

7 月

▲1 日　深圳海关一批集体、个人获评"七一"荣誉称号。

▲2 日　深圳海关召开党委（扩大）会议传达学习习近平总书记在庆祝中国共产党成立 100 周年大会上的重要讲话精神。

▲5 日　深圳海关率先对深圳关区口岸区域内公共场所实施卫生许可"告知承诺制"。

▲8 日　深圳海关自主研发的《一种监控设备的灵活固定机构》和《一种内置红外线校准器的热成像体温智能监测系统》2 项技术发明获得国家发明专利授权。

▲13 日　深圳海关正式在福田海关货运入境通道试点上线应用 5G 远程智能通关系统。

▲14—16 日　深圳海关举办党委理论学习中心组（扩大）学习暨党史学习教育专题读书班，深入学习贯彻习近平总书记在庆祝中国共产党成立 100 周年大会上的重要讲话精神。

▲15 日　关领导陈小颖、贝景波带队到深圳市司法局续签《深圳海关　深圳市司法局关于加强联系配合、深化法治建设合作备忘录》。

▲16 日　深圳海关所属笋岗海关保障"湾区号"首趟龙头企业定制精品班列出发，该班列是"湾区号"开通以来首条抵达俄罗斯的班列。

▲23日　深圳海关顺利完成217名新录用人员报到工作，其中公务员211人、事业编制人员6人。

▲26日　党委书记、关长陈小颖主持召开党委会专题研究全面从严治党工作。

RCEP原产地管理信息化应用项目2.0版本在深圳关区顺利上线运行，实现除东盟证书外22种原产地证书的签发功能。

国务院办公厅一级巡视员王胜谦、深圳市政府副秘书长吴优、市发改委主任郭子平等到沙头角口岸、中英街调研口岸经济带建设有关工作。

▲27日　深圳海关联合深圳市商务局、龙岗区工信局召开"湾区号"中欧班列业务线上推介会，包括华为、比亚迪等龙头企业在内的百余家深圳地区企业参会。

▲29日　深圳市委常委、副市长艾学峰到深圳宝安机场调研疫情防控工作。深圳海关所属机场海关参与调研。

▲30日　深圳海关所属皇岗海关助力叙利亚文物首次来华专题展参展文物顺利通关。

▲31日　深圳海关快速验放龙岗跨境电商运营中心首票陆海联运出口货物。

8月

▲1日　深圳海关所属深圳湾海关在深圳湾口岸旅检入境大厅上线试运行入境人员智慧检疫设备。

▲4日　关长陈小颖主持召开推进"双区"建设专题工作会议。

深圳海关监管深圳口岸首次进口阿根廷高粱和大麦。

▲5日　深圳海关所属坪山海关办结深圳关区首票集装箱国际运输海关登记业务。

▲6日　党委书记、关长陈小颖主持召开"现场监管与外勤执法权力寻租"专项整治工作领导小组（扩大）会议，传达学习总署专项整治第一批实地检查发现的典型问题及专项整治阶段性工作情况通报，听取本关专项整治工作推进情况汇报。

深圳市委常委、副市长黄敏到深圳宝安机场航站楼A楼临时旅客分拨中心"走流程"调研指导疫情防控工作。深圳海关所属机场海关参加调研。

深圳市副市长陶永欣、市口岸办党组书记王刚一行到文锦渡口岸调研疫情防控"四道防线"工作。深圳海关所属文锦渡海关参加调研。

▲9日　深圳海关所属机场海关完成粤港澳大湾区中心城市间首次飞机融资租赁异地委托监管业务。

深圳海关所属机场海关完成奥运归国人员入境检疫工作。

▲11日　在世界动物卫生组织（OIE）第88届大会上，深圳海关动植物中心刘荭同志高票连任水生动物标准委员会委员。

▲13日　关领导陈小颖、涂琳、谭华会见深圳市盐田区区长邓飞波一行。

▲16日　深圳海关保障"大湾区组合港"新增航线"深圳蛇口—南海九江"正式启动。

▲18日　关领导陈小颖、王味冰、涂琳会见深圳市福田区委书记、区长黄伟一行。

▲25日　深圳海关完成公路口岸驾驶员智慧验放系统升级工作，系统升级后支持总署第八版健康申报表，并实现基于第八版健康申报表的高风险对象防疫处置要求。

▲26日　深圳海关"湾区海铁通"物流模式改革启动实货运行，5个出口货物集装箱在中外运平湖物流中心由深圳海关所属笋岗海关办结通关查验手续后，通过平盐铁路直接调拨至盐田港装船发运。

▲27日　党委书记、关长陈小颖主持召开模范机关创建推进会。

9月

▲2日　党委书记、关长陈小颖主持召开"现场监管与外勤执法权力寻租"专项整治迎检工作专题会议，传达学习总署专项整治工作第二批实地检查发现的典型问题通报。

▲3日　深圳海关会同黄埔海关启动"大湾区组合港"新增航线"盐田—东莞组合港"实货测试。

▲7日　深圳海关保障生命信息和生物医药广东省实验室首批进口科研设备顺利通关。

▲9日　深圳海关承担的国家重点研发计划NQI课题"进出口贸易突发性事件监测应对设备"顺利通过综合绩效评价。

▲13日　党委书记、关长陈小颖主持召开"现场监管与外勤执法权力寻租"专项整治迎检工作专题研究部署会。

▲15日　深圳市副市长张华到深圳湾口岸调研疫情防控工作。深圳海关所属深圳湾海关参加调研。

深圳海关所属惠州海关保障粤港澳大湾区（广东·惠州）绿色农产品生产供应基地首票供港蔬菜出口。

▲16日　深圳海关所属福中海关成功办理关区首票由留学人员自主申办的"留学人员购买免税国产汽车"业务关封。

▲22日　深圳海关会同拱北海关顺利完成"深圳蛇口—珠海西域"组合港数据测试。

深圳海关所属深圳湾海关旅检大厅综合处置岗、机场海关空港旅检入境行李物品监管岗2个集体获评共青团中央命名"全国青年文明号"称号。

▲23日　盐田综合保税区沙头角片区正式退出海关特殊监管区域管理模式。

▲23—24日　深圳海关举办党委理论学习中心组（扩大）学习暨学习贯彻习近平总书记"七一"重要讲话精神读书班。深入学习习近平总书记"七一"重要讲话和近期系列重要讲话精神，学习中央指定书目和参考材料，邀请市委宣讲团成员、南方科技大学党委书记李凤亮教授作专题

辅导报告，集体观看全面从严治党警示教育片《政商之鉴》，进行分组讨论。

▲24日 深圳海关工业品中心承担的国家重点研发计划课题"跨境货品多参量无损检测仪在贵重消费品快速通关检测中的应用开发"顺利通过绩效评价验收。

▲28日 关长陈小颖主持召开2021年巡视巡察整改工作推进会。

10月

▲3日 深圳海关所属机场海关顺利完成深圳宝安机场D航站楼新国际入境现场转场搬迁工作。

▲12日 关领导陈小颖、贝景波、涂琳、夏新生会见深圳市宝安区委书记王守睿，区长王立德，区领导孟锦锦、陈龙兴等一行。

▲14日 总署党委第六巡视组在深圳海关召开巡视工作动员会，巡视组组长邵白同志作动员讲话。

深圳海关所属蛇口海关前海湾保税港区监管综合岗获共青团广东省委员会命名"广东省青年文明号标兵号"。

深圳海关所属西九龙站海关获评"2017—2020年度全国群众体育先进单位"。

▲16日 RCEP原产地管理信息化应用项目3.0版在深圳海关顺利上线运行，实现中国—东盟自由贸易区优惠关税原产地证书、中国—东盟自由贸易区流动证明审核功能。

▲18—20日 世界海关组织（WCO）估价技术委员会第53次会议（视频会议）召开。深圳海关干部林倩余连任WCO估价技术委员会第一副主席。

▲19日 深圳海关缉私局开展"使命2021-24"打击贵金属走私专项行动，查证走私入境钯金4,263千克，价值约17亿元，涉税2.21亿元。

▲20日 深圳海关3个集体、7名个人获评广东省打击虚开骗税违法犯罪专项行动先进集体及先进个人。

▲22日 党委书记、关长陈小颖主持召开"现场监管与外勤执法权力寻租"专项整治工作推进会，专题研究实地检查组反馈意见问题整改工作。

▲25日 深圳海关自主研发上线"蓝盾知库"信息化系统，推进"智慧商检"建设。

▲26日 深圳海关助力跨境电商B2B直接出口货物首次搭乘"湾区海铁通"出口。

▲27日 深圳海关在全国海关首次在打击跨境电商进口走私"断链刨根"专项行动中查发违规进口濒危动植物制品情事。

▲31日 广东省副省长、省公安厅厅长王志忠一行到三门岛调研。深圳海关所属三门岛海关参加调研。

11月

▲1日 深圳海关党委理论学习中心

组举行第 11 次集中学习。深入学习领会习近平总书记"七一"重要讲话精神，观看伟大建党精神视频，传达中央第二十一指导组最新指示要求以及总署第五巡回指导组实地检查该关后的反馈意见。

▲3 日　深圳海关物流一体化平台首条试运行线路"湾区海铁通"模块完成实货测试。

▲5 日　深圳海关离退办荣获《中国老年报社》颁发的"庆祝建党 100 周年和党史学习教育宣传工作优秀奖"。

▲8 日　深圳海关食检中心科研成果"基于稳定同位素技术的进口农产品产地溯源"入选"2020 年中国核农学十大进展"。

▲10 日　深圳市直机关工委系统深圳海关"舒心驿站"示范点举行揭牌仪式。关领导陈小颖、王晶洗出席并与市直机关工委、市妇联签订三方合作备忘录。

▲11 日　关领导陈小颖、谭华，一级巡视员黄迁明出席深圳海关与深圳市"扫黄打非"办公室、新闻出版局常态化合作备忘录签约仪式。

▲12 日　深圳海关迅速学习宣传贯彻党的十九届六中全会精神。关党委集中学习《中国共产党第十九届中央委员会第六次全体会议公报》，组织观看《中共中央新闻发布会介绍党的十九届六中全会精神》，迅速研究布置学习宣传贯彻工作。

关领导陈小颖、涂琳到盐田区政府调研并出席《深圳海关　深圳市盐田港建设指挥部支持盐田港　盐综保　大铲湾高质量发展战略合作框架协议》签订仪式。

深圳海关所属邮局海关在转运货物渠道查获藏匿冰毒 2,008.7 克。

▲15 日　深圳海关食检中心 2 项科研项目"农产品安全快速检测技术研发及应用""香港'规例'检测技术体系研究及应用"分别获评 2021 年度中国检验检测学会科学技术奖一、二等奖。

▲17 日　深圳海关顺利完成首批从深圳口岸出境的新冠病毒疫苗通关监管。

▲22 日　深圳海关所属福中海关办理《中华人民共和国海关注册登记和备案企业信用管理办法》实施后深圳关区首票严重失信认定业务。

▲24 日　关领导陈小颖、贝景波、涂琳到深圳市龙华区调研并签订《深圳海关　深圳市龙华区人民政府支持龙华区数字经济产业高质量发展、外贸结构优化升级合作框架协议》。

▲25 日　深圳海关缉私局 3 个党组织获评全国海关缉私部门基层党建品牌示范点、培育点。

▲26 日　深圳关区首张进境薯类检疫许可证顺利通过总署审核。

▲30 日　深圳海关首次从智利进口鲜樱桃中检出检疫性有害生物李属坏死环斑病毒。

12 月

▲1 日　广东省委常委、统战部部长

黄宁生到罗湖口岸调研。深圳海关所属罗湖海关参加调研。

▲2日　深圳海关所属福田海关开展首票"视频一站通"系统企业认证作业。

▲3日　深圳海关所属笋岗海关保障大湾区首列"深圳—万象"中老班列成功开行。

深圳海关所属深圳湾海关顺利完成内地奥运健儿代表团赴港通关监管工作。

▲8日　关领导陈小颖、谭华会见深圳市科创委主任王有明一行。双方共同出席深圳海关与深圳市科创委推进科技创新合作备忘录签约仪式。

▲9日　深圳海关办结全国首宗稽查部门自主查发"快办"案件。

▲15日　关领导王味冰、谭华陪同深圳市委常委王强到福田口岸调研。

关领导王味冰、夏新生陪同深圳市口岸办主任王刚到福田口岸调研。

深圳海关首推"关银一KEY通"全流程掌上办。

▲16日　关领导陈小颖、谭华与驻港部队副司令员谭志伟少将一行座谈。

▲17日　广东省委副书记、深圳市委书记王伟中到福田口岸调研。深圳海关所属皇岗海关参加调研。

深圳海关会同广州海关开展"深圳蛇口—肇庆四会"组合港数据测试。

▲20日　总署党委委员、广东分署主任张广志到深圳市督导检查打击治理粤港澳海上跨境走私工作，关长陈小颖参加督导检查工作汇报会。

▲21日　深圳海关召开稽查改革专题推进会，关领导陈小颖、涂琳出席。

▲22日　深圳海关开展"大湾区组合港"新增航线"深圳蛇口—中山黄圃"组合港实货测试运行。

深圳海关联合香港海关开展"控制下交付"，查获海洛因3.6千克。

▲29日　党委书记、关长陈小颖主持召开深圳海关现场述责述廉述党建暨基层党建创新经验交流会议。

▲30日　深圳海关保障"大湾区组合港"新增航线"深圳蛇口—肇庆新港"组合港正式启动。全年新增"大湾区组合港"航线12条，覆盖广州、珠海、中山、东莞、佛山、肇庆、赣州7个城市，进出口吞吐量9.2万标箱，同比增长3.5倍。

▲31日　王味冰任南宁海关党委书记、关长，免去其深圳海关党委委员、皇岗海关关长职务。

夏新生任上海海关党委委员、副关长，免去其深圳海关党委委员、副关长职务。

叶卫翔任深圳海关党委委员、副关长，免去其成都海关党委委员、副关长职务。

第十篇

海关统计资料

2021 年深圳海关报关进出口月度总值表

月份	进出口				出口				进口			
	人民币（亿元）	同比（%）	美元值（亿美元）	同比（%）	人民币（亿元）	同比（%）	美元值（亿美元）	同比（%）	人民币（亿元）	同比（%）	美元值（亿美元）	同比（%）
合计	63,447.91	17.73	9,820.97	26.03	42,153.83	16.03	6,524.27	24.15	21,294.09	21.24	3,296.70	29.90
2021年1月	5,121.39	40.94	782.73	50.76	3,546.02	52.49	541.94	63.11	1,575.38	20.41	240.79	28.81
2021年2月	3,844.99	95.43	591.43	107.94	2,620.98	193.28	402.99	212.02	1,224.01	13.99	188.44	21.36
2021年3月	4,684.99	24.21	726.56	34.57	2,994.93	33.78	464.49	45.02	1,690.07	10.23	262.07	19.33
2021年4月	5,117.57	28.67	788.62	39.37	3,312.58	32.73	510.53	43.79	1,804.99	21.84	278.09	31.94
2021年5月	4,894.90	21.99	752.76	32.09	3,226.53	19.82	496.25	29.75	1,668.36	26.41	256.51	36.85
2021年6月	4,852.82	10.26	753.60	21.34	3,174.71	7.09	492.88	17.83	1,678.11	16.80	260.71	28.58
2021年7月	5,137.32	-1.60	800.80	8.74	3,385.45	-11.00	527.66	-1.67	1,751.87	23.66	273.14	36.67
2021年8月	5,509.39	11.63	851.89	21.05	3,669.45	5.60	567.53	14.56	1,839.94	26.00	284.36	36.50
2021年9月	5,893.80	9.34	908.49	16.78	3,941.63	11.46	607.58	19.08	1,952.17	5.29	300.91	12.40
2021年10月	5,409.77	8.82	837.15	14.97	3,669.42	4.24	567.76	10.22	1,740.35	19.94	269.39	26.45
2021年11月	6,171.58	8.61	962.14	13.63	4,074.35	-1.06	635.12	3.56	2,097.23	34.08	327.02	40.11
2021年12月	6,809.38	14.82	1,064.82	18.37	4,537.78	6.38	709.55	9.70	2,271.60	36.47	355.28	40.57

2021年深圳海关报关进出口国别（地区）前30位总值表

进口原产国(地) 出口最终目的国(地)	进出口值(亿元)	同比(%)	出口值(亿元)	同比(%)	进口值(亿元)	同比(%)
合计	63,447.91	17.73	42,153.83	16.03	21,294.09	21.24
中国香港	11,339.90	19.61	11,155.47	18.83	184.43	98.25
美国	8,550.30	20.98	7,962.80	19.98	587.50	36.42
中国①	4,864.01	21.52	0.00	—	4,864.01	21.52
中国台湾	4,481.79	20.94	439.45	30.18	4,042.34	20.02
韩国	2,760.56	19.44	758.65	15.86	2,001.91	20.86
日本	2,639.45	13.90	1,270.28	14.66	1,369.17	13.21
马来西亚	2,600.16	22.50	1,214.59	33.84	1,385.57	14.03
越南	2,022.12	2.47	800.95	0.17	1,221.17	4.03
泰国	1,499.24	9.36	703.18	13.48	796.06	5.96
德国	1,367.68	14.75	1,046.91	16.03	320.77	10.77
英国	1,317.94	7.38	1,229.66	6.79	88.28	16.45
印度	1,187.05	40.73	1,120.02	38.20	67.02	102.98
澳大利亚	1,168.91	34.61	794.62	14.67	374.29	113.38
荷兰	1,108.68	18.71	1,070.91	21.22	37.78	-25.17
新加坡	1,040.95	-35.88	709.59	-44.88	331.35	-1.36
加拿大	981.01	20.04	884.39	15.34	96.62	91.51
菲律宾	921.34	16.74	503.18	10.24	418.15	25.65
墨西哥	830.59	36.04	724.79	40.43	105.80	12.06
印度尼西亚	823.87	31.97	674.48	33.47	149.39	25.62
沙特阿拉伯	702.70	-9.50	398.06	-27.50	304.64	33.98
法国	652.31	4.96	507.85	-0.23	144.46	28.48

① 不包括港澳台地区。

续表

进口原产国(地) 出口最终目的国(地)	进出口值(亿元)	同比(%)	出口值(亿元)	同比(%)	进口值(亿元)	同比(%)
巴西	637.46	27.65	491.00	25.27	146.46	36.32
意大利	594.30	35.41	475.95	29.11	118.35	68.52
阿联酋	567.63	8.14	514.42	4.36	53.20	66.50
俄罗斯联邦	500.92	-0.68	432.70	-3.12	68.22	18.26
西班牙	488.36	20.07	430.21	17.86	58.15	39.40
瑞士	465.79	80.78	41.01	-8.58	424.78	99.62
波兰	385.52	28.92	377.48	29.92	8.04	-5.24
比利时	378.75	16.51	360.24	15.59	18.52	37.95
南非	368.50	1.98	237.41	1.53	131.09	2.80
其他						
RCEP	15,944.91	11.31	7,749.87	6.32	8,195.03	16.48
东盟	9,224.87	5.97	4,821.14	1.44	4,403.72	11.41
欧盟	6,349.50	19.49	5,444.35	19.71	905.15	18.13

2021年深圳海关报关进出口分贸易方式总值表

贸易方式	进出口值（亿元）	同比(%)	出口值（亿元）	同比(%)	进口值（亿元）	同比(%)
合计	63,447.91	17.73	42,153.83	16.03	21,294.09	21.24
一般贸易	40,518.68	19.26	28,336.48	15.59	12,182.20	28.77
国家间、国际组织间无偿援助和赠送的物资	1.08	34.35	1.08	34.35	0.00	—
其他捐赠物资	0.20	-86.43	0.18	-58.32	0.02	-97.89
加工贸易	14,148.47	13.88	9,123.64	14.73	5,024.83	12.35
来料加工贸易	525.71	5.50	291.07	2.06	234.64	10.10
进料加工贸易	13,622.76	14.23	8,832.57	15.21	4,790.19	12.46
寄售代销贸易	0.50	—	0.01	—	0.49	—
加工贸易进口设备	12.02	-29.30	0.00	—	12.02	-29.30
对外承包工程出口货物	53.34	165.26	53.34	165.26	0.00	—
租赁贸易	14.30	29.00	7.89	3,713.28	6.41	-41.06
外商投资企业作为投资进口的设备、物品	4.46	-45.48	0.00	—	4.46	-45.48
出料加工贸易	1.65	-29.70	0.66	-25.53	0.99	-32.23
易货贸易	0.02	37.14	0.02	37.14	0.00	—
保税物流	8,425.13	18.26	4,431.59	22.00	3,993.54	14.37
海关保税监管场所进出境货物	1,985.55	41.03	1,418.66	19.65	566.90	155.20
海关特殊监管区域物流货物	6,439.58	12.65	3,012.93	23.15	3,426.64	4.80
海关特殊监管区域进口设备	9.88	-44.04	0.00	—	9.88	-44.04
其他贸易	255.99	-9.00	198.96	-5.00	57.03	-20.66
免税品	2.21	-80.01	0.00	—	2.21	-80.01

2021年深圳海关报关进出口分企业性质总值表

企业性质	进出口值(亿元)	同比(%)	出口值(亿元)	同比(%)	进口值(亿元)	同比(%)
合计	63,447.91	17.73	42,153.83	16.03	21,294.09	21.24
国有企业	4,739.59	27.47	2,284.17	19.20	2,455.42	36.27
外商投资企业	19,125.72	15.51	12,110.51	14.09	7,015.21	18.06
中外合作企业	93.42	0.34	82.84	-4.40	10.58	63.92
中外合资企业	4,445.26	16.73	3,046.23	18.04	1,399.03	13.98
外商独资企业	14,587.04	15.26	8,981.44	13.01	5,605.60	19.06
民营企业	39,537.75	17.80	27,742.98	16.75	11,794.76	20.34
集体企业	943.68	-10.43	891.06	7.18	52.62	-76.32
私营企业	38,570.21	18.72	26,828.35	17.10	11,741.86	22.58
个体工商户	23.86	12.13	23.57	12.61	0.29	-16.76
报关单位	3.31	180.71	3.30	180.66	0.00	230.15
其他	41.55	-22.63	12.86	-63.42	28.69	54.75

2021年深圳海关报关进出口分收发货人所在地总值表

收发货人所在地	进出口值(亿元)	同比(%)	出口值(亿元)	同比(%)	进口值(亿元)	同比(%)
合计	63,447.91	17.73	42,153.83	16.03	21,294.09	21.24
广东省	43,909.91	17.42	26,653.65	16.62	17,256.26	18.68
北京市	2,567.42	32.62	1,011.44	17.08	1,555.98	45.14
山东省	2,331.95	32.10	2,048.51	32.35	283.45	30.34
湖南省	2,322.31	33.26	2,117.12	34.36	205.20	22.89
江苏省	1,687.00	3.50	1,480.30	-1.04	206.70	54.06
福建省	1,567.79	48.52	1,327.08	44.03	240.71	79.39
江西省	1,482.26	27.38	1,417.04	26.64	65.21	45.65
云南省	870.28	26.54	858.60	27.27	11.68	-10.80
上海市	856.45	45.48	473.68	51.72	382.76	38.43
浙江省	837.07	-34.93	654.33	-43.38	182.74	39.85
湖北省	758.27	18.85	668.18	27.13	90.10	-19.86
重庆市	693.83	12.86	503.88	11.22	189.95	17.47
广西壮族自治区	634.94	-9.76	425.42	-23.78	209.51	44.08
四川省	563.84	47.99	480.46	52.70	83.38	25.65
安徽省	504.29	21.39	465.68	19.94	38.60	42.13
河南省	410.17	21.69	394.50	21.96	15.67	15.31
天津市	364.68	-8.13	311.25	9.04	53.43	-52.09
河北省	217.44	-19.80	211.09	-21.26	6.36	108.17
山西省	210.77	45.20	58.78	260.38	151.99	17.96
贵州省	201.47	-14.33	196.60	-9.44	4.87	-73.08
辽宁省	121.39	66.41	107.10	88.47	14.29	-11.35
黑龙江省	81.41	75.47	79.16	79.03	2.25	3.16
新疆维吾尔自治区	80.15	-65.06	79.09	-65.43	1.06	63.06

续表

收发货人所在地	进出口值(亿元)	同比(%)	出口值(亿元)	同比(%)	进口值(亿元)	同比(%)
陕西省	65.30	-2.83	42.52	-27.57	22.78	168.11
海南省	30.77	-6.55	25.31	2.88	5.46	-34.42
甘肃省	28.52	30.55	22.76	15.27	5.77	173.84
宁夏回族自治区	22.99	1,132.39	22.96	1,135.64	0.04	378.55
内蒙古自治区	19.43	-26.69	12.86	-30.83	6.57	-16.97
吉林省	3.42	5.30	2.42	-12.20	1.00	102.53
青海省	2.21	-28.01	1.92	-36.94	0.29	1,172.07
西藏自治区	0.16	-60.91	0.13	-67.77	0.03	1,164.44

2021年深圳海关报关进出口分关别总值表

报关关别	进出口值(亿元)	同比(%)	出口值(亿元)	同比(%)	进口值(亿元)	同比(%)
合计	63,447.91	17.73	42,153.83	16.03	21,294.09	21.24
皇岗海关	14,205.67	11.44	6,898.32	3.67	7,307.35	19.93
蛇口海关	12,951.24	28.44	12,128.37	28.82	822.87	23.22
大鹏海关	10,486.67	4.14	9,383.14	1.75	1,103.53	30.11
深圳湾关	5,436.85	38.60	2,530.98	94.37	2,905.87	10.89
福田海关	4,311.13	21.38	2,054.88	14.84	2,256.25	28.03
前海港区	2,947.13	51.16	2,016.79	138.23	930.33	-15.66
文锦渡关	2,108.96	-37.88	571.74	-71.41	1,537.22	10.21
梅沙海关	1,678.81	16.87	1,393.19	18.01	285.62	11.61
深机场关	1,304.96	7.47	845.91	2.77	459.05	17.37
深关邮局	1,291.05	40.55	1,087.19	45.81	203.86	17.88
惠州港关	1,278.39	43.22	193.81	105.66	1,084.59	35.85
莲塘海关	1,035.34	4,666.73	269.37	4,175.86	765.98	4,867.27
深惠州关	921.54	9.16	484.57	20.23	436.97	-0.96
沙头角关	853.30	56.44	432.54	36.31	420.77	84.45
坪山海关	731.17	-19.48	342.83	-17.44	388.34	-21.20
笋岗海关	601.28	27.11	587.97	25.97	13.31	112.61
深关大铲	383.21	97.86	377.33	97.97	5.88	90.82
同乐海关	238.18	-5.49	116.96	-20.00	121.23	14.54
龙岗海关	230.70	144.10	206.73	169.08	23.96	35.54
西沥海关	138.58	83.69	52.86	164.30	85.71	54.60
淡水办	69.03	26.96	50.29	30.54	18.74	18.26
观澜海关	68.93	-23.93	17.75	-76.01	51.17	208.12
布吉海关	61.37	-13.36	35.86	-12.07	25.51	-15.12

续表

报关关别	进出口值(亿元)	同比(%)	出口值(亿元)	同比(%)	进口值(亿元)	同比(%)
前海海关	56.59	172.42	31.66	125.46	24.93	270.40
深红海办	41.20	4.47	30.22	8.48	10.98	-5.21
惠东海关	16.29	-6.20	12.54	-10.01	3.75	9.27
沙湾海关	0.18	—	0.01	—	0.17	—
福强海关	0.16	189.54	0.00	-92.96	0.16	1,574.18

2021年深圳海关报关进出口分运输方式总值表

运输方式	进出口值(亿元)	同比(%)	出口值(亿元)	同比(%)	进口值(亿元)	同比(%)
合计	63,447.91	17.73	42,153.83	16.03	21,294.09	21.24
公路运输	32,415.29	19.99	15,218.87	19.44	17,196.42	20.47
水路运输	27,529.79	12.78	24,324.21	10.87	3,205.58	29.69
航空运输	1,974.66	10.54	1,096.14	11.54	878.52	9.32
邮件运输	13.43	-61.82	11.20	-65.96	2.23	-2.06
铁路运输	30.17	301.32	28.15	276.26	2.02	5,576.26
其他运输	1,484.57	132.23	1,475.25	135.34	9.32	-24.91

2021年深圳海关报关进出口分商品类章总值表

商品类章	进出口值（亿元）	同比（%）	出口值（亿元）	同比（%）	进口值（亿元）	同比（%）
合计	63,447.91	17.73	42,153.83	16.03	21,294.09	21.24
第一类　活动物；动物产品	507.78	11.44	127.01	4.30	380.76	14.05
01章　活动物	31.04	-14.67	31.04	-14.68	0.00	321.39
02章　肉及食用杂碎	313.52	12.26	35.75	16.15	277.77	11.78
03章　鱼、甲壳动物、软体动物及其他水生无脊椎动物	97.37	14.99	46.60	17.55	50.77	12.73
04章　乳品；蛋品；天然蜂蜜；其他食用动物产品	56.94	24.26	10.06	5.30	46.88	29.25
05章　其他动物产品	8.91	-6.12	3.57	-34.23	5.34	31.45
第二类　植物产品	746.23	7.43	291.80	-2.10	454.43	14.60
06章　活树及其他活植物；鳞茎、根及类似品；插花及装饰用簇叶	6.69	20.93	6.00	28.13	0.70	-18.48
07章　食用蔬菜、根及块茎	147.83	13.10	146.79	12.57	1.04	237.91
08章　食用水果及坚果；甜瓜或柑桔属水果的果皮	398.06	-8.68	93.78	-20.58	304.28	-4.26
09章　咖啡、茶、马黛茶及调味香料	18.15	31.53	11.49	-4.77	6.65	285.46
10章　谷物	132.42	117.09	2.11	16.39	130.31	120.18
11章　制粉工业产品；麦芽；淀粉；菊粉；面筋	6.16	9.95	3.07	-11.65	3.09	45.34
12章　含油子仁及果实；杂项子仁及果实；工业用或药用植物；稻草、秸秆及饲料	26.31	-19.81	18.53	-0.04	7.78	-45.48
13章　虫胶；树胶、树脂及其他植物液、汁	7.43	11.76	7.13	8.91	0.30	193.08
14章　编结用植物材料；其他植物产品	3.17	21.32	2.89	17.49	0.28	84.59
第三类　动、植物油、脂及其分解产品；精制的食用油脂；动、植物蜡	32.75	39.40	4.77	32.66	27.98	40.62

续表1

商品类章	进出口值（亿元）	同比（%）	出口值（亿元）	同比（%）	进口值（亿元）	同比（%）
15章　动、植物油、脂及其分解产品；精制的食用油脂；动、植物蜡	32.75	39.40	4.77	32.66	27.98	40.62
第四类　食品；饮料、酒及醋；烟草、烟草及烟草代用品的制品	415.73	7.83	207.01	15.23	208.73	1.37
16章　肉、鱼、甲壳动物、软体动物及其他水生无脊椎动物的制品	61.93	40.49	60.29	41.33	1.64	15.19
17章　糖及糖食	22.03	32.71	14.36	24.82	7.67	50.52
18章　可可及可可制品	6.33	22.08	1.55	-3.22	4.78	33.37
19章　谷物、粮食粉、淀粉或乳的制品；糕饼点心	93.47	-15.42	27.34	11.29	66.13	-23.06
20章　蔬菜、水果、坚果或植物其他部分的制品	29.67	1.37	14.84	-8.60	14.82	13.80
21章　杂项食品	39.50	8.45	20.07	9.92	19.43	6.97
22章　饮料、酒及醋	124.67	14.71	56.74	4.64	67.93	24.73
23章　食品工业的残渣及废料；配制的动物饲料	9.87	62.55	6.87	56.65	3.00	77.87
24章　烟草、烟草及烟草代用品的制品	28.27	-1.56	4.95	-20.28	23.32	3.60
第五类　矿产品	1,645.28	44.74	214.12	24.10	1,431.16	48.44
25章　盐；硫磺；泥土及石料；石膏料、石灰及水泥	18.98	33.56	13.39	19.48	5.58	86.20
26章　矿砂、矿渣及矿灰	0.78	3.03	0.22	-32.93	0.55	31.71
27章　矿物燃料、矿物油及其蒸馏产品；沥青物质；矿物蜡	1,625.52	44.91	200.50	24.54	1,425.02	48.33
第六类　化学工业及其相关工业的产品	977.03	17.63	520.06	9.00	456.97	29.27
28章　无机化学品；贵金属、稀土金属、放射性元素及其同位素的有机及无机化合物	55.78	44.47	29.10	21.13	26.68	82.93
29章　有机化学品	75.71	50.08	40.18	20.04	35.52	109.34
30章　药品	179.61	27.38	104.22	34.49	75.39	18.70
31章　肥料	3.39	173.37	1.47	242.22	1.91	136.71
32章　鞣料浸膏及染料浸膏；鞣酸及其衍生物；染料、颜料及其他色料；油漆及清漆；油灰及其他类似胶粘剂；墨水、油墨	85.87	13.48	56.02	14.99	29.85	10.76
33章　精油及香膏；芳香料制品及化妆盥洗品	161.50	31.57	74.15	25.45	87.34	37.26

续表2

商品类章	进出口值（亿元）	同比（%）	出口值（亿元）	同比（%）	进口值（亿元）	同比（%）
34章 肥皂、有机表面活性剂、洗涤剂、润滑剂、人造蜡、调制蜡、光洁剂、蜡烛及类似品、塑型用膏、"牙科用蜡"及牙科用熟石膏制剂	75.43	10.87	54.39	2.17	21.04	42.21
35章 蛋白类物质；改性淀粉；胶；酶	65.26	2.18	29.94	14.09	35.32	-6.12
36章 炸药；烟火制品；火柴；引火合金；易燃材料制品	0.51	-9.24	0.51	-6.67	0.00	-94.99
37章 照相及电影用品	49.42	21.42	7.57	11.49	41.85	23.41
38章 杂项化学产品	224.56	-1.40	122.49	-16.69	102.07	26.45
第七类 塑料及其制品；橡胶及其制品	2,292.22	14.46	1,759.06	15.67	533.15	10.63
39章 塑料及其制品	2,132.16	12.73	1,641.42	13.94	490.74	8.86
40章 橡胶及其制品	160.05	43.74	117.64	46.62	42.41	36.33
第八类 生皮、皮革、毛皮及其制品；鞍具及挽具；旅行用品、手提包及类似品；动物肠线（蚕胶丝除外）制品	778.10	22.60	731.61	21.34	46.49	46.45
41章 生皮（毛皮除外）及皮革	35.74	33.09	14.31	23.33	21.44	40.50
42章 皮革制品；鞍具及挽具；旅行用品、手提包及类似容器；动物肠线（蚕胶丝除外）制品	738.41	22.77	715.20	22.04	23.21	50.42
43章 毛皮、人造毛皮及其制品	3.95	-38.02	2.10	-60.42	1.85	74.31
第九类 木及木制品；木炭；软木及软木制品；稻草、秸秆、针茅或其他编结材料制品；篮筐及柳条编结品	262.19	21.61	183.62	31.15	78.57	3.95
44章 木及木制品；木炭	237.48	21.03	159.01	31.71	78.47	3.95
45章 软木及软木制品	0.44	127.68	0.41	132.59	0.03	79.28
46章 稻草、秸秆、针茅或其他编结材料制品；篮筐及柳条编结品	24.26	26.49	24.20	26.65	0.06	-14.27
第十类 木浆及其他纤维状纤维素浆；纸及纸板的废碎品；纸、纸板及其制品	711.39	4.22	573.98	4.34	137.41	3.71
47章 木浆及其他纤维状纤维素浆；纸及纸板的废碎品	8.29	-12.05	0.08	11.46	8.21	-12.23
48章 纸及纸板；纸浆、纸或纸板制品	540.28	0.44	449.61	-0.17	90.67	3.53
49章 书籍、报纸、印刷图画及其他印刷品；手稿、打字稿及设计图纸	162.81	20.42	124.29	24.72	38.53	8.37
第十一类 纺织原料及纺织制品	2,148.93	-1.74	2,015.74	-2.38	133.19	9.11
50章 蚕丝	4.26	22.23	3.92	22.67	0.34	17.36

续表3

商品类章	进出口值（亿元）	同比（%）	出口值（亿元）	同比（%）	进口值（亿元）	同比（%）
51章 羊毛、动物细毛或粗毛；马毛纱线及其机织物	15.44	22.14	10.08	26.36	5.37	14.94
52章 棉花	70.99	8.50	51.83	14.42	19.15	-4.82
53章 其他植物纺织纤维；纸纱线及其机织物	2.46	40.18	1.70	33.18	0.76	58.84
54章 化学纤维长丝	50.82	14.29	34.99	13.07	15.83	17.08
55章 化学纤维短纤	24.69	17.45	18.59	22.11	6.09	5.19
56章 絮胎、毡呢及无纺织物；特种纱线；线、绳、索、缆及其制品	67.59	-11.21	58.60	-8.70	9.00	-24.72
57章 地毯及纺织材料的其他铺地制品	12.03	32.37	11.81	32.88	0.23	10.35
58章 特种机织物；簇绒织物；花边；装饰毯；装饰带；刺绣品	62.61	47.17	59.05	47.65	3.56	39.59
59章 浸渍、涂布、包覆或层压的纺织物；工业用纺织制品	66.50	23.25	56.94	28.21	9.56	0.16
60章 针织物及钩编织物	106.24	29.26	98.99	30.28	7.25	16.80
61章 针织或钩编的服装及衣着附件	814.37	36.09	787.14	36.73	27.23	19.91
62章 非针织或非钩编的服装及衣着附件	577.04	21.64	552.18	20.35	24.86	59.65
63章 其他纺织制成品；成套物品；旧衣着及旧纺织品；碎织物	273.89	-60.96	269.93	-61.05	3.96	-53.14
第十二类 鞋、帽、伞、杖、鞭及其零件；已加工的羽毛及其制品；人造花；人发制品	1,146.50	23.68	1,130.60	23.54	15.90	34.87
64章 鞋靴、护腿和类似品及其零件	772.80	19.91	759.08	19.78	13.72	27.62
65章 帽类及其零件	66.91	31.08	66.14	30.91	0.77	47.17
66章 雨伞、阳伞、手杖、鞭子、马鞭及其零件	18.06	7.01	17.94	6.89	0.12	27.82
67章 已加工羽毛、羽绒及其制品；人造花；人发制品	288.72	34.56	287.43	34.22	1.29	205.81
第十三类 石料、石膏、水泥、石棉、云母及类似材料的制品；陶瓷产品；玻璃及其制品	1,363.05	-2.01	1,162.88	-1.06	200.17	-7.21
68章 石料、石膏、水泥、石棉、云母及类似材料的制品	214.44	3.09	198.65	1.85	15.79	21.68
69章 陶瓷产品	658.15	-4.03	653.26	-4.17	4.89	19.88
70章 玻璃及其制品	490.46	-1.36	310.97	4.16	179.49	-9.65
第十四类 天然或养殖珍珠、宝石或半宝石、贵金属、包贵金属及其制品；仿首饰；硬币	1,856.02	110.89	692.38	69.08	1,163.64	147.27

续表4

商品类章	进出口值（亿元）	同比（%）	出口值（亿元）	同比（%）	进口值（亿元）	同比（%）
71章 天然或养殖珍珠、宝石或半宝石、贵金属、包贵金属及其制品；仿首饰；硬币	1,856.02	110.89	692.38	69.08	1,163.64	147.27
第十五类 贱金属及其制品	2,666.21	27.55	2,400.30	28.83	265.91	17.05
72章 钢铁	248.89	148.59	200.28	222.32	48.61	27.96
73章 钢铁制品	1,099.81	21.89	1,067.04	22.58	32.78	2.91
74章 铜及其制品	165.45	25.08	47.99	35.81	117.46	21.17
75章 镍及其制品	4.27	-6.46	0.64	35.70	3.63	-11.31
76章 铝及其制品	326.94	23.45	301.54	23.59	25.40	21.85
78章 铅及其制品	0.74	-8.62	0.56	0.99	0.17	-30.10
79章 锌及其制品	13.63	15.27	4.69	11.54	8.94	17.33
80章 锡及其制品	9.64	255.56	7.64	1,870.55	2.00	-13.92
81章 其他贱金属、金属陶瓷及其制品	13.68	57.64	7.39	90.51	6.29	31.07
82章 贱金属工具、器具、利口器、餐匙、餐叉及其零件	334.70	23.45	322.25	24.08	12.45	9.14
83章 贱金属杂项制品	448.46	14.67	440.28	15.24	8.19	-9.72
第十六类 机器、机械器具、电气设备及其零件；录音机及放声机、电视图像、声音的录制和重放设备及其零件、附件	36,573.73	16.68	21,820.90	15.92	14,752.83	17.83
84章 核反应堆、锅炉、机械器具及零件	7,236.08	16.60	5,043.74	18.54	2,192.34	12.36
85章 电机、电气设备及其零件；录音机及放声机、电视图像、声音的录制和重放设备及其零件、附件	29,337.65	16.70	16,777.16	15.15	12,560.49	18.84
第十七类 车辆、航空器、船舶及有关运输设备	729.10	44.59	649.29	42.13	79.81	68.26
86章 铁道及电车道机车、车辆及其零件；铁道及电车道轨道固定装置及其零件、附件；各种机械（包括电动机械）交通信号设备	30.28	301.29	30.07	352.48	0.21	-76.60
87章 车辆及其零件、附件，但铁道及电车道车辆除外	548.56	25.80	521.32	25.30	27.24	36.20
88章 航空器、航天器及其零件	35.59	3.39	17.14	-0.90	18.45	7.72
89章 船舶及浮动结构体	114.66	336.91	80.76	379.41	33.90	260.73
第十八类 光学、照相、电影、计量、检验、医疗或外科用仪器及设备、精密仪器及设备；钟表；乐器；上述物品的零件、附件	2,583.22	9.07	1,752.53	18.19	830.69	-6.21

续表5

商品类章	进出口值（亿元）	同比（%）	出口值（亿元）	同比（%）	进口值（亿元）	同比（%）
90章 光学、照相、电影、计量、检验、医疗或外科用仪器及设备、精密仪器及设备；上述物品的零件、附件	2,339.80	8.06	1,562.19	17.48	777.61	-6.94
91章 钟表及其零件	193.99	21.24	141.51	28.19	52.48	5.78
92章 乐器及其零件、附件	49.43	14.67	48.83	14.52	0.60	28.27
第十九类 武器、弹药及其零件、附件	0.76	71.19	0.76	71.88	0.00	4.99
93章 武器、弹药及其零件、附件	0.76	71.19	0.76	71.88	0.00	4.99
第二十类 杂项制品	5,603.17	15.93	5,551.97	15.87	51.20	21.74
94章 家具；寝具、褥垫、弹簧床垫、软坐垫及类似的填充制品；未列名灯具及照明装置；发光标志、发光名牌及类似品；活动房屋	3,143.54	9.36	3,127.25	9.37	16.29	8.91
95章 玩具、游戏品、运动用品及其零件、附件	2,183.20	25.38	2,161.48	25.46	21.71	17.37
96章 杂项制品	276.44	26.98	263.25	25.89	13.19	53.49
第二十一类 艺术品、收藏品及古物	18.03	67.81	13.02	37.16	5.02	299.12
97章 艺术品、收藏品及古物	18.03	67.81	13.02	37.16	5.02	299.12
第二十二类 特殊交易品及未分类商品	390.50	32.46	350.43	29.56	40.07	64.63
98章 特殊交易品及未分类商品	388.39	33.05	348.32	30.17	40.07	64.63
99章 跨境电商B2B简化申报商品	2.12	-26.93	2.12	-26.93	0.00	—

缩略语

缩略语

12360 海关热线：中国海关于 2012 年 10 月 1 日对外公布的社会公益服务号码，用于受理海关业务咨询。

"1331" 赋能工程：落地 1 个方案——支持深圳建设中国特色社会主义先行示范区框架方案；对接 3 大平台——前海蛇口自贸片区平台、深港科技创新合作区平台和光明科学城平台；服务 3 类产业——高端制造产业、高精尖科技产业和新业态新兴产业；推动口岸一体联动——打造海陆空铁邮全方位开放格局。

"1+4+6" 廉政风险防控体系：压实 1 个全面从严治党责任体系，即两级党委、各职能部门、事业单位管党治党责任、落实"一岗双责"；建立 4 项机制，即建立廉政隐患的群防群治机制、风险动态的研判预警机制、业务质量的倒查整改机制、高风险岗位和人员的排查处置机制；成立口岸监管领域，企业管理、稽核查和特殊区域领域，检验检疫领域，非执法领域，法规配套与业务改革领域，监督执纪领域 6 个专班，滚动式排查各领域廉政风险隐患。

5G 智能单兵：是深圳海关研发的提升查验现场执法信息化水平的科技设备。5G 智能单兵利用 5G 技术高带宽、低时延、高可靠等特点，以 "5G 平板+智能眼镜" 为载体，将智能眼镜所采集音视频信息传输给后端监控部门，监控指挥中心可与现场关员进行实时音视频联动，第一时间、第一视角了解实时查验情况，提升海关现场监管能力和前后端协同作战能力，监管效能和通关效率大幅提升。

"9610" 直购进口：跨境电商企业、消费者（订购人）等通过跨境电商交易平台实现直购进口商品交易，相关企业根据海关要求传输相关交易电子数据，适用 "9610" 海关监管方式代码。

AEO：经认证的经营者。在世界海关组织（WCO）制定的《全球贸易安全与便利标准框架》中，将其定义为"以任何一种方式参与货物国际流通，并被海关当局认定符合世界海关组织或相应供应链安全标准的一方"。

CNAS：中国合格评定国家认可委员会。

H2018：新一代海关信息系统，是目前海关办理通关业务的主要应用系统。

HLS2017：海关内部控制与监督子系统。

IPPC：《国际植物保护公约》，是1951年联合国粮食农业组织通过的一个有关植物保护的多边国际协议，1952年生效。中国于2005年加入该公约。

LNG：液化天然气。

RCEP：《区域全面经济伙伴关系协定》。

TBT 协定：世界贸易组织（WTO）《技术性贸易壁垒协定》，由15个条款和3个附件组成。

MCC：Multi-Country Consolidation，多国集拼。

ICT：Information and Communications Technology，信息与通信技术。

"单一窗口"：参与国际贸易和运输的各方，通过单一的平台提交标准化的信息和单证以满足相关法律法规及管理的要求。

党建工作高质量发展"1+6+6"系列措施：深圳海关为推动党建工作高质量发展制定的系列措施，包括贯彻1条主线——以全面从严治党为主线，压紧压实两级党委主体责任；聚焦6个质量——政治建关质量、学习教育质量、党建基础质量、人才队伍质量、准军建设质量、从严治关质量；健全6项机制——班子带头"导学"、集中培训"讲学"、多种形式"考学"机制，融合式党建运作机制，党务干部队伍培养机制，先进典型梯次培树机制，支部建设动态管理机制，党建责任落实考评机制。

汇总征税：海关对进出口纳税义务人在一定时期内多次进出口货物应纳税款实施汇总计征。

"简快"案件：海关行政处罚简易程序案件、快速办理案件。

"两简"案件：海关行政处罚简易程序案件、简单案件。

"两优一先"：在党的系列中，指"优秀共产党员""优秀党务工作者"和"先进基层党组织"；在团的系列中，指"优秀共青团员""优秀共青团干部"和"先进基层团组织"。

"两步申报"：企业无须一次性提交全部申报信息及单证，第一步凭提单概要申报即可提货，第二步在规定时间内完成完整申报。

"两轮驱动"：通过研究制订抽查方案、改进抽样标准及方法、建立科学随机抽查决策机制，推动实现科学随机抽查对安全风险防控整体面上的驱动。通过优化人工分析作业流程，实现精细化管理、拓展信息来源、扩大风险分析视角、强化关联性分析能力、科学评定风险等级、建立"大数据+智能分析"模式，用好智能分析手段等措施，提升精准布控对安全风险防控关键点上的驱动。

"两段准入"：将进口货物准予提离口岸监管作业场所视为口岸放行，以口岸放行为界，根据"是否允许货物入境"和"是否允许货物进入国内市场销售或使用"，分段实施"准许入境""合格入市"监管。

"两类通关"：改革寄递通关模式，将邮件、快递、跨境电商纳入全国通关一体化，针对邮递、快递的物品及通过该渠道进境的小批量、多批次货物，统一规范通关模式，形成货运渠道和寄递渠道"两类通关"。

"两区优化"：优化海关特殊监管区和自贸试验区海关监管制度，发挥海关特殊监管区域开放型经济重要平台和自贸试验区试验田作用。

"两高"：高污染、高能耗。

年轻干部队伍建设五项工程：深圳海关紧扣干部职业生涯的萌芽期、成长期、成熟期、成就期、传承期等不同时期特点，实施"苗圃""启航""英才""领军""薪火"五项工程。"苗圃"工程，即聚焦干部新入关1~2年的萌芽定型期，坚持正向引导、系统规划，引导其尽快融入海关、尽早适应岗位。"启航"工程，即在干部30岁左右的快速成长期，实施分类培养、跟踪评价，精准挑选"潜力股"，为进一步选用打好基础。"英才"工程，即聚焦干部30~45岁的职业成熟期，分级分类建立人才库，形成底数清晰、层次分明、后劲十足的人才储备局面，对相对成熟的优秀年轻干部，不拘一格大胆选用。"领军"工程，即聚焦45~55岁的各单位部门"一把手"，在其职业成就期，突出一人一策、靶向培育，有计划地安排其爬坡过坎、经受锻炼。"薪火"工程，对年龄相对较大、任职年限相对较长的领导干部，着重深入挖潜、有序接替，既树立大力发现培养选拔优秀年轻干部导向，又坚持老中青合理配比。

融合式党建"样板间"：在推动融合式党建中表现优异、实效突出、具有较强示范引领作用的基层党支部，包括深圳海关级、隶属单位级两级"样板间"。

"三位一体"研判机制："缉私+风险+纪检"三位一体联合研判机制。

"双区"：粤港澳大湾区和深圳中国特色社会主义先行示范区。

"四不两直"：不发通知、不打招呼、不听汇报、不用陪同接待，直奔基层、直插现场。

"四个最严"：最严厉处罚、最严肃问责、最严格监管、最严谨标准。

"四强"党支部：政治功能强、支部班子强、党员队伍强、发挥作用强支部。

"四责"协同：各级党委主体责任、纪检组监督责任、党委书记第一责任人责任、班子成员"一岗双责"。

"四位一体"运行管控机制：综合运用指标监测、视频监控、数据分析、实地调研4种方式强化精准管控。

"视频一站通"：深圳海关按照"智慧海关"感知、整合、共享、创新等特点，在全国海关首次打通海关内部视频会议系统与外部视频会议软件的网络连接，用于支撑企业通过手机、电脑等设备实现在监管、检验、企业管理、加贸等业务领域开展远程办事、关企视频连线、视频辅助监管的"视频办事"平台。

提前申报：在进出口货物的品名、规格、数量等已确定无误的情况下，经海关批准的企业可以在进口货物启运后、抵港前或出口货物运入海关监管场所前3日内，提前向海关办理报关手续，并按照海关的要求交验有关随附单证、进出口货物批准文件及其他需提供的证明文件。

"五个两"："两步申报""两轮驱动""两段准入""两类通关""两区优化"。

"一保两用"：在海关备案的汇总征税保函同样适用于"两步申报"，用于概要申报时担保货物先行提离。

中欧班列：按照固定车次、线路等条件开行，往来于中国、欧洲及"一带一路"沿线各国（地区）的集装箱国际铁路联运班列。

综合保税区"21+6"措施：21项措施源于《国务院关于促进综合保税区高水平开放高质量发展的若干意见》；6项措施源于总署支持综合保税区发展措施。

附录

庆祝中国共产党成立 100 周年系列活动和党史学习教育"5 个 100"项目

2021年，深圳海关扎实推进学党史、悟思想、办实事、开新局，开展庆祝中国共产党成立100周年系列活动和党史学习教育，落地实施"5个100"项目，评选100个融合式党建"样板间"、100个"身边学习榜样"、"100个深关奋斗故事"、"百佳民生实事"，发展100个新党员。

深圳海关100个融合式党建"样板间"

一、深圳海关融合式党建"样板间"（30个，排名不分先后）。

办公室第一党支部
综合业务处党支部
监察室党支部
派驻纪检组第七党支部
皇岗海关物流监控一处查验一科党支部
皇岗海关物流监控二处查验一科党支部
深圳宝安机场海关福永码头旅检三科党支部
深圳湾海关旅检三科党支部
罗湖海关处置科党支部
文锦渡海关综合业务科党支部
沙头角海关处置科党支部
蛇口海关监控科党支部
大鹏海关船舶监管二科党支部
莲塘海关综合业务科党支部
西九龙站海关旅检一科党支部
深圳邮局海关监控科党支部
沙湾海关运行监控一科党支部
南头海关加工贸易业务三科党支部
福中海关注册备案一科党支部
前海海关稽核查一科党支部
同乐海关稽核查三科党支部
布吉海关办公室党支部
福田海关综合业务科党支部
梅沙海关综合业务科党支部
观澜海关稽核查一科党支部
龙岗海关查检科党支部
惠州海关稽核查一科党支部
惠州港海关船舶监管科党支部
深圳国际旅行卫生保健中心（深圳海关口岸门诊部）第四党支部

中国电子口岸数据中心深圳分中心第三党支部

二、隶属单位融合式党建"样板间"（70个，排名不分先后）。

卫生检疫处党支部
口岸监管处党支部
企业管理和稽查处党支部
财务处第一党支部
离退休干部办公室党支部
皇岗海关办公室文秘科党支部
皇岗海关人事政工处直属党支部
皇岗海关财务处资产管理科党支部
皇岗海关综合业务处监控二科党支部
皇岗海关综合业务处查验一科党支部
皇岗海关物流监控一处场所监管一科党支部
皇岗海关旅检一处旅检四科党支部
皇岗海关旅检一处旅检六科党支部
皇岗海关旅检二处旅检三科党支部
皇岗海关旅检三处旅检一科党支部
皇岗海关处置处处置四科党支部
深圳宝安机场海关旅检二科党支部
深圳宝安机场海关旅检三科党支部
深圳宝安机场海关监控科党支部
深圳湾海关人事政工科党支部
深圳湾海关旅检二科党支部
深圳湾海关旅检九科党支部
深圳湾海关处置二科党支部
深圳湾海关综合业务科党支部
深圳湾海关监控一科党支部
罗湖海关办公室及法规科党支部
罗湖海关旅检二科党支部
罗湖海关旅检十一科党支部
罗湖海关旅检十七科党支部
文锦渡海关人事政工科党支部
文锦渡海关查验四科党支部
文锦渡海关查验五科党支部
沙头角海关查验三科党支部
沙头角海关中英街旅检二科党支部
沙头角海关综合业务科党支部
蛇口海关人事政工科党支部
蛇口海关船舶监管二科党支部
蛇口海关前海湾保税港区监管一科党支部
大鹏海关监控科党支部
莲塘海关人事政工科党支部
大铲湾海关场所监管科党支部
西九龙站海关人事政工科党支部
西九龙站海关处置科党支部
三门岛海关监管一科党支部
深圳邮局海关快邮件监管二科党支部
梅林海关机动查验二科党支部
梅林海关查控作业一科党支部
福强海关减免税管理科党支部
沙湾海关管控三科党支部
前海海关查检科党支部
同乐海关综合业务科
布吉海关稽核查三科党支部
笋岗海关查检科党支部
笋岗海关监管二科党支部
福田海关查检四科党支部
福田海关企业认证科党支部

梅沙海关监控科党支部
观澜海关综合业务科党支部
西沥海关办公室党支部
龙岗海关综合业务科党支部
坪山海关查检二科党支部
坪山海关稽核查一科党支部
惠州海关综合业务科党支部
惠州海关查检一科党支部
惠东海关稽核查一科党支部
深圳海关后勤管理中心第一党支部
深圳海关动植物检验检疫技术中心第一党支部
深圳海关食品检验检疫技术中心第四党支部
深圳海关工业品检测中心第四党支部
深圳海关信息中心第一党支部

深圳海关 100 个"身边学习榜样"

一、各部门单位"身边榜样"（共 70 名）。

办公室：张黔钟
法规处：赵云鹤
综合业务处：张侃
自贸区和特殊区域发展处：冯泽尧
关税处：杨卓
卫生检疫处：曾福
动植物检疫处：朱锦锋
进出口食品安全处：张强
商品检验处：顾凯明
口岸监管处：陈多
行邮监管处：李义章
统计分析处：宋德勇
企业管理和稽查处：卞芸芸
财务处：王光辉
科技处：邱伟
督察内审处：吴康成
人事处：欧阳海
教育处：李旭东
机关党委：段娇博
监察室：陈孟南
离退休干部办公室：王娟
皇岗海关：李向志
深圳宝安机场海关：彭辉
深圳湾海关：杨恩华
罗湖海关：方少群
文锦渡海关：党延刚
沙头角海关：尹红
蛇口海关：陈小中
大鹏海关：宋大宁
莲塘海关：江威
大铲湾海关：胡晓雨
三门岛海关：周文祥
西九龙站海关：谢炜
深圳邮局海关：李剑
梅林海关：吴志东
福强海关：陈耿哲
沙湾海关：李秋云
南头海关：王新成
福中海关：李琳
前海海关：程飞白
同乐海关：莫永洪
布吉海关：傅峰

笋岗海关：张剑锐

福田海关：张昶

梅沙海关：屠佳辉

观澜海关：罗巍

西沥海关：李万全

龙岗海关：侯平波

坪山海关：朱丽娟

惠州海关：利伟军

惠州港海关：刘建华

惠东海关：周才学

深圳海关风险防控分局：王晓鹏

深圳海关后勤管理中心：沈倚天

深圳海关信息中心：李军

深圳海关食品检验检疫技术中心：熊贝贝

深圳海关动植物检验检疫技术中心：林彦星

深圳海关工业品检测技术中心：杨左军

深圳国际旅行卫生保健中心：叶健忠

中国电子口岸数据中心深圳分中心：马跃

缉私局：罗湘、张东、王炯、刘威鹏、唐峻涓、刘锡旺、王毅刚、陈成传、段子毅、章璟

二、关区"劳动榜样"（共10名）

皇岗海关：杜秦

深圳湾海关：郑茜

蛇口海关：宫正

大鹏海关：钱妙霞

西九龙站海关：宋芸

梅林海关：冯海

同乐海关：陈雷

布吉海关：付硕

深圳海关信息中心：包先雨

党委派驻纪检组：刘伟明

三、关区"青年榜样"（共10名）

办公室：朱子煜

皇岗海关：周杰

深圳宝安机场海关：赵文嘎

深圳湾海关：许少炯

罗湖海关：吴迪迪

文锦渡海关：高肇阳

沙头角海关：王旖旎

蛇口海关：钟允良

惠州港海关：李松

中国电子口岸数据中心深圳分中心：彭露露

四、关区"巾帼榜样"（共10名）

皇岗海关：张丽姝

深圳湾海关：陈慧敏

罗湖海关：潘景红

文锦渡海关：王妮娜

蛇口海关：陈扬

福强海关：陈斐

前海海关：陈芳

梅沙海关：焦莹

惠州海关：邹冬辉

深圳国际旅行卫生保健中心：蔡瑾

"100个深关奋斗故事"

机关党委、办公室：回归人民的怀抱

三门岛海关："南国岛关"的百年奋斗点滴

文锦渡海关：献给祖国的赤诚

行邮监管处：从"手撬刀钳"到"智慧旅检"

离退办：岁月留痕——深圳海关卫生所的故事

布吉海关、进出口食品安全处：六十年如一日　供港"菜篮子"拎得放心

深圳邮局海关：小小邮包的监管进化史

卫生检疫处：卫生检疫人的那些年

罗湖海关：百年罗湖守桥人

后勤管理中心："育苗"六十载

离退办、动植处、笋岗海关：香港同胞的生命线

商品检验处：热血铸"蓝盾"　初心永不忘

科技处：撒播汗水　秀木成林

离退办、科技处：用代码打开海关信息化新局面

行邮监管处：口岸旅检华丽蜕变

罗湖海关：从罗湖桥迈出海关改革第一步

教育处：永远跟党走

离退办：我的大学

西沥海关：海关人光明"沥"程

文锦渡海关：提速　提速　再提速

统计分析处：与祖国外贸同行的海关统计人

工业品中心：从一台全自动纱线强力机说起

龙岗海关：当年胼手胝足的二线海关守护者

南头海关：南关故事——我们的改革奋斗史

文锦渡海关：陆路货运监管改革从文锦渡口岸启程

督察内审处：穿越时空长廊　见证督审成长

沙头角海关：激荡四十年　同行卅六载

关税处：铁画银钩述政策　事业传承谱新篇

梅沙海关：中国最早的保税区

法规处：以"第一案"照亮依法把关之路

笋岗海关：从天下第一仓到全国首家生产资料市场

自贸区和特殊区域发展处："自贸牛"的昨天与今天

企业管理和稽查处：AEO助力外贸企业扬帆出海

布吉海关：回眸！"稽"动人心的高光时刻

缉私局：烈士回眸当无悔　擎旗自有后来人

离退办：骇浪中摇曳的吊篮

机关党委、文学协会：扬起海运改革的风帆

梅林海关：四代审像人的奋斗故事

梅沙海关：回首十二载"调查"岁月

机关党委、文学协会：从 H915 大型集装箱检查系统到电子车牌自动核放

企业管理和稽查处："稽"情燃烧的岁月

福田海关：深圳河畔的二十五年

进出口食品安全处：跨世纪的国门守卫战

龙岗海关："核"心发力　扬帆远洋

动植物检验检疫技术中心："国门生物安全"的坚定守护者

福强海关：栉风沐雨"入世"路

坪山海关：从出口加工区到综合保税区的奋斗征程

观澜海关、西沥海关：联网监管改革诠释"敢为天下先"

梅林海关：E 时代　E 监管

惠州港海关：从"小渔村"到"大油城"

观澜海关：我们的"传家宝"

皇岗海关：不舍昼夜在皇岗

离退办：给力！全国首台红外体温检测仪"上岗"！

机关党委、文学协会：寻根"一地两检"

数据分中心：为企业架起通关"信息高速路"

风险防控分局：闻风而动　海关业务风险防控的诞生

深圳宝安机场海关：用"海关方案"塑造国际会展新名片

大鹏海关：从建成全国第一个 LNG 接收站起

关税处：归类新时代　发展加速度

工业品中心：将玩具安全守护到底

口岸监管处：公路舱单改革"跑出加速度"

食品检验检疫技术中心：守护食品安全的哨兵

深圳宝安机场海关：从 A、B 楼到 T3

信息中心："互联网+"撬动的创新飞轮

大铲湾海关：铲关助力平行进口汽车驶入新时代

梅沙海关：改革创新是永恒的主题

罗湖海关：一路高歌创品牌　一路前行展风采

深圳宝安机场海关：走出个"通天大道"宽又阔

沙湾海关："先行先试"的深圳经验

福中海关：在一起

人事处：书写机构改革大考中的组工答卷

缉私局：不忘初心　缉私无悔

皇岗海关：开着汽车换轮胎

大鹏海关：筑梦"组合港"

惠州海关：文明之花绽光彩　"惠"风长沐幸福来

阳光驿站：以我点滴爱心　伴你安守国门

深圳湾海关：于无声处见力量

蛇口海关：乘风破浪的船检人

财务处：我们不在一线　但我们一直

在线

综合业务处：保物资通畅　守"生命通道"

深圳国际旅行卫生保健中心：薪火传承淬炼而就的卫生检疫技术堡垒

后勤管理中心：平凡岗位　感动人生

罗湖海关缉私分局：揪出"非法"钻石的幕后黑手

同乐海关："关地合作"开新局

蛇口海关：在路上

大鹏海关：与盐田港的 28 年

综合业务处：技术合规助力企业远航

前海海关：为"中国智造"保驾护航

监察室：用智慧开创大数据监督新格局

笋岗海关：开往春天的"湾区号"

莲塘海关：莲塘海关"黑科技"背后的故事

蛇口海关：我们的 100 天

办公室：见证奉献　机要人初心弥坚

深圳湾海关：深圳湾畔的不眠夜

机关党委：回望"关"与脱贫攻坚

文锦渡海关：一条"生命线"走宽扶贫路

缉私局：国门前哨的信仰

惠东海关：守护深关东部的"那一缕缕阳光"

企业管理和稽查处：当稽查乘上"互联网"的翅膀

西九龙站海关：深港纽带初试啼声

深圳海关"我为群众办实事"实践活动"百佳民生实事"

国门安全工程

办公室："口岸核心功能提升"专项行动

综合处：加强知识产权海关保护，筑牢国家经济安全屏障

卫生处：以最全面最严格最彻底的措施筑牢口岸检疫防线

商检处：严打假冒伪劣　铸牢国门蓝盾

监管处：依托科技赋能　实现精准战"疫"

督审处：强化督审监督　筑牢国门安全防线

皇岗海关：皇岗口岸重建

皇岗海关：推进来往粤港两地跨境车辆"无纸化"管理，保障粤港澳大湾区跨境运输顺畅的"最先一公里"

机场海关：深圳机场 D 航站楼口岸紧急改造项目

深圳湾海关：积极应对通关时间延长全力保障深港两地人员安全通关

罗湖海关：建设"监控指挥+联合打私"双中心　赋能旅检监管

沙头角海关：保障"火眼实验室"出口，助力全球疫情防控

大鹏海关：筑牢有害生物入侵屏障守好"绿色国门"

大鹏海关：强化知识产权"全链条"

保护　支持优化创新环境

邮局海关：淬锋"砺刃"，守护人民"小包裹中的安全大事"

食检中心："食无忧"工程

动植中心：聚焦生物安全风险，保障进口粮食安全稳定供应

动植中心：提升物种鉴定技术能力，助力关区打私专项行动

工艺品中心：助力打击"洋垃圾"入境，筑牢国门生态安全屏障

保健中心：以忠诚、专业、担当筑牢口岸卫生检疫防线

便民利企工程

办公室：打造对外咨询服务最美风景线

法规处：深化法治城市共建

综合处：学史力行为民，推进问题"清零"

综合处：助力5G企业开拓国际市场，提升信息通信产业国际规则话语权

自贸处：深圳海关"四个率先"支持坪山综合保税区高标准、高质量建设

自贸处："三个聚焦"助力油气产业稳链补链强链

关税处："ERP直报+线上快审"实现"秒报秒批"——关税处多举措支持深圳航空维修业高质量发展

关税处：深圳海关聚焦企业合规申报难题，贡献WCO估价技术"中国方案"

卫生处："百问百答"为群众排忧解难

动植处：优化监管，助力大湾区生物产业发展

食品处：科学监管　精准服务　悉心保障香港市民"菜篮子"安全

商检处："蓝盾知库"汇聚众智、服务一线

监管处：建设"大湾区组合港"，打造国内国际双循环枢纽典范

行邮处：持续优化海关监管模式，助力跨境电商等新兴业态发展

行邮处：开发推广"5G智能检疫设备"，"智慧"畅通旅客通关

统计处：深挖数据资源，提高统计服务水平

企管处：打造暖企基地，为千余家"一带一路"贸易往来企业提供贴身通关服务

企管处：跨关区联合帮扶，助力企业顺利通关

财务处：深圳国库税款退库无纸化

科技处：开展科技兴关深圳海关"样板间"成果转化，切实解决现场实际应用问题

科技处：聚焦检能提升，助力企业发展

机场海关：为企业送上"开业礼包"助力"卫星厅"顺利启用

深圳湾海关：成立"为民办实事工作室"，用心用情暖民心

文锦渡海关：畅通"供港绿色生命

线"

蛇口海关："办实事、开新局"为深圳关区首票"金伯利进程"毛坯钻石业务进口保驾护航

蛇口海关：支持打造前海ICT产业链服务中心

蛇口海关：推进粤港澳大湾区组合港拓点延线成网

蛇口海关：推动妈湾智慧港顺利开港

大鹏海关：以"善治"为引擎 聚焦物流改革 打造大湾区国际航运枢纽

莲塘海关："四步走"助推月饼快速通关 解难题保障"舌尖上的安全"

大铲湾海关：助力企业包船出海，解供应链燃眉之急

大铲湾海关：主动作为精准服务 助力港区业务再攀新高

三门岛海关：小事不小办，实事用心办

邮局海关：打造"寄药易"项目 开辟绿色通道保障港人"救命药"通关零延时

梅林海关：快一点、再快一点，准一点、再准一点

福强海关：送出减税降费"民生大礼包"，落实国家减免税政策惠企利民

沙湾海关：出口改船"自动办"，系统思维解难题

南头海关：彰显优质服务 护航无人机创新腾飞

福中海关：信用修复"及时雨"，助企"诚"风破浪

前海海关：发挥技术性贸易应对优势，护航"中国智造"破壁出海

同乐海关：用好企业规范管理示范基地，加强企业合规引导

同乐海关：优化航空公司进口航材目的地检验模式

布吉海关：暖企正当时，助力深圳农产品"扬帆远航"

布吉海关：助推深圳首个市场采购贸易试点落地运营，为中小微企业出口再添"新通道"

笋岗海关：党建引领破难题，促进珠宝玉石国内国际双循环

笋岗海关："助企、便企、惠企"着力打造"湾区号"精品班列

福田海关：入驻"e站通"为科创区提供一站式服务

梅沙海关：助力盐田综合保税区沙保片区转型升级

梅沙海关：推动"MCC盐田"（盐田港中转集拼）业务快速发展

观澜海关：聚焦为企业蓄能，点燃龙华外贸高质量发展新动能

观澜海关："微创新"促进"大提速"

西沥海关："三个赋能"助力光明科学城高质量建设发展

龙岗海关：打造"高信用企业的摇篮"，精准为民办实事

龙岗海关：小热线大服务，便民暖企有"答"人

347

坪山海关：践行"特事特办"，助力中芯国际扩产增能

惠州海关：助力惠州重点项目建设

惠东海关："老中青"三人小组全程帮扶，助力辖区特色鲜菇产品首次出口东南亚

深圳海关风险防控分局：推进口岸与属地风险联动协同监管改革试点持续释放红利

食检中心：构建进出口食品安全"防护矩阵"

工艺品中心："三个先"助力企业出口防疫

数据分中心：便民暖企三板斧　群众问题迎刃解

暖心聚力工程

法规处：深化"案例讲评进科室"机制

人事处：打造"一人一档"线上台账，切实为基层减负

人事处：扎实做好"备战""轮战""助战"，高质量保障疫情防控工作人力需求

教育处：岗位资质培训"结对共学共建"

机关党委：深圳海关"生活帮"员工线上互助平台

机关党委：打造升级党建暖心品牌"阳光驿站"，探索新形势下干部心理健康关怀新路径

监察室：依托智慧纪检打造大数据监督新模式

监察室：优化升级"纪检监察大讲堂"，提升纪检干部履职能力

离退办：构建"1+3+N"养老服务体系

罗湖海关：建造"汇心"家园，传递关爱温度

文锦渡海关：开展暖心计划，关心关爱干部职工

西九龙海关："关馨小站"思政品牌

福强海关："三度"发力为基层干部暖心蓄能

沙湾海关：用心用情办实事，暖心聚力建家园

福田海关：开展电子借阅图书馆项目建设

惠州港海关：暖心聚力鼓干劲，同频共振谱新篇

后勤管理中心：建设"幼有善育"综合服务体系

后勤管理中心：升级"无忧工程"

信息中心：把握"2+3+3"实施路径，提升"我为群众办实事"的"民生温度"

深圳海关重要公告通告

深圳海关关于简化报关单随附单证的公告

深关公告〔2021〕1号

为持续优化口岸营商环境，推动深圳关区跨境贸易高质量发展，深圳海关决定对简化报关单随附单证作进一步明确。现就有关事项公告如下：

企业通过国际贸易"单一窗口"无纸化方式申报时，进口环节可不向海关提交合同、装箱清单、载货清单（舱单），出口环节可不向海关提交合同、发票、装箱清单、载货清单（舱单）。海关审核时如有需要，再行提交。

本公告自发布之日起实施。

特此公告。

深圳海关
2021年1月29日

深圳海关2021年促进跨境贸易便利化二十八条措施

一、压缩进出口环节单证合规时间

1. 加强关区各口岸通关时效监控，及时跟进处置监控有关问题，稳定进出口企业通关预期，便利企业提前做好生产经营安排。

2. 提升入境检验检疫证书等拟证出证效能，动态调整现场综合部门签证岗人力，依企业申请尽快完成出证。

3. 对出入境特殊物品卫生检疫审批承诺审批时限再压缩50%，提高工作效率。

4. 压缩进口水果许可证办理时间，按规定在5个工作日内办结，平均办理时间压缩到2个工作日以内。

二、压缩进出口环节边境合规时间

5. 优化风险布控规则，推动降低守法企业和低风险商品查验率，对于有特殊运输要求的出入境货物，采取预约查验、下厂查验、入库查验等灵活方式，减少货物搬倒和企业查验时间。

6. 推动扩大"智能审图"可识别商品

清单，扩充标准图像库，提升口岸通关信息化智能化水平。

7. 完善各隶属海关企业整体通关时间的监控指标，按月公布整体通关时间末位企业名单，加强与企业的协同，共同推进压缩整体通关时间。

8. 在充分尊重企业意愿的基础上，进一步推广"提前申报""两步申报"，加强对"提前申报""两步申报"、整体通关时间等核心指标的日常提醒、阶段评估。

9. 不断扩大"两段准入"信息化监管试点范围。

10. 在深圳关区全部海运口岸实施进口货物"船边直提"和出口货物"抵港直装"，企业可通过海关"直提直装"系统便利在线提交业务办理申请，实现"企业少跑腿"。

11. 扩大AEO覆盖面，加大信用培育力度，给予AEO企业更多通关便利，减少布控频次、实施优先查验等。

12. 优化公路一车多单布控模式，降低该类车辆口岸查车率。

13. 持续做好对免予办理强制性产品认证的进口汽车零部件实施"先声明、后验证"的便利化措施。

14. 支持妈湾智慧港项目建设，尽快在妈湾集装箱码头开展出口集装箱查验运抵分流模式试点。

15. 在"盐田港—惠州港""蛇口港—顺德新港""盐田港—赣州国际陆港"线路实施"湾区组合港"业务模式。

16. 开展关检业务全面融合改革，优化进出口监管模式，结构化调整监管资源，率先打造横向协调、纵向协同、精准高效的关检业务全面融合监管体制机制。

17. 优化出入境特殊物品卫生检疫监管，实施分级分类分节点多元化精准监管新模式，提升监管服务效能。

三、降低进出口环节合规成本

18. 进一步强化收费目录清单制度，对现有清单全面梳理规范、动态调整，做到清单与实际相符，清单外无收费。

19. 建立收费公示制度，在深圳海关门户网站、国际贸易"单一窗口"对收费内容、标准及相关政策依据、监督投诉电话等集中公示，主动接受社会监督。

20. 推动技术性贸易措施研究评议基地建设，充分运用WTO国际贸易规则，加强5G相关设备、新能源汽车等高新产业技术性贸易措施通报评议、特别贸易关注征集，及时通过海关总署国际交流合作机制推动企业高度关注问题向好发展，帮助企业降低出口技术性贸易措施阻碍和检测认证成本。

21. 对高新技术企业进口自用设备及料件按照"合格保证+符合性验证"实施检验，助力企业加快研发生产。

四、进一步提升企业获得感

22. 进一步优化主动披露办理流程，提升作业时效，扩大涉检主动披露业务试点范围。

23. 支持地方政府推进跨境贸易大数

据平台建设，完善单一窗口信息查询功能，打通海关、码头、船代、理货等不同主体数据，推出覆盖贸易全流程的实时查询服务。

24. 配合口岸管理部门加快推动深圳口岸免除查验费用单证无纸化。

25. 升级行政案件智能办理系统，大力推行互联网+移动办案新模式，进一步压缩办案环节，提高办案效率。

26. 优化企业服务，运用海关12360服务热线、"中国海关信用管理"微信平台、海关统计调查调研系统、电子口岸服务热线95198，多渠道了解企业遇到的新困难、新情况，加强监控预警，及时帮助企业解决通关中遇到的异常和难点问题。

27. 建立"问题清零机制"，发挥深圳市优化营商环境领导小组特邀顾问作用，联合地方政府部门每季度通过面对面座谈会、实地调研、调查问卷等形式，收集、分析、研究企业遇到的问题和的建议意见，形成工作台账，逐一解决销账，实现"问题清零"并向企业反馈。

28. 加强涉企政策措施宣传、解读和操作指导，利用各种媒体等渠道和在线课堂、专题培训等形式，及时发布政策措施公告，推行"一企一策""一品一策"精准帮扶，让企业听得懂政策、感受得到改革红利。

特此通告。

深圳海关
2021年4月1日

深圳海关关于开展出境竹木草、供港种苗花卉生产、加工、存放单位注册登记改革试点工作的通告

各相关企业：

为落实党中央、国务院关于做好"六稳"工作、落实"六保"任务的工作部署，推进海关制度创新和治理能力建设，深圳海关决定在所属同乐海关、龙岗海关、惠州海关、惠东海关等关区试点出境竹木草、供港种苗花卉的生产、加工、存放单位注册登记改革。现就有关事项通告如下：

自2021年4月15日起，对输入国家或者地区无注册要求的出境竹木草制品、供港种苗花卉的生产、加工、存放企业，不再强制要求实施注册登记，企业可自行选择申请注册登记。上述企业应取得海关"进出口收发货人报关备案登记"。已取得注册登记的企业有效期届满后，不再要求办理换证手续。为推进企业信用和分类管理，进一步降低货物抽批查验比例，鼓励广大企业向属地海关申请企业分类管理。

特此通告。

深圳海关
2021年4月6日

深圳海关 2021 年稳外贸稳外资十八条措施

为更好支持地方外贸高质量发展，深圳海关结合今年外贸形势变化、海关总署最新工作要求和关区重点工作，在去年出台稳外贸稳外资三十条措施的基础上，滚动出台 2021 年稳外贸稳外资十八条措施：

1. 建设更具竞争力的口岸营商环境。联合地方部门共同实施跨境贸易便利化专项行动，推进压缩海陆空口岸整体通关时间，降低企业通关成本，实现物畅其流。

2. 助力提升"湾区号"中欧班列运能。继续支持中欧班列运输跨境电商等新兴业态产品，巩固班列运输货源。支持中欧班列叠加海铁联运，拓展进口业务，进一步提升班列运输效能。

3. 畅通空港、海港物流通道。开展空港与前海综合保税区"东西部港区一体化"货物调拨业务，助力空港与盐田港、大铲湾等海运码头及盐田综合保税区的强强联合，不断推动临空经济发展。

4. 创新跨境电商监管模式。优化跨境电商出口退货、B2B 出口监管模式，助力跨境电商出口企业便利通关。同步依托前海综合保税区，推动形成"购—展—售—退"生态链，培育跨境电商全链条发展中心。

5. 提升供港水果便利化水平。上线运行供港水果信息化监管系统，进一步简化企业申报核销流程，实现"源头+属地+口岸"全链条检验检疫监管模式，提升供港水果通关便利化水平。

6. 实施出口《熏蒸/消毒证书》签证新模式。对出口木家具、竹木草制品等需签发《熏蒸/消毒证书》的货物，如未在产地实施熏蒸处理并申请证书，允许在具备熏蒸消毒条件的任一口岸实施检疫处理并申请签证，由口岸海关负责检疫处理监督及证书签发。

7. 试点"换证直批"审批模式。对大湾区内重大科研项目，以及重点支持的高校、科研机构和实验室因出入境特殊物品需要而办理卫生检疫审批的，如符合同一单位、同一产品，且原审批单有效期届满 30 天前，海关依申请对符合法定条件、标准的可直接核发新审批单，简化审批流程，大幅提高审批效率，有效提升申请单位获得感。

8. 优化进口非内销保税食品原料检查模式。非内销保税食品原料进口时不再实施取样送检，加工成品出口时按照出口食品目的国（地区）标准或者合同要求实施出口查检，降低企业检查成本。

9. 与地方监管部门开展联合执法。联合深圳市市场监督管理局建立部门联合"双随机、一公开"监管工作机制，加强核查领域跨部门联合抽查，有效整合执法资源，减少对企业生产经营造成的影响。

10. 配合落地先行示范区综合改革试点首批授权事项清单。大力推进"水运转关作业无纸化"和"湾区组合港"试点，积极研究在深圳水域分别试点开展国际航行船舶保税液化天然气加注业务、免担保条件下进出境游艇的海关配套监管模式，支持赋予国际航行船舶保税加油许可权、取消游艇自由行海关担保金等授权事项的落地实施。

11. 支持地方优势产业发展。面向信息通信、新能源汽车、高清显示、电池等深圳优势产业，开展国外技术性贸易措施动态信息监测，组织开展通报评议、特别贸易关注议题征集等应对工作，消除或降低国外技术壁垒对我市产业的影响，助力深圳企业和产品顺利"走出去"。

12. 加强知识产权全链条保护。开展知识产权保护情况调查，支持信息通讯、医疗健康等新兴产业创新发展，为新兴、优势产业的企业提供个性化培塑服务，量身定制综合维权策略，提升企业核心竞争力。

13. 推动综保区发挥聚集效应。支持综合保税区内企业开展保税维修和保税研发业务，鼓励综合保税区内企业适用离港空运服务、海运中转集拼和全球中心仓等海关创新举措，助力企业拓展国际国内两个市场。

14. 发挥"统计+服务"作用，促进地方经济发展。拓展新兴业态统计制度方法研究，开展对跨境电商企业全业态统计情况摸底和未来发展趋势发展调研，积极挖掘外贸新增长点，促进研究成果转化服务地方经济发展。

15. 坚决防控疫情传入。加强全球疫情监测和风险预警，加强入出境交通工具、人员、货物等的卫生检疫，加强联防联控，严格"人、物、环境"同防，严格"多病共防"，严防疫情跨境传播，高效规范处置突发公共卫生事件，维护外贸发展安全环境。

16. 推出"暖企"计划。重点在推动AEO企业扩围增量，培塑不同行业AEO标杆企业、建立多层次的"海关—企业—政府"联系渠道、发挥"暖企"基地辅导作用、出台惠企便利化措施清单、优化服务企业形式等5个方面发力，助企提升抵御风险能力，增强竞争优势。

17. 帮扶企业抢占RCEP发展先机。多方式宣传、解读RCEP税收政策，引导企业用好用足税收优惠。进一步发挥减免税对接ERP直报试点作用，提升减免税申报无纸化水平。优化互联网+海关预裁定申报方式，引导进出口企业规范、如实申报商品归类、价格、原产地等涉税要素。

18. 丰富"i深关"便民服务功能。新增上线"深关陆路通"小程序功能，提供跨境车辆查验信息掌上推送，减少司机到场次数，便利进出口货物快速通关。

特此通告。

深圳海关
2021年5月6日

深圳海关关于疫情期间原产地签证业务办理事项的指引

根据目前疫情形势，为避免人员聚集造成传播风险，现就原产地签证业务办理通知如下：自 2021 年 6 月 21 日起，建议申请人通过原产地证书电子申请、证书自助打印全流程线上办理原产地证书。对于确需签证机构签名盖章证书的情况，可邮政速递寄送至相应的主管海关，海关办理完毕后寄回申请人。恢复正常服务时间另行通知。

邮寄地址：

福中海关：广东省深圳市福田区深南大道 2006 号海关科技信息综合楼一楼办事大厅 42 号窗口　福中海关原产地证科

布吉海关：龙岗区龙岗大道与政清路交界处东南边　布吉海关综合业务科

笋岗海关：罗湖区北站路 5 号　笋岗海关综合业务科

福田海关：深圳市福田区福田保税区市花路 1 号创凌通国际金融中心西北角河套深港科技创新合作区 e 站通　福田海关综合业务科

西沥海关：光明区华夏二路商会大厦 14—15 楼　西沥海关综合业务科

坪山海关：坪山区丹梓大道与绿荫路交叉路口往西南约 50 米　坪山海关综合业务科

梅沙海关：盐田区明珠大道梅沙海关主楼一楼大厅　梅沙海关综合业务科

同乐海关：宝安区新安二路 140 号一楼大厅　同乐海关综合业务科

观澜海关：龙华区民康路 1 号　观澜海关综合业务科

龙岗海关：龙岗区清林中路海关大厦东座 3—9 楼　龙岗海关综合业务科

前海海关：南山区东滨路 4335 号前海海关大厅　前海海关综合业务科

蛇口海关：南山区临海路 59 号海运中心口岸楼报关大厅　蛇口海关前海监管一科

惠州港海关：惠州市大亚湾区石化大道 418 号 1 楼　惠州港海关综合业务科

惠东海关：惠州市惠东县平山街道新平大道 625 号　惠东海关综合业务科

惠州海关综合业务科：惠州市仲恺大道 279 号　惠州海关综合业务科

惠州海关淡水办监管一科：惠州市惠阳区惠阳口岸车检场龙盛一路 22 号　惠州海关淡水办监管一科

惠州海关驻博罗办事处监管一科：惠州市博罗县石湾镇建设东路 36 号　惠州海关驻博罗办事处监管一科

特此通告。

深圳海关

2021 年 6 月 21 日

深圳海关关于全面深化推广"互联网+网上稽核查"监管模式的通告

为贯彻落实习近平总书记关于支持实

体经济发展的重要指示精神，推动制造业转型升级，深化"互联网+海关"改革，优化营商环境，提升贸易便利化水平，深圳海关自2020年1月开展"互联网+网上稽核查"监管模式试点工作。一年来，试点措施不断积累、优化，试点工作逐步成熟、完善，取得初步成效。现深圳海关决定在关区内（深圳市、惠州市）全面深化推广"互联网+网上稽核查"监管模式，有关事项通告如下：

一、"互联网+网上稽核查"监管模式内容

"互联网+网上稽核查"是指海关对接企业ERP系统或WMS，根据海关监管要求，直接、实时抓取企业生产经营原始数据，通过构建智能模型体系，实施远程网上稽核查作业并给予对接企业适用差别化管理措施的监管模式。

二、参与企业范围

参与"互联网+网上稽核查"监管模式企业应当以主动、自愿为前提，并同时符合下列条件：

（一）海关信用等级为一般认证（含）以上的（或一般认证以下但经海关评估认可）。

（二）已应用ERP系统进行管理的加工贸易保税、一般贸易（含供应链）企业，或已应用WMS进行管理的仓储物流企业。

（三）ERP系统或WMS满足海关基本对接要求。

三、申请流程

（一）ERP企业申请流程

1. 企业按照关企对接相关要求自查梳理，如有意向可与属地海关联系并接受海关评估。

2. 符合对接要求的企业，海关组织开展对接工作。

3. 对接完成并通过联调测试、对接验收后，可以适用"互联网+网上稽核查"监管模式。

（二）WMS企业申请流程

以海关另行通知为准。

四、差别化管理措施内容

为鼓励企业提高对接数据质量，引导企业规范经营、积极参与海关企业认证，便利企业通关，根据企业所属海关信用等级以及对接标准表数量、数据质量等情况，确定对接企业所享差别化管理措施范围。具体措施如下：

（一）关于加工贸易生产型企业

1. 海关信用等级为非高级认证，"互联网+网上稽核查"系统加贸企业监管模块试运行未通过的，适用"对接四级"差别化管理措施：

（1）通关环节适用低查验率并依现场申请给予优先查验，对于查获异常仅需做改单处理且符合有关条件的，经申请可以"先放行、后改单"。

（2）实行"网上稽核查为主、实地稽核查为辅"的监管措施，对无重大风险企业不开展实地稽核查；积极推广"互联网

+"网上作业方式。

（3）网上稽核查作业中发现企业存在符合相关规定的串换料件情事，可以认定该情事已向海关报备，企业无需另行报备。

（4）优先开展企业信用培育，优先实施AEO认证。

（5）推广"互联网+"移动办案新模式，实现相关业务网上办理。

（6）探索在网上稽核查过程中发现企业违反海关监管规定但符合主动披露的，均可以认定为主动披露情节。海关可以从轻或者减轻行政处罚；违法行为轻微并及时纠正，没有造成危害后果的，不予行政处罚。对主动披露并补缴税款的进出口企业、单位，海关可以减免滞纳金。

（7）开展送政策上门等帮扶服务，为企业通关进行合规指导。

（8）与对接企业属同一集团的其他企业，优先开展关企对接。

（9）减少企业稽核查频次，对企业因同一事项或同一风险于一年内已实施稽查的可以不再重复实施稽查，引导企业通过主动披露核实情况；原则上不开展径行稽查，如确有需要，须经海关企管部门主要负责人审核。

（10）对于主动披露，海关采用直接受理和信任式核实方式，原则上不开展实地核实和以稽核查方式核实。

2. 海关信用等级为非高级认证，"互联网+网上稽核查"系统加贸企业监管模块试运行通过的，适用"对接三级"差别化管理措施，即除适用"对接四级"差别化管理措施外，还适用下列差别化管理措施：

（1）办理产地检验、预包装食品标签整改、对外推荐注册等食品业务可通过"互联网+"网上作业方式开展。

（2）粮食生产加工单位在深圳海关关区内，进口粮食在现场查验完成后可先调入企业暂存，实验室检测结果合格后允许使用。

（3）对符合要求的进口动植物及其产品、食品相关检疫审批事项随到随批。

（4）在设立农产品食品专用查验台的口岸，对中控农产品、食品可予以优先查验、优先出证。

3. 海关信用等级为高级认证，"互联网+网上稽核查"系统加贸企业监管模块试运行未通过的，适用"对接二级"差别化管理措施，即除适用"对接三级"中的14条差别化管理措施外，还适用下列差别化管理措施：

（1）事中验估中，企业可以向海关提出免除税款担保申请，经审核同意后免除税款担保，先予放行；"两步申报"模式下，企业可以向海关提出免除税款担保申请，经审核同意后免除税款担保。

（2）原则上免除各类加工贸易业务担保。

（3）仅命中口岸事中查验类指令或命中的口岸事中检验检疫类指令规定允许转

场的,且符合以下条件之一,可向口岸海关申请转场至目的地海关查验:一是货物易受温度、静电、粉尘等自然因素影响,在口岸海关监管现场查验可能会损坏货物的;二是货物难以卸货、开拆,口岸海关监管区不具备查验条件的;三是因其他特殊原因确需转场查验的。

(4) 粮食生产加工单位在深圳海关关区内,进口大宗粮食可在表层查验完成后直接调入加工单位暂存,实验室检测结果合格后允许使用。

(5) 出境竹木草制品加工企业,可享受"熏蒸前置"政策,由成品熏蒸改为原材料、半成品熏蒸。

4. 海关信用等级为高级认证,"互联网+网上稽核查"系统加贸企业监管模块试运行通过的,适用"对接一级"差别化管理措施,即除适用"对接二级"差别化管理措施外,还适用下列差别化管理措施:

(1) 适用"以企业为单元加工贸易监管模式"的相关便利措施。

(2) 探索对符合条件的企业试点实施新型保税监管模式。

(3) 探索高级认证企业三年一次重新认证的部分流程以"网上认证"方式开展。

(4) 探索对高级认证企业申请出入境特殊物品单位注册,以"远程考核+现场考核"相结合的方式开展。

(5) 探索实施年度"一次检查,无事不检,违规重罚"的监管措施,每年只开展1次全面的企业监管和货物监测,无风险指证情况下不再对其实施检查和检验。

(二) 关于一般贸易企业(含供应链)

1. 海关信用等级为高级认证的,适用"对接一级"除以下2条外的差别化管理措施:

(1) 原则上免除各类加工贸易业务担保。

(2) 适用"以企业为单元加工贸易监管模式"的相关便利措施。

此外,供应链企业不适用下列差别化管理措施:

仅命中口岸事中查验类指令或命中的口岸事中检验检疫类指令规定允许转场的,且符合以下条件之一,可向口岸海关申请转场至目的地海关查验:1. 货物易受温度、静电、粉尘等自然因素影响,在口岸海关监管现场查验可能会损坏货物的;2. 货物难以卸货、开拆,口岸海关监管区不具备查验条件的;3. 因其他特殊原因确需转场查验的。

2. 海关信用等级为非高级认证的,适用"对接三级"差别化管理措施。

(三) 关于其他类型企业

其他类型对接企业所享差别化管理措施,海关另行通知。

五、退出情形

(一) 已参与企业出现不符合参与条件的情形,经海关评估确认后退出。

(二) 注销的企业自动退出。

（三）企业主动申请退出。

退出企业，所享受的差别化管理措施同时取消。

六、其他事项

（一）企业应当对ERP系统数据的真实性、准确性、完整性、实时性负责。按照海关要求开展对接工作，配合海关日常监管和网上稽核查工作。

（二）海关抓取企业ERP数据后，直接传输至海关系统，海关对对接企业的相关数据予以保密。

本通告自发布之日起施行。

特此通告。

深圳海关

2021年8月3日

深圳海关2021年第二批稳外贸稳外资措施清单

为持续深入贯彻落实习近平总书记关于稳外贸稳外资重要批示指示精神，深化"放管服"改革，着力培育和激发市场主体活力，支持地方外贸高质量发展，在《深圳海关2021年第一批稳外贸稳外资措施清单》常态化开展的基础上，深圳海关现滚动出台《第二批稳外贸稳外资措施清单》。具体如下：

1. 推动跨境电商业务增量发展。优化海外仓备案流程，由深圳邮局海关集中受理备案申请，支持跨境电商企业拓展海外仓业务。

2. 创新关税保证保险"共保"模式。建立"企业申请—银行保证金质押—保险公司承保—海关受理"新型担保机制，缓解企业资金压力。

3. 推进知识产权"预确权"服务。对于生产型高级认证企业的进出口货物，可在实际进出口前向进出境地海关申请"预确权"，现场海关据以办理。

4. 简化出口"改船"操作。对变更实际运输工具的海运出口报关单，企业完成舱单改配后，系统自动修改报关单运输工具名称、航次、提单号，减少企业办理环节。

5. 优化进口冻品通关模式。提高机检查验效率，支持具备资质的第三方机构开展口岸环节预防性消毒业务，增加消毒作业班次，提升进口冻品通关效率。

6. 优化大宗粮食进口作业。对符合条件且现场检疫合格的进口高粱，无需等待检验结果，允许附条件提离运往指定加工厂或定点储备库。允许滞港粮食直接卸至驳船，检验检疫合格后立即提离。

7. 优化进境板材检查抽柜模式。进一步降低吊柜检查数量，提升板材验放效率，便利进境板材通关。

8. 加快特殊物品安全通关。对申报含有高致病性病原微生物或需冷链运输的实验细胞、生物试剂、新冠病毒疫苗等出入境特殊物品，提供全流程通关指引，实施预约查验、优先查验，快验快放。

9. 加大"海铁通"项目推动力度。依托平盐铁路，推动中外运平湖物流中心与盐田港"场港联动"，支持通过盐田港进出口的货物在中外运平湖物流中心办理海关通关、查验手续。

10. 拓展 ERP 监管应用领域。进一步将 ERP 系统对接范围拓展到一般贸易供应链企业、一般贸易生产制造企业，实施网上监管，减少实地监管对企业生产经营的影响。

特此通告。

深圳海关

2021 年 8 月 30 日

深圳海关关于明确关区公式定价备案受理部门的通告

为进一步规范公式定价进口货物备案管理作业，根据海关总署 2021 年第 44 号公告（以下简称《公告》）有关内容，结合我关实际，现对我关区受理公式定价备案部门予以明确：

首批公式定价进口货物的申报地海关，为受理公式定价合同备案申请、备案变更、备案作废等业务的操作部门。

本通告自发布之日起实施。

特此通告。

深圳海关

2021 年 10 月 26 日

深圳海关提醒进口食品企业关注进口保健食品、特殊膳食用食品不得加贴标签新要求

海关总署于 2021 年 4 月 13 日发布了第 249 号令（关于公布《中华人民共和国进出口食品安全管理办法》的令），该办法自 2022 年 1 月 1 日起正式实施。现提醒相关进口食品企业特别关注第三十条规定：进口保健食品、特殊膳食用食品的中文标签必须印制在最小销售包装上，不得加贴。

即自 2022 年 1 月 1 日起，进口保健食品、特殊膳食用食品不允许加贴中文标签。请有相关进口业务的企业关注该项要求，避免因不合规造成无法进口。

特此通告。

深圳海关

2021 年 11 月 4 日

后记

后 记

在深圳海关党委的正确领导和各部门单位的共同努力下,《深圳海关年鉴(2022)》即将付梓。这是深圳海关贯彻落实习近平总书记关于修史修志、借鉴历史等重要讲话和重要指示批示精神的实际行动,是推动党史学习教育常态化、长效化的重要成果,是总结提炼深圳海关为国把关、忠诚履职历史与现实经验的重要举措,有助于全关干部职工进一步领会"两个确立"的决定性意义,增强"四个意识"、坚定"四个自信"、做到"两个维护"。编纂年鉴不仅为加强海关史研究和海关编志修史提供基础性工具书,而且为建设社会主义现代化海关提供强大的精神动力和史实支撑,是新时代讲好海关故事、展示海关精神风貌的重要窗口。

《深圳海关年鉴(2022)》的编纂出版,始终坚持以习近平新时代中国特色社会主义思想为指导,坚持唯物史观和正确党史观,认真把好政治关、史实关、特色关、服务关。《深圳海关年鉴(2022)》真实全面记录了2021年深圳海关在贯彻落实党中央、国务院决策部署中取得的新业绩、新进展和新经验,客观反映新时代海关强化政治机关建设取得的成效,全景式展现深圳海关人在服务国家战略、强化监管优化服务、统筹疫情防控和经济社会发展等方面的生动实践。

2021年12月,在党史学习教育推进过程中,深圳海关党委审议通过《深圳海关加强海关史研究工作方案》,成立深圳海关海关史研究工作领导小组,下设办公室,明确把编纂《深圳海关年鉴(2022)》作为海关史研究的一项重要工作。2022年1月,印发《〈深圳海关年鉴〉编纂出版工作方案》,成立编纂委员会,下设编辑部,年鉴编纂工作正式启动;2月下发篇目大纲,3月组织年鉴撰稿人培训、撰稿;5月汇总形成初稿,后经广泛征求总署关史办、全关各部门单位及系统内外年鉴专家的意见建议,进行反复多轮修改完善,于10月形成最终上报版。深圳海关边实践边探索边总结,注重创新,在致力打造精品年鉴的同时,为全国海关年鉴编撰工作提供、输出了深圳海关经验，得到总署关史办多次表扬，并在《中国海关年鉴（2022）》编纂总结暨（2023）年鉴编纂启动部署会上作经验交流发言。

《深圳海关年鉴（2022）》的编纂出版严格按照总署提出的"打造精品年鉴"要求，强化"精品意识"。从动员部署到各类培训、从撰稿到编审、从各章统稿到条目内容推敲，每个环节无不凝聚着编纂委员会和编辑部所有人员的心血。关领导和编委会委员带头做好年鉴编目大纲和文稿审定工作。各部门单位领导高度重视，各撰稿人各尽其职，数易其稿，力求写出年鉴的深度，打造深圳海关特色年鉴类目。编辑部全体人员精益求精，使海关年鉴做到文字精练、图文并茂。2021年以来，深圳发生多轮疫情，因为相关管控措施，人力十分紧张。在此情况下，编辑部采取集中精锐力量封闭工作、加班加点等方式克服疫情影响，确保年鉴编撰工作保质保量如期完成。

《深圳海关年鉴（2022）》的顺利完成，得到总署关史办及深圳市史志办年鉴专家的指导和帮助，谨此表示衷心感谢！《深圳海关年鉴（2022）》为首部《深圳海关年鉴》，编纂出版时间紧，工作繁重，疏漏和不足在所难免，期望在今后编纂工作中不断完善。

"中国海关史料丛书" 编委会

主 任 委 员　　胡　伟

副 主 任 委 员　　黄冠胜　杨振庆

编 委 会 委 员　　刘学透　赵燕敏　吴瑞祥　刘书臣　黄秀生
　　　　　　　　　李海勇　王晓刚　田　壮　王　虹　刘先中

执 行 主 编　　谢　放　詹庆华　郭志华

编　　　　辑　　房　季　王　虎　解　飞　范嘉蕾　李　多
　　　　　　　　刘金玲　贺　红